현대제국주의 성격과 21세기 타도 제국주의

맑스쭈의와
현대쩨국쭈의

현대제국주의 성격과 21세기 타도 제국주의

맑스주의와
현대제국주의

펴낸날 2023년 8월 17일

지은이 전국노동자정치협회
펴낸이 주계수 | **편집책임** 이슬기 | **꾸민이** 이화선

펴낸곳 밥북 | **출판등록** 제 2014-000085 호
주소 서울시 마포구 양화로 7길 47 상훈빌딩 2층
전화 02-6925-0370 | **팩스** 02-6925-0380
홈페이지 www.bobbook.co.kr | **이메일** bobbook@hanmail.net

© 전국노동자정치협회, 2023.
ISBN 979-11-5858-955-4 (03130)

M A R X I S M

맑스 레닌주의 총서4

현대제국주의 성격과 21세기 타도 제국주의

맑스주의와 현대제국주의

전국노동자정치협회

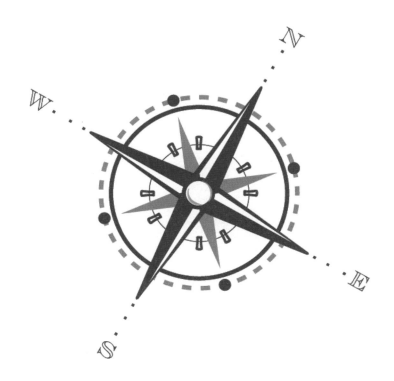

밥북
B·OO·K

제국주의가 현대자본주의 산물일진대,
왜 '현대'제국주의인가?

[맑스 레닌주의 총서3]『민족과 계급』이 전국적(남과 북), 지역적(남) 민족문제를 다루고 남에서 변혁의 특수한 과제를 다뤘다면, 이번에 출간되는 [맑스 레닌주의 총서4]『맑스주의와 현대제국주의 – 현대제국주의 성격과 21세기 타도 제국주의』는 대외문제의 총화로서 제국주의 문제를 다뤘다. 그런데 국제문제는 국내 문제의 연장이고, 국제문제는 국내 문제에 직접 영향을 미친다는 점에서 이 둘의 문제는 긴밀하게 연관되어 있다. 특히 제국주의 문제는 제국주의가 국내의 경제, 정치, 사회, 문화, 이데올로기 전반에 개입하여 막대한 영향을 미친다는 점에서 더 그렇다.

사실 제국주의 자체가 '현대'의, 최신의 자본주의, 즉 독점자본주의의 산물이다. 그런데도 우리가 '현대'제국주의라고 굳이 명명하여 둘을 구별한 것은 최신에 벌어지고 있는 제국주의의 다양하고 변화무쌍한 현상을 통해 다시금 제국주의의 본질을 규명하기 위함이다. 그런데 제국주의 현상은 다양하게 변화하고 있지만, 제국주의 본질은 여전히 그대로다. 우리가 [총서4]에서 말하고자 하는 요지가 바로 이것이다.

1, 2차 세계대전 당시의 제국주의 현상은 다양하게 변모했고, 제국주

의 체제 하에서 새로운 사건들이 무수하게 벌어졌다. 그 변화상은 크게 보아 1차 세계대전 당시의 제국주의는 영국이 주도하는 제국주의로부터 미국이 주도하는 제국주의로, 2차 세계대전 이후에는 미국이 패권을 차지하는 제국주의, 영토 지배 중심의 식민지배에서 그것을 배제하지 않지만, 현지권력을 통해 간접 지배하는 '신식민지배'로 변모했다.

1차 세계대전은 1917년 러시아 혁명과 민족해방투쟁의 고양이라는 역사적 사건을 낳았다. 2차 세계대전은 파시즘의 반공주의 전쟁이었다. 나중에 연합국의 일원이 되는 미, 영, 프는 2차 세계대전의 전초전이라 할 수 있는 1936년 스페인 내전부터 '불간섭'이라는 명목으로, 1938년 체결된 뮌헨협정으로, 이후 독일 파시즘의 반쏘 전쟁에 협조함으로써 '타도 쏘비에트' 기치 하에 파시즘과 은밀하게 결탁했다. 그러나 2차 세계대전은 동시에 제국주의 국가 내부의 모순과 갈등이 깊어져 민주·공산주의 진영의 연합이라는 반파쇼 인민전쟁의 성격을 가지고 있었다. 파시즘의 패배 이후에 동유럽과 중국과 조선 등 아시아 전반과 쿠바 등으로 공산주의 진영이 국제적으로 확장되고 세계 전역의 식민지·반식민지 국가, 민족에서 민족해방투쟁이 고양됐다.

2차 세계대전의 반파시즘 통일전선은 쏘련사회주의와 미국제국주의를 중심으로 하는 냉전으로 성격이 변모되었다. 정확히 말하면 제국주의 국가 내부의 모순 격화로 잠재된 반공주의 대결이 파시즘의 패배 이후에 전면적으로 나타났다고 할 수 있다. 왜냐하면, 파시즘은 독점자본의 가장 배외주의적이고 가장 폭력적인 테러 독재체제인데, 파시즘의 배후에는 자본주의 위기와 그 위기를 야만적으로 돌파하고자 하는 독점자본이 있기 때문이다.

미제국주의는 2차 세계대전 이후에 쏘련과 조선, 중국과 급속하게 확대되는 사회주의와 민족해방투쟁을 진압하고 이와 대결하고자 반공주의 전초기지를 세웠다. 아시아에서 이 전초기지는 무장한 미제가 진주함으로써 지배하는 일본과 한국, 대만이었다. 다만 '오야붕' 미제국주의는 일본 제국주의 국가를 다시 부활, 무장시키고 일제를 앞장세워 한국과 대만을 철저한 '꼬붕'으로 삼아 동북아에서 반쏘, 반북, 반중 반공주의 교두보로 삼으려 했다.

1945년에서 동유럽과 쏘련사회주의가 해체된 1991년까지를 냉전 시기로 부르는데, '한국전쟁(민족해방전쟁)'은 '냉전 시기 최초의 열전'이라는 규정이 있을 정도로 냉전을 개시하는 참혹한 대결전이었다.

미제국주의는 이어서 베트남 민족해방을 저지, 진압하기 위해 베트남 전쟁에 개입했다가 패배했다. 미제국주의는 나토 등 서방 제국주의 국가들의 군사기구를 내세워 반공주의 대결과 함께 남미, 아시아, 중동, 아프리카 등 전 세계 곳곳에 대한 야만적인 침략전을 자행하였고 군사 쿠데타와 내전이라는 명목의 레짐 체인지(정권교체)를 자행하고 민주주의를 압살하면서 제국주의 패권을 유지했다. 이러한 미제국주의 패권에 맞서 '자주화'를 열망하며, '적극적' 비동맹주의(블럭 불가담) 국가들의 투쟁이 전개됐다.

냉전은 1980년대 후반 1990년대 초반 동유럽과 쏘련 해체 이후에 미국을 비롯한 서방제국주의의 일방적 승리로 종결됐다. 제국주의는 이 역사적 격변에 환호하여 '이데올로기의 종언'이라면서 더 이상 역사는 자본주의에서 공산주의로 발전하지 않고 자본주의가 인류의 최고의, 최후의 생산양식이라는 점을 목소리 높여 강조했다. 이때부터 전 세계는 미국의 단극체제가 지배하게 되었다. 그러나 미제국주의 단극체제로부터 다극체제로의 변화는 한 편으로는 쏘련 해체로 쏘·미간 냉전으로부터의 변화의 산물이지만, 다른 한편으로 이 '신냉전'은 과거 냉전 시기의 유산과 대결 구도를 상당 부분 지속시켰다.

역사적 격변으로 쏘련 사회주의는 해체됐지만, 미제국주의와 나토 등 서방 제국주의 국가들은 반북, 반중, 반쿠바라는 반공주의 대결을 계속하면서 서방 제국주의와 독자적으로 발전하는 러시아를 적대하였다. 이로써 오늘날 '가치동맹'이라고 하는 서방 제국주의 국가들과 그 '동맹국'들의 체제와 미제 중심의 서방 제국주의 일극 체제에 맞서는 신세계 질서가 형성됐다. 여기에는 이란과 남미와 아프리카, 아시아의 반미국가, 자주국가들이 대거 포함되었다. 물론 이러한 신세계 질서의 역사적 기초에는 앞서 언급한 비동맹(블럭 불가담) 국가들의 '자주화' 투쟁이 있었다.

오늘날 이러한 미국 패권 중심의 일극체제에 맞서는 다극체제에서는 러·우 전쟁(특별군사작전)을 계기로 훨씬 더 극명하게 대립, 대결이 고조되고 있다.

동유럽과 쏘련 사회주의 해체 직후인 1990년 초반 이후 신냉전과 오늘날 신냉전은 1기와 2기로 구별할 정도로 크게 변모하고 있다. 2기 신냉전기에는 다극체제로 신세계 질서가 요동치면서 미제국주의의 패권이 급격하게 약화, 해체되는 국면에 접어들고 있다. 달러 패권은 1945년 브레튼우즈 체제 이후 미국이 가진 군사적, 경제적, 정치적, 문화적 힘으로 유지됐는데, 오늘날 달러 패권의 약화는 그 자체로서는 아무런 가치를 가지고 있지 않은 기름 먹은 종이 쪼가리의 약화가 아니라, 미국이 가진 힘의 약화와 쇠퇴를 보여주는 것이다. 더욱이 일찍이 엥겔스는 재정 파탄으로 인한 군국주의 패권의 몰락을 예언했는데, 미국의 군국주의 체제는 베트남 전쟁을 비롯해 미제국주의가 벌이는 전쟁비용 조달과 국내 독점자본의 위기를 구출하기 위한 달러 남발과 자본주의의 주기적 공황과 겹쳐 오늘날 침체인플레이션, 즉 스태그플레이션(Stagflation)에 빠져버렸다.

위기에 빠진 미국의 '가치동맹'은 '동맹국'을 약탈하는 약탈동맹이자 '동맹국'이 의심스러워 도청도 서슴지 않는 '불신' 동맹이다. 전통적인 미제의 '동맹국' 내에서도 이 패권적, 폭력적 '약탈동맹'과 선을 그으려는 나라들이 점점 더 생겨나고 있다. 그러나 미제국주의의 약화, 해체와 '신세계 질서'의 도래를 가지고 미제국주의가 자동 몰락한다거나 자연 쇠퇴한다고 간주해서는 안 된다. 오히려 서산에 지는 해가 더 붉게 대지를 물들이듯이, 서산일락의 미제국주의는 자신들의 패권을 영원토록 유지하기 위해 더 악랄하고 강도적으로 나오고 있다. 이로써 얼마나 많은 일들이 벌어지고, 어떠한 현상적인 변화가 있든, 통치와 지배가 얼마나 세련되고 고도화됐는지 상관없이 야수와 같은 제국주의의 본성은 그대로 유지되고 있다.

> 한 줌의 '선진국'이 지구 상 인구의 압도적 다수를 식민지적으로 억압하고 금융적으로 교살하는 하나의 세계체제로 성장했고 이 '전리품'은 머리끝에서 발끝까지 완전무장한 2~3명의 강력한 세계적 강도들(미국, 영국, 일본) 사이에서 분배되고 있으며, 이들은 자신들의 전리품 분배를 둘러싸고 벌어지는 자신들의 전쟁 속으로 전 세계를 끌어들이고 있다.
>
> (레닌, 『제국주의론』)

레닌이 말한 제국주의의 본질, 성격은 오늘날도 그대로 유지되고 있다. 현대제국주의는 미제국주의를 중심으로 일본과 나토 소속국인 독일, 프랑스, 영국 등 제국주의 국가들로 구성되어 있다. 여기에 스페인, 이탈리아, 호주, 캐나다, 이스라엘 등이 제국주의 체제를 떠받치고 있다. 이들 한 줌도 안 되는 제국주의 국가들과 동맹국들, 제국주의 나라의 독점체들이 수백 개 나라와 수십억 인류를 침략, 정권교체, 지배하고, 경제적으로 제재, 금융적으로 교살(絞殺)하며 문화, 사상적으로 통제, 정신적으로 노예화하는 체제가 바로 현대제국주의이다.

머리부터 발끝까지 완전무장한 미제국주의와 미제가 배후에서 조종하는 나토(북대서양조약기구)는 군사적 제국주의의 대표적인 사례고, 유럽연합(EU) 집행위원회, 유럽중앙은행(ECB), 국제통화기금(IMF)은 대표적인 국제적 금융약탈, 금융교살 트로이카다. 이 국제금융 약탈기구는 고금리와 긴축을 내세워 전 세계를 약탈하고 금융적으로 지배하고 있다. 국제부흥개발은행(IBRD)은 금융지원과 개발원조를 명목으로 전 세계를 지배하는 기구다.

그러나 제국주의는 자신들의 반동적인 본질을 은폐, 전가하고자 제국주의 프로파간다를 사용하여 인민대중을 혼란스럽게 하고 제국주의를 변호한다. 제국주의의 사악한 이데올로그들과 제국주의 언론들, 교육기관들, 종교기관들, 다종다양한 문화사회 단체들이 파렴치한 제국주의 변호론자로 나선다. 그리하여 제국주의의 사악한 이데올로기가 진보진영에게까지 파고든다. 심지어 오늘날 혁명을 외치는 공산주의진영 내에서조차 제국주의 이데올로기의 영향을 받고 있다.

러시아, 심지어 사회주의 중국이 제국주의라는 주장은 미제를 비롯한 서방 제국주의의 침략과 약탈, 범죄상을 은폐하고 전가하려는 신종 제국주의 이데올로기다. 중국이 일대일로(一帶一路)로 '신제국주의'라는 주장은 서방 제국주의자들의 아시아, 아프리카, 남미 등 전 세계에서의 천연자원 약탈과 노동력 착취, 심지어 대량학살과 내전 야기, 침략, 정권교체 기도 등 천인공노할 반인류 강도범죄를 물타기 하려는 주장에 불과하다.

이러한 신종 제국주의 이데올로기는 한국 사회에도 막대한 영향을 미치고 있는데, 야수같은 전쟁광, 학살광 미제국주의에 대한 숭배감정은 최고조에 달한 데 반해, 이에 반비례하여 중국에 대한 혐오감은 극단으로 치닫고 있다. 미제와 서방 제국주의가 우크라이나를 내세운 반러 전쟁인 러·우전(특별군사작전) 이후에 반중 혐오감은 반러 혐오감, 즉 루소포비아로 절정에 달하고 있다.

이러한 제국주의가 조장한 지배계급의 사상은 미제가 중심이 된 미·일·한 전쟁동맹, 약탈동맹이 추구하는 반북, 반중, 반러 신냉전에 대한 대중들의 저항의식을 무너뜨리고 있다. 대중들의 반미 반제 의식의 약화를 조장하는 이러한 이데올로기는 바로 신냉전의 버팀목이다. 이를 무기로 한반도에서 제국주의가 자행하는 침략책동과 프로파간다는 한층 더 흉포해지고 노골적이며 파렴치해지고 있다.

"반국가 세력들은 (북한의) 유엔 안보리 제재를 풀어달라고 읍소하고, 유엔사를 해체하는 종전선언을 노래 부르고 다녔습니다", "가짜 뉴스와 괴담으로 자유 대한민국을 흔들고 위협하며 국가 정체성을 부정하는 세력들이 너무나 많이 있습니다"라는 윤석열의 자유총연맹 창립식 연설은 이러한 배경에서 나왔다.

파시즘은 민주주의의 극단적 부정이고 그 끝에는 전쟁이 있다. 미제가 파시즘을 수출하여 우크라이나 신나치를 민간, 국가 차원에서 육성하고 젤렌스키를 내세워 반인민, 반러 전쟁을 획책하고 있듯이, 한국에 수입된 제국주의 파시즘은 파시스트 윤석열을 통해 자유총연맹 같은 극우 반공 파시스트 단체를 육성하여 이들을 반인민, 반민주, 반북, 반중, 반러 신냉전의 극우파시스트 전사로 삼으려 한다.

신냉전, 가치동맹을 전파하는 제국주의 신종 이데올로기, 제국주의 변호론이 진보진영 상당수, 심지어 공산주의자임을 자처하는 세력들까지 파고들었다는 것은 아주 중대한 사태라고 할 수 있다.

『맑스주의와 현대제국주의 − 현대제국주의 성격과 21세기 타도 제국주의』는 이러한 각종 제국주의 프로파간다와 여기에 영향받은 진보진영 내부와의 사상전이다. 적이 누구인지 모르고 적과 투쟁할 수 없고 적을 물리칠 수는 없는 노릇이다. 아군 내에 침투한 오열이나 이 영향을 받고 있는 세력들과의 적대적 혹은 비적대적 사상투쟁은 불가피하다.

"한국 사회의 많은 이들이 대미 동맹을 여전히 냉전 시기의 틀로 바라본다. 마찬가지로 대중 긴장 역시 이 틀로 해석하려 한다"는 '진보인사'들의 인식이야말로 가장 이데올로기적이다. '거대담론'을 부정한다는 명목으로 실제로는 '거대현실'을 부정한다. 이들 '진보인사'들은 다원주의, 포스트모더니즘적 사고로 제국주의의 은밀한 변호론자로 나서고 있는 것이다.

현대제국주의는 미제가 중심이 되는 약탈과 착취, 침략체제이다. 반제의 요체는 지금도, 앞으로도 상당 기간 반미일 수밖에 없다.

2023년 러·우전의 향방이 결정될 가능성이 높아지고 있다. 이 전쟁은 신냉전의 정점에서 벌어지고 있으며, 일극 체제의 다극체제로의 전환 속도를 빠르게 하고 제국주의 우두머리 미국의 쇠퇴와 해체를 촉진하는 계기가 될 것이다. 미제의 약화, 쇠퇴는 우리 땅에서 미제 축출의 기운을 고조시킨다. 제국주의 전쟁과 약탈을 막고 미제를 이 땅에서 축출하자. 인류가 진정 평화로운 세상을 영위케 하자. 자유와 해방으로 나아가자.

『맑스주의와 현대제국주의 - 현대제국주의 성격과 21세기 타도 제국주의』가 평화와 해방을 열망하는 진보적 인류의 염원에 조금이나마 복무할 수 있는 저작이 됐으면 한다.

마지막으로 이 책이 출간되기까지 후원, 응원해주신 여러 벗들과 동지들, 추천사를 보내 주신 분들께 진심으로 감사드린다. 우리 사회 진보진영 다양한 영역에서 중요한 역할을 하고 계시는 존경하는 동지들, 선생님들의 날카로운 추천사는 이 책의 부족함을 메우는 방패가 되고 있다.

3장 국제공산주의 운동의 첨예한 쟁점들

4장 중국혐오의 정치적 기원

왜 지금 현대제국주의인가?

김정호(북경대 박사, 전 민주노총 정책연구원 자문위원,
현 울산함성 발행인)

이 책을 통해 저자가 말하고자 하는 바는 다음 두 가지이다. 지금 시기 왜 제국주의인가? 현대제국주의란 무엇인가?

1. 첫 번째 문제와 관련하여, 이것은 현시기 국제관계의 '주요모순'과 관련된다. 저자는 이에 대해 본서 첫 장에서 '제국주의'가 지금 시기 다시금 화두로 등장하게 된 과정을 서술한다.

한때 사람들이 거대담론을 기피하던 시기가 있었다. 소련과 동구권 붕괴와 더불어 제국주의에 대한 관념 역시 잠시 우리 머리에서 사라진 듯 보였다. 이런 분위기에서 나온 것이 2007년 조정환 씨의 '제국' 개념이다. 1980년대 말 '얼굴 없는 시인' 박노해와 함께 노동해방문학 활동을 했던 조정환 씨는 '미국을 단일하게 행동하는 제국주의 국가로 이해하기보다 여러 종속국 혹은 동맹국들을 거느리고 살아가는 제국'으로 봐야 한다고 했다. (본문 중에서)

2000년대 들어서 중국의 굴기가 두드러지고 기존 유일 패권 국가인 미국과의 경쟁이 격화되었다. 이때 나온 것은 'G2 경쟁'이다. 하지만 이

개념 또한 기존 패권 국가와 잠재적 패권 국가 간의 경쟁이란 시각을 벗어나지는 못했다.

2022년 2월 드디어 러시아와 우크라이나 간의 전쟁이 발발하였다. 이것을 계기로, 그리고 이 전쟁이 소규모 국지전이 아닌 서방 대다수 국가 및 중국을 포함한 전 세계 개도국들을 직간접적으로 영향권에 두는 중차대한 국제적 사건이 되면서, '제국주의' 개념이 전면 부활하였다. 이제 국내외 진보세력은 이 전쟁에 대한 태도를 어떤 형식으로든 표명하지 않을 수 없는데, 그 때문에 이 전쟁의 성격 규명은 각국 좌파에게 있어 시급한 과제가 되었다.

2. 현대제국주의를 올바로 규정하는 작업은 지금 시기 이론적으로나 실천적으로 매우 중요하다. 만약 우크라이나 전쟁을 제국주의 간의 전쟁으로 규정하면 자연히 '양비론'의 입장에 서게 된다. 이에 반해 미국과 서구 동맹국으로 구성된 현대제국주의 세력의 확장에 맞선 '방어전'으로 보는 시각에선 러시아를 옹호할 수밖에 없다.

이 같은 입장 차이로 인해 지난 2022년 10월 쿠바에서 개최된 22차 국제공산당 및 노동당 대회에서는 두 개의 서로 다른 결의문이 채택되었다. 그 대회를 계기로 국제공산주의운동은 그리스공산당(KKE)을 축으로 한 세력과 '세계반제국주의 플랫폼'으로 집결한 세력으로 양분되었다. 마치 1차 세계대전을 앞둔 시점에서 제2 인터내셔널이 붕괴되던 상황을 연상케 한다. 국내 진보진영 역시도 우크라이나 전쟁 때문에 기존 분열의 골이 한층 깊어지는 느낌이다.

3. 이제 현대제국주의가 존재한다는 사실을 인정하는 것만으로는 부족하며, 그보다 제대로 그것을 인식하는 일이 더욱 중요하게 되었다. 즉

현대제국주의란 무엇인가에 대한 정확한 개념 규정이 지금은 초점이다. 따라서 이 책 대부분은 이 주제를 둘러싸고 전개되며, 저자는 그간 다른 정파와 벌인 글들로 구성되어 있다.

그런데 현대제국주의를 제대로 정의하는 문제는 우크라이나 전쟁에만 국한된 것은 아니다. 소급하면 중미 간 'G2 대결'의 성격과도 관련된다. 국내외의 많은 좌파 활동가들은 'G2 대결'을 여전히 단순히 '패권 경쟁'이란 시각에서 바라보려는 경향이 있다. 이를 통해 애써 사회주의와 자본주의 두 체제 간의 경쟁이라는 더욱 본질적인 측면을 무시하려 한다. 물론 이 문제에 있어 핵심은 중국이 사회주의인지 아닌지 그 사회 성격에 대한 판단이다(저자 역시 이 주제와 관련하여 본문 중에 별도의 장을 할애한다). 하지만 현대제국주의적 관점에서 중국을 바라보는 시각 또한 큰 영향을 미친다. 예컨대 중국을 자본주의 국가로 규정하는 사람들은 레닌이 제국주의론에서 거론한 '5가지 지표'를 들어, 그중 '자본수출' 항목을 중국이 추진하는 '일대일로' 전략과 직접적으로 연관시킨다. 이처럼 현대제국주의에 대한 정확한 인식은 매우 중요한 시대적 의미를 갖게 되었다.

4. 이런 시점에 나온 『맑스주의와 현대제국주의』는 국내외적으로 주목을 받을 수밖에 없다.

저자는 본서에서 레닌의 제국주의 규정과 관련한 '5가지 지표'에 대해 각각의 단편적 해석을 지양하고 통일적 해석이 필요함을 강조한다. 저자는 "독점은 제국주의의 경제적 기초이지만 독점이 곧 제국주의는 아니다"라고 레닌의 제국주의론을 인식하면서 "독점체에 있어서도 세계에서 차지하는 독점체의 규모, 위상을 살펴봐야 하고 자본수출에 있어서도 '현저한 중요성'을 가지고 있는지"를 살펴야 한다고 본다. 그럴 경우 가장 중요한 것은 **"독점체가 성장해서 금융적으로 세계를 약탈하고 지배하는 지"** 여부라며 문제의 핵심을 짚는다.

이 같은 현대제국주의 개념 규정에 입각하면 러시아나 중국은 자연히 제국주의가 아니게 된다. 왜냐하면 우선 러시아의 경우를 보면, 미국과 서유럽 동맹국들이 우크라이나 침공을 이유로 러시아를 자신들이 주도하는 국제결제시스템(SWIFT)에서 추방했기 때문이다. 이 한 가지 사실만 보더라도 러시아는 지금의 국제금융체계에서 수혜자가 아닌 다른 개도국들과 마찬가지로 피해자에 불과하다. 중국 역시도 사정은 비슷하며, 그 때문에 중국과 러시아를 비롯한 브릭스 국가들은 개발도상국을 대표하여 IMF를 비롯한 현 국제금융체계에 대한 개혁을 핵심 요구로 제출한다.

5. 이상의 이론적 측면 외에도, 저자는 상당한 지면을 빌려 그간 우크라이나 정세가 어떻게 발전해 왔는지를 풍부한 사례를 통해 보여준다. 이처럼 이론과 역사적 고찰을 병행하는 전통 맑스주의 서술 방식은 독자로 하여금 우크라이나 전쟁의 성격에 대한 명쾌한 판단을 내릴 수 있게끔 도와줄 것이다.

오늘날 '제국주의' 논쟁이 다시 재등장한 현실은 다름 아닌 현대제국주의가 **국제관계의 '주요모순'**이라는 사실을 뜻한다. 이에 대해 저자는 **'반제의 요체는 반미'**라는 간략한 행동강령을 제시하고 있는데, 지금 이보다 더 정곡을 찌르는 말은 없다.

사상투쟁이 빈곤한 우리 시대의
대표적 사상이론 투쟁의 기록유산

이정훈(통일시대연구원 연구위원, 『주체사상 에세이』, 『조선민주주의
인민공화국 현대사』, 『사상여행 1박 2일』 저자)

한국에서 1980년대, 맑스주의는 진보적 지식인의 깃발이었다. 맑스를 거론하지 않고는 활동가나 진보지식인 행세를 하기 어려운 시절이었다. 시절이 바뀌어 맑스주의를 표방하는 지식인은 강단과 재야에서도 거의 사라졌다. 그 자리를 대신해 서구 좌파 수입이론 전성시대가 되었다. 아직도 맑스주의를 보내며, 유행 따라 알튀세르, 들뢰즈, 지젝, 푸코, 라캉에 열광해 악세사리처럼 걸고 다닌다. 그러다 유행이 지나면 미련 없이 버린다. 사상빈곤의 시대이자, 서구풍의 현학적 날라리 이론이 난무하는 시대다.

사상적 알갱이를 바로 잡아야 할 한국 진보진영도 사정은 크게 다르지 않다. 과연 한국에 현실과 현장에 부합하는 제대로 된 맑스주의 그룹이 있는가 싶을 정도이다. 그나마 진보와 맑스주의를 이야기하는 사람들도 무익한 트로츠키주의, 유럽 수정주의 맑스주의에서 답을 찾거나, 아직도 러시아 혁명을 그대로 한국에 교조적으로 적용하는 경향이 남아 있

다는 느낌이 들 때가 많다.

한국진보 내부에서도 품격 있는 치열한 사상투쟁은 거의 사라졌다. 이러한 풍토에서 황당한 중국과 러시아의 제국주의론(제국주의 피라미드론)이나, 중국혐오론, 우크라이나 전쟁 양비론 등이 진보의 이름으로 유포되고 자라고 있다. 이 황당한 이론들의 최종목표는 대부분 반미 반제투쟁의 초점을 제거하는 길, 그 하나로 모두 통한다. 사상문화전은 원래 맑스주의와 진보의 특기인데 지금은 미국의 소리 없는 고단수 선전전에 진보가 따라가지 못하고 있다.

저자의 사이비이론 비판에는 거침이 없다. 신랄(辛辣)하다는 말은 아마 이런 때 쓰는 말 같다. 저자는 사회진보연대, 노동사회과학연구소, 박노자, 한지원, 홍명교, 조정환, 정성진, 지젝, 그리스공산당 이론의 문제점을 조목조목 비판한다. 사상투쟁의 대상들은 수없이 많고 벌판에서 고군분투하는 필자가 걱정스러울 정도이다. 그는 맑스 레닌주의 이론에 정통하면서도 좌파가 범하기 쉬운 교조적 해석을 경계한다. 한국 맑스주의자는 자본주의 모순과 함께 분단 한국의 특수성을 충분히 고려해야만 한다고 주문한다. 그의 이론과 비판은 한국 현실과 민중에 기반하고 있다.

저자는 요즘은 거의 진보조차 관심이 없는, 국제공산주의 운동의 당면한 쟁점에 대해 추적하고 자신의 입장을 밝힌다. 맑스주의를 계승해 현대제국주의의 속성을 논증하며, 미제국주의의 신식민주의 정책을 극복하는 반미반제투쟁이 국제적 차원에서 또 한국에서 어느 때보다 필요하다고 역설하고 있다.

이 글들은 현실과 운동현장에서 제기되는 여러 가지 이론문제를 저자가 끈질기게 추적하고 깊이 천착하는 과정에서 쓰였다. 시대의 문제를 깊고 바르게 보려는 활동가들에게는 필수적 사상적 자양분이 될 것이다. 사상투쟁이 빈곤한 우리 시대의 대표적 사상이론투쟁의 기록유산이 되리라 본다.

한국에서 제대로 된 맑스주의자의 관점과 입장이 무엇이냐고 누가 묻는다면, 나는 이 책과 저자 백철현을 주저 없이 추천한다.

이 저서가 반미제국주의 타도라는
시대 과업을 수행하는 수단이 되기를 빈다!

이자훈(여순항쟁 서울유족회 회장)

레닌이 갈파한 『제국주의론』의 핵심 5대 지표를(요약) 보자.

1. 독점 체제
2. 금융과두제 형성
3. 자본수출
4. 독점자본의 세계분할
5. 자본주의 세계의 영토분할

세계 2차 대전 이후 제국주의 총수로서 지금까지 세계 패권을 유지한 미제가 미구(未久)에 끝날 우크라이나 전쟁 후 종말의 시대를 맞이하는 것은 분명한 것 같다. 상기 5대 지표를 전부 만족할 수 없는 쇠퇴일로로 가며 추락하고 있다.

미국은 이를 모면하기 위해 동맹 강화, 중국·러시아도 제국주의 세력 이라고 규정하면서 동맹국에 과도한 군사비 부담과 공급망의 총체적 약 탈(인플레이션 감축법)을 감행하고 있다.

제국론(제국중의 부정)과 다중론 논쟁의 와중에, 제국주의 종주국 미제의 쇠퇴와 맞물려 혼미하고 있는 세계 질서 속에서 맑스주의의 필수적 재구축과 제국주의 새로운 질서를 예리하게 분석하여, 총체적 이해를 도울 수 있는 백철현 동지의 『맑스주의와 현대제국주의 – 현대제국주의 성격과 21세기 타도 제국주의』 출판을 먼저 경하드린다.

주지하듯 제국주의는 1800년대 말에서 1900년대 초에 시작된 현대독점자본주의 시대의 산물이지만 지금 이 시기까지도 군국주의 경향을 동반하면서 강화되고 있다.

미제의 쇠퇴일로를 시기별로 보면, 미국은 1964년 '통킹만 사건'을 조작하여 1965년 2월 베트남을 침략하여 1973년 3월 패배하여 철군할 때까지 천문학적 군사비의 부채를 껴안게 되었다.

이는 엥겔스가 말한 것처럼, 군국주의의 당연한 결과물이며, 레닌이 강조한 것처럼, 제국주의 침략성, 기생성, 부패성을 동시에 보여주는 것이다.

1961년 케네디는 국방예산 교과서에서 재정적 고려를 하여 군사예산을 확정하는 것이 아니라 군사적 필요에 따라 재정을 적응시키는 유연 반응 전략을 구축함으로써 천문학적 군사비 증액이 언제나 가능하게 하였다. 이러한 방만 재정을 이론적으로 정당화한 것이 케인스 경제학의 미국식 뉴-이코노믹스였다. 편법에 의한 재정 남발은 막대한 재정적자를 낳고 여기에 무역적자까지 더하여 미국은 감당할 수 없는 부채의 나락으로 추락하고 말았다.

1971년 닉슨은 드디어 금 태환 정지를 선언함으로써 오히려 금의 가치를 인정하는 아이러니를 낳았다. 1980년 레이거노믹스 당시에도 막대한 군사비 지출과 재정지출이 있었다.

1985년 플라자 합의는 미제국주의 위기를 동맹국가들에게 전가하는 또 다른 모습일 뿐이다. 이러한 미제의 쇠퇴하는 모습이 정치, 경제, 군사, 문화 모든 영역에서 나타나고 있고 세계지배의 야망이 드디어 종말 양상을 피할 수 없는 상황에서, 이 지긋지긋한 한반도 분단의 원흉인 미제의 식민지 상태에서 허덕이고 있는 한국의 장래는 심히 우려를 넘어 심각한 상태임을 자각할 때가 왔다.

남쪽의 매판세력의 극치가 윤석열 정권의 탄생으로 이어지는 가운데 세계사적 격동의 시대에 부합하지 못함으로써 이 정권은 세계적으로 고아가 될 뿐만 아니라, 한미·한일 동맹의 강화는 제국의 꽁무니를 쫓아가는 망나니의 서글픈 운명을 연상시킨다.

한일동맹은 '신 가쓰라 테프트 밀약'에 불과하며 둔갑된 히로시마 선언은 반역사적 산물이라고 할 수 있다. 또한 한·미 핵 워싱턴선언은 제2의 한국전쟁 책동선언이라고 할 수 있다.

역사에서 제국은 필연코 망한다는 교훈을 상기할 때, 민족자주 원칙에 의한 통일국가 건설을 생각할 때 민족자주 주체세력의 결집은 시급한 과제라고 아니할 수 없다. 민족해방의 성취를 위하여 세계사적 모순을 극복하고 민족문제의 모순을 직시해야 한다. 반미제국주의 타도라는 시대적 과업이 주어진 이 시기에 백동지의 저서를 통하여 성찰할 수 있는 기회가 되기를 빌면서 일독을 권하여 마지않는다.

현대 제국주의의 현상·본질·발전경향

홍승용(현대사상연구소 소장)

1. 러시아와 중국을 제국주의 국가로 보느냐 반제국주의 국가로 보느냐 하는 문제는 국내외 반자본주의 운동 내부의 뜨거운 쟁점이다. 이 문제는 실천 방법 및 목표와도 직결된다. 본서는 이 문제를 파악하는 두 가지 관점을 첨예하게 대립시킨다. 그리고 러시아와 중국을 제국주의로 보는 입장을 다양한 자료를 근거로 단호히 비판한다.

2. 두 나라를 미국·일본·영국·프랑스·독일 등과 다를 바 없는 제국주의 국가라고 규정하는 입장에서는 오늘의 러-우 전쟁을 제국주의 전쟁으로 파악하고 미-중 관계를 양비론적으로 볼 수밖에 없다. 미국의 단일패권주의에 맞서는 중국의 다자주의에 대해서도 특별히 우호적이지 않다. 이 경우 미국과 중국의 제국주의적 지배·착취 양태의 차이는 부차적이며, 자본주의적 본질이 주요 극복 과제로 남는다. 이처럼 러시아와 중국을 제국주의로 보는 근거는 두 나라가 사회주의와는 거리가 멀고 국가자본주의 또는 독점자본주의 단계에 머물고 있다는 데에 있다. "독점들의 이해에 봉사하고 있는, 한 제국주의 아니면 또 다른 제국주의, 한

동맹 아니면 또 다른 동맹의 편을 드는 데, 인민들은 아무런 이해관계도 없다"는 것이다. 이 양비론의 관점에서 지금 진행 중인 전쟁 및 다가올 전쟁을 저지하는 유일한 길은 프롤레타리아 국제주의와 프롤레타리아 혁명을 통한 사회주의 건설이다. 이러한 입장에는 전 세계 수십 개 나라의 공산당들과 청년조직들이 동의하고 있다.

3. 이 입장과 달리 본서는 미국 중심의 제국주의가 역사적으로 자행해온 착취와 약탈, 반제국주의적 인물 제거, 정권교체 공작 등 무수한 만행들을 본질적인 문제라고 본다. 그리고 중국과 러시아의 대외정책이 침략적이지 않고 상호호혜적이라는 점에서 미국 중심 제국주의와 구분해야 한다고 강조한다. 그렇다고 러시아가 자본주의 국가임을 부인하거나 중국경제에 독점자본주의적 요소가 없다고 주장하는 것은 아니다. 하지만 본서는 "독점이 형성돼 있다고 모두 제국주의 국가는 아니"라고 본다. 즉 "독점을 기초로 해서 전 세계적 수준에서 독점체 자본가들 간 세계분할을 하고 열강 간 세계분할을 할 때 비로소 제국주의가 된다"는 것이다. 그리고 "세계분할과 재분할은 침략과 지배, 전쟁 없이 가능하지 않다"고 지적한다. 우크라이나 전쟁은 러시아의 군사 개입 이전에 이미 미제국주의 및 우크라이나 파시스트들에 의해 시작되었다는 사실을 주목하면서, 본서는 우크라이나 전쟁을 제국주의 간의 전쟁이라고 보거나 중국과 러시아를 제국주의 국가라고 보는 양비론은 실질적으로 미제국주의를 두둔하는 것이라고 비판한다. 따라서 본서는 반미·반일 없이는 반제국주의도 없다고 단호히 주장한다. 무엇보다 본서는 반파쇼 통일전선을 계급협조라고 폄하함으로써 광범위한 노동자 인민을 반파쇼 투쟁에 끌어들이지 못하는 경직된 계급혁명론을 거부한다. 또 중국과 관련해서도 "사회

주의 시장경제를 극복해야 할 과제로 인식하는 대신에 사회주의 건설의 모범으로 강조"하는 데에 반대하지만, 공기업의 주도성을 인정하며 중국 중심의 다극화가 기본적으로 반제국주의적 성격을 지닌다고 평가한다. 이러한 논리에 따르면 우리는 양비론이 아니라 중국을 중심으로 하는 다극화 체제에 힘을 실어야 한다. 그리고 사회주의로 나아가는 현실적인 단계들을 간과해서는 안 된다.

4. 현대 제국주의의 본질과 현상 및 발전경향이라는 측면에서 첫째 입장은 중국과 러시아의 자본주의적 측면을 본질적인 것으로 본다. 이러한 본질이 제국주의로 발현되는 것은 필연이라고 할 수 있다. 이런 관점에서는 이제까지 중국이 보여온 대외관계상의 평화적인 태도도 힘에 비례한 자원·시장 등의 재분할 원칙에서 별로 벗어나지 않으며, 심지어 제국주의적 본질을 숨긴 체 '때를 기다리는' 것으로 보일 것이다. 이런 의심에서 벗어나려면 러시아와 중국이 독점자본주의를 넘어서 사회주의로 발전해가야 하는데, 오늘의 중국과 러시아에서는 특히 인민들의 생활조건을 고려할 때 그런 역동보다 독점자본주의를 강화하고 제국주의로 나아갈 가능성이 더 커 보인다고 할 수 있다.

5. 반면에 본서는 이제까지 중국이 극복하지 못한 자본주의적 요소들을 대체로 현상 차원의 문제이자 단계적으로 극복해 가야 할 과제라고 파악한다. 무엇보다 중국에서 공기업이 차지하는 주도적 비중을 감안하면 중국은 본질적으로 사회주의를 향해 나아가고 있다는 것이다. 물론 현 단계에서 중국 사회가 안고 있는 자본주의적 요소를 부인할 수는 없다. 그러나 공동부유나 국진민퇴 등의 정책을 통해 사회주의를 향해 나아가고 있는 그 역동의 의의를 보지 않는 것은 사회주의를 관념 속에

서 순수한 형태로만 이해하는 비현실적 관점이다. 사회주의 운동의 단계적 성격과 통일전선의 현실적 의의를 인정해야 한다. 우크라이나 전쟁 및 미·중 갈등을 보는 양비론에서 벗어나 미국 중심 제국주의에 맞서는 반제국주의 운동에 역량을 집중해야 한다.

6. 한 사회는 모순되는 요인들·경향들이 서로 충돌하며 발전 또는 퇴행하는 역동적 복합적 실체다. 러시아는 자본주의 국가로서 제국주의로 발전해갈 가능성을 안고 있지만, 구소련의 유산들 또한 일소된 것은 아니라는 점도 간과할 수 없다. 중국의 자본주의적 요소를 부인할 수는 없지만, 사회주의로 나아가는 역동성 또한 인정할 필요가 있다. 중국식 사회주의를 변혁운동의 유일한 본보기라고 볼 수는 없더라도, 특히 최근 국가 권력을 통해 좀 더 사회주의적으로 발전해가려는 운동은 —국내외의 저항으로 인한 난관을 감안하더라도— 주목할 가치가 있다고 여겨진다. 이러한 발전이 좌절되고, 국가기구까지 자본권력에 잡아먹혀 제국주의로 나아갈 잠재적 위험 역시 미리 배제할 수는 없을 것이다. 그렇더라도 현재까지의 대외정책 차이는 합당하게 존중해야 마땅할 것이다.

7. 본서가 현대 제국주의 및 사회주의 운동의 핵심 쟁점을 여러 자료들에 근거해 명확히 정리해놓고 있다는 점에서, 자본독재와 제국주의에 맞서는 전쟁을 의식적으로 벌이는 독자라면 누구라도 본서와 진지하게 씨름할 필요가 있다. 이 과정에서 본서의 입장에 대한 동의 여부를 떠나 그 격렬하고 간명한 논의방식에 매료되지 않기도 어려울 것이다.

새로운 사회에 대한 논쟁 촉발을 위하여

이용기(전교조 전 경북지부장, 민주노총 경북본부 수석부본부장)

현대제국주의론 원고를 파일로 받았다. 전국노동자정치협회에서 우크라이나 전쟁, 중미 갈등, 북에 대한 태도 등 국제관계와 계급 운동의 방향에 대한 논쟁과 번역된 글을 묶어서 『맑스주의와 현대제국주의』를 출간할 계획이라고 한다. 한국사회성격에 대한 고민이 많지 않아 논쟁에 참여하지 못하지만 새로운 사회에 대한 논쟁을 위해 제국주의와 사회주의 지향 국가의 성격, 국제계급관계에 대한 논쟁을 정리한 『맑스주의와 현대제국주의론』 출간에 큰 박수를 보낸다.

1990년대 초까지 한국 사회 성격 논쟁이 활발하게 진행되었다. 소련이 붕괴되고 미국 일극 체제로 재편되면서 자본의 이윤 극대화를 위한 신자유주의 정책이 확대되었다.

2023년, 자본주의의 전반적 위기와 미국의 유일 패권이 흔들리는 상황은 한국의 변혁운동에도 큰 영향을 미치고 있다. 그러나 한국 사회 성격 논쟁은 활발하지 못하다. 노동조합 조직은 확대되었으나 산별노조 건설과 정치세력화 전략 실패 이후 현장조직과 정치조직들이 새로운 사회에 대한 전망을 제시하거나 논쟁을 이끌어나가지 못하고 있다.

백철현동지는 한국사회 변혁운동 지형에서 유행에 뒤쳐졌다는 평가를 받으면서도 중국과 소련, 그리고 이북에 대한 사회주의 규정문제 논쟁을 이어가고 있다. 노동운동도 우크라이나 전쟁으로 제국주의와 사회주의를 표방하는 나라들의 성격 규정을 더 이상 유보하기 힘들게 되었다. 러-우 전쟁으로 인한 경제와 정치, 외교 관계가 민중 생존권과 노동운동에 직접 영향을 미치고 있기 때문이다.

현재 노동운동 활동가들이 노동운동의 전망이나 노동자 정치세력화에 대한 입장을 활발히 개진하고 있지 못하고 있다. 노동조합 현안에 집중하며 새로운 전망을 위한 이론적 학습과 토론을 진행하지 못하는 조건이다. 사상논쟁을 할 이론 생산의 취약함과 공론화에 대한 자신감 부재도 논쟁지형 약화의 주요한 원인이다. 정치세력화와 제국주의 전쟁에 대한 입장이 현실 문제임에도 현상을 쫓아가는 대중언론의 분석정도에 머물다 보니 실천적 방향을 제시하는 정세분석을 하지 못하고 있다.

노동운동 내부는 "전망이 없다!", "전망이 무엇이냐?"고 불확실성을 토로하며 전망에 대한 요구가 많다. 이런 한국 노동운동의 현실에서 먼저 하나의 입장을 제출하는 것은 큰 용기가 필요하다. 미국과 나토의 도발로 촉발된 우크라이나 전쟁은 인정하면서도 푸틴의 야욕과 전쟁으로 인한 민간인 피해 문제를 제기하며 변혁운동 진영에서 러시아 제국주의론 등 전쟁에 대한 다양한 입장이 개진되고 있다. 활동가들이 어정쩡한 입장인 상황에서 백철현 동지는 일관된 입장으로 국내외 단체와 활동가들의 입장에 대한 논쟁을 이어가고 있다.

『맑스주의와 현대제국주의』에서는 영미일을 중심으로 제국주의의 음모적 영토 분할과 자본의 이윤추구의 흐름에 대한 러시아의 대응으로 우크라이나 전쟁을 바라본다. 이들 제국주의 세력이 그동안 제3세계에서 행한 전쟁과 정권교체 등의 폭력 행위의 흐름으로 문제를 제기하고 있다. 그리고 제국주의와 우크라이나 전쟁에 대한 입장을 밝히는 국내외 활동가들이나 조직에 대해 적극적으로 논쟁하고 관련 해외 자료를 번역 소개하고 있다. 이런 전체 논쟁 자체가 노동운동의 전망을 찾아나가는 중요한 과정이 될 것이라고 생각한다.

모쪼록 『맑스주의와 현대제국주의』의 출간으로 인민의 자기 지배와 새로운 사회에 대한 논쟁이 활성화되기를 기대한다.

현대제국주의 성격과
21세기 타도 제국주의

1. 반제국주의의 요체는
여전히, 앞으로도 반미이다

(2023년 1월 1일)

* 이 글은 '현대사상연구소'의 〈현대사상〉에 실린 글입니다. 또한 지난 12월 30일 민주노총 주최 집담회 '윤석열 정권과 당면 정세대응을 위한 집담회' 평화 반제 영역 토론문으로도 제출되었습니다.

제국인가? 제국주의인가

'제국론'은 제국주의를 부정하는 이론이고, '다중론'은 계급을 부정하는 이론이다. 세상이 근본적으로 변화되었다는 부당한 전제에 근거하는 비(非)이론이다. 몇 년 전까지『제국』,『다중』(마이클 하트, 안토니오 네그리)은 아카데믹한 지적세계와 자유주의 언론에서 제법 주목을 받았다.

요즘은 활동이 뜸하고 관심이 비교적 시들해졌지만,『제국』을 국내에 소개했던 조정환 씨는 다음과 같은 논리로 현대 제국주의론을 부정했다.

> '전 지구적 주권 질서'가 등장하고 있다는 사실을 인식하지 않고서는 오늘날의 세계에서 벌어지는 사태들을 총체적으로 이해할 수 없다. 국가 주권의 확장메커니즘을 설명했던 '제국주의론'은 20세기 세계를 이해하는 데 긴요한 것이었지만 탈식민화가 전개된 20세기 후반부터는 적실성을 잃기 시작했다….
>
> 예컨대 미국이 이라크와 아프가니스탄에 투입한 전비는 점령을 통한

자원 확보나 상품 수출을 통해 볼 수 있는 이익을 훨씬 초과한다. 게다가 전후 '국가건설' 프로젝트에 거대한 자금이 원조로 제공되어야 한다. 저항이 끝나지 않음으로써 전쟁은 항구화하고 전비는 기하급수적으로 누적된다.

결과적으로 미국의 '제국주의' 행동은 미국 자신을 연간 7,000억 달러의 무역적자와 연간 4,000억 달러의 재정적자를 기록하며 평균 매일 20억 달러를 차입해야 하고 또 매일 50억 달러의 이자를 지급해야 하는 '빚더미 국가'로 만들어 놓는다. 제국주의론이 이 역설을 어떻게 설명할 수 있을까? 그래서 제국주의론의 좀 더 발전된 판본은 미국을 단일하게 행동하는 제국주의 국가로 이해하기보다 여러 종속국 혹은 동맹국들을 거느리고 살아가는 '제국'으로 설명한다.

(조정환, '제국주의는 죽었다, 21세기는 지구제국 시대' "제국인가 제국주의인가"/
① 왜 제국인가, [기획] 우리 시대 지식 논쟁, 한겨레, 2007-08-31)

이러한 인식은 실천적으로는 어떻게 나타날까?

실천적으로 제국주의론은 민족해방을 아직도 유효한 투쟁전략으로 제시한다. 그래서 미국에 맞섰던 사담 후세인을 군사적으로 지지할 뿐만 아니라 탈레반을 민족해방운동의 전위대로 지지한다. 이런 시각에서는 테러와 납치도 민족해방운동의 부득이한 전술일 것이다. 북한의 핵무기도 반제국주의 보루로 보일 것이다.

이 점에 대해서만은 정성진 교수가 다음과 같이 잘 비판했다.

제국론은 오늘날 세계에서는 국민국가 자체가 의미를 상실했다고 본다. 그래서, 독립적 국민국가를 수립하거나 유지하려는 민족주의는 아무런 진보적 의의도 없으며, 제국의 경향을 거스르는 역사적 반동이라고 본다. 그러나 이라크와 아프가니스탄에 대한 미국의 제국주의적 침략과 점령에 대항하는 이라크인들과 아프가니스탄인들의 투쟁은 신자유주의 세계화에도 불구하고 국민국가 문제가 여전히 현재성이 있음을 보여 준다. 그들의 투쟁은 제국주의적 억압에 맞서 민족자결권을 지키기 위한 투쟁이므로 테러와 같은 잘못된 전술과 잘못된 정치에도 불구하고 그들의 투쟁을 제국주의 반대자들은 지지해야 한다.

제국주의, 미국 제국주의 또는 줄여 말해 '미제'라는 말은 1970년대만 하더라도 '빨갱이'의 '삐라'에서나 볼 수 있는 불온한 용어였다. 그런데 역설적으로 오늘날은 미국의 지배계급 중 핵심 집단인 네오콘 자신이 스스로 제국주의자임을 내놓고 자랑스럽게 자임한다. 자신이 제국주의라고 '커밍아웃'한 21세기 '벌거벗은 자본주의'에 다시 제국이라는 포스트모던한 옷을 입혀 주고, 이것이 제국주의에 비해 더 낫다며 변호하는 것, 이것만으로도 제국론은 진보의 담론으로서 자격을 상실한다.

(정성진 경상대 교수, '지구제국'은 허상이다, 제국주의 되레 격화 [기획] 우리 시대 지식 논쟁 ① 제국인가 제국주의인가 ②, 한겨레, 2007.09.07.)

정성진 교수(현재는 퇴직)는 여전히 제국주의는 국민국가를 중심으로 활동하며 약소국가를 착취, 약탈, 지배한다고 하면서 이를 잘 반박하고 있다. 그런데 아프간 사례 등을 근거로 미국이 초과이윤과 원조 대가로 특혜를 얻기는커녕 천문학적 부채를 떠안게 되었다며 제국주의론을 부정

맑스주의와 현대제국주의

하는 조정환의 주장에 대해서는 답변하지 않았다. 그런데 제국주의 국가들이 (신)식민지 지배를 하면서 떠안게 되는 천문학적 부채는 제국주의론을 부정하는 근거가 될 수 없다.

베트남전에서도 미국은 천문학적 군사비 투입으로 막대한 부채를 떠안았다. 그렇기 때문에 미제국주의는 나토에 대해서는 군사비 전가, 한국에 대해서는 천문학적 미군 주둔비 인상과 최첨단 군사무기 판매를 강요하면서 군산복합체가 막대한 이윤을 챙기기도 하는 것이다. 아울러 막대한 부채를 보상하기 위해 제국주의 지배를 하는 국가의 천연자원을 수탈하고 시장을 지배하고 노동력을 저가로 사용하면서 제국주의적 이득을 챙기기도 한다.

미제국주의의 아프가니스탄 침략은 '테러와의 전쟁'을 빌미로 아프가니스탄을 침공하여 중동에 대한 지배력을 연장하기 위한 것이었다. 특히 아프간 북쪽에 있는 우즈베키스탄이나 투르크메니스탄 등 국가들이 이 전쟁 과정에서 자국 영토 및 기지사용권을 받았던 것처럼, 중앙아시아에 영향력을 확장하기 위한 것이었다. 아프간과 영토를 맞대고 있는 이란을 위협하고, 최근 미국이 '인권'을 내세워 중국의 통일국가 정책을 반대하여 분리주의 정책을 쓰고 있는 신장위구르 지역과도 맞닿아 있는 전략 요충지를 차지하기 위한 것이기도 하다. 게다가 아프간에는 철, 망간, 우라늄, 희토류 등 천연자원이 풍부한데, 미제는 아프간 지배를 통해 이러한 자원들을 무한정 지배할 수 있었다. 더욱이 미국은 중앙아시아 가스 컨소시엄 사업에 대해 부정적이었던 탈레반을 제거하고 중앙아시아에서 석유와 천연가스를 장악하려고도 했다.

그러나 결국 2021년 미제국주의는 미군 2,448명 사망, 최대 2조 달러가 넘는 막대한 전비를 소요하면서 아프가니스탄에서의 20년 전쟁에서 패배하고 도둑처럼 철군했다.

베트남은 물론이고 아프간에서의 미국의 막대한 전비 소요와 철군은 민중의 저항으로 인해 생긴 제국주의 패배의 생생한 모습들이다. 제국주의가 침략 비용을 쏟아붓지 않고 언제나 승리할 것이라고 상정하지 않는 한, 이러한 침략과 안정적인 지배가 실패한 사례를 들어 제국주의론을 부정하는 근거로 삼을 수는 없다.

조정환은 '제국주의론이 이 역설을 어떻게 설명할 수 있을까?'라며 이 모순적 상황 앞에 손을 들어버렸지만, 엥겔스는 제국주의 시대가 도래하기 전에 이미 변증법적 사고로 이 사태를 분명하게 예고했다.

> 군국주의가 전 유럽을 삼켜 버렸다. 그러나 이 군국주의는 또한 자신의 속에 자기 몰락의 맹아를 내포하고 있다. 개별 국가들 사이의 경쟁은 그들로 하여금 한편으로는 매년 육군, 해군, 대포 등등에 훨씬 많은 돈을 지출하도록 만듦으로써 그들의 재정 파탄을 더욱 재촉했으며 … 군국주의는 자체의 변증법에 따라 붕괴될 것이다.
>
> (엥겔스, 『반뒤링론』, 새길)

제국주의는 자유경쟁 자본주의 시대가 아니라 1800년대 말부터 1900년대 초 시기에 본격 개막된 현대 독점자본주의의 산물이지만, 이처럼 제국주의 시대 이전에도 군국주의 경향은 뚜렷하게 나타나고 있었다.

조정환은 미국의 천문학적 부채 등을 들어 "'제국주의론'은 … 탈식민화가 전개된 20세기 후반부터는 적실성을 잃기 시작했다"고 하지만, 천문학적 부채는 미제국주의를 언제나 따라다니는 천형(天刑)과도 같았다.

미제국주의는 1964년 8월 '통킹만 사건'을 조작한 뒤 베트남민족해방 투쟁을 분쇄하기 위해 1965년 2월에 베트남에 군사 개입하여 1973년 3월 베트남에서 철군할 때까지 침략전쟁을 치르면서도 막대한 부채를 떠 안았다. 그런데 이는 제국주의 체제를 부정하는 근거가 아니라 엥겔스가 강조했던 것처럼, 군국주의의 필연적 결과이자 위기의 모습이면서, 레닌도 『제국주의론』에서 강조했던 것처럼, 제국주의의 침략성과 기생성, 부패성을 동시에 보여주는 사례에 불과하다.

1961년의 국방예산특별교서에서 케네디 대통령은 전(前) 정권과 달리 재정적 배려를 우선하여 군사예산을 제한하는 것이 아니라, 군사적 필요에 대해 재정을 적응시켜야 한다는 생각을 표명하였다. 이것에 의해 비로소 유연 반응 전략에 필요한 계속적인 군사비 증액이 가능하게 되었는데, 이와 같은 '방만(放漫) 재정'을 이론적으로 정당화한 것이 케인스 경제학의 미국적인 발전형태, 즉 뉴·이코노믹스였다…

케인스 경제학에 의해서 정당화된 군사경제는 50년대, 60년대의 미국 경제의 번영과 확실히 관계가 있다. 그러나 장기적으로 이것은 미국의 경제적 잠재력을 침식하는 성질을 띠고 있던 것이어서 베트남 전쟁이 확대되면서 그 부정적인 면이 전면에 드러난다…

미국 정부의 군사조달은 베트남 개입에 의해 한국전쟁 당시와 비슷한 내용을 갖게 되는데, 전통적인 장비·물자에 대한 정부 수요가 커짐에 따라서, 자동차, 기계, 섬유, 고무 등의 산업은 활황(活況)을 맞게 되고 이 것을 중심으로 고용도 크게 진전되었다.

실업률이 3%대로 떨어지면서 발생한 노동시장의 핍박과 노임 상승, 이리하여 중대한 소득이 소비로 향했던 바로 그때 소비재의 큰 부분이 전쟁터로 돌려져 만수 생산마저 축소되기 시작한다. 재정적자 통화증발로 대체되고 있는 상황에서 추가된 구매력에 걸맞을 만큼의 상품이 시장에 나오기는커녕, 거꾸로 상품 양이 절대적으로 감소하게 되면서 비정상적인 인플레이션이 나타난다….

케인스 경제학과 뉴-이코노믹스는 재정정책에 의한 경기 안정과 지속적 성장을 목표로 진행되었다. 그러나 여기에 입각한 군사비팽창과 적자재정이 가져온 결과는 군사기구가 지켜야 할 객체인 미국 경제의 성장력 쇠퇴와 인플레이션이며, 또 미국의 부와 권익의 세계적 확장을 보장하는 제도적 조건인 국제통화제도의 동요였다. 부와 그 질서를 지키기 위한 수단이 본래의 목적에 대하여 반역한 것이다.

(아키오사카이[坂井昭夫], 「독점자본주의와 군사노선」, 허강인 옮김, 세계)

주지하듯, 1944년 금 1온스를 35달러와의 교환한다는 비율을 정하여 달러를 세계 기축통화로 만들게 된 브레튼우즈 체제 개막으로 미국은 자본주의 세계의 중심 국가가 되었다. 이 달러 지배체제는 달러가 가진 종이 쪼가리의 물신적 힘이 아니라 미국이 가진 금융적, 군사적, 정치적 힘을 바탕으로 하였다. 그러나 달러 지배체제는 미국이 달러를 무차별적으로 발행하여 제국주의 패권을 유지하는 동시에 미국 경제의 약화와 기생성과 부패성을 더 심화시키는 계기가 되기도 하였다.

미국은 한국전쟁을 치르면서 막대한 군비를 쏟아부으면서도 이에 근거하여 막대한 이윤을 얻고 전후 장기호황과 부강한 미국의 기반을 마련하기도 하였다. 하지만 한국전쟁과 베트남 전쟁, 쏘련과의 군사 경쟁, 제 3세계 침략과 개입 등 전 세계 패권을 유지하기 위한 침략, 팽창, 패권정책 이면에서 미국은 재정적자와 무역적자라는 '쌍둥이 적자'에 시달려야 했다. 달러 증가발행(증발)은 금 1온스= 달러 35달러라는 고정된 교환기준을 흔들면서 달러가치를 지속적으로 하락시켰다. 달러가치가 하락하자 미국과의 교역에서 다른 국가들은 달러 대신 미국이 보유한 금을 요구했다. 결국 1971년 8월 15일 닉슨은 금 태환 정지를 선언했다. 금 태환 정지는 더 이상 금이 실질적인 가치물임을 부정하는 근거가 아니라 오히려 금만이 진정한 가치를 가졌다는 사실을 반증하는 사례인 것이다.

베트남전 당시 소득세 증세 시도와는 상반된 조치이기는 하지만, 영국의 '대처리즘'에 이어 신자유주의의 상징이 된 1980년대 초 '레이거노믹스' 당시에도 막대한 군사비 지출과 재정적자가 있었다. 1985년 플라자 합의는 미제국주의 위기를 다른 제국주의 국가들에게 전가하는 모습을 극명하게 보여주는 사례다.

이처럼 미국을 수호하고 부강한 미국을 만드는 제국주의 정책이 반대로 미국을 약화시키고 미국을 위기로 빠지게 하는 모순적인 상황으로 치닫게 한 것이다. 이는 '쇠퇴하는 제국주의' 체제의 불안정하고 동요하는 모습이다. 여기서 '쇠퇴'는 절대적인 성장을 멈췄다는 의미가 아니라 제국주의 모순의 증대, 즉, 다른 국가에 대한 위기의 전가와 불만과 균열의 증대, 침략성과 기생성과 부패성의 공존, 인플레이션의 심화와 주기적 경제공황, 저성장 등 위기의 심화, 이 모순을 처리, 극복하기 위한 더 노골적인 침략성과 제국주의 지배를 유지하기 위해 국제적으로뿐만 아니라 자국 내 노동자 인민들한테까지 그 모순과 위기를 전가하는 반동성의 증대와 민주주의의 억압과 파쇼성의 증대 등 자본주의의 전반적 위기의 모습을 보여주는 것이다.

조정환은 "제국주의론의 좀 더 발전된 판본은 미국을 단일하게 행동하는 제국주의 국가로 이해하기보다 여러 종속국 혹은 동맹국들을 거느리고 살아가는 '제국'으로 설명한다"고 한다. 제국주의가 국가를 중심으로, 국가와 그 배후에 있는 자국 독점자본의 이해를 위해서 활동한다고 하더라도 이것이 특정 제국주의 국가가 단독으로 움직인다는 말은 아니다. 반대로 오히려 제국주의는 제국주의 간, 비제국주의와의 경제적, 정치적, 군사적 협정이나 블록, 기구를 맺어 활동한다. 나토는 서유럽 국가들의 군사동맹체지만, 그 나토를 움직이고 있는 국가는 미국이다. 1944년 미제국주의 시대를 본격적으로 알린 브레튼우즈 협정에 의거해 1961년 설립된 국제통화기금(IMF) 역시 미국이 주도하는 국제금융 약탈기구이다.

유럽연합(EU)은 유럽국가들의 정치·경제 공동체인데, 이를 개별 국가의 해체 근거로 삼을 수는 없다. 여기에도 미국 입김이 강하게 작용하고 있고, 유럽연합을 주도하는 국가는 독일이다. 이 유럽연합은 통화의 통일과 개별 국가 간의 재정이라는 모순에 처해 있고, 국가 간 협력의 이면에서 대립과 경쟁이 작동한다. 경제위기 국면에서 이 모순은 더 격화된다. 2016년 영국의 유럽연합 탈퇴(브렉시트[Brexit])는 이 모순의 격화를 잘 보여준다.

초국적 자본은 개별 국가를 거점으로 국경을 넘나들며 국제적으로 활동한다는 의미이지 다국적 자본의 의미가 아니다. '여러 종속국 혹은 동맹국들을 거느리고 살아가는' 미국의 모습은 제국주의를 부정하는 근거가 아니라 깡패 제국주의 두목인 미제국주의가 취하는 전형적인 모습이다.

조정환은 20세기 후반부터의 '탈식민화'를 근거로 제국주의 지배체제를 부정하는데, 이처럼 제국주의에 대한 인식이 없으니 반제국주의 의식도 없다. 제국주의를 부정하니 제국주의 피억압 국가, 피억압 민족도 안중에 없고 이로써 침략에 대한 저항도 부정하게 된다.

여전히 개별 국가는 살아 있고 한 편에는 침략하고 지배하고 억압하는 제국주의가 있고 다른 한편에는 침략당하고 주권을 침해당하고 억압당하는 (신)식민지 국가가 있다. 제국주의는 죽은 게 아니라, 한 줌도 안 되는 (독점)자본의 이해를 위해, 한 줌도 안 되는 국가가 수십억, 수백 개 국가를 교살하고 침략하고 지배하고 있다. 죽은 것은 제국주의가 아니다. '민족해방'을 부정하고 침략에 맞서는 국가들에 대한 지지를 외면하고, 제국주의의 핵 독점에 맞서 자위권의 일환으로 만든 '북핵'을 부정하는 일부 지식인들의 인식이 썩고 부패하여 죽어 버렸다. 이러한 인식은 실천적으로는 미제국주의와 현대 제국주의 체제의 이해에 봉사하게 된다.

제국주의 반대 이전에 누가, 무엇이 제국주의인지를 선규명해야 한다

사실 이러한 '제국론'을 제외하면 진보진영 내에서 제국주의를 부정하는 세력은 그다지 많지 않다. 문제는 제국주의를 인식하고 있다는 것이, 제대로 된 인식을 가지고 있으며 올바른 반제국주의 실천으로 나아가는 것도 아니라는 점이다.

제국주의를 인식하면서도 실천적으로는 반북으로 말미암아 인권 담론, 평화 담론에 사로잡혀 실제로는 제국주의자들의 이해에 복무하는 제국주의의 진보적 '벗'들이 상당수 존재한다. 또한 레닌 『제국주의론』에 대한 인식의 결여, 현대 제국주의 체제에 대한 잘못된 인식으로 인해 실제로는 진짜 제국주의인 미제와 서방 제국주의의 이해에 복무하는 경우도 있다. 이제 우리에게는 제국주의의 참된 성격이 무엇인지, 그에 근거해 누가 제국주의인지를 분명하게 인식하는 것이 중요하다.

제국주의론은 그동안의 세계화에도 불구하고 오늘날 세계는 미국·유럽연합·일본·러시아·중국 등 주요 제국주의 국가들 간의 치열한 경쟁과 그러한 강대국과 약소국의 지배-예속 관계가 주된 특징이라고 본다. 따라서 제국주의 세계체제의 모순은 각 국민국가 내 자본과 노동의 대립을 기본으로 하면서도 제국주의 국가들 간의 치열한 경쟁과 제국주의 국가와 피억압 민족의 첨예한 대립이 중층적 구조를 이룬다.

제국주의론의 이런 기본 인식은 지난 세기에는 물론이지만 오늘날에도 여전히 타당하다. 제2차 세계대전 이전에 세계대전이라는 형태로 폭발했던 제국주의 국가 간의 격렬한 경쟁은 제2차 세계대전 이후에도 미국과 소련의 냉전이라는 형태로 지속됐고, 1989~91년 옛 소련 블록 붕괴 이후에는 좀 더 다극화한 제국주의들 간의 경쟁으로 격화하고 있다. 최근의 사례가 다름 아닌 2001년 9·11을 기화로 한 미국의 아프가니스탄과 이라크 침공 및 점령과 이를 둘러싼 서유럽·러시아·중국 등과의 갈등이다.

(정성진 경상대 교수, '지구제국은 허상이다. 제국주의 되레 격화 [기획] 우리 시대 지식 논쟁 ① 제국인가 제국주의인가 ②, 한겨레, 2007.09.07.)

　　　　　　　　　　　　　　　　　　　　　　　맑스주의와 현대제국주의

정성진 교수는 현대 제국주의가 "오늘날 세계는 미국·유럽연합·일본·러시아·중국 등 주요 제국주의 국가들 간의 치열한 경쟁과 그러한 강대국과 약소국의 지배—예속 관계가 주된 특징이라고" 주장한다. 정성진 교수는 과거 쏘련도 제국주의로 규정하고 당시 냉전을 쏘련과 미국 제국주의 간 경쟁으로, 2차 대전도 제국주의 간 전쟁이라고 규정하고 있다. 정성진 교수는 이어서 '미국·유럽연합·일본'뿐만 아니라 '러시아·중국'도 제국주의로 규정하고 있다. 미제국주의가 '테러와의 전쟁'을 빌미로 중동 국가에 대해 자행한 야만의 침략극을 '서유럽·러시아·중국 등과의 갈등'으로 묘사하고 있다.

이러한 인식은 비단 정성진 교수의 주장일 뿐만 아니라, 오늘날 상당수 '좌파'를 자처하는 단체들, 인사들의 주장이기도 하다.

『차이나 붐』을 읽어본 이들이라면 인상 깊게 기억하겠지만, 홍호펑은 뚜렷한 좌파적 시각으로 중국의 과거와 현재, 미래를 바라본다. '좌파'라고 하니 중국의 국가자본주의 체제를 옹호하고 공산당을 칭송하는 '관방'학자를 떠올릴지 모르겠다. 그러나 홍호펑은 정확히 그 반대편에 서 있다. 그는 지구자본주의를 비판하고 민주주의에 바탕을 둔 대안을 추구하는 입장에서 현 중국체제의 모순과 한계를 신랄하게 폭로한다. 말하자면 그는 홍콩 민주화 시위대에서 심심치 않게 볼 수 있는 독립 좌파 그룹들에 가깝다….

언제나 핵심적인 역할을 한 변수는 자본의 이해관계였다. 이것은 미국의 반대편, 즉 중국 쪽에서 바라봤을 때도 분명히 드러난다. 『제국의 충돌』 제4장 '세력권'은 중국의 자본주의적 성장이 무르익은 2000년대 이후에 중국이 추진한 자본수출, 남반구 시장 확보, 미국 핵심 산업에 대한 도전 등을 정리한다. 명색이 '사회주의'인 중국이 19세기 말 제국주의 국가들을 연상시키는 이런 시도에 나설 수밖에 없는 이유는, 구제국주의 국가들의 경우와 마찬가지로 내부의 과잉축적 모순을 해소해야만 하는 탓이다. 미국과 마찬가지로 중국의 강경 대외 전략 이면에는 심각한 경제적 이해관계가 있다.

홍호펑은 패권 대립의 두 당사국 모두 국내의 경제적 모순을 대외 전략으로 해소하려 하며, 그래서 지구 전체를 놓고 세력권 투쟁을 벌인다고 해석한다. 이 상황은 지난 세기 벽두에 영국의 정치경제학자 J. A. 홉슨이 당시 열강들의 첨예한 긴장과 대립 이면에 도사린 현실을 진단하며 내놓은 결론과 너무도 유사하다. 국내 재분배라는 또 다른 해법을 한사코 거부한 제국들이 '과잉자본과 과잉생산 능력'을 해소하기 위해 선택한 대안이 오늘날 우리가 '제국주의'라 부르는 자본수출, 식민지- 세력권 확보 투쟁 그리고 열강 간 전쟁이었다.

([장석준 칼럼] "'차이메리카' 시대의 파국…미·중 충돌은 '제국들의 충돌'이다
'이데올로기'가 아닌 '이익'이 지배하는 세계", 프레시안, 2022.11.14.)

현실 사회주의를 부정하는 '민주적 사회주의자'들의 인식이다. 이러한 인식 상의 문제는 어떠한 실천적 입장으로 귀결되는 것일까?

'신냉전'이 아니기에 다시 생각해봐야 할 논점들

작금의 미-중 다툼이 20세기 중반의 냉전보다는 19세기 말-20세기

초의 제국주의 열강 충돌과 더 가깝다면, 이제껏 '신냉전'이라는 틀에 익숙해져 온 우리의 시각은 어떻게 바뀌어야 하는가? 시간을 들여 여러 측면을 검토해봐야겠지만, 당장 다음 두 가지 논점이 떠오른다. 둘 다 우리의 운명에 참으로 중대한 의미를 지니는 논점이다.

첫째는 이른바 '이념' 동맹 혹은 '가치' 동맹이 얼마나 시대착오적인지 철저히 깨달아야 한다는 것이다. 한국 사회의 많은 이들이 대미 동맹을 여전히 냉전 시기의 틀로 바라본다. 마찬가지로 대중 긴장 역시 이 틀로 해석하려 한다. 마치 과거에 미합중국과 대한민국이 반공 혈맹이었듯이 이제는 자유주의 국제 규범을 수호하는 동맹국이라는 것이다. 반대로 중국은 자유주의 세계를 지키기 위해 반드시 대적해야 할 상대라는 것이다.

비록 아주 소수이지만, 이런 주류적 틀에 반발하며 이를 뒤집은 시각을 고수하는 이들도 있다. 이들은 중국을 여전히 모종의 '사회주의' 국가라 바라보며 시진핑 체제의 중화인민공화국이 미국의 제국주의 패권에 맞서 남반구 국가들 혹은 다극화된 새 세상을 위해 분투한다고 믿는다. 이들 중 일부는 이 시각을 연장해, 우크라이나 침략을 자행한 푸틴의 러시아조차 다극화 세계를 열기 위해 싸우는 전사라 추켜세운다.

그러나 두 입장 모두, 냉전 향수병에 대한 호불호를 떠나, 21세기 지구 정치경제 현실과는 동떨어져 있다. 훙호펑의 진단처럼, 미국과 중국이 반세기 전 미국과 소련보다는 한 세기 전 영국과 독일에 더 가깝다면, 어느 쪽을 향해서든 '이념' 동맹이나 '가치' 동맹의 청구서를 들이미는 것만큼 어리석은 일도 없다. 이 시대에 그런 것은 애당초 존재하지 않으며, 있는 것이라고는 오직 철저히 냉소적인 '이익' 동맹뿐이기 때문이다….

> 　신, 구 두 제국 중 어느 한쪽의 지정학적 지배 전략에 맞서겠다고 다
> 른 쪽의 지배 전략에서 자유나 해방의 가능성을 찾을 수는 없다. 그것은
> 지배자들이 만들어 놓은 가상 세계 안에 스스로를 유폐시키는 짓일 뿐
> 이다. 우리에게 '지정학 비판'은 필요하지만, '대항 지정학'은 필요하지 않
> 다. 해방의 가능성은 오직 지정학 세계 바깥에 있다.

(장석준, 같은 글)

　동유럽과 쏘련 사회주의의 해체 무렵인 1989년 논문으로 발표되었고 1992년 극우세력인 헌정회에 의해 국내에 단행본으로 출간됐던 『역사의 종언』(프랜시스 후쿠야마)이 있었다. 이 『역사의 종언』은 동유럽과 쏘련 사회주의 진영이 급격하게 무너져 내리는 시점에 더 이상 공산주의라는 체제의 대안은 없으며 자본주의가 인류의 마지막 생산양식이 되었다는 자본주의자들, 제국주의자들의 승리선언이었다.

　극우세력인 헌정회는 이 책을 출간하면서 여전히 국내에 공산주의자들, 저항하는 통일운동세력들을 시대착오 세력으로 극렬 비난했다. 그런데 이 자본주의 승리선언에 맞춰 고르바초프의 배반적 이데올로기인 '신사조' 페레스트로이카에 경도되어 거기에서 공산주의의 희망을 보았던 혁명조직, 혁명가들이 앞다퉈 자기 '고백서'를 발표하며 전향 대열에 합류했다. 광주항쟁으로 다시 시작된 혁명의 시대가 가고 청산주의의 시대가 되었다. 사회주의권의 해체와 북에서 재해까지 겹쳐 가중된 고난의 행군, 쿠바에 강요된 '특별한 시기'에 조성된 위기를 보며 상당수 통일운동 세력들도 진보운동을 청산하고 난파하는 배에서 뛰어 내리는 쥐새끼들처럼 사회변혁, 사회진보의 대열에서 이탈했다.

그런데 20세기 역사의 종언 선언이 21세기에 이데올로기의 종언 선언으로 다시 살아나고 있다. '다원주의' 정의당이 그 당적 표현이고, 장석준뿐만 아니라 사회진보연대가, 사회진보연대에서 나왔지만, 그 세계관, 인식의 근원에서는 하등 다르지 않은 홍명교나 박노자 등 지식인들이 이러한 '신좌파'적 무정부주의적 정치적 사조에 막대한 영향을 받고 또 유포하고 있다.

'이념의 시대는 지나갔다', '거대담론의 시대는 지나갔다', '반미의 시대는 지나갔다'

이념 혹은 이데올로기. 계급과 계급 투쟁 제국주의와 반제투쟁, 사회성격론, 사회구성체론 등 사회와 역사에 대한 총체적 인식은 더 이상 비집고 들어설 자리를 잃어버리게 되었다. 인식해야 할 진리도 없다. 분쇄해야 할 주적도 없고 주적이 없으니 통일전선도 없고, 변혁전망도 없고 변혁전망 자체도 무용하다.

이념과 가치를 거부하는 이들의 이념이야말로 현실과 무관한, 현실에 뒤떨어진 이념에 불과하다. 이들의 인식은 서구에서는 후르시초프의 스탈린 탄핵 이후에 들이닥친 반스탈린, 반쏘비에트 노선과 공산주의 운동의 유로꼬뮤니즘의 우경화, 정치적 전망의 상실 속에서 68년 혁명 이후에 만연한, 한국에서는 1990년대 초반부터 물밀 듯이 밀려온 포스트 모더니즘적, 다원주의적 사고, 신좌파적 사고에서 유래했다. 이는 또한 정치적 대안에 대한 회의, 대안 모색 자체가 필요 없는 무정부주의적 사고에서 비롯됐다.

그런데 현대제국주의 체제를 미·중 간 제국주의 경쟁, 미·러 간 제국주의 경쟁과 대립으로 보는 관점은 이들만의 관점이 아니다. 심지어 국내 맑스 레닌주의를 자처하는 일부 진영(노사과연이 이를 대표하고 있다), 그리스공산당을 비롯해 국제공산주의 진영의 상당수도 이러한 인식에 사로잡혀 있다. 특히 러시아와 우크라이나의 전쟁, 미국과 중국 간의 대립이 격화되면서 오늘날 제국주의 체제가 미·중 간, 미·러 간 패권주의 경쟁을 중심으로 움직이고 있다고 규정하는 경우가 점점 더 많아지고 있다.

이제 제국주의에 대한 일반적 인식, 제국주의 반대로는 충분하지가 않다. 오히려 현대 제국주의 성격을 제대로 밝혀 누가, 무엇이 제국주의인지, 오늘날 반제는 우리에게 어떠한 의의를 가지고 있는지를 분명하게 규정하는 것이 실천적으로 대단히 중요한 시기가 되었다.

현대제국주의론의 분석도 역시 제국주의에 대한 고전적 저작인 레닌의 『제국주의론』으로부터 출발할 수밖에 없다.

레닌은 『제국주의론』의 5가지 표지(특징)를 제시하고 있다.

첫째, 생산과 자본의 집적이 고도의 단계에 달해, 경제생활에서 결정적 역할을 수행하는 독점체를 형성

둘째, 은행자본이 산업자본과 융합하여 '금융자본'을 이루고, 이를 기초로 하여 금융과두제가 형성

셋째, 상품 수출과는 구별되는 자본수출이 특별한 중요성

넷째, 국제적 독점 자본가 단체가 형성돼 세계를 분할

다섯째, 자본주의 거대 열강에 의한 전 세계의 영토적 분할이 완료

레닌의 제국주의론 표지는 제국주의의 기본적인 특징을 밝히고 있는 지표이다. 레닌은 이러한 지표가 절대적인 것이 아니라 '조건적이고 상대적인 측면'이라고 밝혔다. 그런데도 레닌은 이 5가지 표지를 통해 제국주의의 성격을 밝히고 당시 진행되고 있는 전쟁의 원인, 제국주의적 성격을 밝혔다. 레닌은 이를 근거로 제국주의는 자유경쟁 자본주의 단계에 비해 독점자본주의 단계의 산물이라는 점을 밝혔다. 레닌은 제국주의를 최고의 발전단계, 쇠퇴하는 자본주의 최후의 단계라고 규정하였다.

레닌은 당시의 전쟁이 기존에 세계를 분할한 제국주의와 식민지 재약탈과 전리품의 재분할을 위한 신흥 제국주의 세력과의 전쟁이라고 규정했다. 이로써 제국주의 국가 내부의 사회주의자들은 자국 제국주의에 총부리를 대고 내란을 통해 제국주의 전쟁을 종식시키고 혁명을 해야 한다고 주장했다. 반면 식민지, 반식민지 국가의 노동자 민중은 제국주의 체제에서 민족해방 투쟁을 통해 자결권을 쟁취하고 해방되어야 한다고 주장했다.

그런데 레닌은 『제국주의론』은 제국주의의 경제적 기초를 보여주고 있지만, 경제분석이 목표가 아니라 이를 통해 '현대의 전쟁과 현대의 정치'를 인식하고자 했다. 레닌은 나중에 저자 주에서 '짜리즘의 검열을 의식하면서' 제국주의에 대한 정치적 분석과 폭로를 마음껏 하지 못하고 은유적인 말로 대신했다고 밝혔다. 레닌은 경제분석을 기초로 해서 제국주의 체제의 반동적인 정치적 성격을 밝히려고 했던 것이었다.

레닌은 '제국주의란, 독점체와 금융자본의 지배가 확립되어 있고, 자본수출이 현저한 중요성을 가지고 있으며, 국제 트러스트들 간의 세계분할이 시작되고, 자본주의 거대 열강에 의한 지구상의 모든 영토분할이

완료된 발전단계에 있는 자본주의'라고 규정하고 있다.

　레닌은 5가지 표지를 개별적으로 나눠서 살펴본 것이 아니라 통일적인 관점으로 제국주의를 보았다. 독점은 제국주의의 경제적 기초이지만 독점이 곧 제국주의는 아니다. 독점을 기초로 하지 않은 제국주의는 없어도 독점이 곧 제국주의는 아니다. 독점이 곧 제국주의라면 브라질, 멕시코, 한국, 인도, 인도네시아, 남아공 등 자유경쟁 단계를 벗어난 대개의 자본주의 국가가 다 제국주의 국가가 된다. 실제 이를 근거로 독점자본주의인 한국을 제국주의 체제로 규정하는 진보단체도 있다.

　따라서 우리는 독점체에 있어서도 세계에서 차지하는 독점체의 규모, 위상을 살펴봐야 하고 자본수출에 있어서도 '현저한 중요성'을 가지고 있는지 살펴봐야 한다. 더욱이 가장 중요한 것은 독점체가 성장해서 금융적으로 세계를 약탈하고 지배하는지 봐야 한다. 영토분할의 경우는 과거 식민지 시대와 다르게 '신'식민지 지배로 바뀌었다. 이는 역사적으로는 러시아 혁명과 민족해방투쟁의 성과적 측면, 영토적 지배가 가지는 식민지 지배의 난관과 비용, 영국이 가진 식민지 지배권을 미국이 가져오면서 식민지배 방식의 변화 등 때문이다. 이는 현대의 제국주의 지배가 더욱 세련되고 더욱 고차원적으로 진행되고 있는 것이지 (신)식민지배를 부정하는 근거로 삼을 수는 없다.

2. 강도와 같은, 야수적인 제국주의의 진짜 면모를 보라!

2023년 1월 5일

제국주의 체제가 '한 줌의 선진국이 지구 상 인구의 압도적 다수를 식민지적으로 억압하고 금융적으로 교살하는 하나의 세계체제로 성장'했고 '이 전리품은 머리끝에서 발끝까지 완전무장한 2~3명의 강력한 세계적 강도들(미국, 영국, 일본) 사이에서 분배되고 있으며, 이들은 자신들의 전리품 분배를 둘러싸고 벌어지는 자신들의 전쟁 속으로 전 세계를 끌어들이고 있다'는 레닌의 주장을 인식하는 것이 가장 중요하다.

제국주의는 한 줌도 안 되는 극소수 국가가 지구 상의 대다수 국가와 수십억 인류를 식민지적으로 억압하고 금융적으로 교살하는 체제다. 레닌 시대의 제국주의 강도는 미국, 영국, 일본 같은 완전무장한 2~3명의 세계적 강도들과 독일과 프랑스, 러시아였다. 러시아는 프랑스 등 제국주의 자본에 금융적으로 종속당하고 있으면서도 군사적으로 제국주의였다고 규정했다.

오늘날도 여전히 제국주의는 미국이 중심에 서서 영국, 프랑스, 독일, 일본제국주의가 전 세계 대부분 국가 및 민족을 금융적으로 교살, 경제적으로 약탈, 수탈하는 체제이며 강도와 같은 침략전쟁으로 유린하는 반동체제다. 여기에 이탈리아, 스페인, 캐나다, 호주, 이스라엘 등 동맹국들이 이 중심부에 있는 제국주의를 떠받치고 있다.

레닌의 이러한 정식을 수용하지 않고 독점만을 근거로 삼는다면, 제국주의는 한 줌도 안 되는 극소수 국가가 수백 개 국가, 수십억 인류를 교살, 침략하는 체제가 아니게 된다. 이로써 한 줌도 안 되는 제국주의 체제라는 정식화는 사라지게 된다. 제국주의는 서로가 서로를 교살, 침략하고, 태반(太半)이 태반을 교살, 침략하는 체제가 된다. 이는 제국주의 지배체제를 사실상 부정하는 개념이기도 하다.

머리부터 발끝까지 초 무장한 미제국주의와 미제가 배후에서 이를 조종하는 나토(북대서양조약기구)는 군사적 제국주의의 대표적인 사례고, 유럽연합(EU) 집행위원회, 유럽중앙은행(ECB), 국제통화기금(IMF)은 대표적인 국제적 금융약탈, 금융교살 트로이카다. 이 국제금융 약탈기구는 고금리와 긴축을 내세워 전 세계를 약탈하고 금융적으로 지배하고 있다. 국제부흥개발은행(IBRD)는 금융지원과 개발원조를 명목으로 전 세계를 지배하는 기구다.

제국주의의 두드러진 현상으로는 군사적으로는 군국주의, 정치적으로는 파시즘이 있다. 파시즘은 국내 지배체제인 동시에 우크라이나에서 보듯, 미제와 서방 제국주의에 의해 '수출'되기도 한다. 군국주의와 파시즘은 대외적인 현상일 뿐만 아니라 이와 긴밀하게 연결되어 국내적으로 민주주의의 파괴와 인민억압 체제를 이루고 있다. 일본의 평화협정 개정과 군국주의 부활 기도는 일본 인민에 대한 억압체계와 긴밀하게 연결되어 있다.

미국은 두말할 것 없이 야수와 같은 제국주의 체제의 중심에 있다. 미제국주의는 베트남전처럼 직접 침략전쟁을 자행하거나 아시아, 아프리카, 남미, 중동 전 대륙에서 진보적인 세력들을 학살하고 군부 쿠데타를 배후조종하고 인권유린을 방조, 묵인, 조장했다.

일제로부터 해방 이후 점령군으로 진주한 미군이 이승만 주구를 내세워 저질렀던 제주 4·3, 여순학살과 한국전을 전후로 하는 시기에 남북에서 저지른 무차별 폭격과 무참한 대량학살은 이미 역사적으로 많이 알려져 있다. 미국은 5·16 군사 쿠데타, 광주학살 등 역사의 고비마다 배후에 있었다.

베트남 침략뿐만 아니라 미국은 아시아 곳곳에서의 침략자, 백색테러 살인마였다. 미국은 1965년~1966년 인도네시아 수하르토 친미 군부정권은 자경단, 민병대 등을 내세워 인도네시아 공산당원들과 지지자들 최소 50만 명, 최대 300만 명을 무참하게 살해했다.

> 주인도네시아 미국대사관의 1등서기관 메리 밴스 트렌트는 본국 국무부에 이미 10만 명이 학살당했다면서도 '불과 10주 만에 환상적 전환이 있었다'는 전문을 보냈다.

(인현우 기자, 미국, 1960년대 인도네시아 50만 명 반공학살 알고도 묵인, 한국일보, 2017.10.18.)

'20세기 최악의 대량학살'인 인도네시아 대학살에서 미국은 이 학살을 묵인한 정도가 아니라 배후에서 승인, 조종했다. 미국 중앙정보국(CIA)이 당시 5천 명의 인도네시아 공산당(PKI) 지도부 명단을 인도네시아 군부에 넘겨 학살토록 했다는 사실을 미국 〈워싱턴 포스트〉 신문이 20여 년 만에 폭로하기도 했다.

1965년 학살당하기 직전의 인도네시아 공산주의자들과 지지자들
출처: https://apjjf.org/Peter-Dale-Scott/4307.html

　　인도네시아서 대학살이 벌어진 시점은 베트남전이 한창인 시기였고 미국은 공산주의가 동남아를 모두 집어삼킬 것이라는 '도미노 이론'에 사로잡혀 있었다. 미국과 함께 영국의 첩보기관도 이 학살에 직접 개입했다는 사실이 최근 공개된 영국 외교부 문서에서도 밝혀졌다.

　　남미에서 미국의 정치공작과 정권교체, 살상극도 마찬가지였다.

　　국제사면위원회의 1975~1976년 보고에 의하면 인간 고문의 희생자들을 위한 긴급한 호소와 항의의 '80퍼센트 이상'이 라틴 아메리카로부터 나오고 있다고 지적했다. 이러한 호소가 긴급성을 띠는 이유 중의 하나는 이 팽창되는 폭력 제국의 성격 때문인데, 그것은 유럽 파시즘이 자행한 최악의 작태와 일부 비교되는 것이었다. 무시무시한 고문이 종속적

파쇼국가의 정상적인 관행으로 굳어졌다. 공산주의 전제정치에서 가까스로 빠져나와 뒷맛을 즐기고 있다는 새로운 칠레를 보자.

"끝없이 계속된 채찍질과 발길질, 그리고 개머리판에 얻어맞는 고문 끝에 수많은 사람들이 죽임(1973년 쿠데타 이후)을 당했다. 재소자들은 머리와 성기를 포함해서 온몸을 구타당했다. 재소자들의 시체가 리오 마포츠에서 발견되었는데 때로는 식별할 수가 없을 정도로 얼굴이 일그러져 있었다…"

이처럼 무시무시한 이야기 내용은 아르헨티나, 브라질, 칠레, 우루과이, 파라과이, 과테말라, 니카라과, 1975년까지의 미군 점령 베트남 지역, 이란, 기타 미국 종속국들의 수천 명의 인간들에게 다 적용될 수 있는 것이다… 이미 밝힌 바와 같이 대부분의 전자기구 및 고문 기구를 미국이 공급한 것이고, 종주국 경찰과 군 수사관의 상당수가 미국에서 훈련받은 사람들이다.

(『미국의 제3세계 침략정책』, N.촘스키 외, 임채정 옮김, 일월서각)

1973년의 쿠데타는 칠레에서 사회주의 아옌데에서 정부를 전복시켰던 피노체트 쿠데타를 말한다. 진보적인 정권에 대한 미국의 이러한 정권 교체(레짐 체인지) 기도는 1980년대에도 계속됐다. 니카라과에서 1979년 사회주의를 표방한 산디니스타 정권이 들어서자, 레이건 정부는 1981년 12월 CIA를 내세워 극우 학살자들이자 마약상들인 콘트라 반군을 대대적으로 지원하는 비밀공작을 승인하기도 하였다.

칠레 민중의 열화와 같은 지지와 환호 속에 연설하고 있는 아옌데

출처: https://www.telesurenglish.net/multimedia/49-years-of-Allendes-
　　　Popular-Victory-1000-Days-of-Struggle-20190904-0014.html

　미국이 나토와 함께 일으킨 침략전쟁과 내전 조장, 레짐 체인지 기도, 인권탄압과 경제 제재를 앞세운 공세는 1990년대에는 유고내전서부터, 2000년대 '테러와의 전쟁'을 빌미로 한 이라크 전쟁, 리비아 전쟁, 아프가니스탄 전쟁, 시리아 침공, 이란에 대한 공세와 베네수엘라 등에서 멈추지 않고 계속되고 있다. 친미세력들을 내세워 내전을 조장하는 방식도 빈번하게 사용되고 있다.

　오늘날 전 세계 국방비 지출의 1/3가량을 미국이 집행하고 있다. 미국은 또한 세계 최대 무기 수출국 가운데 하나이다. 그리고 제2차 세계대전 이후 다른 어떤 나라보다도 지구 상의 많은 지역에서 더 많은 파괴와 죽음을 초래하였다… 미국이 1945년 이래로 타국에 병력을 파견한 횟수는 CIA의 수많은 대(對)반란 지원활동을 제외하더라도 70회가 넘는다… 걸프 전쟁은 10만 명이 넘는 이라크 민간인 희생자를 낳았으며, 걸프전 이후 가해진 미국의 경제 제재 조치로 50만 명에 달하는 어린이들이

맑스주의와 현대제국주의

목숨을 잃었다. 미국은 매년 이스라엘에 수십억 달러에 상당하는 군사 원조를 제공하고 이스라엘의 영토 야망을 제지하기를 거부함으로써 팔레스타인인들을 대상으로 한 테러와의 전쟁의 주요한 당사자가 되었다.

(존 벨라미 포스터, 『벌거벗은 제국주의』, 박종일/박선영 옮김, 인간사랑)

위의 수치는 2006년 기점이니 그 뒤로도 이러한 행태는 계속 늘어나고 있다.

미국의 침략책동은 인권과 민주주의의 파괴를 부산물로 가져오고 있다. 관나타모 수용소에서 20여 년 동안 불법 구금, 각종 고문과 인권침해, 살해가 계속되고 있는데도 아직도 폐쇄되지 않고 있다.

악명 높은 관타나모 수용소 수용 시설인 캠프 엑스-레이(Camp X-Ray)에 도착한 수감자들
출처: https://www.pressenza.com/2016/01/guantanamo-bay-14-years-of-injustice/

미국은 또한 2010년 6월 2010년 6월 미국 이라크전, 아프가니스탄전 관련 기밀문서 49만 건, 관타나모 수감자 800명에 대한 정보 및 외교 전

문 25만 건을 폭로한 위키리크스(WiKi Leaks) 창립자 줄리언 어산지에게 방첩제 위반 혐의로 기소하였다. 어산지의 기소가 유죄가 되면 최대 175년 형을 받게 된다. 어산지는 영국 런던에 있는 에콰도르 대사관으로 피신했다가 영국 경찰에 의해 체포되어 수감되어 있다. 미국은 어산지를 미국으로 송환하라고 압력을 가하고 있다.

2013년 미국 국가안보국(NSA)에서 근무하던 에드워스 스노든은 미국 정부의 전 세계적인 감청과 도청 등 비밀공작에 대해 폭로하고 러시아에서 망명생활을 하고 있다.

흑인 '인권 대통령'인 오바마 정권하에서도 미국은 75개국 이상에서 은밀한 군사작전 실시하고. 이라크, 아프가니스탄, 시리아, 리비아, 소말리아, 예멘, 파키스탄 7개국에 폭격을 가했다. 2014년 11월 24일 현재 무인기(드론)로만 최소 1,147명을 살해하고 그중 98%는 무고한 남성과 여성과 아동들이었다. 팔레스타인과 다른 아랍(노동자) 국가를 공격하는 이스라엘에 대해서는 당시에 380억 달러의 군사지원을 했다. 2009년 온두라스에서 군사 쿠데타를 지원하고 지금도 베네수엘라, 볼리비아, 에콰도르, 아이티를 위협하는 군사 쿠데타 지원을 계속했다.

미국은 이처럼 제국주의 지배를 영속화하기 위해 거대한 군산복합체를 거느리고 있으며 "그야말로 인류가 닿을 수 있는 모든 곳이 미군의 작전 구역이다(박인규 프레시안 편집인, '미국은 왜 전쟁을 하는가?' [전쟁국가 미국·1강—①] 미국의 군사주의와 동아시아, 프레시안, 2018.12.15.)"라고 할 정도로 세계 전역에 미군기지를 배치하고 있다.

아프리카에서 프랑스 제국주의의 잔혹한 식민지배도 미국에 못지않았다.

2차 제국주의 전쟁 이후인 1945년 5월 8일 프랑스 제국주의는 식민지

치하에 있었던 알제리 민중의 평화적인 저항에 대해 45,000명을 학살하는 무참한 도살극을 벌였다. 1962년까지 프랑스 제국주의자들은 알제리가 식민지에서 해방되던 1962년까지 1백만 명 이상을 학살했다.

1947년 프랑스 제국주의 군대는 인도양에 있는 아프리카 섬인 마다가스카르에서 저항하는 민중 89,000명을 학살했다. 인도차이나에서도 프랑스는 식민지 해방을 위해 싸우던 베트남, 라오스, 캄보디아 민중을 무참하게 학살했다. 1961년 프랑스 파리에서 3만 명의 알제르인들이 사위를 했을 때, 프랑스 경찰이 발포해서 70∼300명의 알제리 민중이 사망하기도 했다.

프랑스 제국주의 군대는 나토의 일원으로 시리아, 이라크에 폭탄을 투하하고 2011년 리비아에 폭탄을 쏟아붓는 만행을 자행하기도 했다.(미국 노동자세계당, '프랑스 군대의 역사적 범죄', 2015년 11월 17일 기사 참고)

독일 제국주의가 쏘련에서 자행했던 대학살과 전쟁, 유대인 학살 등 전체 인류에게 자행했던 전쟁범죄는 이미 잘 알려져 있다.

일본 제국주의의 조선에서 식민지배를 하면서 저지른 잔혹한 학살과 수탈은 아직까지도 우리 뇌리에 생생하게 박혀 있다. 1937년 12월 중국 난징에서 5만 명의 일본 군대는 중국인 포로와 일반시민을 대상으로 강간·학살·약탈을 자행했고 기관총에 의한 무차별 사격, 생매장, 휘발유를 뿌려대면서 20만 명의 중국인들을 학살했다. 그런데도 일제는 이 과거사를 반성하지 않고 역사 왜곡을 저지르고 다시 전쟁국가로 부상하고 있다.

영국은 동인도 제도를 거점으로 인도와 동남아를 식민지로 삼아 약탈과 학살을 자행하고 중국에 대해 두 차례에 걸쳐 역사상 가장 파렴치한 전쟁이라 할 수 있는 아편전쟁을 전개했다.

수천만 아프리카 흑인 노예들의 참상과 죽음을 부른 이른바 '상업무역의 시대'부터 1960년대까지 영국과 프랑스, 독일 등은 아프리카에서 앞다퉈 식민지배를 했다.

영국은 이집트, 수단, 남아공 등을 식민지배하고 프랑스는 가봉, 기니, 코트디부아르, 세네갈, 말리, 알제리 등을 지배하고 독일은 토고, 카메룬, 남서 아프리카(현 나미비아), 탄자니아를 식민지배했다.

아프리카의 현재 국경선은 이러한 식민지배와 식민지 재분할을 위한 제국주의 열강의 전쟁의 산물이다.

전 세계 민족, 종교분쟁의 3분의 1 이상이 벌어지는 아프리카. 현재도 아프리카 53개국의 절반 이상이 분쟁에 휩싸여 있다. 문제는 분쟁들이 워낙 뿌리가 깊어 해결의 기미가 좀처럼 보이지 않는다는 점이다. 아프리카에 유혈분쟁이 특히 많은 것은 19세기 말, 20세기 초 영국, 프랑스 등 유럽 열강들의 식민지배가 결정적이었다. 아프리카 '국가건설'과정은 곧 열강의 식민지정책과 동일한 것이었다…

더군다나 유럽 제국주의에게 있어 가장 효과적인 식민통치 방식은 분할통치이다. 식민지 각 세력을 개별화 파편화하여 대립을 조장하고 갈등을 증폭시켜 식민기구와 식민모국에 대한 저항을 분산, 왜곡시켜야 했다. 다행히도 아프리카는 분할통치를 하기에 가장 적합한 지역이었다. 즉, 구역 및 종족. 부족 간 분리. 차별정책을 폈기 때문에 서로 다른 종족들은 서로에 대한 뿌리 깊은 증오심을 가질 수밖에 없었다…

유럽 제국주의의 식민지 건설방식과 통치정책은 곧 아프리카 제국의

맑스주의와 현대제국주의

독립과정으로 그대로 전이되었다. 사실 아프리카지역의 내전 가운데 대부분은 독립과정에서 획정된 자의적이고 획일적인 국경 설정에 연유한다. 식민기구가 관할하던 지역이 그대로 하나의 국가로 독립하게 된 것이다. 제2차 세계대전 이후 아프리카 식민지배국들은 부족이나 종족 분포를 고려하지 않고 통치 영역을 중심으로 아프리카 제국을 독립시켰다. 그것을 고려하기에는 아프리카의 종족 구성이 너무나 복잡하였다. '무책임한 철수'는 이 지역에서 지속적으로 영향력을 확보하기 위한 열강의 또 다른 식민정책에 불과했기 때문이다. 서로 다른 부족과 종족이 한 국가 내에서 공존하는 상황에서 부족 간 세력 다툼은 잦아졌고, 이는 분리독립운동을 낳거나 또는 정권쟁탈전으로 이어질 수밖에 없었다. 그리고 그들 각각의 세력 배후에는 유럽 열강의 '보이지 않는 손'이 작동하고 있었다.

(강권찬, '전쟁과 학살의 대륙' 아프리카를 만나다, 〈민족연구 제7호〉)

아프리카에서 서방 제국주의자들이 자행한 식민지배의 후과는 오늘날 내전과 살상과 빈곤과 약탈로 계속되고 있다.

이것이 미제를 비롯한 서방 제국주의 국가들이 아시아, 동남아, 남미, 아프리카 등 세계 전역에서 수십억 인류를 대상으로 자행한 침략과 학살과 약탈의 면모다. 제국주의의 강도성과 야수성은 여기서 천만분의 1도 다 다루지 못한다. 이것이 진짜 제국주의의 면모다. 중국과 러시아도 제국주의이고 '차이메리카'라는 신조어를 동원하여 "미·중 충돌은 '제국들의 충돌'"이고 "'이데올로기'가 아닌 '이익'이 지배하는 세계" 운운하는 것은 진짜 제국주의 국가들의 야수적인 식민지배 역사와 지금도 계속되고 있는 제국주의의 반동성을 은폐하려는 기도이다. 이는 진짜 제국주의의 이해에 봉사한다.

서방 제국주의의 야만성을 전가하기 위한
신흥 프로파간다로서의 러시아, 중국 제국주의론

러시아가 제국주의라는 주장은 현재 전개되고 있는 러·우 전쟁을 계기로 더 확산되고 있다. 국제공산주의 진영에서도 이 전쟁이 제국주의 간 전쟁이고 이 전쟁에서 양 제국주의가 패배해야 한다는 입장을 제출하고 있다. 대표적으로 그리스공산당은 이 전쟁이 자원, 시장통제, 지정학적 이점을 획득하기 위한 '두 도둑' 제국주의 사이의 전쟁이라고 규정하고 있다.

이 전쟁이 제국주의 간 영토 원료 쟁탈전이라면, 2.24. 이전에도 첨예한 분쟁에서 그러한 요소들이 강력하게 나타나고 있어야 한다. 그러나 전쟁 발발 3개월 전의 성명('파시즘은 치유될 수 없다!')을 보더라도 이러한 양상들은 전혀 제시되지 않고 있다.

원료 수송망을 둘러싼 쟁탈전의 실상을 살펴보면, 러시아와 독일의 노르드스트림2라는 천연가스 수송관이 있는데 이는 양국의 주권에 해당되는 일이다. 이 노르드스트림2 수송을 막은 건 미국의 제국주의 패권일 따름이다.

러시아는 제국주의적으로 우크라이나를 약탈하고 돈바스공화국을 식민지로 만들려고 하지도 않았다. 치유될 수 없는 파시즘은 서방의 지원을 받는 우크라이나의 반동들이었다.

무엇보다 영토 시장 분할 전이라면 이 전쟁의 역사적 배경을 전혀 설명하지 못한다.

쏘비에트 해체 이후 나토의 동진과 서방 제국주의의 일극 패권을 유지하기 위한 러시아 고립화, 우크라이나의 나토 가입 문제. 서방 제국주의 지원 하에 파시스트들의 2013년 11월 21일 서방의 레짐 체인지 색깔혁명인 마이단 쿠데타와 유럽연합 가입을 전면 중단하고 친러 정책을 천명한 2014년 빅토르 야누코비치가 정부 전복, 민스크 협정의 두 차례 파기와 젤렌스키 정권하에서 러시아 주민 탄압, 돈바스 지속 탄압 폭격, 2.24특별군사 작전 개시 며칠 전 고조된 폭격, 러시아 언어 방송국 폐쇄와 러시아어 공용어 사용 금지, 젤렌스키의 러시아 제재 운운은 전쟁을 도발하는 주된 요인이었다.

특히 우크라이나 젤렌스키 정권의 나토 가입과 지상군 배치는 바로 직선거리 약 750여 km, 우크라이나 최북단 기준으로는 약 500km로 모스크바 턱밑에 핵무기를 배치하는 격과 같다.

(핵무기 배치 부분은 나무 위키, 2022년 러시아의 우크라이나 침공/원인 참고)

이 핵무기가 배치되면 10여 분이면 모스크바까지 폭격당할 수 있게 된다.

우크라이나에 미군과 나토군 지상군 배치 역시 러시아로서는 마찬가지로 심각한 위협이다. 이것이 우크라이나 "시장, 원자재 및 수송망의 지배를 위한" 제국주의 간 전쟁이라는 황당한 정식보다 훨씬 더 과학적이고 역사적이며 현실적인 인식이다.

여기서 또 하나 중요한 사실은 러시아가 제국주의적으로 개입했다면 그것은 돈바스의 러시아로의 합병이 돈바스 주권을 강탈하고 인민의 요구와 반대되는 것이어야 한다. 돈바스를 총칼로 짓밟고 '점령군'으로 돈바스공화국에 입성해야 한다. 그런데 돈바스공화국들은 자결권을 선포하고 나서 러시아의 개입을 요청했다. 그리고 보다시피 87%에서 100% 가까이 거의 전적으로 러시아 영토가 되는 것에 열화와 같은 찬성을 표했다.

(전국노동자정치협회, "국제공산주의 운동의 첨예한 쟁점들 2",
– 서방 제국주의가 러시아와 돈바스 인민공화국을 침략했다!)

러·우 전쟁의 성격에 대해서는 이밖에 "미제와 나토의 군사 개입과 러시아 경제 제재로 우크라이나에 평화가 오는가? _ 양두구육의 위선도 내던지고 제국주의 이리가 된 '평화주의자들'", "반제를 '미·중, 미·러 패권주의' 반대로 내거는 인식 상, 실천 상 오류(1-3), "집요하게 러시아의 제국주의성을 증명해서 무엇을 얻으려 하는가?"는 글과 "베오그라드의 영국 대표단 입장: 나토는 유럽에서 확전을 기도한다! 제국주의자들은 러시아를 소진시키고 경제와 사회를 붕괴시켜 승리를 열망한다!"라는 번역글 등을 참고하기 바란다.

러시아의 조족지혈의 자본수출 증대를 근거로 제국주의성을 증명하려는 시도도 자본수출의 '현저한 중요성'이라는 레닌의 정식화에 비춰 볼 때도, 앞에서 예를 든 국제통화기금(IMF)과 유럽 트로이카 금융 교살 체제, 국제부흥개발은행(IBRD)의 사례에 비춰볼 때 현실에 맞지 않다. 심지어 러시아가 미제국주의가 부과한 경제 제재를 뚫고 조선에 투자하거나 베네수엘라와 경제교류를 하는 것도 제국주의 사례 근거로 드는 경우도 있다.

러시아의 시리아전 개입을 근거로 제국주의 근거로 삼기도 하는데, 이는 서방 제국주의 침략에 맞서 동맹국 시리아를 보호하기 위한 것이었다. 러시아의 시리아전 개입은 서방 제국주의자들이 중동에서 일삼는 천연자원을 위한 약탈전도 아니고 침략전도, 정권교체 기도도 아니었다. 러시아는 팔레스타인의 독립 국가 건설을 지지하고 있고 한반도에서도 미국의 호전적인 팽창주의를 반대, 견제하고 있으며 평화의 입장을 견지하고 있다. 러시아는 쿠바와 우호적인 교류협력을 확대하고 있다. 러시아 자신도 미제국주의와 서방 제국주의에 제재를 당하고 있으며 제국주의 국가들의 조선, 쿠바, 베네수엘라, 이란 등의 국가에 대한 제재를 반대하고 있다.

쏘련공산주의와 미국 제국주의가 냉전을 벌이고 있을 때, 쏘련도 (국가)자본주의라는 논리 하에 '워싱턴도 모스크바도 아닌 오직 국제사회주의'라는 구호가 나타났다. 이 양비론적 구호는 현재는 '워싱턴도 베이징도 아닌 오직 국제사회주의'라는 구호로 대신 나타나고 있다. 그리스공산당은 이북을 족벌체제로, 쿠바는 시장사회주의로, 중국을 제국주의로 규정하고 있다.

> 미국과 중국 모두에 반대하는 입장은 주로 중국이 제국주의이며 신냉전은 제국주의 간 전쟁, 즉 "양 교전 진영이 외국이나 국민을 억압하기 위해 싸우는" 전쟁이라는 전제에 주로 의존한다. 중국이 제국주의 강국이 아니라는 것이 증명되고 신냉전이 제국주의 간 투쟁이 아니라는 것이 증명된다면 워싱턴도 베이징도 아니다 라는 구호는 거부되어야 한다.
>
> (카를로스 마르티네즈(Carlos Martinez), "워싱턴도 베이징도 아니다?", 2021.2.21.)

중국이 자본주의이고 심지어 제국주의라는 근거는 중국이 추진하는 일대일로(一帶一路)를 근거로 하고 있다.

서방 제국주의 언론과 학자들, 심지어 한국에서도 최근 중국을 '실크로드 제국주의'니 '중화 패권주의'니 '유라시아 제국주의'니 '채무 제국주의'니, '정치경제의 예속화'니 하며 신제국주의의 부상에 대해 경고하고 있다. 중국이 아프리카에서 '신식민지 자원약탈자'로 행세하면서 아프리카 국가들이 부채함정에 빠졌다고 비난하고 있기도 하다. 힐러리 클린턴도 중국이 아프리카에서 '신식민지주의'에 관여하고 있다고 비판했다.

이른바 부채 함정(debt trap)에 대해 브라우티검(Bräutigam) 연구팀은 "중국은 2000년~ 2015년 사이에 최소 955억 달러를 빌려줬다. 그것은 상당히 많은 부채다. 그러나 대체로 우리의 데이터베이스로 살펴본 중국 대출은 유용한 역할을 하고 있었다. 이는 아프리카의 심각한 인프라 격차에 자금을 조달하는 것이다. 6억 명 이상의 아프리카인이 전기를 사용할 수 없는 대륙에서 중국 대출의 40%는 발전 및 송전을 위해 지출되었다. 또 다른 30%는 아프리카의 무너져가는 운송 인프라를 현대화하는 데 사용되었다. 전체적으로 전력과 운송은 경제성장을 촉진하는 투자이다. 그리고 우리는 중국 대출이 일반적으로 비교적 낮은 이자율과 긴 상환 기간을 가지고 있다"는 것을 알아냈다. 실제로 서구 개발은행이 위험한 대출을 받는 것을 꺼리는 것은 중국 대출에 대한 수요가 많다는 것을 의미한다. 또한 중국은 부채 탕감, 부채 재조정 및 유지가 어려운 상환의 취소에 더 유연한 경향이 있다.

그리고 '토지 수탈'에 대해 부유한 중국인이 중국을 위해 식량을 재배하기 위해 아프리카 땅의 넓은 지역을 사들였다는 다양한 이야기는 "대부분 거짓으로 판명되었다… 흔히 묘사되는 것과는 달리, 중국은 아프리카의 농장 농업에서 지배적인 투자자가 아니다."

그러나 투자와 제국주의 사이에는 등호(等號)가 없다. 앙골라는 포르투갈에 대한 광범위한 투자에도 불구하고 포르투갈에서 제국주의 세력이 아니다. 중국의 아프리카 투자는 인프라와 금융의 심각한 격차를 해결하는 역할을 하기 때문에 수혜국에서 환영받고 있다. 거래는 강제 없이 주권과 평등을 기반으로 수행된다. 진보적인 그리스 경제학자이자 전 정부 장관인 야니스 바루파키스(Yanis Varoufakis)는 "중국인은 서구인들이 결코 헤아릴 수 없는 방식으로 비개입주의자이다… 그들은 군사적 야망이 없는 것 같다… 서방처럼 군대를 거느리고 아프리카에 가서 사람을 죽이는 대신 … 그들은 아디스아바바로 가서 새로운 공항을 건설하고, 철도 체계를 향상시키고, 전화 체계를 만들고, 도로를 재건하고 싶다"고 정부에게 말했다. 자신은 결코 중국 공산당의 지지자가 아니라고 말하며 연설을 시작한 바루파키스는 이 제안의 이유가 순수한 자선이 아니라 에티오피아 정부와 신뢰를 구축하여 석유 계약을 체결하는데 유리한 위치를 점하기 위함이었다고 단정했다. 그런데도 이는 수 세기 동안 유럽인과 북미인이 채택한 것과는 근본적으로 다른 사업 접근 방식이다.

(카를로스 마르티네즈(Carlos Martinez), 같은 글)

라틴 아메리카에서도 중국은 마찬가지 입장을 견지하고 있다.

차베스 정부와 그 후계자는 항상 베네수엘라에 대한 중국의 경제 참여를 장려해 왔으며 결코 제국주의적이라고 생각하지 않았다. 반대로 차베스는 중국과의 동맹이 제국주의에 맞서는 보루, 즉 '미국 패권주의에 대항하는 만리장성'이라고 생각했다. 중국 자금 조달은 에너지, 광업, 산업, 기술, 통신, 교통, 주택 및 문화 개발 사업에 아주 중요했다. 따라서 지난 20년 동안 베네수엘라 빈곤층의 생활조건 개선에 중추적인 역할을 했다. 캐빈 갤러거(Kevin Gallagher)는 『중국 트라이앵글(The China Triangle)』에서 베네수엘라의 전례 없는 빈곤 퇴치 사업은 '2000년대의 높은 유가와 … 중국과의 공동 기금'의 결합으로 가능했다. 남미 전역에서 2003-13년의 '중국 붐'은 '워싱턴 컨센서스 기간 동안 발생한 라틴 아메리카의 불평등 증가를 없애는 데 도움이 되었다'고 썼다.

차베스는 중국과 제국주의 열강의 차이점에 대해 분명하게 말했다. '중국은 대국이지만 제국은 아니다. 중국은 누구도 짓밟지 않고, 누구도 침략하지 않으며, 누구에게도 폭탄을 투하하지 않는다.'

반제국주의 분야에서 탁월한 피델 카스트로는 중국이 제국주의 열강이라는 개념을 철저하게 거부했다. '중국은 객관적으로 가장 전도유망한 희망이자 모든 제3세계 국가의 모범이 되었다. 균형, 진보, 세계평화와 안정의 중요한 요소이다.' 중국의 지원과 우정은 사회주의 쿠바에 매우 귀중한 것으로 입증되었다. 중국은 이제 섬의 두 번째로 큰 무역 협력자이자 기술 지원의 주요 원천입니다.

(카를로스 마르티네즈(Carlos Martinez), 같은 글)

맑스주의와 현대제국주의

라틴 아메리카를 뒷마당으로 여기고 간섭과 침략과 정권교체를 자행해 왔던 악랄한 미제국주의와 비교할 때, 라틴 아메리카에서 중국은 제국주의 국가이기는커녕 진보의 보루 역할을 하고 있다. 지난 11월 25일 쿠바 공산당 중앙위원회 제1서기 미아 디아스카넬 쿠바 국가주석과 중국 시진핑 주석은 회담을 통해 쿠바와 중국의 특별한 우호 관계를 더욱 발전시키기로 한 것을 봐도 이는 부정할 수 없는 사실이다.

미제국주의 일극주의에 대항하는 경제협력체인 브릭스(브라질, 러시아, 인도, 중국) 내의 국가들 상호 간, 이 나라들 중 러시아와 중국이 브라질과 인도를 착취하고 불평등을 조장하고 있다는 근거는 어디에도 없다.

파키스탄 '부채함정'에 대한 서방제국주의의 떠들썩한 중국 비난도 사실은 자신들의 문제를 중국에게 전가하기 위한 술수였다.

> 일대일로를 따라 '부채함정 외교'와 관련하여 서구에서 요란한 소란이 발생했지만 실제 상황은 "개발도상국 부채 조건을 조사하는 거의 모든 연구에서 선진국 대출이 중국보다 더 부담스러운 것으로 보고 있다." 중국이 파키스탄에 일대일로 '부채함정'을 만들었다는 비난에 대해 중국 대사는 파키스탄 부채의 42%가 다국적 기구에 있으며 중국의 우대 대출은 10%에 불과하다고 말했다.

더욱이 중국은 서방 제국주의 국가들처럼 식민지 약탈을 위해 다른 나라를 침략한 적이 없다. 중국은 미국처럼 세계 전역에 군사기지를 설치하고 있지도 않다. 중국이 보유한 단 하나의 해외 군사기지는 소규모의 아프리카 지부티 해군 기지 한군데인데, 지부티는 소말리아 해적이 창궐하는 지역적 상황에서 세계 여러 나라에 군사기지를 유치해 임대료를 받거나 관련 산업을 육성해 경제성장에 활용하고 있다.

중국은 현대화를 추진함에 있어 일부 국가가 취하는 전쟁, 식민화, 약탈의 옛길을 걷지 않을 것입니다. 다른 나라 인민들을 희생시키면서 그 잔인하고 피로 물든 풍요의 길은 개발도상국 사람들에게 큰 고통을 안겨주었습니다. 우리는 역사의 바른 편과 인류 진보의 편에 굳게 서겠습니다…

중국은 모든 국가의 주권과 영토 보전을 존중합니다. 대국과 소국, 강국과 약국, 부유한 나라와 가난한 나라 사이 평등의 원칙을 견지하고 전 세계 인민이 자주적으로 선택한 발전 경로와 사회 제도를 존중합니다.

중국은 모든 형태의 패권주의와 권력정치, 냉전사고, 다른 나라에 대한 내정 간섭, 이중 잣대를 단호히 반대합니다.

("시진핑(習近平) 주석: 중국 특색 사회주의 위대한 기치를 높이 들고 사회주의 현대화 국가를 전면 건설하기 위해 단결 분투하자")

중국의 외교 정책에 있어서 평화공존의 5대 원칙은 주권과 영토 보전의 상호존중, 상호불가침, 내정불간섭, 평등 호혜, 평화공존이다. 중국은 이 정책을 충실하게 준수해 왔다.

홍콩의 문제는 기본적으로 중국의 내정문제다. 홍콩 문제는 역사적으로는 영국 제국주의의 홍콩 식민지 지배로부터 기원하고 있으며 서방 제국주의자들은 중국의 분리독립을 부추기기 위해 홍콩 시위에 개입했다. 직접적으로는 대만에서 살인을 저지른 홍콩인 범죄인을 처벌할 수 있도록 하는 '범죄인 인도법'에서 출발했다.

대만 문제 역시 일본제국주의의 대만 통치와 장제스 국민당 군대의 대만 진주로부터 기인하고 있다. 중국의 '일국양제' 정책은 평화적인 방식으로 대만과 통일하기 위한 합의다. 미국도 이 일국양제를 한 때는 지지했다. 그러나 미국은 대만의 분리독립을 부추기기 위해 대만분쟁을 야기해 왔다.

미제국주의는 어제도 오늘도 상당 기간 내일도 우리의 주적이다

반제를 미·중 패권주의, 미·러 패권주의로 보는 양비론적 입장은 현대제국주의의 본질을 은폐, 호도하는 것으로 궁극적으로 서방 제국주의의 이해에 복무하는 기회주의 노선이다. 이러한 입장은 러-우 전쟁에서도 서방 제국주의의 침략성, 전쟁 야기를 양비론으로 호도하고 그럼으로써 서방 제국주의의 이중잣대 노선을 제대로 폭로하지 못하게 된다. 전쟁의 실질적인 종식의 길을 막아 버린다.

미국의 핵 독점, 핵 패권 정책과 적대시 정책에 대한 자위권의 일환으로 만든 북핵에 대해 '미국 핵도 나쁘고 북한 핵도 나쁘다. 모든 핵 반대'는 중립적인 입장이 아니라 미국의 제국주의 정책을 호도하는 입장이다. 이처럼 첨예한 정치적 문제 앞에서 역사적 원인을 따지지 않고 제기하는 양비론은 결국 미제의 이해에 봉사하는 논리로 전락하게 된다.

특히 한반도와 동북아에서 미·일·한 군사동맹과 이 침략 동맹에 맞서 조·중·러 동맹 간의 신냉전이 펼쳐지고 있는데, 양비론적 입장은 반제 입장이 아닌 중립적 입장으로 경도될 수밖에 없다. 동유럽과 쏘련 사회주의 해체 이후 조성된 미국 중심의 일극체제에 맞서는 다극체제의 형성에 대해 제대로 인식할 수 없으며, 이를 진보적으로 간주하지 않음으로써 인식 상의, 실천 상의 오류에 빠지게 된다.

그리스공산당은 미국 하원 의장 펠로시의 대만 방문에 대해 다음과 같이 논평을 했다.

> 미국 하원 의장의 대만 방문, 미군 동원, 인도-태평양의 긴장 확대는 세계 자본주의 체제에서 우위를 차지하기 위한 미국과 중국 간의 위험한 경쟁 사슬의 고리이다.
>
> (2022년 4월 8일)

러시아를 제국주의라 보고 러-우 전쟁을 제국주의 간 전쟁이라 보는 그리스공산당은 중국을 제국주의라 규정한 결과 대만분쟁에서도 제국주의 간 분쟁으로 보고 있다. 이는 대만 문제에 대해 역사적 관점이 결여된 것이며, 양비론으로 미제국주의와 대만 분리주의자들의 책동을 물타기 하는 것이다.

미제국주의의 주적은 중국이다. 미국의 모든 공세가 중국을 향해 있다. 미제국주의는 중국과의 대립을 기본 축으로 하면서 반북, 반러, 반쿠바, 반베네수엘라, 반이란 등 반제자주 진영을 고립, 포위시키는 전략을 구사하고 있다. 특히 홍콩, 신장위구르, 대만은 미국이 '인권과 민주주의'를 내세워서 통일국가 중국을 분리·독립시키려 기도하는 중국의 약한 고리이다.

최근 미국은 한국, 대만, 일본이 참여하는 칩4동맹, 인플레이션감축법(IRA Inflation Reduction Act) 등으로 중국을 경제적으로 포위하려 하는데, 이는 '미국 우선주의'라는 명목 하에 '동맹국'에게 자신들의 위기를 전가시키고 미국 경제를 회생시키려는 의도이다.

쿼드(Quad)는 인도·태평양 지역에서 미국 주도의 일본·인도·호주의 4각 반(反)중국 연합 협력체로서, 최근 한국도 여기에 가입하려 하고 있다. 오커스(AUKUS)는 2021년 9월 15일 호주, 영국, 미국 세 국가가 참여하여 공식 출범한 삼각동맹으로 미국의 대중국 포위망 강화가 핵심 목표이다. 일본은 여기에 영국과 협력하여 반중 안보협정을 추진하려고 하고 있다.

민주주의 정상회의는 이른바 권위주의 국가들의 부상에 맞서 민주주의를 수호하기 위한 '가치동맹'이다. 여기서 권위주의 국가는 중국과 러시아이다. 이들의 가치동맹은 반중, 반러이다.

우크라이나에서 미제국주의는 신나찌 파시스트들을 부추기면서 꼭두각시 젤렌스키 정권을 내세워 러시아를 소진시켜 약화시키고 이를 통해 제국주의 패권을 유지하려 하고 있다. 미국의 끝없는 나토 팽창정책, 우크라이나에 대한 무기지원 정책, 러시아 포위 고립 정책은 우크라이나에서 전쟁을 장기화하고 우크라이나 민중에게 전쟁의 고통과 희생을 강요하는 주된 요인이 되고 있다. 조작혐의가 뚜렷한 부차 학살을 서방 세계가 부각하면서부터 전쟁 초기 평화협정이 무산되고 전쟁이 장기화되면서 우크라이나 민중의 희생이 엄청나게 늘어났다.

미제국주의에게 우크라이나는 나토가 진출하려는 최첨병 국가이며 우크라이나에서의 전쟁은 미국 군산복합체의 이해와 일치한다. 미제국주의는 유럽에서는 나토를 내세워 러시아를 포위하고, 동북아시아에서는 일본을 전쟁하는 국가로 내세워서 대륙 공세의 전초기지로 삼으려 하고 있다. 우크라이나와 대만, 한국은 미국의 최하위 졸개국가들이다.

이제 전쟁반대는 통상적으로 외쳤던 주장이 아니라 그 어느 때보다도 긴박한 요구가 되고 있다. 미제국주의가 부추기는 전쟁이 우리 목전에 다가와 있다. 미국의 전략적 의도가 관철되면 대만, 한반도는 더 첨예한 분쟁지대, 최악의 경우에는 우크라이나에 이어 전쟁의 참화지역이 될 수 있다.

윤석열 정권은 젤렌스키가 끝없이 러시아를 주적으로 규정하여 자극하고 전쟁을 부추겼던 것처럼, 북 선제타격 공언, 북한 주적론, 최근에 와서는 '핵을 두려워 말고 확실히 응징 보복'하라며 돈키호테처럼 천지 분간하지 못하고 무모한 전쟁 책동을 일삼고 있다. 한미 양국은 2023년에는 사상 최대의 실기동훈련을 예고하고 있는데, 이는 그동안 윤석열이 공언해 왔던 선제타격, 참수작전, 정권교체를 실전처럼 훈련하는 위험천만한 전쟁놀음이다.

윤석열 정권은 미국의 패권전략에 적극 호응하여 위험천만하게 러시아와 중국, 조선을 자극하고 있다. 이는 러시아와 중국의 경제보복으로 한국 경제를 더 위기로 내몰아 민중의 고통을 가중시킬 수밖에 없다.

북은 이러한 호전적 전쟁 책동에 맞서 '강 대 강'의 입장을 고수하며 수십 발의 탄도미사일 발사와 초대형 대륙 간 탄도미사일인 화성포—17형 발사를 한 바 있고, 이 와중에 서해 상에서의 총격전, 해상경계선을 넘는 사실상의 교전 상태가 펼쳐지고 있다. 이에 대해 9·19 군사합의 위반 운운하는데, 9·19 군사합의는 4·27 평양선언과 9·19 평양 공동선언의 일환으로 체결되었다. 사사건건 미국 눈치를 보며 이 역사적 선언을 무산시키는데 일조했던 자들이 9·19 군사합의 위반 운운하는 것은 파렴치한 짓이다.

2023년 한반도 정전 70주년이 되는 해이다. 미군을 철수시키고 평화협정을 맺어야 하는 역사적 시점에 역설적으로 전쟁위기가 최고조로 닥치고 있다. 4·27 판문점 선언과 9·19 평양 공동선언의 무산과 오늘날 고조되는 전쟁위기 원인을 살펴볼 때도, 결국은 미국이 문제다. 미국이 평화의 걸림돌이고 영속적 분단을 획책하는 분단의 주범이다.

세계적으로나 국내적으로 우리의 주적은 미국이 될 수밖에 없다. 미국과 결탁한 국내의 친미반공주의 세력들도 우리가 철저하게 투쟁해야 할 대상들이다. 제국주의 반대의 요체는 과거에도, 오늘날에도, 앞으로도 상당 기간 반미가 되어야 한다. 반미는 반미제국주의의 대중적 표현이다. '더 이상 이념의 시대는 아니다', '반미는 시대착오적이다'는 주장이야말로 미제국주의에 부합하고 현실을 제대로 파악하지 못하는 시대착오적인 이념 그 자체이다. 고조되는 전쟁위기와 깊어지는 경제위기의 시대에 시대 부응적인 과학적, 역사적인 인식으로 이 시대가 부과한 과업에 실천적으로 복무하자.

3. '식민주의'로 점철된
    미·일·한 '동맹'사

* 이 글은 〈현장과 광장〉 8호(2023년 5월) '파시즘과 통일전선'에 실렸습니다.

미·일 '식민주의'의 역사

1776년 7월 4일 영국의 식민지배로부터 독립을 선언한 미국은 1865년 남북 전쟁에서 북부의 승리를 전후로 후발 자본주의 국가로서 급격하게 발전하기 시작했다. 그러나 미국은 그 이전부터 이미 패권 국가로 성장해 있었다. 1823년 제임스 먼로 대통령은 먼로주의(먼로독트린)로 미국의 식민지배 야욕을 공공연하게 천명하였고 급기야는 먼로주의를 전 세계로 확장하면서 2차 세계대전을 전후로 전 세계 패권을 차지한 천하제일의 제국주의 국가가 되었다. 지금은 다극화로 양상이 급속도로 변화하고 있지만, 특히 쏘련 사회주의 해체 이후 미국은 단극 지배체제를 구축하여 전 세계에 대한 침략과 지배 야욕을 노골화했다.

미국의 먼로주의는 원래 '아메리카대륙은 식민의 대상이 될 수 없고 △아메리카와 다른 정치제도를 가진 유럽국가들이 아메리카에 간섭할 경우 미국에 대한 위협으로 간주하며 △미국도 유럽 열강의 내부 문제에 간섭하지 않겠다는 것'([만파식적] 먼로독트린, 한국일보, 2019-05-06)이 핵심 요지이다. 그러나 이 먼로주의는 '아메리카대륙에 어떤 나라도 간섭 마라'에서 '아메리카대륙에 미국이 아닌 어떤 나라도 간섭 마라'로 변질했다. 이는 신흥 강국으로 떠오르고 있었던 미국이 서방 열강으로부터 독자성을 선언한 동시에 남미를 포함한 아메리카 지역 전체가 자신의 지배권 하에 있으니 서방 열강들은 함부로 손대지 말라는 미국의 식민지배 선언이기도 했다.

> 먼로주의는 스페인 등의 쇠퇴로 촉발된 중남미 식민지들의 유럽 이탈 움직임에 대한 유럽의 간섭과 알래스카를 지배하고 있던 러시아의 남하정책 등에 대처하면서 아메리카에 대한 미국의 독점적 우월권을 선포한 것이었다. 즉 자신이 열세였던 유럽에 대해서는 고립주의를 내건 간섭배제를, 상대적으로 우월한 아메리카 등 비유럽권에는 강력한 개입·팽창정책을 초지일관 추구했다.
>
> (한승동 기자, "고립주의와 팽창주의 미국 '먼로독트린'의 두 얼굴", 한겨레, 2005.12.01.)

미국의 자주성과 호혜로 포장한 먼로주의는 1800년대 중반부터 미국 인근의 하와이 점령으로부터 시작해서 1800년대 말에는 미국 독점자본주의의 성장과 팽창야욕에 따라 남태평양 인근을 점령하고 더 나아가 쿠바와 필리핀까지 점령하는 현대의 제국주의적 침략으로 나타나기 시작했다.

> 흔히 미국이 고립주의에서 벗어나기 시작한 것은 1898년 미국-스페인 전쟁(미서전쟁)이고 결정적인 전환은 1941년 12월 7일 일본의 하와이 진주만기습 이후로 알려져 있다. 그러나 미국은 1841년에 이미 먼로 선언의 적용 범위를 하와이까지 확대했고 1853년에는 페리 제독 함대가 일본에 개항을 요구하는 포함외교를 벌였으며, 1867년에는 알래스카를 사들이고

> 1880년에는 남태평양의 사모아 섬을 차지하기 위해 전쟁까지 각오했다. 미국은 미서전쟁을 통해 쿠바와 필리핀, 괌, 푸에르토리코를 빼앗았다.
>
> (한승동 기자, 같은 기사)

특히 미국의 먼로주의는 남아메리카 전체를 미국의 앞마당으로 삼아 지배하려는 미국의 야욕으로 나타났다. 아이젠하워의 쿠데타 배후조종으로 과테말라 진보 정부 전복, 쿠바 피그만침공 사태와 수백 차례의 혁명 지도자 카스트로 암살 시도, 아옌데 사회주의 정부 전복, 니카라과 산디니스타 민족해방 세력 전복 기도, 온두라스 셀라야 정부 전복, 차베스 정권 수립 이후부터 노골화된 베네수엘라에서의 극우 쿠데타 기도와 정권교체 시도, 최근의 브라질 룰라 정부 전복 기도와 페루 까스티요 정부 전복 등 미국은 남아메리카의 진보적 정부를 전복하여 미제의 하수인으로 만들려는 각종 공세와 공작을 자행하였다. 이 와중에 미국은 극우 파시스트 군사정부를 배후 조종하거나 직접 개입해서 남미에서 각종 학살과 고문, 납치, 살해 같은 천인공노할 만행을 서슴없이 자행하였다.

먼로주의는 남미뿐만 아니라 필리핀을 비롯해 아시아로도 확장됐다. 미국은 조선에 대한 제국주의 침략 야욕도 노골화했다. 이것이 1866년 제너럴셔먼호 사건과 1871년 신미양요다.

> 대동강을 거슬러 올라가 통상을 요구하며 횡포를 부리던 미국 상선 제너럴 셔먼이 평양 주민들의 역습으로 불타버린 게 1866년이었고, 이를 기회로 미국이 군함 5척을 보내 강화도를 공격해 일시 점령한 신미양요가 일어난 해가 1871년이었다. 미서전쟁 때 미국의 쿠바 점령전쟁에서 영웅이

조선에서 신미양요가 일어난 1871년은 프랑스 파리에서 인류역사상 최초의 민중혁명인 파리꼬뮌이 일어난 해이다. 1898년 미국-스페인 전쟁(미서전쟁)에서 미국은 봉건제에서 자본주의 발전 시기 식민지 약탈인 이른바 '상업무역'의 시기에 중남미 패권을 차지했던 스페인과 산업자본주의가 발전한 미국과의 싸움이었다. 미국은 이 전쟁에서 스페인을 물리치고 남미에 대한 패권을 차지하는 계기가 되었다.

게다가 미국은 이 전쟁에서 승리한 후 1565년부터 스페인의 식민지배를 받아왔던 필리핀을 식민지배하게 되었다. 이후 미국은 1898년부터 1946년까지 필리핀을 식민지배하였다.

에도 막부 시대 막바지인 1858년 7월 29일 미국에 의해 강제 체결된 불평등 조약인 미·일수호통상조약으로 미국의 식민지가 될 수 있었던 일본은 1868년 메이지 유신을 통해 천황제를 중심으로 하는 자본주의적 발전을 성공적으로 진행할 수 있었다.

미국이 양두구육의, 즉 아메리카대륙의 자주권을 내세워 실은 남미에 대한 자신들의 식민지배를 정당화했듯이, 일본은 개화사상가인 후쿠자와 유키치 등이 내세운 탈아입구(脱亞入歐), 즉 '아시아를 벗어나 유럽으로 들어간다'를 명목으로 실은 조선과 중국 등 아시아에 대한 식민지배를 추구하기 시작했다. 이 탈아론은 노골적인 정한론, 조선징벌론으로 발전했다.

정한론을 내세워 호시탐탐 조선을 침략하고자 하던 일본은 1876년 강화도 조약으로 조선에 대한 지배를 개시하고 1894년 청일전쟁과 1905년 러일 전쟁에서 승리한 뒤 1905년 11월 17일 을사늑약 체결, 1910년 8월 29일 한일합방(경술국치[庚戌國恥])으로 조선에 대한 지배권을 획득했다.

이 식민지배 과정에서 일제는 1902년 1월에는 러시아의 남하에 대비하여 영국과 군사동맹을 맺고 일본은 조선 전체와 중국 분할 지배, 영국은 중국 분할 지배를 합의하였다.

한일 간 역사적 문제의 기원: 가쓰라-테프트 밀약과 샌프란시스코 조약

루스벨트 대통령 시절 미국은 1905년 7월 29일 육군 장관 태프트를 도쿄에 파견하여 일본 제국 수상 가쓰라 다로와 비밀회담을 통해 가쓰라−태프트 밀약(각서)을 맺었다.

이 협정은 필리핀은 미국이, 조선은 일본이 지배한다는 식민지배 협정이다. 현대사에서 한일 간 역사문제의 기원은 식민지를 분할·지배하기 위한 미·일제국주의 간 '태프트−가쓰라 밀약'에 그 역사적 기원이 있다.

> 문제는 7월 27일 오전부터 시작된 태프트와 가쓰라 사이의 장시간에 걸친 밀담인데, 그 자리에서 양자 간에 성립된 양해사항은 간단히 말해서 일본이 필리핀에 대한 미국의 지배권을 인정하는 한, 미국은 한국에 대한 일본의 종주권을 인정한다는 것이었소이다.
> 태프트가 이 밀담의 내용을 전보로 본국 정부에 보고한 것은 7월 29일

이었으며, 이 전문 보고서를 읽은 루스벨트가 그 내용을 전면적으로 승인한다는 답전을 태프트에게 띄운 것이 7월 31일. 그리고 이 답전을 받은 태프트가 마닐라에서 가쓰라에게 그 내용을 알리는 전문을 띄운 것이 8월 7일이었소이다. 보통 '태프트-가쓰라 밀약'으로 알려진 문건은 7월 29일 태프트가 일본에서 워싱턴으로 보낸 전문을 말하는데, 미국이 국제법상의 조약도 아닌 밀약의 형식으로 비밀리에 일본의 조선에 대한 지배권을 인정했다는 역사적 사실을 우리는 기억해 둘 필요가 있으리라 믿는 바이외다.

(정경모 통일운동가, 태프트-가쓰라 밀약…미·일의 '갈라먹기', 한겨레신문 길을 찾아서, 2009.08.25.)

이후 2차 대전(반파쇼 인민전쟁)에서 패망한 일제를 미제의 대리인으로 내세워 조선과 만주를 비롯해 일제의 구 식민지배를 부활시키는 '캐넌 설계도'가 그 연장선상에 있다.

'케넌 설계도'는 다음과 같은 것인데, 간단히 말해서 조선반도에서 만주에 이르는 일본의 구 식민지는 다시 한 번 일본에 통치를 맡기는 것이 미국에는 이득이라는 것이외다.

'현실주의에 입각하여 생각한다면, 일본의 영향력과 제반 활동이 조선에서 만주에 이르는 지역으로 진출하는 것에 미국이 반대할 이유가 없게 될 날은 반드시 올 것인데, 그날은 우리의 예상보다 더 빠를 수도 있다. 이 지역에 대한 소련의 압력을 완화하고 저지하기 위해서는 이것만이 현실적인 유일한 방도인 까닭이다. 힘의 균형을 이용한다는 구상은 미국의 외교 정책상 새로운 것은 아니며, 현재의 국제정세에 비추어 이와 같은 정책의 정당성을 인정하고 다시 한 번 이러한 정책을 채용하는 것이 빠르면 빠를수록 바람직하다는 것이 우리들(국무부 정책기획본부)의 일치된 견해이다.' 베트남에 대한 프랑스의 지배권을 회복시킨다는 미국의 의도에서부터 베트남 전쟁이 시작된 것이라고 한다면, 일본의 힌터랜드(배후지)로서 조선과 만주를 우선 미군의 군사력으로 점령한 뒤 그 지배권을 일본에 넘겨준다는 '설계도'는 당시의 국제정세로 보아 별로 놀랄 만한 것은 아니었고, 6·25전쟁은 어차피 일어날 수밖에 없었던 전쟁이었으니만치, 제1발을 쏜 것이 김일성이었나 이승만이었나를 캐묻는 것은 무의미한 일이 아닐까 하는 바이외다.

(정경모, 한반도서 소련과의 전쟁 준비한 미국, 한겨레신문 길을 찾아서, 2009.12.21.)

1947년 이 설계도를 작성한 자는 미국 국무부의 외교정책실장이던 조지 케넌인데, 그는 같은 시기 미국이 중심이 된 서방 국가들의 대쏘련 봉쇄 정책을 처음으로 제안하기도 했다. 결국 이 케넌 설계도는 2차 대전 이후 미·쏘 간의 냉전이 본격화되고 중국 내전에서 중국 공산당의 승리가 눈에 보이자 반쏘, 반북, 반중, 반공주의 기치 하에 작성된 것이다. 이 캐넌 설계도는 실제 현실화되었다.

일본이 한국전쟁 당시에 군수 무기 수출로 일본 부흥의 기틀을 마련했다는 사실은 이미 알려진 사실이다. 이뿐만 아니라 한국전쟁 당시에 일본은 이 전쟁에 직간접적으로 참전하기도 했다. 『조선분단의 역사 1945~1950』, 『조선전쟁과 일본』 등 저서를 쓰며 이러한 문제를 깊게 연구했던 오누마 히사오 교아이학원 마에바시국제대학 교수는 이에 대해 이렇게 주장한다.

- 일본이 한국전쟁에 참전했다고 말할 수 있나?

"한국전쟁이 터지자 점령군 총사령관인 맥아더 장군은 1950년 7월 8일 요시다 시게루 총리에게 경찰예비대를 만들도록 지시해 재군비의 길을 열었다. 경찰예비대는 일본이 독립하고 나서 자위대로 탈바꿈했다. 전쟁 발발 당시 일본에 군대는 없었지만, 한반도의 지리 지형을 잘 아는 옛 일본군 출신들이 있었다. 이들은 점령군사령부의 정보조직(G2)에 협력해서 유엔군의 상륙작전 등을 돕는 정보 제공을 했다. 일부는 상륙용 함정(LST)에 선원으로 승선해 일종의 병참 업무를 담당했다. 전투에 직접 참가하지는 않았지만 후방에서 전쟁 수행을 지원했다. 그래서 일본이 넓은 의미에서 참전국이었다고 말할 수 있다. 요시다 총리도 가능한 한 협력하라고 했다. 유엔군에 혈액을 보내자는 헌혈운동이 벌어졌고 인천·부산 등지에서 연합군 함정을 수리하거나 항만 준설작업을 했던 일본인도 상당수 있었다."

("일본 입 닫고 있지만, 사실상 한국전쟁 참전국", 한겨레신문, 2010.06.29.)

일제 패망 이후 전쟁 와중인 1951년 미국은 남북, 중국(공산당), 쏘련 등을 철저하게 배제시키고 식민지배를 면죄하고 일제를 부활시키는 샌프란시스코강화조약을 체결했다.

여기서 샌프란시스코 체제란 태평양전쟁과 일제식민지전쟁을 종결시킨 '샌프란시스코 평화조약'과 동시에 1951년 9월 같은 날 샌프란시스코 오페라하우스라는 같은 장소에서 체결된 주일미군의 법적 근거인 '미·일 안보조약'상기 두 조약을 모두 합쳐서 지칭한다. 전자에서는 응징의 차원에서 전범국 일본에게 단호한 징벌을 하는 대신에 상당한 특혜와 면책을 부여하였다. 또 후자에서는 일본을 패전국에서 해방시켜 동등한 조약 당사국으로 인정, 국제사회로 복귀시켜 미국과 동등하게 군사적 방위에 참여할 수 있게 약속한 것이다. 1951년 당시 동아시아 냉전을 의식한 미국은 전범국가 일본을 단호하게 응징하지 못하고 오히려 면죄부를 준 모순되는 샌프란시스코 체제를 탄생시켰다.

(이장희 한국외대 명예교수, "샌프란시스코 체제 넘어 새로운 동아시아 평화체제 구축하자"

통일뉴스, 2015.11.24.)

1951년 9월 8일 샌프란시스코 평화조약과 같은 날에 미·일 간 안전보장조약(구 안보조약)이 체결되어 1952년 4월 28일 발효되었다. 글에서는 '미국과 동등하게 군사적 방위에 참여할 수 있게'라고 하고 있지만, 실제로는 미국은 일본을 자신의 손아귀에 두는 조건 하에서 일본을 내세워 반쏘, 반중, 반북의 미·일 동맹 체제를 유지하려 했다. 반면 일본은 절치부심 미제의 주구가 되는 한에서 천황제를 인정받고 일본 제국주의를 부활시키려 했다. 이로써 천황을 정점으로 미제국주의와도 결전을 치른 제국주의 일본으로서의 긍지를 되살리고 싶어 하지만 미제국주의 앞에서는 벌벌 기는 부조화된 현실이 일본 극우들을 괴롭히는 영원한 딜레마가 되었다.

이후 1960년 1월 19일 일본의 패전 이후 6년 반 동안 일본을 통치해 온 연합군 최고사령부(GHQ)가 철수하고 주일미군이 주둔하는 새로운 미·일 상호방위조약이 미국의 아이젠하워 대통령과 일본의 기시 노부스케 총리 사이에 체결되고 6월 19일에 발표되었다.

이 신 안보조약은 평화협정 9조를 무력화시키면서 동북아에서 미제의 역할을 분담하여 일본을 다시 침략 제국주의 국가로 만드는 전쟁동맹의 부활을 알리는 본격적인 선언이었다. 이 전쟁부활 책동에 대해 1959년부터 1960년까지 일본 노동자계급과 학생, 평화세력들이 저항했는데 이것이 바로 일본 현대사에서 가장 격렬하게 진행된 '안보투쟁'이었다.

한미군사동맹과 미·일 군사동맹은
미제의 지배패권전략에서 나온 한 뿌리

한편 한(조선반도)에서는 1953년 7월 휴전 이후 국제연합군 총사령관, 실제로는 미군을 일방으로 하고 조선인민군 최고사령관 및 중국인민지원군 사령원을 다른 일방으로 하는 '한국(조선)에서의 적대행위와 일체 무장 행동의 완전한 정지를 보장하는 정전을 확립할 목적'으로 하여 '모든 외국군의 철수를 위한 정치협상을 개시한다'라는 정전협정이 체결됐다. 그러나 미국은 '정전협정이 조인되고 효력을 발생한 후 삼 개월 내에 각기 대표를 파견하여 쌍방의 한 급 높은 정치회의를 소집하고 한국으로부터의 모든 외국군대의 철수 및 한국(조선) 문제의 평화적 해결문제들을 협의할 것을 이에 건의한다'는 조항을 전면 부정하는 한·미 상호방위조약을 체결하였다.

한미 상호방위조약은 1953년 8월 8일 변영태 외무장관과 덜레스 미 국무장관 사이에서 가조인하여 그해 10월 1일 미국 워싱턴에서 정식 조인한 뒤 1954년 11월 18일에 정식 발효되었다. 한미상호방위조약 제4조는 '상호합의에 의해 미합중국의 육군, 해군과 공군을 대한민국의 영토 내와 그 부근에 배치하는 권리에 대해 대한민국은 이를 허용하고

(grants) 미합중국은 이를 수락한다(accepts)'고 되어 있다. 이 합의는 정전협정 위반이었을 뿐만 아니라 이 합의에 의해 한국은 전시작전권도 없고 미국은 언제든지 무상으로 주한미군을 대한민국 영토와 영해, 영공을 무상으로 사용하고 군대를 진입시킬 수 있는 불평등 조약이다.

이 조약 4조에 의거하여 1966년 7월 9일 주한미군지위협정, 즉 '대한민국과 아메리카 합중국 간의 상호방위조약 제4조에 의한 시설과 구역 및 대한민국에서의 합중국 군대의 지위에 관한 협정'(소파협정 SOFA)이 체결됐다. 이 소파협정은 미군 측은 언제든지 한국 내 시설사용권을 가지는가 하면 미군이 '공무 수행 중' 범죄를 저질렀을 때 미군이 1차 재판권을 행사한다고 하고 있다.

이 불평등한 소파협정으로 인해 미군에 의한 윤금이 씨 잔혹 살인사건과 효순이 미선이 장갑차 압살 사건, 미군의 세균실험실 운영과 맹독성 물질 불법배출 등 미군범죄가 일어나고 오늘날 미국 요구에 의해 사드 배치가 일방적으로 이뤄지는 일들도 벌어지게 되었다. 더욱이 미국은 마음대로 주둔비를 인상하고 한국에 방위비 분담을 강요하게 되었다.

이 소파협정에 반대하는 투쟁이 대대적으로 일어나서 일부 조항이 개정되기도 했지만 여전히 소파협정의 불평등한 성격은 그대로 유지되고 있다. 또한 1957년 6월에 미국은 이남에 전술핵을 반입하여 배치하기도 하였다.

이처럼 이남을 반공주의 보루로서 침략 전쟁기지로 삼는 미국의 전략은 대내적으로는 국가보안법에 기초한 백색테러 파쇼 통치 체제를 강화하는 것으로 연결되었다.

1954년 이승만은 도저히 해결 불가능할 것으로 생각되는 문제에 도전했다. 민중에 대한 억압을 더욱 강화하는 것이 그것이었다. 휴전 이후 형무소를 22곳이나 새로 설립했고, '사상경찰'의 수는 두 배로 늘렸으며 더욱이 공산주의 간첩의 활동을 저지한다는 미명하에 모든 국민에게 경찰에 등록하고 통행증을 휴대하도록 강요했다. 세대주는 대문 앞에 동거인 모두의 이름을 새긴 문패를 달지 않으면 안 되었다. 1955년 7월에는 사상경찰을 돕기 위해 4만 7,000명의 청년으로 구성된 자위소방단이 조직되었다. 한국 육군과 경찰대도 이때 증강되었다.

(데이브디 콩드, 장종익 옮김, 『남한 그 불행한 역사』, 좋은책, 1988, 47~48쪽,
『다시 쓰는 한국현대사』, 박세길, 돌베개)

이와 함께 민중의 단체활동은 모든 방면에서 끊임없이 파괴되었다. 1955년 3월 14일 미 군정이 제정한 정당등록법을 발동해 불교단체부터 봉사·학문·여론조사단체에 이르기까지 17개의 사회단체를 강제로 해산시켰다. 또한 진정한 의미에서 노동조합 결성의 자유가 전면적으로 부인되는 가운데 1955년 7월 15일에는 '파업을 전면 금지하고 파업에 참가한 사람은 공산주의자로 간주하겠다'라는 선언이 발표되었다.

(데이브디 콩드, 『남한 그 불행한 역사』, 48쪽, 박세길)

한미군사동맹이나 미·일 군사동맹이나 모두 미제국주의의 지배패권전략에서 나온 한 뿌리다. 단 미제국주의는 과거 제국주의였던 일본 제국주의와의 종속적 동맹을 우선시하면서 식민지였던 한국을 그 맨 하위로 배치하고 있다.

이 한미군사동맹과 미·일 군사동맹은 그 전략적 목표를 달성하기 위

해 미·일·한 군사동맹으로 완성되어야 한다. 그러나 일본 제국주의의 조선에 대한 식민지배의 역사가 한일 간의 군사동맹 체결을 가로막았다. 당시에는 미국의 주구 이승만조차도 노골적인 친미 숭배를 하면서도 명목적으로는 일본과의 관계에서 반일을 주장해야만 했을 정도다. 따라서 미국으로서는 미·일·한 반공주의 동맹 강화의 걸림돌을 제거해야 한다.

일본에서 안보투쟁이 거세게 일어나던 시점에 한국에서는 1960년 역사적인 4·19혁명으로 이승만이 하야하고 대중투쟁의 불길이 활발하게 타올랐다. 4월 혁명에 대해 대한민국 관제 자본주의 역사는 이 투쟁을 부정선거에 맞서는 투쟁 정도로 협소화하고 있다. 그러나 이 4월 혁명은 미국식 민주주의의 이식이 실은 반공주의의 보루로서 식민주의를 관철시키기 위한 백색테러 지배체제의 구축에 있다는 것을 여실히 폭로하고 있다.

이 4월 혁명은 미 군정과 이승만 괴뢰 도당에 맞서 투쟁했던 대구항쟁, 4·3항쟁, 여순항쟁을 역사적 뿌리를 잇는 투쟁으로서 전쟁 전후에 무참하게 자행됐던 학살을 폭로하게 만들었다.

크고 작은 학살 현장에서는 인간의 탈을 쓴 짐승들의 향연이 난무했다. 전국 방방곡곡에 인권유린의 전시장이 설치되었고, 눈 뜨고는 볼 수 없는 반인륜적 행위들이 자행되었다. 부녀자의 강간 능욕은 기본이고, 젖가슴 난자 살해 후 암매장, 알몸 고문, 부자간 뺨 때리기, 며느리 말 태우기, 친족간에 생피 붙이고 덥석 말아 굴리는 장면까지 연출되었다.

사람을 죽이고 재산을 빼앗고, 심지어는 죽은 이의 부인을 강제로 첩으로 삼기까지 했는데, 천덕꾸러기가 된 남편의 아들은 문전걸식하는 거지가 되고 여자는 미쳐버렸다. 사람들을 상대로 일본도와 M1 소총의

맑스주의와 현대제국주의

성능을 실험하고 죽음까지도 실험 관찰하고, 가족이 총 맞아 쓰러질 때 만세를 부르게 하고, 죽은 아들의 간을 입에 물고 돌아다니게 하는 등의 천인공노할 만행도 저질렀다. 일가족 몰살로 빈집이 속출했고, 토벌군이 휩쓸고 간 마을은 잿더미로 변했다.

이런 참상들을 목도하고 살아남은 사람들의 심정은 어떠했을까?

말문이 막혀 말이 나오지 않고 입이 있어도 말할 수 없다는 것이 바로 이런 상황을 두고 하는 말일 것이다. 아무리 잊으려 해도 잊히지 않는 그 악몽들, 눈을 감아도 질끈 동여 감아도 선연히 떠오르는 그 참상들을 안고 사는 사람들이 제정신이었을까?

지난 반세기 동안 우리 대한민국은 가히 거대한 정신병동었다고 해도 과언이 아니다. 가족을 잃은 유족들은 물론이고 사람들의 끔찍한 죽음을 보고 들은 이들, 광기에 휩쓸려 학살에 가담한 이들에게 그 기억은 다시는 떠올리기도 싫은 일이었고, 도리질을 쳐서라도 꼭 떨어내야만 그래도 이 질긴 목숨을 연명해갈 수 있는 그런 끔찍한 일이었을 것이다.

(한국전쟁 유족회, '민간인학살 개요', 2016년)

왜 이런 끔찍한 학살만행이 벌어졌는가?

전쟁기 남한 지역의 민간인학살은 국민들 속에 뿌리내리지 못한 이승만 정부와 자신의 동아시아 전략에 입각하여 이승만 정부를 주무르고 있던 미국의 정략적 판단의 산물이었다고 할 수 있다. 이승만 정부와 미국에게 어찌 보면 전쟁은 기회일 수 있었다. 최소한 한반도의 남쪽에라도 확고한 반공 국가를 세워 자신의 부족한 정당성과 정통성의 빈 곳을 메우고,

자본주의 세계체제의 확고한 교두보를 마련할 수 있는 기회이기도 했다…

요컨대, 한국전쟁 전후의 100만 민간인학살은 대한민국이 분단과 전쟁을 거치며 극우 반공체제를 정착시키는 과정에서 이질적인 존재의 일부를 걸러내고 남은 국민들을 체제에 순치시켜가는 절차였다고 할 수 있다.

(한국전쟁 유족회, 같은 글)

이 4월 혁명으로 한국전쟁 이후 얼어붙었던 친미반공주의 체제를 급격하게 뒤흔들고 학살 진상규명과 책임자 처벌, 미국 반대, 분단척결과 민주주의와 통일 염원으로 나아갔다. 미국은 1961년 박정희를 내세운 5·16 군사 쿠데타로 4월 혁명으로 다시 타오르던 민중의 열망을 무참히 짓밟고 이남을 친미 반공 백색테러 체제로 만들었다.

학살 진상규명 요구가 처음으로 전면 제기된 4·19 직후에는 유족들이 그래도 힘이 있었다.

유족들이 아직 젊었고, 유족들과 이웃들의 기억이 생생했다. 50년대 이승만 정부의 폭정도 그런 기억들을 깡그리 제거할 수는 없었다. 누가 누구를 죽였고, 죽인 자가 어떤 사람이고 죽은 자는 어떤 사람인지, 세상이 다 알았다.

북진통일의 슬로건 아래 지독한 '빨갱이 사냥'이 계속되고 지독한 탄압이 이어졌지만 압제의 뚜껑이 빠끔히 열리는 틈을 타고 거세게 터져 나오는 유족들의 한과 분노를 억누를 수는 없었다.

그러나 반공을 국시로 내건 5·16쿠데타 세력에 의해 피학살자들은 지하에서 또 한 차례 죽음을 맞았고, 유족회 간부들이 붙들려가 고초를 겪으면서 학살은 또다시 은폐되었다. 당시 자기 부모·형제·자매의 억울한

> 죽음의 진상을 밝히는 일에 앞장섰던 유족회 간부들에게 내려진 죄목은 '특수반국가행위'였다.

(한국전쟁 유족회, 같은 글)

미국에 의한 한일국교 정상화 시도는 이미 1951년 10월 20일 전쟁 와 중에 이승만 정권 때 예비회담으로 시작하여 자유당과 민주당 때 수차례 진행하다가 중단됐다. 이승만조차도 당시 일본 식민지배가 끝난 지 얼마 안 되는 시점에서 인민들의 반일감정이 극도로 심한 상태에서 더 이상 추진할 수 없었던 것이다. 그러나 미국은 자신들의 전략적 목표대로 이남 을 반공주의 전초기지로 만들기 위해 미·일·한 동맹을 확고하게 구축하 여야 했다. 미국은 이를 위한 걸림돌을 제거하려 했다면 일본은 일본대 로 미국을 등에 업고 이남에 대한 경제적, 정치적 지배권을 확보하려 하 였다. 한·일 국교정상화는 일본의 염원이기도 했다.

> 궁극적으로 일본 외교는 미국과의 밀접한 협력관계에 그 강조점을 두 어야 한다. 이를 위해서는 한국 및 대만과의 관계를 유지하는 것이 필요 하다. 만약 할 수만 있다면, 일본, 한국, 대만을 합방시켰으면 좋을 텐데!

(자민당 부총재 오노 반보쿠, 1958년, 박세길)

> 대만을 관리하고, 한국을 합병하며, 만주의 5개 종족 사이의 협력을 꿈꾸는 것, 만약 이것에 일본 제국주의라면 그것은 영예로운 것이다.

(일본 외무성 장관 시이나 이찌나부로, 1962년, 박세길)

이로써 1962년 김종필은 '제2의 이완용이 되더라도 기어이 한일회담을 끝낼 생각'이라며 일본 이케다 수상과 비밀협상을 추진하여 청구권 문제를 사전 타결했다. 이 샌프란시스코강화 조약을 바탕으로 박정희의 굴욕적인 한·일 청구권 협정이 체결됐다.

일본군 출신인 박정희 정권은 1965년 한일청구권협정에 대해 식민지 배상의 성격을 부여하고 홍보했다. 일본에는 피 징용자 사망자·부상자·생존자 피해보상으로 3억6400만 달러를 제시했다. 결과적으로는 그나마 3억 달러가 됐다. 반면 일본은 식민지 배상이 아니라 독립축하금 또는 경제협력자금으로 규정했다. 1952년 샌프란시스코 평화조약이 근거였다.

(이범준 기자, 한·일협정 50주년 끝나지 않은 3가지 과제, 경향신문, 2015.06.13.)

일본에서의 격렬한 안보투쟁이, 한국에서는 한일협상 반대 투쟁으로 터져 나왔다. '제국주의자와 민족반역자'에 맞서는 6.3항쟁은 무려 532일 동안 격렬하게 진행됐다. 박정희는 1964년 6·3계엄령과 1965년 8·26 위수령으로 이 정권 타도 투쟁을 탄압했다.

가쓰라-테프트 밀약이 미·일 제국주의 간 식민지 분할을 위한 제국주의 간 책략이라면, 캐넌설계도부터 샌프란시스코강화조약, 박정희 대일청구권은 미제가 중심이 되어 동북아에서 쏘련 사회주의의 반파쇼 인민전쟁과 조선 등 식민지 민족의 해방투쟁으로 패전한 일제를 부활시켜 반공산주의 전초기지, 전진기지로 삼으려는 제국주의 신전략에서 나온 것이다.

박정희의 한일청구권은 지금 한일 간 역사문제를 무마하여 미·일·한 전쟁동맹을 강화하여 조·중·러에 맞서는 '가치동맹'을 만들려 강화하려

하는 것처럼, 미제 점령국인 이남을 일제에 종속시켜 반북 반중 반쏘 기지로 삼으려는 미제의 의도에서 비롯됐다.

이러한 일제의 식민지배와 재 식민지배 야욕, 미제가 중심이 된 반공주의 냉전은 쏘비에트가 해체된 역사적 격동이 있지만 조·중·러에 맞서는 미·일·한 전쟁동맹으로 계속되고 있다. 이것이 오늘날 신냉전이다. 이 가운데 대만과 한국은 반북·반중·반러라는 미제의 신냉전, '가치동맹'의 전초기지다.

냉전에서 신냉전 사이에는 중국과 미국의 외교관계 수립, 동유럽과 쏘련 사회주의 해체라는 역사적 격동이 있었지만, 우리에게 강제로 관철된 미제와 일제의 식민주의라는 역사적 관점에서 보면 그 본질이 그대로 유지되고 있다는 것을 알 수 있다.

한미 '동맹'은 호혜 결속이 아닌 약탈과 착취 '동맹'

이 반역사의 역사는 지금도 계속되고 있다. 윤석열이 그것을 다시금 전면에 부각시키고 있다.

윤석열의 3월 21일 국무회의에서의 방일 관련 발언은 전형적인 친일파 뉴라이트들의 역사인식대로 '과거에 발목 잡히지 말고 미래로 가자'로 요약할 수 있다. 그러나 지금까지 살펴봤듯, 한일 간 문제의 본질은 일본제국주의의 조선침략과 지배의 문제이고 단순하게 흘러간 과거의 문제가 아니라 지금도 첨예하게 계속되고 있는 역사적 문제이다. 이 일본제국주의의 조선침략과 지배에는 과거에도 그랬고 지금도 미제국주의가 아주 긴밀하게 관련되어 있다. 미제는 일제 조선침략의 공범이라 할 수 있다.

보다시피 윤석열의 3·1절 연설, 강제징용 제3자 변제, 국무회의 발언도 이러한 현재 진행형인 역사적 관점으로 볼 때, 한일문제가 이미 지나간 과거고 한일 간에 희망찬 미래를 보자는 저들의 주장이 새빨간 거짓말임을 알 수 있다.

윤석열이 국무회의 발언에서 중국 주은래 부주석을 언급하며 1972년 9월 29일 중일 외교 정상화를 천명한 중·일 연합성명에서 중국이 전쟁배상 청구를 포기한다는 협약 문구를 근거로 자신의 친일 굴욕 행보를 정당화하고 있다.

그런데 이 역사적 성명은 중미 외교관계 수립 이후 중일 간 외교 정상화 공동합의문으로 일본의 이해관계도 반영되었지만 전반적으로 중국의 외교상의 자주성 하에 중국의 입장이 대폭 반영되었다. 이 합의문은 다음과 같다.

일본 측은 과거에 일본국이 전쟁을 통해 중국 국민에게 중대한 손해를 준 데 대해 책임을 통감하고 깊이 반성한다.

제1항. 일본국과 중화인민공화국 간 이제까지의 비정상 상태는 이 공동성명이 채택되는 날로부터 종료된다.

제2항. 일본 정부는 중화인민공화국이 중국의 유일한 합법 정부임을 승인한다.

제3항. 중화인민공화국 정부는 대만이 중화인민공화국 영토의 불가분한 일부임을 재차 표명한다. 일본 정부는 이 중화인민공화국 정부의 입장을 충분히 이해하고 존중하며 포츠담선언 제8항에 기반한 입장을 견지한다.

제5항. 중화인민공화국 정부는 중일 양국국민의 우호를 위해 일본국

에 대한 전쟁 배상 청구를 포기한다.

제7항. 양국은 아시아태평양 지역에서 패권을 추구해서는 안 되며 패권을 확립하려는 타국 혹은 국가집단의 시도에 반대한다.

(손열 연세대학교, 미중데탕트와 일본: 1972년 중일 국교정상화 교섭의 국제정치, 2014.2.)

보다시피, 이 합의문에는 일본의 침략전쟁에 대한 철저한 사과가 표명되어 있고, 하나의 중국 원칙하에 그동안 일본과 국교를 맺고 있던 대만과 단교하고 중화인민공화국 정부를 인정한 것은 중국의 외교상 승리였다. 또한, 아시아 태평양 지역에서 패권주의를 반대한다고 명시하여 일본의 군국주의 부활책동에 대한 견제도 담겨 있었다.

중국의 전쟁 배상 청구 포기는 당시 오고 간 중일 당국자들의 대화에서 보듯, 일본 군국주의자들의 전쟁책임을 분명히 하면서 이 배상 청구가 과거 중일 전쟁 패배로부터 중국 인민들이 당했던 고통에 비춰볼 때, 중국이 배상 요구로 일본 인민들에게 피해를 주지 않겠다는 중국의 입장이 담겨 있다.

배상을 요구하면 일본 인민에게 부담을 지우게 된다. 이는 중국 인민이 몸소 겪어 알게 된 것이다. 청 시대에 '청·일 전쟁 패배로' 2억5천만 냥을 일본에 배상하였다. 청조는 이를 이용해서 세금을 중과(重課)하였다. 이는 당시 일본국가예산의 절반에 달하는 규모로서 민중이 고통을 겪었다. 전쟁책임은 일부의 군국주의 세력에 있으며 대세인 일반 국민과 구별해야 하므로 이들에게 그리고 차세대에게 청구권의 고통을 부과하고 싶지 않다.

(石井明 外, 2003.14.)

또한 한국 대법원의 징용 배상 판결이 국가 간 청구권 만료에도 불구하고 개인이 청구하는 배상 책임까지 면제하는 것은 아니라는 것처럼, 중일 공동합의문도 마찬가지다.

중국인 강제동원의 피해자 및 일본군 위안부 피해자의 개인 청구권 문제를 둘러싼 중일 양국의 견해가 대립하고 있다. 이 문제의 중심에는 1972년 발표된 중일 공동성명이 있는데, 일본 측에서는 중일 공동성명을 근거로 중국인피해자 개인의 배상청구권은 소멸하였다고 주장하고, 중국 측에서는 중국인피해자 개인의 배상청구권을 포기한 적이 없고, 여전히 유효하다는 입장을 견지하고 있다. 중국 학계에서 중국인 피해자 개인의 배상청구권이 유효하다고 제시하는 근거 중 하나는 중국 헌법에서 규정하는 국무원1)의 직권행사와 관련한 규정이다. 중국 학계에서는 중일 공동성명 발표 당시 적용된 1954년 중국 헌법2)에 따르면 국무원이 중국인 피해자 개인의 청구권을 포기할 권한이 없었다는 점을 강조하고 있다.

(중국 상해사범대학 박사후연구원 문혜정, "중국 헌법의 관점에서 바라본 중일 공동성명과 중국인 피해자 개인의 청구권 검토")

따라서 중일 간 공동합의문을 근거로, 또한 자국 한국 대법원의 배상 판결을 거부하고 제3자 개인 변제를 정당화하는 것은 윤석열의 발언은 반헌법적인 기만에 불과하다. 또한 중일 간 합의문은 일본 인민의 피해에 대한 책임 전가를 반대하는 것이었고 전범 기업에 대한 배상 책임을 반대한다는 내용도 없다.

더욱이 중일 공동합의문에서는 상호 영토와 주권 존중, 상호불가침, 상호 내정불간섭, 평등 호혜라는 평화 5원칙이 반영되어 있고, 중국은 군

맑스주의와 현대제국주의

국주의자들을 비판하는 입장을 일관되게 견지하면서 지금까지도 일본 군국주의자들의 전쟁 책동에 대해 항상 준엄하게 규탄해 오고 있다.

윤석열은 주은래 부주석을 입에 담지 마라. 주지하듯 윤석열은 반중 반북 친미 가치동맹에 몰두하며 제국주의와 결탁해 일본의 군국주의 침략을 옹호하고 전쟁 책동을 일삼고 있다. 주은래 부주석은 항일투쟁의 투사로 북의 지도자들과 인민들과도 영원한 우애의 친교를 맺고 평생을 국제주의 혁명가로 살아오며 중국인들과 아시아 진보적 인민들의 존경을 한몸에 받고 있다. 윤석열이 중국의 외교 협정을 근거로, 그것도 주은래 부주석을 전거로 드는 것은 윤석열의 친일 행보를 정당화하는 사례가 아니라 반대로 이 자가 얼마나 파렴치하고 중증 망상에 사로잡혀 가당찮은 기만을 일삼는지 잘 알 수 있게 하는 사례에 불과하다.

윤석열 정권은 말할 것도 없고 민주당도 정도의 차이는 있을지 모르지만 역사적으로 미·일 제국주의의 주구 노릇을 해왔다. 민주당은 한일 전 운운하면서도 이를 선거에서 정치적으로 활용했을 뿐 지소미아 연장 등으로 미국의 요구에 철저하게 부합해 왔다. 특히 일제 배후에 있는 미제에 굴종하여 4·27 판문점 선언, 9·19 평양 공동선언을 제 손으로 파기하였을 따름이다.

한국의 양당 지배계급은 공히 반민족이며 친일 친미반공주의에 사로잡혀 있다. 윤석열은 이를 더 노골적으로 천명하고 있다. 윤석열의 친일 행보 뒤에는 친미 행보가 있다. 윤의 친미 친일 행보는 반북 반민족적이며 반중, 반러 기치가 있다. 윤의 친미 친일 행보는 고조되는 전쟁 책동과 깊게 연관되어 있다. 한일 역사적 문제는 흘러간 과거이기는커녕, 민족적 자존심의 문제인 동시에 첨예한 전쟁 책동, 노골적 분단책동이다.

윤석열의 4월 26일 방미를 앞두고 미국 중앙정보국(CIA)이 한국 정부를 도·감청한 사실이 4월 8일 미국 뉴욕타임스 보도로 나오면서 사태가 일파만파로 번지고 있다. 그러나 윤석열 일당은 오락가락하며 미국의 이도·감청 사실을 부인, 축소, 왜곡하더니 이제는 아예 정당화하고 있다.

대통령실 '핵심 관계자'라는 작자는 '한—미 정상회담을 앞둔 시점에서 이번 사건을 과장하거나 왜곡해 동맹을 흔들려는 세력이 있다면 많은 국민에게 저항을 받게 될 것'('안방' 도청당하고도 저자세…항의도 않는 대통령실, 한겨레, 2023-04-10)이라고 주장하였다. 그런데 이 말은 얼빠진 대통령 비서실 관계자라는 작자도 미국의 도청 시도 자체는 있었다는 것을 스스로 인정하는 것이다. 다만 도청은 있었으나, 도청 내용이 러시아나 야당 등에 의해 과장 왜곡되었다고 주장하는 것이다.

심지어 4월 11일(미국 현지 시간) 미국에 간 김태효 국가안보실 1차장은 '현재 이 문제는 많은 부분에 제3자가 개입돼 있으며 동맹국인 미국이 우리에게 어떤 악의를 가지고 했다는 정황은 발견되지 않고 있다'(김유진 특파원, 방미 김태효, 미 도청 의혹에 '미국이 악의 갖고 했단 정황 없어', 2023.04.12.)며 미국을 두둔하고 나섰다. 미국의 악의가 아니라면 선의로 도청했단 말인가? 이 정도면 한국 권력자들의 미국 숭배는 납치자에게 정서적으로 공감을 보인다는 스톡홀름 증후군이나 심리적으로 지배당하는 가스라이팅 수준의 정신질환 정도라고 할 수 있을 정도다.

이 도청 문제를 보안 시스템의 결여, 졸속 이전의 문제만으로 취급하여 변죽을 울리는 민주당은 이 한·미 감시 '동맹' 체제를 떠받치는 노예적 한 축에 불과하다.

제국주의에 의한 식민지배가 현지 권력자들을 병적 노예의식으로 뼛속 깊이까지 물들였다. 이게 현재 한미 '동맹'의 현주소다. 한미 '동맹'은 동맹이 원래 의미하는 대등하고 호혜적인 결속이 아니다. 미국에 의해 끊임없이 감시받고 의심당하고 견제받고 통제당하는 그런 '동맹'이다. 제국주의에 의한 약탈과 착취 '동맹'이다.

미국의 51번째 주로 전락했다는 한국 자체가 일종의 '식민 기지촌'이다. 한국 자본주의 발전의 화려한 외관이 그 속내를 감싸고 있다. 그러나 속내는 감싸려 해도 감싸지지 않고 감추려 해도 감춰지지 않는다. 현상은 때때로 본질을 흐리고 왜곡하기도 하지만 종내 본질은 현상하기 마련이기 때문이다.

'식민지 기지촌'은 또한 반공주의 병영기지이기도 하다. 이승만, 박정희 체제가 대외적으로는 침략 전쟁기지이면서 내적으로는 무참한 살육과 인권유린을 일삼는 백색테러 체제로 구축되었듯이, 윤석열 일당은 미제와 일제에 굴종하여 전쟁 책동에 앞장서면서 대내적으로는 간첩조작, 노조말살, 민생말살로 파쇼 통치 체제를 구축하고 있다.

숭미주의와 반공주의는 동전의 양면이다. 역사의식, 계급의식으로 무장하여 노예의식을 무장해제 시켜야 한다. 역사적 관점에 충실하면 현실을 제대로 직시할 수 있다. 반제국주의는 반미, 반일 외에 다른 게 있을 수 없다. 중·러 제국주의론은 미제와 일제의 식민지배사를 왜곡, 희석, 전가하려는 신종 노예의식이다.

이 땅은 미국의 전쟁기지가 아니다! 전쟁을 막고 통일조국 수립하자. 식민주의로 점철된 미·일·한 동맹을 분쇄하여야 한다. 윤석열 일당의 파쇼통치를 박살내야 한다.

4. 7인의 제국주의 강도단, 인류 대학살장 히로시마에서 가증스럽게도 전쟁 획책과 북핵 반대를 외치다!

2023년 5월 23일/7월 1일 수정

　제국주의 강도 국가들의 수장들이 지난 5월 20일 히로시마에 모여 북핵을 반대하는 공동성명(코뮤니케)을 발표했다. 이 공동성명은 북의 '전례 없는 불법 탄도미사일 발사를 강력히 규탄'하고, 북의 '무모한 행동은 반드시 신속하고 단일하며 강력한 국제적 대응에 직면할 것'이라는 경고와 함께 '유엔 안보리 결의에 따라 북한의 완전하고 검증 가능하며 불가역적인 핵무기 및 현존하는 핵 프로그램, 그리고 기타 모든 대량살상무기(WMD) 및 탄도미사일 프로그램 폐기를 목표로 하는 우리의 확고한 의지를 재차 강조한다'고 표명했다

　더불어 '핵 확산금지조약(NPT) 아래에서 북한은 핵무기 국가 지위를 가질 수 없다', '북한의 대량파괴무기나 탄도미사일 계획이 존재하는 한 (대북) 제재를 완전하고 엄밀하게 실시, 유지하는 것이 지극히 중요하다'며 강도와 같은 대북 제재를 한층 더 강화할 것이라고 선언했다.

　제국주의자들의 인식이 강도적이지 않은 적이 없고, 적반하장, 아전인수가 아닌 적이 없지만, 이번 히로시마에서 공공연하게 북핵 반대와 제재 지속을 천명하고, 중국과 러시아에 대해서 핵전력 증강과 지역 안보 위협을 명목으로 비난하며 반중, 반러 적대행위를 노골화한 것은 더더욱 가증스럽고 뻔뻔하며, 파렴치하고 노골적이며 범죄적이다.

히로시마-나가사키가 어떤 도시인가? 미제국주의자들에 의해 인류역사상 최초로 핵이 실전에서 사용되어 수십만의 무고한 인류가 절멸당한 피학살의 도시다. 이 원자폭탄 코드명 '리틀보이(Little Boy)', '팻맨(Fat Man)'은 그 익살스러운 명칭과 다르게 인류 대학살의 가공할만한 무기가 되었다.

1945년 8월 6일 월요일 아침 8시 15분경, B-29 폭격기 에놀라 게이(Enola Gay)는 원자폭탄3)을 히로시마 상공에 투하하였다. 핵폭풍과 열, 방사선은 당시 히로시마에 살고 있는 42만 명에게 직간접의 피해를 입혔고, 1945년 말까지 이 중에서 약 16만 명을 죽음에 이르게 하였다. 3일 후 8월 9일 오전 11시 1분 나가사키에 투하된 원자폭탄은 나가사키 시민 27만 명에게 피해를 입혔고, 이 중 약 7만4천 명의 생명이 사라졌다(정근식 2005, 13). 히로시마 원자폭탄이 터진 폭발점 온도는 100만도 이상으로, 폭심지 지표면 온도는 3,000~4,000도에 달했다. 강력한 폭풍은 4km 이상 파괴력을 미쳤고, 열과 폭풍은 폭심지로부터 2km 이내 모든 것을 파괴·소멸시켰다. 핵폭발로 인한 급격한 대기상태의 변화는 원폭구름을 만들며 10km 상공까지 치솟았고, 이 구름은 곧 비가 되어 내렸다. 이것이 방사능 덩어리 '검은 비'였다.

(박성실 2015.2.), (이은정 영남대, "피폭된 신체와 고통: 한국인 원폭피해자를 중심으로",
민족연구 73호, 2019.02.13.)

일본 두 도시에 대한 원자폭탄 투하는 추축국 일본제국주의자들이 벌인 전쟁과 식민지배를 끝장내기 위해 불가피한 일이었다는 명목으로 미제국주의자들이 자행한 잔학한 인류대학살은 면죄부를 받았다. 미제국주의는 이 가공할 인류대학살에 대해 단 한 번도 사과하지 않았다. 그러나 이 피폭으로 사망하고 고통을 당한 수십만 인류와 후손들은 전쟁 범죄자들이 아니라 무고한 민중이다. 미제국주의자들은 정작 일본의 패전 이후 일본 천황을 비롯해 일본 전범들을 비호하고 일본을 재무장시켜 군국주의 책동을 하게 만들었다.

이 원폭 투하로 식민지 치하에서 10만 명이나 되는 조선인들이 피폭을 당하고 그중 절반인 5만여 명의 두 도시 거주 조선인들이 사망하는 전대미문의 참혹한 일들이 벌어졌다.

이 피해 통계 중 한국인의 인적 피해는 10% 이상으로 추정되고 있다. 1945년 단편적인 추정이지만 일본 내무성 경보국(警保局) 통계에 따르면, 히로시마 한국인 수를 8만 1,862명으로 집계하고 있고, 당시 추정 피해 상황은 약 히로시마에서 총 피폭자 7만 명 중 사망자 3만 5,000명, 생존자 3만 5,000명으로 보았다. 그리고 나가사키에서는 총 피폭자 3만 명 중 사망자 1만 5,000명, 생존자 1만 5,000명으로 보았다. 즉 한국인은 두 도시에서 약 10만 명이 피폭되어, 그중 5만 명은 사망, 5만 명은 생존하였다는 수치이다. 이 통계는 또한 생존자 중 4만 3,000명이 고국으로 귀국하고 7,000명이 일본에 잔류했다고 제시하였다.

1972년 4월 한국원폭피해자협회의 발표에 따르면 원폭피해자 추정치로 총 피폭자 7만 명 중 사망자 4만 명, 생존자 3만 명(귀국자 2만 3,000명, 일본 잔류자 7,000명)이었다. 그리고 귀국자 가운데 북한으로 돌아간 사람은 2,000명 정도로 알려져 있다. 그리고 피폭자 7만여 명 가운데 1만여 명(1세 2,300여 명, 2세 7,500여 명, 1세는 한국원폭피해자협회 등록자 기준이며 2세는 추정치)이 현재 한국에 생존해 있는 것으로 추정되었다.

피폭자의 피해는 다양한 신체 질환뿐 아니라 재산 손실, 장애로 인한 노동력 상실, 가정 해체, 방사선에 의한 질병 및 후유증 등 2차적인 증상까지 다양하다. 이들에게는 유전에 대한 두려움 때문에 피폭자 자손과의 결혼을 꺼리는 문제와 병자 대하듯 하는 사회적 편견 등의 정신적 피해도 작지 않았다. 1세 피해자뿐 아니라 자녀들 역시 일반인보다 무려 100배에 이르는 유병률을 보이면서 2·3세 피해자들도 뇌성마비, 시력장애 등에 시달리며 살고 있다.

그러나 한국인 원폭피해자의 실태조사조차 한·일 양국에서 한 번도 실시되지 않았다. 한국인 원폭피해자 문제는 한·일 국교정상화 전에는 물론 1965년 한일조약에서도 양국 간의 일괄 국교 타결 원칙에 가려져 원폭피해자 보상 문제에 대해 한 마디도 거론되지 않았다. 그 뒤 일본 정부는 "재한 피폭자 배상에 대해서는 일한조약에서 체결을 끝냈다"라는 답변으로 대신하였다.

("제2차 세계대전 중 미국이 일본에 투하한 원자폭탄에 피폭된 피해자", 한국민족문화대백과사전)

조선인 피해자들은 피폭 당시의 공포와 참상을 이렇게 증언하고 있다.

죽는데 우짤끼라요. 그다음 뛰어오는 사람도 있고, 첫째는 물을 찾더라고예. 삶긴 사람들이 머리 있는 사람도 없고. 시내서 오는 사람은 옷 입은 사람도 없고. 남잔가 여잔가 구분도 못해요. 새까마이 숯덩거리데요. 물을 주면 데굴데굴 구불러서 죽어 뿌려요. 인자 우리 부친이 바다에 뛰어서 들어가는 바람에 얼굴은 안 삶아서 그렇지 뒤에는 다 삶았어요. 다 삶아도 우째된 판인고. 아이고. 미치겠다. 보상금도 못탔습니다.

(1929년생, 이영자, 창원대 경남학연구센터 2017.3.4.)

막내이가 '원폭' 투하 바람에 집에 찡기가 그날 그 자리에서 죽었어예. 만 7개월밖에 안 됐지 뭐. 그래 놓으이 기왓장에 고마 눌리가. 엄마하고 같이. 엄마가 아직(아침) 묵고 젖 먹여 재인다고 있다가. 엄마는 뚫고 나오고. 연기가 휩쓸 리가 깜깜하이 어두운데 찾도 못하고.

난제 없어졌을 때 본께네 아가 하마 숨 떨어졌뿟더래요. (중략) (남)동생들은 일본서 원자탄 맞아가지고 한국 나와서 고마 일찍 가뿌맀어. 아주 젊을 때 고마. 결혼은 했지만은 아주 일찍 고마 삼십도 못 돼서 두 사람이 갔어. 바로 내 밑에 동생 둘이서. (중략) 나는 둘째. 내 위에 언니가 있었는데 그분도 원폭 당해 가꼬 암을 20년 넘게 앓다가 갔어. (중략)

맨 처음에는 골수암. 처음에 걸렸는 암이 골수암이라서 머리 다 깎고 그래가 수술했는데 우리 한국에 있었을 거 같으마 그때만 해도 한국에는 많이 치료가 잘 안 되서 못할 낀데. 그분들이 이민을 가가지고는. 캐나다 토론토 살고 있으께. 이민을 가가지고 있으니까 암을 빨리 발견해가지고. 암 수술을 6번 하고. 7번 만에는. 20년이 넘도록 암을 앓았으니까. 암이 생기고도 많이 오래 살았는 택이죠? 마지막에는 7번째는 또 골수암이 걸렸는데, 골수암이 너무 깊게 걸렸다고. 처음에 수술한 닥터가 맨 끝까지 거기서 돌봤는데, 그 닥터가 마지막에 7번째는 수술할라

> 캐도 너무 위험하고 하니 편히 가도록. 본인한테는 아무 소리도 하지 말
> 고 편히 가도록 치료하고.
>
> 1930년생, 김순희, 2018.1.1. 합천 원폭피해자복지회관에서 인터뷰(이은정 영남대,
> "피폭된 신체와 고통: 한국인 원폭피해자를 중심으로")

이들 원폭피해자들은 대다수가 '군도'로 불리는 히로시마에 강제동원
되어 온 식민지 조선인들이다. 이들이 당한 고통은 당사자들뿐만 아니라
그 후손들한테까지 이어지고 있다. 원폭피해자들은 피폭의 고통에 더해,
한-일 청구권 협정으로 마무리된 된 한일 국가의 외면 속에, 피폭자라는
사회적 편견 속에 평생을 고통받고 살거나 피폭 후유증으로 짧은 생을
마무리하기도 했다.

일본제국주의자들의 침략 만행으로 2천만 아시아 인민과 3백십만 명
이상이 일본 인민이 희생당하였다. 일본 제국주의자들이 자행한 반인륜
침략 전쟁범죄 때문에 전범과 상관없고, 자신들 또한 이 침략전쟁의 무고
한 피해자가 되기도 했던 일본 민중, 더욱이 식민지 조선인들이 참을 수
없는 고통을 당하게 되었다. 그런데 백보, 천보를 양보하여 히로시마-나
가사키에 떨어뜨린 미국의 원자폭탄으로 수십만의 희생자가 나왔지만,
그것으로 일본 제국주의가 패전하게 되고 일제에 의한 더 많은 피해를
막고 수억의 식민지 치하의 민중이 해방되었다면 그러한 피해는 안타깝
지만, '부수적 피해'고, '불가피한 일'이라고 할 수 있지 않은가?

미제국주의자들이 자행한 인류에 대한 가장 잔혹한 전쟁범죄였던 히
로시마-나가사키 원자폭탄 투하는 그러한 명분으로 신화가 되었고 정
당화되었다. 사실이 반드시 진실은 아니다. 미제국주의자들에 의한 원폭

투하라는 사실은 만천하에 알려졌지만, 여전히 그를 둘러싼 역사적 진실은 금기시되거나 은폐되고 있다.

미국이 수행하는 반쏘 반공전이 원폭 투하의 배경

'사상의 은사'이자 권력에 맞선 참된 언론인이었던 리영희 선생은 히로시마−나가사키 원자탄 폭탄과 관련해서 다음과 같은 의문을 제기한다.

이 문제와 의문에 관해서 가장 권위적인 연구가는 미국의 과학사가 스탠리 골드버그 박사다.

그에 의하면 트루먼 대통령의 연속적 원폭 투하 목적은 세 가지였다. 첫째는 미국 군대의 희생을 최소한으로 억제하고 대일전쟁을 단시일에 종결시킨다는 '인도적'이유이고, 둘째는 만주에서 대일전쟁에 참여할 소련을 견제하고, 미국의 단독적 승리로 전쟁을 종결시킴으로써 전후 동북아시아에서 미국의 단독적 패권을 확고히 다진다는 외교적 이유이며, 셋째는 맨해튼 프로젝트의 주요 책임자들이 그 계획 추진과 관련된 많은 비난과 반대를 모면하고 중요한 실책들을 면책받기 위하여 폭발 효과를 극대화할 수 있는 민간도시를 목표로 선택했다는 것이다.

이들 쟁점에서 '전쟁 조기 종결'설은 위에서 충분히 검토했다. 외교적 동기는 원자폭탄의 위력으로 소련의 세력권 확장을 저지하려는 전략이었다는 것이다. 미국 정부와 군대의 일관된 주장인 '인도주의적 동기'에 대한 수정주의적 해석에는 충분한 근거가 있다. 소련은 나치 독일의 항복일로부터 3개월 내에 태평양전쟁에서 미국을 지원하기 위해 대일전쟁에 참전한다는 얄타협정의 비밀합의에 따라서, 나치 항복일로부터 정확히 3개월 되는 날인 8월 8일 만주로 진격했다. 미국은 바로 그 이틀 전에 히로시마에 원자폭탄을 투하했다. 이 원자폭탄 투하와 소련의 전면적 군사 개입으로 일본은 사실상 항복한 것이나 다름없는 무력상태에 빠졌다. 그러나 미국은 소련군이 만주에서 총공격을 개시한 바로 다음 날 제2의 원자폭탄을 급히 나가사키에 투하했다.

트루먼 대통령의 회고록에서 알 수 있듯이, 미국 군부와 정책 고문들은 얄타협정 비밀합의에 따라 8월 8일 소련군이 대일전쟁에 참전하기 앞서서 원자폭탄을 사용할 것을 강력히 건의했다. 미국이 일본군 항복의 주도권을 확고히 장악하기 위해서라는 것이었다. 일본 정부는 이미 소련 정부를 통해서 연합국 정부들에게 항복 의사를 전달하고 있던 상태다. 일본의 항복이 결정적인 단계에서, 그리고 소련의 군사적 개입을 하루씩 전후해서 미국이 일본의 인구밀집 도시 두 개를 원자폭탄으로 소멸해버린 동기와 목적이 '전쟁 조기 종결'의 필요 못지않게 대소련 견제에 있었다는 논리는 많은 지지를 받고 있다.

셋째는 미국 국내의 정치 역학 논리다. 트루먼 대통령과 원자폭탄 제조를 위한 초대형·초비밀 계획을 추진한 정부 고위직 관리, 군인 장성, 과학자, 원폭 사업 물자 납품업자 등 이익집단은 그들이 만든 신무기의 위력을 일본의 도시 폭격에서 극적으로 입증하기 전에 일본이 항복할까 봐서 오히려 두려워했다.

(리영희, "1945년 '히로시마'의 영원한 논쟁", 월프레드 버체트 저, 『히로시마의 그늘』 추천의 글, 1995년)

이러한 주장은 리영희 선생뿐만 아니라, 기존 정설로 알려진 역사의 진실을 새롭게 추구하는 '수정주의' 학자들이나 상당수 언론에서 이미 원자폭탄 투하 뒤에 숨겨져 있는 역사적 진실로 인정되고 있다.

> 여러 증언을 통해 드러난 것을 보면, 진실은 미국인들의 믿음과는 거리가 멀다. 미국은 일본과의 싸움에서 승리하기 위한 군사적인 이유에서가 아니라, 소련이 전쟁에 참가하기 전에 힘을 과시하기 위한 외교적 목적에서 원폭을 썼다.
>
> (정남구, [특파원 칼럼] 원폭은 신의 징벌이 아니다, 한겨레, 2013-05-30)

> 불행하게도 지난 70여 년간 대다수 미국인들은 히로시마가 조기 종전을 위한 불가피한 조치였으며, 앞으로도 미국을 보호하기 위해 핵무기가 필요하다는 정책당국자들의 주장을 맹신해 왔다. 미국 핵이 존속돼 온 이유다.
>
> 새뮤얼 워커라는 역사학자는 "미국은 수십만 미군 병사의 목숨을 구하기 위해 원폭을 투하한 것이 아니다"라고 지적한다. 나아가 '원폭 공격이 없었어도 전쟁은 비교적 이른 시일에 끝났을 것이며, 일본 본토 상륙은 필요 없었다는 것이 학자들의 일치된 견해'라고 말한다. 2차 대전 종전 이후 20여 년간 미국에서는 트루먼 등 정부 당국자의 발언이 곧 히로시마의 진실인 것으로 받아들여졌다. 그러나 1965년 가 알페로비츠가 『핵 외교(Atomic Diplomacy)』란 책에서 '원폭 투하의 주요 이유는 군사적이 아니라 정치적'이었으며 '소련에 겁을 주어 전후 상황에서 유리한 고지를 점령하는 것'이 주요 이유였다고 주장하면서 이러한 신화는 무너지

맑스주의와 현대제국주의

기 시작했다. 이후 1970년대 후반부터 2차 대전 당시의 비밀문서들이 비밀 해제되면서 정부 당국자의 주장은 허구임이 드러났다.

(박인규 프레시안 편집인, "전쟁국가 미국 '히로시마'를 둘러싼 기억투쟁", 프레시안, 2017.07.25.)

미국 군대의 희생을 최소한으로 억제하고 대일전쟁을 단시일에 종결시킨다는 '인도적'이유는 앞선 글처럼 당시 일본 정부가 이미 항복 의사를 연합국 정부들에게 전달하고 있는 상태였기 때문에 원폭 투하를 정당화하기 위한 일방적인 변명에 불과하다. 실제로는 처음으로 개발한 원자폭탄의 위력을 실전에서 사용한다는 세 번째 이유와 함께, 가장 크게는 쏘련의 군사적 승리를 막기 위해서 미국은 황급하게 일본 두 도시에 원자폭탄을 투하했다.

미제국주의는 쏘련에 의한 일본의 패배와 일본 진주는 동북아시아에서 공산주의의 승리라고 간주했다. 미제는 소련의 승리 이전에 일본에 원자폭탄을 투하함으로써 일본의 패전을 이끌어내고 그 공(功)으로 자신들이 주도하는 반공주의 전후질서를 구축하려 했다. 이 전후질서는 어떻게 만들어졌는가?

영, 미, 프 제국주의자들은 이탈리아, 일본, 독일 추축국에 맞서는 국제적인 반파시즘 투쟁에 참여하여 쏘련과 함께 '연합국'의 일원으로 싸웠지만, 국제적인 파시즘 대 반파시즘 전선의 전초전이었던 스페인 내전(1936년부터 1939년)에서는 '불간섭'이라는 이름으로 스페인 공화정에 대한 지원을 거부하였다.

1938년 체결된 뮌헨협정은 대표적인 파시즘과 제국주의 간의 밀약이다.

나치 독일의 아돌프 히틀러는 줄곧 민족자결주의를 역으로 이용해 독일인의 자결을 요구한다는 명목으로 독일인이 거주하는 주변국들의 영토를 병합하고자 하는 의도를 드러냈고, 안슐루스를 통해 오스트리아를 병합함으로써 한번 실현시키는 데 성공하였다. 그는 다음 목표로 체코슬로바키아를 노리기 시작했고, 아직 독일과의 정면충돌을 할 능력도, 의지도 없던 영국과 프랑스는 히틀러에게 우선 주데텐란트를 양도함으로써 유럽 내 군사 충돌을 피하고자 했다.

결국 1938년 9월 30일, 뮌헨에서 이탈리아의 중재 하에 만난 영국, 프랑스, 독일 정상들은 엄연한 주권국이던 체코슬로바키아의 의견은 철저히 무시한 채 나치 독일에게 주데텐란트를 양도하는 대신 독일이 더 이상의 영토 병합을 하지 않는 것에 합의하였다. 체코슬로바키아는 하루아침 만에 전체 국토의 30%를 잃고, 500만 명의 인구를 잃었다. 그러나 히틀러는 거기서 만족할 의향이 전혀 없었고 고작 6개월 만에 약속을 깨버린 채 체코를 완전히 병합하고 슬로바키아를 괴뢰국으로 전락시켰다. 체임벌린이 떠벌린 평화가 6개월 만에 깨져버리고 유럽의 주요 산업국이 독일의 수중 아래 떨어지고 만 것이다.

(나무위키)

또한 서방 제국주의 국가들은 또한 독일 히틀러가 쏘련을 침공하여 양자가 파멸할 때까지 싸우기를 열망하며 독일 히틀러와 싸우지 않고 파시즘의 대두와 전쟁을 부추겼다. 그러나 독일 히틀러가 영국과 프랑스를 공격하자 뒤늦게 소련과 함께 '연합국'의 일원으로 추축국과 싸웠다. 노르망디 상륙작전의 성공 역시 1944년 6월 22일 소련이 동부전선에 독일

군에 맹공(바그라티온 작전)을 가함으로써 서부 전선의 독일군이 동부로 이동했기 때문에 가능했다.

실제 독일, 이탈리아, 일본 파시스트 군국주의 세력을 격멸하는 주요 세력은 2,800만 명이 희생당하면서 파시즘을 격퇴했던 쏘련과 일제에 맞서 싸웠던 중국 공산주의 세력들과 이탈리아 빨치산, 조선의 반일 유격대들이었다.

"2차 대전 연합군 최종 표적은 히틀러가 아니었다"

(박인규 편집인, 프레시안, 2015.04.24.)

스탈린과 쏘련, 국제적인 공산주의 세력들과 민족해방 세력들이 주적이었다.

미제에 의한 원폭 투하는 추축국의 패색이 짙어지면서 국제적인 반파시즘 공동 전선의 막바지 시점이자 공산주의 진영과 제국주의 진영 간의 냉전이 개시되는 시점에 자행되었다. 미국이 '소련이 전쟁에 참가하기 전에 힘을 과시하기 위한 외교적 목적'으로 원폭을 투하했다는 주장은 이후 역사적 사실로도 증명되었다. 미국은 1947년 6월 구-미 회의에서 유럽부흥계획(European Recovery Program, ERP), 혹은 마셜 플랜(Marshall Plan)을 제시했는데, 이는 2차 대전으로 황폐화된 서구 유럽의 경제를 재건하고 이를 통해 쏘련을 포위하는 반공산주의 서방진영을 구축하기 위함이었다.

미국의 일본 원폭 투하에 충격을 받고 실제 미국이 1947년 이후 반쏘 봉쇄 정책을 계속하면서 쏘련에 대한 핵 위협을 고조시키는 가운데 쏘련은 미제에 대항하기 위해 핵실험에 박차를 가하고 마침내 1949년 8월에 핵실험에 성공하여 미국 핵 위협에 맞설 수 있었다. 1949년 중국공산당에 의한 중국의 해방과 국민당의 패배, 그 직후 한국전쟁(조국해방전쟁)에서 미 대통령 트루먼과 군부 등 미제국주의자들은 전쟁 초기부터 원자폭탄 사용을 검토하고 특히 1950년 11월 중국군의 개입으로 인한 패배를 만회하기 위해 평양과 만주에 원자폭탄 사용을 구체적으로 고려하고 맥아더에게 그 사용 권한을 부여하기도 했다. 쏘련이 이 전쟁에 참전할 경우 쏘련에 대해서도 핵 공격을 가하기로 계획했다. 그러나 미국의 이러한 의도는 쏘련의 핵무장과 보복 가능성, 중국과의 전면전 비화 가능성, 서유럽 국가들과의 이견 등으로 인해 좌절됐다. 미국은 1958년 이남에 전술 핵무기를 도입하고 일본 내 오키나와 미군기지에 핵무기를 배치하기도 하였다. 이후에는 핵잠수함과 핵 폭격기 등으로 한국과 일본에 핵우산을 제공하고 있다. 1959년 주한미군 오산 비행장에서 핵을 실은 전투기 연료 탱크에서 불이 나 폭발하는 사고와 오키나와 나하 비행장에서 핵미사일이 미군의 조작 실수로 발사되어 위험천만한 핵사고 참화가 벌어질 뻔한 위기도 있었다.

히로시마-나가사키에 핵폭탄을 투하해 수십만 무고한 인류를 학살하고 세계에서 가장 많은 핵실험을 하고 핵으로 다른 나라를 위협하고 핵 패권을 유지하기 위해 침략전쟁과 제재를 가하는 등 전 세계에서 모든 핵 위협의 원흉은 언제나 미제국주의였다. 미국이 사상 처음으로 핵으로 자행한 인류 대학살 범죄는 미국의 반쏘 반공전의 일환으로 자행되었고, 그 이후의 핵전쟁 위기와 핵 위협 역시 마찬가지다.

확대재생산 되고 있는 '히로시마가 남긴 가장 사악한 유산'

미제국주의에 의한 원폭 투하는 정의의 전쟁 수행이 아니라 집단학살이자 잔학한 전쟁범죄다.

> 미국 역사학자 존 다우어는 히로시마와 나가사키에 대한 원폭 공격을 '핵에 의한 집단 학살(nuclear genocide)'이라고 규정했다. 또 다른 역사학자 리차드 미니어는 히로시마를 나치의 유대인 학살에 버금가는 전쟁범죄, 즉 핵 홀로코스트(atomic holocaust)라고 말했다.
> 또한 브루스 커밍스는 히로시마를 '정당한 전쟁의 부당한 마무리'라고 지적하면서 이로부터 절멸주의(exterminism)가 시작됐다고 말한다. 승리를 위해 군인과 민간인을 가리지 않으며 도시와 국가, 그리고 세계까지도 파괴하는 것, 즉 핵무기에 의한 전면적 파멸의 가능성이 열렸다는 것이다.
> 학자들만의 의견인 것도 아니다. 도쿄 전범 재판(1946~1948년)에 참여했던 인도인 판사 라다비노드 팔은 소수 의견을 통해 미국의 원폭 공격은 '(태평양전쟁에서 일어난 사건 중) 나치 지도자들이 저지른 만행에 가장 근접한 유일한 사례'라고 지적했다.

(박인규 프레시안 편집인, "전쟁국가 미국 '히로시마'를 둘러싼 기억투쟁", 프레시안, 2017.07.25.)

그런데도 미제에 의한 이 인류 대학살은 '히로시마가 남긴 가장 사악한 유산'으로 철저하게 진실이 은폐되고 있다.

셔원은 히로시마 이후 수십 년에 걸친 역사학자들의 연구 끝에 '히로시마의 진실'이 거의 밝혀졌으나 이러한 역사 연구의 결과들이 미국의 일반 대중들에게 제대로 알려지지 않고 있다면서 이는 미국에서 역사가의 역사 해석이 정치적 통제하에 있음을 의미한다고 개탄했다. 나아가 역사가는 진실을 밝혀냈으나 그 진실이 일반에 널리 퍼지지 못하고 있는 상황이야말로 '히로시마가 남긴 가장 사악한 유산'이라고 말한다.

(박인규 프레시안 편집인, 같은 기사)

'히로시마가 남긴 가장 사악한 유산'은 직접적으로는 히로시마—나가사키 원폭 투하의 진실이 알려지지 않게 함으로써 오늘날까지 지속되고 있다. 그런데 '히로시마가 남긴 가장 사악한 유산'은 더 나아가 G7이라는 이름으로 결집한 미제를 위시로 한 제국주의 국가들에 의해 확대재생산 되어 지속되고 있다.

제국주의자들은 인류역사상 최초로 핵무기를 실전에서 사용하고 인류를 대학살한 히로시마의 진실을 덮음으로써, 그뿐만 아니라 '북핵 반대'라는 명목으로 북에 대한 적대시 정책, 제국주의자들의 핵 독점 정책, 핵 패권정책을 은폐함으로써 '히로시마가 남긴 가장 사악한 유산'을 상속하고 있다. 또한 2천만 아시아 인민과 3백십만 일본 인민의 피와 반전평화의 염원이 서려 있는 평화헌법을 개정하고 일본을 다시 침략 전쟁국가로 변모시킴으로써 그 유산을 확대재생산 하고 있다. 반북, 반중, 반러 '가치동맹'을 기치로 미·일·한 전쟁동맹의 유지, 강화를 위해 일제가 저지른 천인공노할 전쟁범죄, 미제가 자행한 핵 홀로코스트는 금기가 되어 면죄부를 받고 있다.

우크라이나에서는 젤렌스키 꼭두각시 정부와 신나찌를 내세워 러시아 혐오를 조장하고 우크라이나에 러시아를 향한 핵미사일 배치 기도와 위협, 수십 개의 생화학 무기 실험장 운영, 그리고 동아시아에서는 그 전쟁을 대만과 한반도로 확장하려고 한다는 점을 은폐하고 있다. 제국주의자들은 가증스러운 거짓말로 자신들의 제국주의 전쟁 책동을 은폐하고 인류를 위협하는 핵 공갈과 위협이 바로 자신들로부터 나온다는 점을 은폐하고 있다.

이 제국주의 책동에 초청받아 제국주의 야만과 전쟁 책동에 동참하려고 하는 윤석열은 이 전쟁 책동에 동참하여 반민족 적대행위를 고조시키고 있고 전쟁위협을 가중시키고 있다. 미국이 주도하는 나토에 의해 우크라이나에서 오늘날 전쟁이 자행되었다. 우크라이나는 제국주의자들과 꼭두각시 정권이 도발한 전쟁으로 폐허가 되고 민중은 전쟁 참화로 고통받고 있다. 나토는 전쟁주범이다. 아시아판 나토는 아시아, 특히 대만과 한반도를 제2의 우크라이나 참화장으로 만들겠다는 섬뜩한 공세이다.

더욱이 후쿠시마 원전 사고와 핵 방사능 오염수 방류는 '히로시마가 남긴 가장 사악한 유산'이 여전히 핵사고와 재앙으로 인류를 위협하고 있음을 보여주는 반인류적 범죄 사건이다. 유전자가 변형되고 세포가 파괴돼 각종 암이 유발되고 생식 기능이 저하되는 살상무기인 오염수와 히로시마에서 방사능 덩어리 '검은 비'가 내려 피폭시켰듯이, 대기 중에 떠도는 핵 방사능은 일본 자신과 주변국을 핵 방사능으로 위협하게 될 것이다.

그런데도 G7의 제국주의 강도들은 북과 중국과 러시아를 도마 위에 올려놓고 격렬하게 규탄하면서도 정작 일본의 오염수 방류 문제는 의제로 삼는 대신에 '다핵종제거설비(ALPS)로 처리된 물의 방류가 국제원자력기구 안전 기준 및 국제법에 맞게 시행돼 인체나 환경에 어떠한 해도 끼치지 않는다는 것을 확보하기 위한 국제원자력기구의 독립적인 검증을 지지한다'며 두루뭉술한 표현으로 엄중한 비난을 삼가고 '일본이 국제사회와 긴밀히 소통하면서 개방적이고 투명한 태도로 계획을 진행할 것을 권장한다'는 수준의 문구조차도 공동성명에서 빼는 것으로 일본을 비호하고 있다.

7인의 강도단들은 모든 사람의 안전이 훼손되지 않는 '핵무기 없는 세상'을 실현하기 위해 우리의 약속을 재확인한다는 공동 문서를 발표했다. '히로시마가 남긴 가장 사악한 유산은 핵무기 자체가 아니라 제국주의 핵무기와 제국주의 침략, 패권정책, 이중잣대에 있다는 것을 강도 G7은 여실히 보여주고 있다. 제국주의를 타도해야 인류는 핵무기, 핵 재앙, 전쟁에서 벗어날 수 있다.

2장

우리의 강철 같은
동맹을 위하여

1. 누가 과연 '힘에 의한 현상 변경 시도'로 '세계 안보를 위협'하고 있는가?

2023년 4월 30일

미제의 충실한 주구 윤석열은 그토록 숭배하는 미국 방문 만찬에서 한껏 고무되어 '우리의 강철같은 동맹을 위하여'를 외쳤다. 그러나 그 강철은 강철처럼 도금돼 있지만 속을 조금만 들여다보면 빈 양철 깡통 같은 동맹이다.

이 동맹은 동맹국의 내밀한 권력 심부 도청까지 서슴지 않고 자행하는 의심과 불신, 감시, 염탐, 통제 동맹이다. 이 동맹은 전쟁동맹이다. 약탈 동맹이다.

윤석열은 강도 같은 '친구가 친구를 염탐'하는데도, 그 염탐자를 무한 신뢰하며 그 친구한테 충성할 것을 다짐하고 있다. 윤석열은 영혼까지 미국 강도 친구에게 사로잡혀 '힘에 의한 현상 변경 시도는 세계 안보를 위협'한다며 미국의 소리 대변자로 자처하고 있다. 그런데 과연 누가 '힘에 의한 현상 변경 시도'를 하며 누가 '세계 안보를 위협'하고 있는가?

지금 '힘에 의한 현상 변경 시도'를 하고 있는 건 누가 보아도 미제국주의다. '세계 안보를 위협'하고 있는 것도 미제국주의다.

미제국주의는 2차 대전 종전 직전인 1944년 브레턴우즈 체제로 미국 중심의 국제통화체제를 구축한 데 이어 2차 대전 이후 1951년 샌프란시스코 체제로 영국 제국주의를 대신해 세계 제국주의 체제의 맹주가 되었다. 이 미국 중심의 전후 체제는 쏘련 사회주의와 식민지 지배를 당한 나라들을 철저하게 배제한 채, 유럽에서는 마샬플랜으로 독일과 서방 제국주의를 부활시키고, 동북아에서는 일본 제국주의를 군국주의로 부활시키고 이남을 반공주의 최후 보루로 삼는 것이다. 1950년 한(조선)반도에서 전쟁이 벌어지는 와중에 본격적인 냉전의 개시를 알리는 폭거였다.

이 샌프란시스코 체제에 이어 미국은 베트남 전쟁의 와중에 후르시초프 수정주의자들 스스로가 야기한 '중소 분쟁'으로 프롤레타리아 국제주의가 심각하게 약화된 틈을 타 쏘련을 고립, 와해시키고 중국을 자본주의적으로 포섭하기 위하여 '키신저 협약'으로 중국과 외교관계를 정상화했다. 1971년 7월 9일부터 7월 11일까지 미합중국 안보담당 보좌관 헨리 키신저와 중화인민공화국 국무원 총리 저우언라이 사이에 개최된 회담 직후인 1971년 10월 제26회 유엔 총회에서는 제2758결의를 통해 중화인민공화국의 모든 권리를 회복하고 유엔에서 중국 정부 대표를 중국의 유일한 합법 대표로 인정한다는 결정을 내렸다. 1972년에는 미국 대통령 닉슨이 방중을 하여 미국은 상하이 코뮤니케(공동성명)로 '하나의 중국' 원칙을 공식 인정하고 1979년 대만과 단교까지 하며 중국과 공식수교를 하기도 했다.

그러나 중국은 쏘련과 동유럽 사회주의권의 해체 이후에도 다당제 '자유민주주의' 체제로 변모하지 않았다. 심지어 중국은 대국굴기(大國崛起), 화평굴기(和平堀起)로 미국이 만들어 놓은 폭력적인 전후질서를 뒤흔들어 놓으며 미국을 위협하고 있다. 그러자 미국은 오바마 정부 시기인 2020년 들어 '민주주의 가치' 운운하며 '하나의 중국' 원칙을 깨고 종국에는 중국을 해체시키기 위해 혈안이 되어 있다. 세계적인 반중 혐오는 이렇게 해서 제국주의 프로파간다의 일환으로 조장된 것이다.

40여 년 전 중국이 개혁개방을 선언했을 때 미국을 비롯한 서방은 이를 적극 환영하고 지원했다. 공산당 일당독재를 고수하면서 경제적으로만 '죽의 장막' 일부를 걷어내는 제한된 개혁이었지만 중국을 국제질서에 편입시키면 점진적인 변화를 거쳐 결국 비슷한 체제와 가치를 공유하는 나라가 될 것으로 전망했다. 1989년 톈안먼 사태가 발생했을 때 세계는 경악하면서 중국에 대한 태도와 정책을 바꿔야 할지 잠시 고민하기는 했다. 그러나 결국 '미래의 중국'을 기대하고 포용하는 정책을 버리지 않았다.

중국이 단기간에 엄청난 성장률을 기록하고 세계 경제의 엔진 역할을 하면서 전 세계가 경제적 이득을 보게 된 건 모두가 기대했던 결과였다. 하지만 중국은 일당독재 체제를 유지하면서 서방 국가들이 걸었던 것과 전혀 다른 경로로 접어들었다. 중국이 세계 주류국가들과 다른 사회시스템과 가치관을 가진 채 덩치를 키워나가자 당혹감과 함께 우려의 목소리가 가장 먼저 미국에서 나오기 시작했다. 정치적 투명성과 내적인 성장 없이 외형을 키운 중국이 장차 어떤 행동을 하게 될지 예측할 수 없다는 불안감 때문이었다. 결국 스스로 프랑켄슈타인을 키운 것일지도 모른다는 의구심을 갖게 된 미국은 정색을 하고 중국의 인권문제와 법치, 민주주의, 언론자유를 말하기 시작했다.

("세계서 들끓는 반중 정서 어떻게 시작됐나"(유신모 기자, 경향신문, 2022.02.19.)

맑스주의와 현대제국주의

'세계 주류국가들과 다른 사회시스템과 가치관'을 가지고 중국이 성장하여 미제국주의를 위시로 한 서방 제국주의 패권 질서를 위협하는 것이 '세계서 들끓는 반중 정서'의 기원이 됐던 것이다. 우리가 『중국혐오의 정치적 기원』에서 『짱깨주의의 탄생』(김희교)을 인용하며 언급했듯이, 우리나라에서 직접적인 중국혐오주의의 발생은 청일전쟁 이후부터 전면화되기 시작한 일제의 조선식민지 지배 이후부터 일제가 조선 식민지배를 위해서 반중(당시는 반청) 혐오를 퍼트린 다음부터였다. 일제는 일제에 대한 식민지 민중의 분노를 중국으로 전가시키기 위해 중국이 열등하고 미개한 나라인데 반해 자신들은 부강하고 개화한 나라라는 점을 부각시켰다. 친일 지식인들이 이 중국혐오를 받아들이고 식민지배와 식민지배 이데올로기가 점점 더 깊어지면서 중국혐오 역시 점점 더 심해졌다. 지금은 친미 숭배주의가 병적으로 점점 더 심해지는데 반비례해서 반중혐오 적개심이 점점 더 심해지고 있다.

오바마 정부 시절 본격화된 반중 적대감은 트럼프, 바이든 정권 들어서면서 점점 더 심해지고 있다. 미제국주의는 민주주의와 인권을 내세워 신장위구르, 홍콩에서 분리주의자들을 내세워 책동을 조장하고 이것이 여의치 않자 대만의 자결권과 독립 문제를 내세워 중국을 위협하고 있다. 이에 따라 최근에는 미국 하원 의장인 낸시 펠로시가 중국의 격렬한 반대에도 아랑곳하지 않고 대만을 방문한 뒤 중국은 대만포위 군사훈련을 실시하며 미·중 관계, 중·대만 관계가 급격하게 악화되고 있다.

미국은 1991년 쏘련 해체 이후에 러시아를 고립, 포위시키고 나토(북대서양조약기구)를 러시아로 향해 동진케 하고 신나찌를 내세워 우크라이나에서 정권교체를 성공시킨 뒤에 돈바스 자결권을 파괴하며 우크라이나에서 대리전쟁을 야기했다. 미국은 아시아판 나토를 내세우며 우크라이나에 이어 대만과 한반도에서 제2, 제3의 대리전을 일으키려 획책하고 있다. 이것이 바로 미제를 위시로 한 서방 제국주의 국가들과 일본 군국주의자들, 대만과 한국의 가치졸개들이 참여하는 '가치동맹'이다.

윤석열 정권은 미제의 충실한 주구로서 후보 당시부터 '북한 선제타격론'을 부르짖고 '북한 주적론'을 내세워 대북 적대감을 고취시키고 전쟁 책동을 일삼고 있다. 미제의 가치동맹은 미제의 통솔 하에 아래 일본을 전쟁하는 국가로 만들어 동북아에서 한국과 대만을 돌격대로 하여 대북, 대중국 전쟁과 대결을 하는 것이다.

윤석열의 우크라이나 무기지원 약속과 '힘에 의한 현상 변경 시도' 운운하며 중국을 자극하는 적대 발언은 이러한 배경 속에서 나온 것이다. 이번 윤석열의 방미 와중에 뉴욕타임스는 '한국과 일본 사이의 반감은 오랫동안 미국 정부의 인도·태평양 전략의 약한 고리였다'며 한일관계를 평가하면서 '윤 대통령의 방미를 계기로 바이든 대통령과 당국자들이 한일 긴장 완화를 이어갈 방안을 논의할 것'이라는 기사를 냈다. 일제의 조선에 대한 지배와 그 역사적 경험은 미국이 주도하는 미·일·한 동맹의 걸림돌이다. 이 걸림돌을 치워야 한다. 윤석열의 친일 굴종 외교와 전시 범죄의 정당화와 제3자 변제안 등은 바로 여기서 나온 것이다.

그런데 이번 한미 정상회담에서 '확장억제'는 어떤 측면에서 실현되었는데, 극우세력들이 그토록 열망하는 이남 독자 핵무장을 보란 듯이 짓밟고 확장억제를 달성했기 때문이다. 그러나 이북의 핵무장은 미국의 핵무력 적대시 정책에 대응하여 질량적으로 확장되는 것을 막을 도리가 없으니 이야말로 분단된 확장억제다.

> 한미 간에 어떤 문서나 약속이 나와도 미국이 워싱턴과 뉴욕이 핵 공격을 당할 위험을 무릅쓰고 서울을 보호해줄 것이냐는 물음에 대한 답은 되지 못한다….
>
> 미국은 브리핑을 통해 전술핵이나 어떤 형태의 핵무기도 한반도에 복귀시킬 계획이 없다고 했다. 전략자산의 한반도 주변 영구 배치도 하지 않는다고 했다. 결국 핵 협의 그룹 창설을, 한국 핵무장과 전술핵 재배치 포기와 맞바꾼 모양이 됐다.
>
> ([사설] 한미 핵 협의그룹 창설, '韓 핵 족쇄'는 강화됐다, 조선일보, 2023.04.27.)

미국 숭배 극우지 조선일보가 불경스럽게도 '반미'적 불만을 토해내는 건 우연이 아니다.

2. 미제는 경제적으로도 '힘에 의한 현상 변경 시도'를 하고 있다

2023년 5월 1일

미제의 '힘에 의한 현상 변경 시도'는 정치, 군사적으로뿐만 아니라 경제적으로도 가해지고 있다. 한미관계는 경제적으로는 '약탈동맹'이기도 하다. 이 동맹은 '동맹국'을 머리에서 발끝까지 뜯어먹는 괴수에 의한 약탈동맹이다. 미제국주의는 냉전 시기에 서유럽에서 마셜플랜(유럽부흥계획)으로, 미국의 관리 하에 전후 일본을 부흥시켜 미국 대리인으로 삼아 한국을 하위에 편입시키는 지역경제체제 구상으로, 반공주의 성전을 치르기 위해 이 미국 주도 정치·경제패권 질서에 이남을 철저하게 종속시키면서 이들 동맹국의 외형적인 경제성장을 지원한 측면도 있었다. 그러나 욱일승천하는 미국과 달리 오늘날 쇠퇴하는 미국의 처지에서 미국은 '동맹국'을 철저하게 살가죽까지 벗겨서 뜯어 먹어야 한다. 미국의 쇠퇴를 필사 저지해야 한다.

특히 미국은 우크라이나 전장에서 러시아를 대상으로 그러듯, 정치, 군사적으로 중국을 주적으로 간주, '가치동맹'으로 대만에서 분쟁을 조장하여 '힘에 의한 현상 변경 시도'를 하고 있을 뿐만 아니라, 경제적으로도 중국을 고립, 억제, 포위시키려 하고 있다.

윤석열이 만찬에서 '아메리칸 파이'를 목 놓아 불렀지만 이 미국식 파이는 파이를 키워서 사이좋게 나눠 먹는 것이 아니라 '동맹국'이 가진 한 줌의 파이 조각조차 강탈해 미국이 탐욕스럽게 움켜쥐는 것이다.

2022년 8월 발표된 반도체지원법(CHIPS Act)이 바로 그것이다. 친미 숭배로 가득한 한국의 부르주아 신문조차도 '반도체 패권법'이라고 규정하며, '고립무원', '사면초가' 비명을 지르며 해도 해도 너무하다고 거친 불만을 토해내고 있다.

> 미국 상무부가 지난 2월 28일(현지 시각) 발표한 「반도체과학법(CHIPS and Science Act)」의 세부 지원 조건을 보면 당혹스러운 점이 한둘이 아니다. 자국 중심의 반도체 공급망 구축에 나서며 막대한 보조금을 내건 미국이 지원 조건을 갈수록 까다롭게 하고 있기 때문이다. 이는 차라리 「반도체 지원법」이 아니라 오히려 「반도체 패권법」이라고 할 만큼 무리한 독소 조항투성이어서 한국 반도체 업계에 빨간불이 켜지며 폭풍을 일으키고 있다. 도저히 수용하기 어려운 조항이 너무 많아 기업들이 전전긍긍(戰戰兢兢)하며 고심이 깊어지고 긴 한숨과 함께 우려의 목소리만 커가고 있다….
>
> 당연히 한국 반도체 기업들도 크게 당황하고 있다. 미국 반도체 지원법 뒤에 숨은 함정과 복병이 해도 해도 너무하기 때문이다. 반도체 산업에선 삼성전자와 SK하이닉스가, 자동차 산업에서는 현대자동차그룹이 미국의 자국 중심 산업 생태계 조성에 막대한 로비 자금을 쏟아부으며 적극적으로 대응했지만, 미국은 '자국 이익 중심' 기조에서 한 발짝도 물러서지 않을 기세다. 삼성전자나 SK하이닉스 등 한국의 반도체 기업에서는 미국 정부의 보조금이 혜택이 아니라 오히려 족쇄가 될 상황이다.
>
> 무엇보다도 미국의 보조금 규정에는 향후 10년간 중국 등에 신규 투

자를 할 수 없다는 '가드레일(Guardrail ｜ 안전장치)' 조항은 큰 부담이 아닐 수 없다. 삼성전자는 낸드플래시의 40%, SK하이닉스는 D램의 절반 가까이 각각 중국에서 생산하는 만큼 그 파장을 가늠하기 힘들 정도로 크다. 중국 사업을 접을 수도, 그렇다고 미국이 구축하는 반도체 공급망에서 이탈할 수도 없는 K-반도체는 그야말로 고립무원(孤立無援)에 빠진 사면초가(四面楚歌)의 최악상황(最惡狀況)에 내몰렸다.

더구나 "미국을 다시 위대하게(Make America Great Again·MAGA)" 만들겠다는 '조 바이든(Joe Biden)' 정부의 자국 이기주의는 극에 달하고 있다.

(박근종 작가·칼럼니스트, 현 서울시자치구공단이사장, [칼럼]
"해도 너무한 '미국 반도체 지원법' 뒤에 숨은 함정과 복병", 중앙뉴스, 2023.03.07.)

이처럼 반도체지원법은 쇠퇴하는 미국의 처지를 모면, 극복하여 '미국을 다시 위대하게' 만들고 상승하는 중국을 견제, 억제하기 위해 만든 것이다. 그런데 반도체지원법은 미국 처지가 워낙 다급하다 보니 '동맹국'의 목을 조르면서 미국 기업이 살아나려고 발버둥치는 것이다.

이로써 한국의 지배계급은 안미경중(안보는 미국 경제는 중국)에서 미국보다 거래가 두 배나 되는 중국과 척을 지거나 한미 '식민동맹'을 준수해야 하는가 하는 갈림길 앞에서 양자택일해야 하는 난감한 상황에 처하게 되었다. 문재인 정권은 의지로는 안미경중을 유지하나 사드 추가 도입조치로 중국 제재를 받으면서 실제로는 중국과의 마찰을 감수해야 했다. 반면 윤석열 정권은 중국 눈치를 보면서도 미국 숭배 외에 다른 살길은 없다면서 불나방처럼 불에 타 죽을 줄도 모르고 오로지 안미경미(안보도

맑스주의와 현대제국주의

미국 경제도 미국) 속으로 뛰어들고 있다.

인플레이션 감축법(Inflation Reduction Act, IRA) 역시 미국 경제위기와 쇠퇴를 막기 위한 제2의 반도체 패권법이다. 이 법의 모태가 바이든의 대선 공약 이행을 위하여 추진 중이던 '더 나은 미국 재건법(Build Back Better Act, BBB)'이라는 점만 봐도 이를 알 수 있다.

주지하듯 인플레이션은 국가독점자본주의 부르주아 경제의 필연적 법칙이다. 인플레이션은 금 태환 시대가 아닌 불환지폐 시대, 즉 금의 준비와 상관없이 상품 유통에 필요한 화폐량을 고려하지 않고 국가가 무가치한 국정화 폐를 무한정 찍어댐으로써 화폐가치가 명목적으로 떨어지는 현상을 말하는 것이다. 인플레이션 시대는 보통 물가가 대폭 인상되는 것으로 나타난다.

인플레이션 시대에는 실질임금이 대폭 삭감되고 지급되는 연금액이 정해져 있는 연금생활자들의 실질 연금이 줄어들게 된다. 게다가 인플레이션을 막는다는 명목으로 긴축조치를 취하면서 복지를 대폭 삭감하려는 공세를 한다. 이처럼 자본주의가 초래한 인플레이션에, 서방 제국주의가 일으킨 러-우 전쟁과 러시아에 대한 제재 등으로 인한 밀과 석유, 천연가스 등 공급망의 위기로 물가가 급등하여 인민 대중의 삶을 격심한 고통 속으로 내몬다.

레닌은 "지폐 남발은 가장 혹독한 강제 공채이며 노동자와 빈민의 생활 상태를 급격히 악화시킨다(임박한 파국, 그것과 어떻게 싸우는가?)"고 주장했다. 그러나 자본가들은 임금의 급격한 인하와 복지후퇴로 벼랑 끝으로 내몰리는 상황에서 노동자들의 임금인상이 물가인상의 주범이라고 악선전하며 자본주의의 필연적 법칙이며 민중 압살 수단인 인플레이션을 이윤을 증대시키려는 기회로 삼는다.

　현대자본주의에서 국가는 자본주의 경제위기, 과잉생산 공황을 막고 그 폐해를 줄이기 위해, 파산하는 거대기업과 은행을 지원하기 위해, 군국주의 전쟁 기도를 위해, 국채 발생 이자를 지급하고 재정적자를 보전하기 위해, 특히 최근에는 코로나 재정지원을 위해 양적 완화라는 명목으로 막대한 양의 화폐를 헬기로 뿌리듯이 무한 살포해왔다. 달러패권 경제는 미국의 기축통화 지위로 인해 미국의 패권이 유지되는 동안에는 1971년 닉슨 정부 하에서 금 태환 정지라는 조치에서 보듯, 그 불안정성과 동요에도 불구하고 타국이 벌어들인 달러로 미국 국채를 사며 환류되는 것으로 미국 적자를 보전해 왔지만 최근에는 미국 국채마저 파산위기에 빠지면서 급속도로 불안정해지고 있다. 실리콘밸리 은행이 가장 안전하다는 미국 재무부가 발행한 채권을 보유했다가 파산위협에 빠진 것도 이례적이다.

　게다가 쏘비에트권 해체 이후 가속화된 미국패권이 약화되면서 다극체제로 전환은 달러 대신 위안화와 루블화로 결제하고 브릭스에서는 새로운 글로벌 기축통화를 만들고 실물거래로 다변화됨으로써 미국의 패권약화를 지속시키고 있다. 물론 여전히 달러 결제비율이 83.71%인데 반해 중국은 4.5%에 머물고 있으나 이는 엔화보다 높고 유로화에 육박하고 있다. 특히 중국은 최근 달러보다 위안화 결제비율을 더 높이고 있고, 러시아 역시도 최근 달러화 결제 비중보다 위안화 결제 비중을 더 높이고 있다. 여기에다 중국은 자신들이 보유한 미국채권을 계속 내다 팔고 실질가치를 가진 금으로 바꾸고 있다.

　미국의 쇠퇴는 주기적, 구조적 위기이면서 여기에 달러의 위기이다. 달러 위기는 미국 정치가 조지 워싱턴이 새겨진 무가치한 종이쪼가리 화폐의 위기가 아니라 미국이 가진 힘의 쇠퇴의 표현이다.

더욱이 현대자본주의는 침체인플레이션(스태그플레이션)에 빠져 있다. 자본주의에서 필연적으로 나타나는 법칙을 인위적 법이나 정책으로 막아보겠다는 시도는 일시 효과는 있을지 모르지만 미봉책으로 나타나면서 더 큰 위기를 부른다.

인플레이션 감축법은 자본주의에서 필연적인 독점을 법으로 막겠다는 독점금지법처럼 황당하다. 저들은 가능하다면 공황단속법도 만들 태세다. 인플레이션 감축법은 인플레이션 감축이라는 의도와는 다르게 실제로는 '총 7,730억 달러 규모의 정부 예산을 기후변화 대응, 보건 분야 복지 개선, 기업 과세 개편 등에 투입하여 미국의 재정적자 해소 및 친환경 경제로의 전환을 통해 미국의 인플레이션을 감축하는 효과를 도모'한다는 취지에 비춰 볼 때, 인플레이션 감축이 아니라 유발하는 내용으로 가득 차 있다. 그러나 문제는 자본가들이 공황이나 경기침체를 노동자 인민 대중에게 전가하듯이, 미제는 자국 노동자와 인민 대중뿐만 아니라 해외의 노동자 인민, 더 나아가 해외의 자본가들한테까지 전가함으로써 자신들의 위기를 모면하고자 한다. 반도체법에 이어 자본가들도 언론을 통해 불만의 목소리를 내고 있다.

> 미국 정부가 추진하는 '인플레이션 감축법'이 논란이다. 문제는 이 조건에 현대자동차 등 국내 자동차 업체를 사실상 배제했다는 점이다. 특히, 미국은 이번 전기차 보조금 개편안이 패권 경쟁을 벌이고 있는 중국을 겨냥한 것이라 하지만, 그동안 현지 투자 등을 통해 미국의 전기차 및

배터리 등 산업 정책 발전은 물론 일자리 창출에 기여해 온 현대차 등을 제외한 것의 저의가 의심스러울 정도다….

이번 미국의 조치가 중국 견제를 넘어, 승승장구하는 현대차 등 한국 기업 견제용으로도 얼마든지 사용될 수 있는 가능성을 배제할 수 없다.

이는 WTO 협정에도 저촉될 가능성이 있을 뿐 아니라 외교 및 통상 관례에도 거리가 있다. 특히, 전 세계 자동차 및 전기차 배터리 시장의 최대 격전장에서 두각을 나타내고 있는 현대차, 기아, SK이노베이션, 삼성 SDI 등 우리 기업들이 졸지에 '제2의 화웨이'가 될 수 있다는 얘기다. 안될 말이다…

이번 바이든 결정은 이율배반적이다. 아니, 배신적 행태나 다름없다. 우리 외교 및 통상 당국의 적극적인 대응이 필요한 이유다.

(박종준 기자, '인플레이션 감축법' 미국, 한국 기업이 봉인가, G글로벌경제신문, 2022.08.22.)

그러나 이번 방미에서 윤석열의 '강철 같은 동맹'은 이러한 약탈동맹에 대해서는 아무런 조치도 취하지 못했다.

현대자본주의는 주기적인 경제공황뿐만 아니라 공황 이후에 호황으로 나아가는 경기순환을 밟았던 것과 다르게, 10년 순환 주기 사이에 소공황까지 오며 공황주기가 짧아지고 있으며 저성장 장기침체까지 겹쳐 있다. 인플레이션은 경기침체와 맞물리고 있다. 이 스태그플레이션(침체 인플레이션)은 1960년대 후반에 나타나기 시작해서 1970년대부터 본격화되었다. 미국은 저성장과 인플레이션이 겹치고 있으며, 한국도 이와 마찬가지 현상을 보이고 있다. 특히 인플레이션을 막는다는 명목으로 금리 인상 조치를 취하고 있으나 인플레이션을 유발했던 기업 지원 적자재정,

군국주의가 계속됨으로써 인플레이션은 그대로인 데 반해, 금리 인하로 경기침체는 계속되고 공황을 맞을 위기에 처하게 되었다. 게다가 이 근원에 있는 과잉생산에 비해 긴축조치로 인민 대중들의 임금삭감과 복지 축소 공격으로 소비가 감소됨으로써 과잉생산 공황 위기는 더 심화시키고 있다. 은행은 신용의 지렛대에서 파산을 부름으로써 이 위기를 더 재촉하고 있다. 최근 미국 실리콘밸리 은행 파산은 이를 잘 보여준다.

미국의 인플레이션 감축법은 반도체법에 이은 동맹약탈법으로 약탈동맹의 파괴적 실체, 반민중적 실상을 잘 보여주고 있다.

그러니 과연 누가 '힘에 의한 현상 변경 시도'를 하고 있는가? 쇠퇴하는 패권을 보전, 유지하고자 발악하는 미제국주의가 아니면 그 누구란 말인가? 또한 '힘에 의한 현상 변경 시도'는 물가고의 시대에 미제와 일제를 숭배하는 대신 인민 대중을 적대하며, 노조말살과 인민 대중약탈을 일삼는 윤석열 파쇼정권이 아니라면 또 누구란 말인가?

3. 우리 비록 가시밭길 가더라도 살인 정권 윤석열 일당을 분쇄하자! 우리의 숭고한 국제주의 동맹은 너희의 전쟁·약탈동맹과 전연 다르다

2023년 5월 3일

자본가 너희들이 사는 초호화 주택도 우리가 지었다.

윤석열, 김건희 너희가 사는 62평 초호화 강남 아크로비스타 아파트도 우리가 지었다.

그런데 너희들은 우리에게 감사하기는커녕 우리를 건폭 범죄집단 취급한다.

떨어져 죽고, 깔려 죽고, 끼어 죽고, 폭발로 불에 타 죽는 운명을 바꾸려고 하는 게 너희들에게는 범죄다.

노동자의 권리를 쟁취하려는 게 너희들에게는 폭력이다. 첩첩의 하도급, 불법 비리 온상을 혁파하려는 것이 너희들에게는 불법이다. 너희들은 무권리 상태로 돌아가라고, 노예로 살라고 법과 폭력, 선전기구를 동원해 우리를 타도해야 할 범죄집단으로 규정하고는 무차별 탄압을 가하며 사지로 내몰았다. 노동자는 죽음으로써 저항하는 길을 선택했다.

"제가 오늘 분신을 하게 된 건 죄 없이 정당하게 노조활동을 했는데 집시법 위반도 아니고 업무방해 및 공갈이랍니다. 제 자존심이 허락 되지가 않네요.

힘들게 끈질기게 투쟁하며 싸워서 쟁취하여야 하는데 혼자 편한 선택을 한지 모르겠습니다.

함께 해서 기쁘고 행복했습니다.

사랑합니다. 영원히 동지들 옆에 있겠습니다."

세상의 건설자, 하늘과 같이 존엄한 노동자가, 다른 날도 아닌 노동절에 분신을 하고 하루 만에 고귀한 생명이 꺼졌다. 건설 노동자는 유서에서 '집시법 위반'이라면 그것이 악법이라도 차라리 당당하게 감수하고 투쟁하겠다고 했다. 그러나 정권과 검찰은 집시법 위반도 아니도 '업무방해 및 공갈' 혐의로 노동자를 사기꾼, 파렴치범으로 내몰았다. 돈도 권력도 빽도 없는 가난한 노동자지만 권리를 쟁취하기 위해 싸워 왔던 노동자의 당당한 자부심, 자존심이 송두리째 무너졌다.

모든 게 무너진 노동자는 자신의 몸을 불살랐다. 이는 정권에 의한 명백한 살해다. 인간으로서 견딜 수 없는 참혹한 고통을 선택하면서 '혼자 편한 선택'을 한 거 같다는 자책을 하고 있다.

자신의 몸을 불사르는 것이 '편한 선택'이라면 남아 있는 우리들은 그보다 훨씬 길고 가시밭길 같은 고난의 길을 가더라도 동지의 피맺힌 한을 풀고 복수를 해야 한다. 동지는 투쟁하는 노동자들과 영원히 함께 있겠다고 했다.

이 정권 하에서 벌써 얼마나 많은 무고한 사람들이 죽어갔는가? 이 파시스트 윤석열 정권을 분쇄하지 않는다면 또 얼마나 많은 사람들이 죽어

가야 할 것인가?

죽고 죽이는 피비린내 나는 잔혹한 전쟁은 또 얼마나 참혹할 것인가?

우리의 숭고한 국제주의 동맹은
너희의 전쟁·약탈동맹과 전연 다르다

강철 같은 동맹은 빈 양철 깡통 같은 동맹이지만 이는 일면의 모습이다. 바이든과 윤석열이 합의한 워싱턴선언은 핵 공유까지 나아가지는 못했지만, 북과 러시아, 중국을 대상으로 미국의 핵전략 자산인 핵잠수함이 한반도 인근을 마음껏 드나들며 전쟁위기를 고조시키고, '글로벌포괄전략동맹'으로 동북아와 인도·태평양 지역으로까지 분쟁과 전쟁의 소용돌이 속으로 우리를 끌어들이는 것이다.

이 '강철동맹'은 1930년대 파시즘의 군사집단 방위 체제인 강철 조약 추축국을 연상케 한다. 이 로마—베를린 추축(Rome—Berlin Axi)은 1936년 11월 독일과 일본 사이에 반공산주의 조약을 체결하며 전 세계를 전쟁과 살육, 약탈로 몰아갔다.

부르주아 강철동맹은 쏘련이 해체된 역사적 격동과 변화가 있지만 반공군사동맹 체제다. 이 체제는 신냉전 시기에 반북·반중·반러 군사동맹 체제다. 이 체제는 대북 적대감으로 무장한 채 미국의 핵 독점을 유지하기 위해 비핵화를 강압하는 강도 같은 체제다. 이 체제는 반중·반러를 기치로 서방 제국주의 국가들의 전쟁동맹체다.

젤렌스키는 친서방 친나토를 기치로 반러시아, 반러시아인 적대에 앞장서다 우크라이나를 참상으로 몰아갔다.

맑스가 『공산당선언』에서 적대하는 두 계급의 투쟁은 양 계급 전체의 공멸을 낳을 수 있다고 경고한 바 있는데, 윤석열은 외세를 등에 업고 같은 민족인 북을 선제타격과 주적으로 적대시하며 핵을 가진 북과의 전쟁을 벌이는 것도 불사함으로써 공멸을 향해 가속도로 달려가고 있다.

파시스트 윤석열 정권은 미제, 일제의 충실한 주구로서 후보 당시부터 '북한 선제타격론'을 부르짖고 '북한 주적론'을 내세워 반북 적대감을 고취시키고 실제 한미연합 침략 훈련으로 전쟁위기를 고조시키고 있다. 이 대북 적대감을 중국, 러시아로까지 연장시켜 배외주의를 무한 확장하고 있다. 파시즘은 가장 극렬한 배외주의고 그 끝에는 전쟁이 도사리고 있다. 우크라이나 전쟁에서 보듯 전쟁 발발은 지극히 현실적 위험이 되고 있다.

파시즘은 내적으로도 무한 적을 양산해 낸다. 호전적 배외주의 군국주의 세력들이 국내에 안정과 평화, 복지를 가져다줄 리 만무하기 때문이다. 윤석열의 북한 주적론, 선제타격론은 내적으로는 노동자 적대론, 민중 적대론이다. 반북 적대는 민주주의의 파괴와 인민 적대와 깊숙하게 연결돼 있다. 이 땅의 통치배들은 반북 적대감으로 국가보안법을 앞세운 종북몰이로 백색테러 체제를 구축함으로써 인민 민중의 저항을 봉쇄하고 이 체제를 넘는 정치적 전망을 말살해왔다.

윤석열은 국가보안법을 앞세운 간첩조작 공안몰이와 노조말살로 정권에 저항하는 노조를 와해하기 위한 책동을 계속해 오고 있다.

그러나 윤석열은 곧 죽을지 모르고 안하무인 천방지축 설쳐대고 있지만 썩은 동아줄을 부여잡고 발버둥 치고 가련하고 비루한 신세를 면치 못할 것이다.

'미국의 소리', 미국의 앵무새 윤석열의 "다른 나라의 자유를 무시하는 '힘에 의한 현상 변경 시도'에 국제사회는 용기 있고 결연한 연대로서 대응해야 한다"는 외교상에서의 공개적인 반중 적대감은 단호함으로 포장돼 있지만 실은 겁먹은 개가 꼬리를 내리며 짖는 것과 같다. 러시아에서 반러 적대감과 제재 참여로 현대차, 기아차도 러시아에서 사업을 접어야 하는 판이다. 중국의 경고대로 불장난하는 윤석열 일당은 불에 타 죽을 것이다.

쇠퇴하는 처지를 모면하기 위한 미제의 책동으로 피억압 민족과 그 속의 절대다수 전 세계 노동자계급과 인민 대중이 극한의 고통을 겪어야 하기에 국제적 반미 반제투쟁으로 미국패권을 종식시켜야 한다. 남과 북 민족 전체의 공멸이 되지 않기 위해서는 공멸시켜야 한다.

2023년 노동자들의 국제적 단결을 맞아 우리는 국제주의 인식을 분명하게 하면서 역사적, 계급적 인식을 다져야 한다.

당대의 지배적 인식은 지배계급의 사상이라 했다. 미제국주의를 위시한 서방 제국주의자들의 인권과 인도주의, 민주주의 타령이 이중잣대이며 위선과 조작에 다름 아니라는 것을 인식해야 한다.

침략자, 약탈자는 언제, 어디서든 미제와 서방주의와 그 똘만이들이었다. 지금까지 살펴봤듯, '힘에 의한 현상 변경 시도'를 하며 '세계 안보를 위협'하고 있는 것은 미제와 일제를 비롯한 서방제국주의 세력이다. 전 세계 침략전쟁과 정권교체, 금융적 교살과 경제 제재를 일삼는 강도 강철동맹이었다.

이 강도 강철동맹을 약화시키기 위한 응전, 투쟁은 언제나 진보적 인류의 동지이자 벗이자 동맹이다. 중국과 러시아가 제국주의고 우크라이

맑스주의와 현대제국주의

나 전쟁이 제국주의 간 전쟁이라는 인식은 제국주의가 자신들의 침략상, 약탈상을 전가, 은폐하려는 프로파간다의 일환이다. 진보진영이, 심지어 공산주의를 자처하는 자들, 세력이 이 프로파간다의 포로가 되었다는 것은 노동자 국제주의 정신을 제국주의 정신으로 오염시키는 짓이다.

첨예한 정치적 사안에 대해, 누가 적이고 누가 동지인지를 판가름하고 적을 향해 돌격해야 하는 상황에서 중립주의, 양비론은 전열을 흐트러뜨림으로써 분열을 야기하고 적들에게 봉사한다.

한(조선)반도에서도 미제와 일제가 언제, 어디서든 침략자였다. '북핵문제'가 아니라 미국의 대북 적대시 정책, 핵 독점, 패권유지책이 전쟁위기의 원인이고 북의 핵은 자위권의 일환으로 만들어졌다는 것은 두말할 것도 없이 명확하다. 그런데 진보진영 내에서조차 러중 제국주의론에 이어 그 인식의 연장에서 북핵에 대해서도 책임을 물어야 하며, 북에 대해서도 할 말은 해야 한다는 망발이 터져 나오고 있는 실정이다.

북에 대해 할 말이 막힌 것은 진실을 가로막는 파쇼 악법 국가보안법 때문이 아닌가? 진보진영에서조차 북에 대한 적대적 인식을 가진 세력들이 있는 것은 국가보안법의 인식을 내면적으로 수용했기 때문이다.

이 양비론, 중립론은 미·중 패권주의론, 제국주의 간 전쟁론처럼 중립과 양비론으로 위장돼 있지만 실은 지배계급의 인식이고 여기에 복무한다.

도청까지 당하면서도 우크라이나에 전쟁무기 지원을 약속하고 중국 러시아 적대감 고취에 나서며 전쟁 책동을 일삼는 윤석열의 작태 앞에서 중립과 양비론은 실제로는 미·일·한 전쟁동맹의 파렴치한 이해에 복무한다는 것이 분명해지고 있지 않은가.

> "다른 나라의 자유를 무시하는 '힘에 의한 현상 변경 시도'에 국제사회는 용기 있고 결연한 연대로서 대응해야 한다."

주어만 달라진다면 맞는 말이다. '다른 나라의 자유를 무시하는' 미제와 그 주구 윤석열의 '힘에 의한 현상 변경 시도'에 맞서 국제 프롤레타리아 계급과 반제자주 진영, 진보적 인류가 결집한 '국제사회는 용기 있고 결연한 연대로서 대응해야 한다.'

우리의 숭고한 동맹은 너희들의 동맹과 전연 다르다. 너희들의 동맹은 착취동맹, 약탈동맹이며 전쟁동맹, 파괴동맹인데 반해 우리의 동맹은 진정 국제주의적이고 평화 애호적이며, 호혜와 평등과 주권과 자주권을 보장하는 동맹이다. 우리의 동맹이야말로 진정으로 가치동맹이며 민주주의적이다.

우리의 강철 같은 동맹으로 윤석열 파쇼정권 분쇄하자!

우리의 강철 같은 동맹의 승리를 위하여! 진군하자!

맑스주의와 현대제국주의

3장

국제공산주의 운동의
첨예한 쟁점들

1. 22차 국제공산당·노동당 대회를 중심으로

2022년 11월 29일

22차 국제공산당·노동당 대회(IMCWP)가 지난 10월 27일~29일간 프롤레타리아 국제주의 성지인 쿠바 아바나에서 열렸다. 21차 대회에서는 만장일치로 2020년 11월 평양에서 22차 대회를 열기로 결정했다. 그러나 코로나 19 확산으로 북이 고도의 긴장 상태를 유지하는 시점에 취소됨으로써 2021년 화상회의를 한 번 개최하고 2022년에 쿠바에서 열리게 되었다.

과거 국제공산당(코민테른) 대회가 다양한 전략 전술 논의를 통해 변혁운동이 풍부하게 발전하는 데 크게 도움이 됐던 것처럼, 이번 국제대회의 논란, 쟁점들을 분석하여 자양분으로 삼는 것은 우리 시대 혁명가들의 임무다.

이 대회에는 쿠바 공산당 중앙위원회 제1비서이자 쿠바공화국 주석인 미겔 디아스카넬(Miguel M. Díaz-Canel Bermúdez)도 참석했다. 쿠바 주석은 실무 그룹의 선언문 작성 작업에 직접 참여하기도 했다. 쿠바 주석은 폐막식에서 "유럽에서 사회주의 진영의 비극적 소멸과 쏘련의 붕괴 이후, 그리고 초국적 자본주의의 힘이 강력한 국제적 전파 수단을 통해 단일 사상의 교리로 변함으로써 나타난 강력한 반공 캠페인에도 불구하고 쿠바에서 우리는 꿈을 꾸고 행동하며 무엇보다도 불가능한 것을 가능하게 만들려고 노력하고 있습니다"라고 연설했다.

쿠바 공산당 회합에서 연설 중인 미겔 디아스카넬 쿠바 주석

출처: https://www.mep.gob.cu/es/noticia/diaz-canel-la-revolucion-cubana-no-sera-traicionada-ni-regalada

　이 대회에는 모든 대륙의 60개국에서 온 78개 공산당 및 노동당대표 145명이 참가했다. 23차 국제대회는 터키공산당 주최로 터키에서 개최하기로 했다.

　이 대회 최종 선언문은 "쿠바와 투쟁하는 모든 인민들과 연대하자. 단결한 우리는 더 강하다! 사회운동 및 인민 대중 운동과 함께 반제투쟁에서, 자본주의와 그 정책, 파시즘과 전쟁위협에 맞서, 평화, 환경, 노동자들의 권리와 사회주의를 수호하기 위해 투쟁하자!"라는 제목으로 제국주의 이데올로기에 맞서 맑스 레닌주의 사상을 옹호하고 반제투쟁과 자본주의에 맞서는 투쟁과 민주주의 투쟁과 노동자계급과 전체 인민의 투쟁을 수호하기로 결의하였다.

　위 공동 선언문 전문은 (http://www.solidnet.org/article/22nd-IMCWP-Final-Declaration-of-the-22nd-International-Meetingof-Communist-and-Workers-Parties)을 참고하기 바란다.

그러나 이 대회 공식 선언문에서는 '제국주의의 간섭과 침략에 저항하고 정부와 인민에 대한 압력과 협박의 수단인 봉쇄, 제재, 일방적 강압조치, 이중 잣대 정책을 거부하는 인민과의 단결을 강화한다'라고 결의하였으나, 러-우 전쟁 이후 첨예화된 공산주의 운동 내부의 쟁점들에 대해서는 입장을 밝히지 않았다. 22차 대회는 '단결한 우리는 더 강하다'라는 슬로건 아래 개최됐으나, 실제로는 국제공산주의 진영이 크게 두 진영으로 갈라진 상태로 개최됐다.

러시아공산주의노동자당 측이 이번 대회 결과를 정리한 문서를 보면, 당시 대략의 첨예한 쟁점이 무엇이고, 그 쟁점을 대표하는 당들의 대표들이 어떠한 입장을 취했는지 상세하고 알 수 있다.

우크라이나 공산당(KPU)* 서기장인 페트로 시모넨코(Petro

---

* 우크라이나에서의 마이든 쿠데타 이후 들어선 페트로 포르센코 정권은 우크라이나 공산당이 돈바스 지역의 친러시아 분리주의 단체를 지원한다고 공개적으로 비난하였다. 이후 2015년 우크라이나 의회는 비공산화법을 통과시켰고 공산주의 상징물 공개와 선전물 배포를 전면 금지했다. 기관지 공산당 기관지 라보체예 가제타(노동자 신문)도 금지되었으며 지도부를 포함한 많은 간부들이 경찰의 탄압과 극우 단체들의 공격을 받는 등 가혹한 탄압을 당하고 있다. 페트로 시모넨코(Petro Symonenko)가 이끄는 우크라이나공산당은 선거에 참가하는 것이 전면 금지되었고 재산몰수에 처해졌다. 2018년 10월 '급진당' 소속 극우 우크라이나 의원은 페트로 시모넨코 서기장 살해를 촉구하는 발언을 하기도 했다. 2019년 3월 31일 우크라이나 중앙선거관리위원회는 페트로 시모넨코 서기장이 대통령 선거 후보로 등록하는 것을 거부하는 결정을 내렸다. 젤렌스키 정권의 우크라이나 보안군은 지난 3월 6일 미하일 코노노비치와 우크라이나 레닌주의공산주의청년연합(LKSMU)의 지도자인 알렉산드르 코노노비치 형제를 친러시아 및 친벨로루시적 견해를 가졌다고 체포했다.(필자 주)

Symonenko)는 공개적으로 현 키예프 젤렌스키 정권이 파시스트 정권임을 강조하면서 그리스공산당(KKE)이 주도한 공동성명은 우크라이나와 러시아 내부의 공산당들 입장이나 의견을 사전에 충분하게 고려하지 않고 폐쇄적인 상태에서 발표됐다고 공개적으로 비판했다. 또한 사전에 당사자들의 입장이 충분하게 반영됐다면 내용이 달라졌을 것이라고 강조했다. 이에 대해 그리스공산당 대표 참석자가 공개적으로 반발하기도 했다.

우크라이나 공산당 페트로 시모넨코 서기장
출처: https://risu.ua/en/national-council-for-tv-and-radio-broadcasting-charges-the-main-communist-of-ukraine-with-inciting-religious-and-national-hatred-on-tv_n119259

러시아가 우크라이나에 대한 대대적인 군사 개입을 개시한 2월 24일에 긴급하게 발표한 그리스공산당 주도의 국제성명은 42개 공산당 및 노동당과 30개 청년 공산주의 조직이 참가했다. 이 성명의 주요 쟁점 부분은 다음과 같다.

1. 본 공동성명에 서명한 공산당·노동자당들은, 사회주의의 전복과 쏘련의 해체 이후 형성된 인민들의 비극적 상황의 결과들 중 하나인, 우크라이나에서의 제국주의적 충돌에 반대한다…

2. 독점자본주의 체제에서 일어나고 있는 우크라이나에서의 최근 사태들은, 그 나라의 시장, 원자재 및 수송망의 지배를 위한, 자본주의 러시아와의 격렬한 경쟁이라는 맥락에서의, 미국, 나토 그리고 유럽연합의 계획과 그 지역에 대한 그들의 간섭과 연관되어 있다. 이러한 일들은, '민주주의를 방어하는 것"자위(自衛)'그리고 '그들의 동맹을 선택'할 자신의 권리, 즉 국제연합 또는 유럽안보협력기구(OSCE) 규범의 준수, 또는 파씨즘을 낳고 이용하는 자본주의 체제로부터 그것을 의도적으로 분리하며, 사실이라 주장하고 있는 '파씨즘'과 같은, 그들 자신들의 구실들을 홍보하며 충돌하고 있는 제국주의 열강들에 의해 은폐되어 있다…

4. 처음에는 돈바쓰의 소위 '인민공화국들'의 '독립'을 승인하고, 그다음에는 계속해서, 러시아의 '자위'우크라이나의 '비무장화' 및 '탈파씨즘화'라는 구실 아래 벌어지고 있는, 러시아의 군사적 개입으로 나아간 러시아연방의 결정은, 그 지역의 인민 또는 평화를 지키기 위해 내려진 것이 아니라, 우크라이나 영토에서 그리고 그들의 서방 독점 기업들과의 격렬한 경쟁에서, 러시아 독점 기업들의 이익을 증진하기 위해 내려진 것이었다.

("우크라이나에서의 제국주의 전쟁을 반대한다!- 자본주의의 전복을 위하여, 제국주의 전쟁에 맞선 계급 투쟁의 강화를 위하여, 사회주의를 위하여, 독점 기업과 부르주아 계급에 맞선 독자적인 투쟁이 필요하다!", 노동사회과학연구소, 〈정세와 노동 제180호, 2022년 4/5월〉)

이 성명에서 국제공산주의 운동진영 내에 첨예한 입장 차이를 보이고 분열상을 드러내게 되는 이유는 전쟁의 성격과 제국주의에 대한 규정 및 국제적 주요모순, 자주성, 파시즘에 대한 인식의 문제 때문이다. 이 성명은 우크라이나에서의 제국주의 전쟁을 반대한다고 하는데, 여기서 전쟁의 성격이 무엇인지, 누가 제국주의인지를 둘러싸고 첨예한 차이를 보이고 있다.

그리스공산당은 미제와 나토뿐만 아니라 러시아를 제국주의라고 규정(심지어 그리스공산당은 중국조차도 제국주의라 규정하고 있다.)하면서, 이 전쟁이 자원, 시장통제, 지정학적 이점을 획득하기 위한 '두 도둑' 제국주의 사이의 전쟁이라고 규정하고 있다. 이 제국주의 사이의 경쟁과 전쟁으로 인해 수천 명의 러시아와 우크라이나 어린이들이 살해되고 있다고 주장하고 있다. 또한 특히 러시아의 공산주의자들이 제국주의 간 전쟁에서 독자성을 취하지 못하고 러시아 푸틴 정권과 부르주아의 편을 들고 있다고 비판하고 있다.

물론 이 공동성명에 반대하는 러시아공산주의노동자당(RCWP)도 러시아를 초기 형태의 제국주의라고 규정하지만, 이번 전쟁에 대해서는 우크라이나를 대리로 내세운 서방 제국주의자들이 주로 책임이 있으며 러시아는 서방 제국주의에 대해 방어전을 치르고 있고 돈바스의 자결을 위해 적극 개입해야 한다고 주장해 왔다. 이 조직이 이 전쟁의 방어적 성격을 인정하면서도 러시아를 제국주의라고 규정하는 모호함, 돈바스의 자결권을 위한 러시아의 군사 개입을 지지하면서도 그것이 돈바스에 한정해야 한다는 점* 등의 모호한 입장으로 인해 그리스공산당 등에게 비판 거리를 제공한 측면도 있다.

　　이번 22차 국제대회에서 그리스공산당이 주도한 국제성명에 반대하는 입장은 이 전쟁은 주로 러시아와 우크라이나와 돈바스의 공산주의자들이 주도하는 입장으로, 미제국주의와 나토제국주의자들이 젤렌스키 파시스트 정권을 내세워서 러시아를 포위하고 돈바스 자결권을 부정하면서 벌어진 전쟁이라고 규정한다. 이들은 미제와 나토 제국주의자들이 파시즘을 국제적으로 수출하고 있다고 주장하고 있다. 러시아는 이 전쟁에서 방어적인 입장을 취하고 있으며, 러시아가 이 서방 제국주의자들의 대리전에 맞서 승리해야 한다고 주장하고 있다.

　　이와 관련해 대회에서 브라질 공산당 대표는 '파시즘을 진압하려는 러시아연방의 행동은 지지되어야' 하고, 시리아통합공산당 대표는 '부르주아 러시아가 패배할 경우 세계가 암흑 속으로 빠져들게 될' 것이라고 지적했다. 카탈로니아 공산당 대표는 나토가 우크라이나를 대신하여 전쟁을

---

* 러시아공산주의노동자당은 전쟁을 돈바스 방어에만 한정해야 한다고 하는데, 초기 러시아는 키예프로 진공하다가 실패하고 지금은 전선이 돈바스 방어에 집중하고 있다. 이에 대해 성동격서의 전략적 고려라고 평가하기도 하고 실제 서방 지원을 받는 우크라이나 키예프까지 전선을 펼칠 군사적 역량이 되지 않는다는 등 평가가 엇갈린다. 그런데 이 전쟁에서 돈바스 인민뿐만 아니라 우크라이나 내부의 인민들까지 막대한 희생을 당하기 때문에 원론적으로는 이 주장이 맞을지 모르지만, 현실과는 전혀 동떨어진 주장이다.
교전하는 세력 간 격렬한 전쟁에서 돈바스만 방어하고 우크라이나 영토에 대해서는 전쟁을 벌이지 않는 그런 그림 속의 전쟁은 가상의 전쟁이다. 왜냐하면 러시아와 돈바스에 대한 군사공격을 감행하는 우크라이나의 군사력은 서방 제국주의 지원을 받고 우크라이나 영토를 거점으로 삼고 있기 때문이다. 이는 호불호의 문제, 인위적으로 선택하고 분리할 문제가 아니다.(필자 주)

벌이고 있다고 언급했다. 그리고 '초강대국이 되려는 러시아 민족주의의 야망이 있지만 돈바스 사례처럼, 위선적으로 유럽 가치를 내세우고 있는 나토가 주적'이라고 규정하기도 했다.

반면 오스트리아 공산당의 경우에는 제국주의 간 전쟁에서 어느 편을 선택해서는 안 된다고 주장을 했고, 벨기에 공산당의 경우에는 미국이 주요 제국주의라는 논제에 반대하는 목소리를 내기도 했다. 여기에 벨기에 노동당의 경우에는 러시아의 행동은 '우크라이나 영토 병합'이고 국제법의 관점에서 용납할 수 없는 행위라고 규정하기도 했다.

이 대회에는 중국, 조선, 베트남 대표들도 참여했는데, 이들은 쿠바를 지지하고 자신들의 사회주의 건설에서의 성공적 경험에 대해 발표했지만, 우크라이나 사건에 대해서는 직접적인 평가를 회피했다.

이들 사회주의 국가들 집권당 대표들이 우크라이나 사건에 대한 직접적인 평가나 언급을 회피한 이유는 아마도 국제공산주의 운동의 단결 때문인 것으로 추정된다. 그러나 이미 중국공산당은 미제에 대항해 러시아와 전략적 행보를 같이하고 있으며 제재에 반대하고 있다. 반대로 러시아는 대만에서 '하나의 중국'이라는 중국 입장을 지지하고 있다. 쿠바 역시 명시적으로 이 전쟁에서 러시아를 지지하고 있지는 않으나 미제국주의와 서방 제국주의가 전쟁의 원흉이라고 규탄하며 러시아와의 선린우호 관계를 강화해 가고 있다. 쿠바 공산당은 기관지 그란마(Granma)에서 다음과 같은 공식 입장을 밝혔다.

서구 자본주의 헤게모니 세계에서 모든 전쟁 행위는 연관돼 있는 것이 아니라 고립되어 묘사된다. 유고슬라비아의 분단, 코소보의 분리, 이라크, 아프가니스탄, ISIS, 시리아, 파키스탄, 팔레스타인, 리비아, 예멘은 모두 미국과 NATO라는 공통점을 가지고 있다. 이러한 각각의 사건에 대해 'NATO' 제국주의의 이데올로기적 기구는 가해자인 침략자가 다른 사람인 이야기를 만들었다.

('우크라이나 분쟁을 넘어서', 2022.3.4.)

조선에서는 이미 이 전쟁을 '미국은 동맹국들을 결집시켜 우크라이나에 많은 용병을 파견하고 있으며, 우크라이나에 엄청난 군사 장비를 제공하고 있습니다. 우크라이나를 러시아와 싸우게 하여 러시아를 약화시키고 세계 패권전략을 실현하려는 게 미국의 목표입니다. 미국이 초래한 엄중한 사태를 목격한 국제사회는 누가 전 세계의 안정을 어지럽히는 전쟁

신홍철 러시아 주재 북한 대사가 지난 7월 13일 모스크바에서 올가 마케예바 도네츠크인민공화국(DPR) 대사에게 승인문서를 전달하고 있다.
출처: https://www.scmp.com/news/world/europe/article/3185216/ukraine-severs-ties-north-korea-after-pro-russia-separatists

맑스주의와 현대제국주의

주범이자 평화 파괴자인지 분명히 인식하고 있습니다'(2022년 3월 23일)라며 분명하게 입장을 표명했다. 더욱이 조선은 돈바스 두 공화국의 러시아연방 참여 국민투표 이후에 이 두 공화국을 공식 승인했을 뿐만 아니라 재건 사업에 공식 참여하기로 결정까지 했다. 우크라이나는 즉시 북과의 외교관계를 단절했다.

이 대회에 참가한 당들 중 일부는 이전 우크라이나에서의 전쟁에 대해 그리스공산당이 주도한 국제공동성명에 반대하는 국제공동성명을 채택하였다.

세계 인민들의 눈앞에서 자본주의의 전반적인 위기가 급속히 악화되고 있다. 점점 커지는 모순에 대처할 수 없는 제국주의는 인류에게 점점 더 위험해지고 있다. 제국주의는 점점 더 큰 도발과 갈등에 의지한다. 제국주의의 행동은 새로운 세계대전과 핵무기 사용을 위협한다.

실제로 계급, 국가 또는 국가의 무장 투쟁으로서의 전쟁은 돈바스 인구에 대한 키예프 나치의 징벌 작전이 시작된 2014년부터 계속되고 있다. 사람들은 모국어 러시아어로 말하고 싶었고 나치 파시스트 공범을 영웅으로 인정하지 않았으며 소련 기념물 파괴에 동의하지 않았으며 러시아와의 관계를 끊고 싶지 않았기 때문에 살해되었다.

오늘날 미국이 이끄는 나토가 히틀러의 동맹국인 반데라의 우크라이나 추종자들의 손을 통해 조직하고 지시하는 50개 이상의 약탈 국가들이 러시아에 대한 파시스트 확장 정책을 추구하고 있다. 용병 형태의 인적 자원을 포함하여 세계 자본의 정치적, 재정적, 경제적, 군사적 자원이 결합되어 러시아의 억압과 해체에 투입된다. 거대자본의 특징인 경쟁자를 제거하고 세력권을 재분할하는 과제는 유럽을 중심으로 해결되고 있다. 추구하는 목표는 파시즘을 적극적이고 노골적으로 활용하여 21세기 미제국주의의 세계 패권을 확립하는 것이다.

공산당 및 노동자 정당은 러시아 군대의 지원을 받는 돈바스 노동 인민의 정당한 반파시스트 투쟁에 연대한다. 우리는 외교 정책에서 파시스트적 방법을 사용하는 미국 제국주의에 반대합니다. 이 미국 제국주의는 나토 국가들의 직접 참여로 꼭두각시 부르주아 민족주의 우크라이나 정권의 손을 통해 실제로 러시아를 패배시키기 위한 전쟁을 벌이고 있다.

우리는 러시아가 세계 노동운동의 이익에 근본적으로 반하는 유고슬라비아, 이라크, 리비아의 운명을 되풀이하지 않도록 가능한 모든 조치를 취할 것임을 선언한다. 반동은 새로운 질서를 확고하고 영구적으로 확립하기 위해 노력한다. 러시아는 나치즘과의 전쟁에서 패할 수 없다.

우리는 모든 유럽연합(EU) 및 나토(NATO) 국가에서 파시즘, 반소비에트주의 및 루소포비아(러시아혐오증 Russophobia) 정책에 대한 단호한 항의를 선언한다. 우리는 우크라이나 나치의 손에 의해 러시아에 대한 미국과 나토(NATO)의 침략에 항의한다. 우리는 우크라이나와 러시아의 공산주의자들과 전체 근로자들과의 단호한 연대성을 표명한다. 우리는 다시 떠오르는 있는 파시스트 흑사병에 단호하고 적극적으로 맞서 싸울 결연한 의지를 표명한다.

공산주의자들의 입장은 변함이 없다. 자본주의를 종식시킴으로써만 파시즘과 세계 핵전쟁의 위협을 영원히 종식시킬 수 있다.

우리는 이 투쟁에 우리의 모든 활동과 삶을 바칠 것이다.

전 세계 프롤레타리아여, 단결하라!

("독점과 부르주아 계급에 맞서고, 자본주의를 전복하기 위해, 제국주의 전쟁에 반대하는 계급 투쟁을 강화하기 위해, 사회주의를 위해 자주적 투쟁이 필요하다!", 2022.10.28~29. 쿠바, 아바나)

이 선언에는 이 전쟁의 상당수 직접 당사국 공산당들인 우크라이나 공산당과 우크라이나노동전선, 루한스크인민공화국공산주의노동자조직, 돈바스노동자전선과 러시아연방공산당 및 러시아공산주의노동자당, 러시아노동당 등을 위시로 전 세계의 29개 공산당 및 노동당이 참여했다. 직접적 이해당사자들 중 우크라이나공산주의연합(Union of Communists of Ukraine)은 그리스공산당 중심의 서명을 지지하는 입장을 표명한바 있다. 러시아공산주의노동자당은 이 당의 지도자였던 지난 9월 3일 타개한 타밀라 야브로바(Tamila Yabrova)가 타계한 뒤 이 당이 내홍에 빠지고 입장이 후퇴했다고 주장하고 있다.

반면 그리스공산당은 대회 이후에 우크라이나공산주의연합이 제출한 결의문에 자신들이 지지했다고 하면서 다음과 같은 내용을 소개하고 있다.(참고로 이 결의문에는 SolidNet에 참가한 24개 나라 공산당 및 노동당과 그 밖의 3개당이 공동 서명했다.)

우리는 그리스공산당이 지지한 우크라이나 공산주의자 연합이 제출한 결의안의 마지막 단락으로 답변을 대신한다.

전 세계의 공산주의자들이 부르주아나 부르주아 국가들의 다른 블록을 지지하기 위해 부르주아 국가의 정부 뒤에서 꽁무니 역할을 하거나 부르주아의 민족적 이해에 복무하는 것은 수치스럽고 범죄적인 일이다.

우리의 불변의 임무는 제국주의 전쟁이 노동자의 해방으로 이어지지 않고 오히려 노동자를 더욱 노예화한다는 사실을 전 세계 노동자들이 깨닫도록 돕는 것이다. 제국주의 투쟁에서 노동자계급은 지배계급 사이에 동맹이 없고 적만 있다. 그들의 친구는 국적에 관계없이 프롤레타리아일 뿐이다. 공산주의자들의 임무는 국내적으로나 국제적으로 자본주의 자체를 종식시키는 것이다. 자본주의를 종식시키는 것은 전쟁을 종식시키는 것이다. 이 숭고한 대의를 위하여 전 세계의 공산주의자들은 프롤레타리아와 단결하라!

(엘리세오스 바게나스 그리스공산당 중앙위원·국제관계부대표, "제22차 국제공산당대회에서의사상 -정치적 대결과 '반러', '친러' 정서에 대한 '간계에 대하여", 2022.11.26~27.)

앞의 국제 공동성명은 앞서 그리스공산당을 위시로 한 국제공동성명과 이 전쟁의 성격과 방향에 대해 판이하게 입장을 달리하고 있다는 것을 알 수 있다.

이 국제공동성명이 직접적인 이해 당사국 당들이 주도한 성명이라는 점에 비춰보면, 이 분쟁의 역사적 성격과 구체적인 진행 상황에 대해 이들이 가장 잘 알고 있으며 이 전쟁이 자신들의 대의와 어떤 상관관계가 있는지 분명하게 인식하고 있음을 알 수 있다.

그리스공산당 중심의 공동성명은 돈바스공화국의 독립과 러시아의 자위와 우크라이나의 비무장화와 탈파시즘화는 실제의 사실이 아니라 러시아가 우크라이나를 병합하고 패권을 차지하기 위한 단지 '구실'에 불과하다. 이 공동성명이 돈바스의 인민공화국들 앞에서 '소위'라는 '부사'

를 붙이고 '자위(자주)', '비무장화', '탈파씨즘화'에 대해 인용부호를 달면서 부정하는 것을 주목해 보기 바란다.

도네츠크 지역에서 우크라이나군과의 전투에서 파괴된 제2차 세계대전 기념비 위에 쏘비에트 깃발이 게양되어 있다.
출처: http://redsvn.net/xung-dot-nga-ukraina-tran-quyet-chien-cua-hai-trat-tu-don-cuc-va-da-cuc/

반대로 이 공동성명은 이 전쟁이 미제국주의와 나토 제국주의의 세계 패권을 위한 전쟁이며 이들 제국주의 국가들은—나중에 '파시즘의 수출' 문제에서 상세하게 분석하겠지만— '외교 정책에서 파시스트적 방법'을 사용하고 있다고 주장한다. 이 전쟁에서 러시아의 패배는 서방 제국주의자들과 우크라이나 파시스트들의 승리이고, 러시아가 유고슬라비아, 이라크, 리비아의 운명을 되풀이하는 것이기 때문에 러시아는 승리해야 한다고 주장하고 있다.

앞에서 간헐적으로 입장을 밝혔지만, 이제 러-우 전쟁의 진짜 성격에 대한 본격적인 분석이 필요하다.

[보론]

그리스공산당 중앙위원회는 이미 4월 23일 '우크라이나 제국주의 전쟁 러시아연방공산당의 입장'에서 이번 전쟁과 관련해 러시아연방공산당이 친정부, 즉 친러 제국주의 입장을 가지고 있다고 공개적으로 비판한 바가 있다.

이에 대해 2022년 5월 16일 러시아연방공산당(CPRF) 국제부는 '우크라이나에서 러시아는 신나찌주의와 싸우고 있다! 그리스공산당 국제부의 성명에 대한 의견'에서 이를 정면 반박했다. 러시아연방공산당의 아래 반박 성명은 전쟁과 관련해 많은 내용을 담고 있으며 주목할 만하다.

> 이 전쟁의 '제국주의적' 성격을 주장하면서 그리스 동지들은 '시장을 위한 투쟁과 외국을 약탈하기 위한 자유를 위한 투쟁, 프롤레타리아트의 혁명적 운동과 민주주의를 억압하려는 투쟁'이라는 레닌의 잘 알려진 명제에서 출발한다… 동지들은… 특히 순전히 제국주의적인 정복 전쟁이었던 제1차 세계대전을 가리킨다. 그러나 도그마는 제쳐두고 모든 전쟁에는 고유한 특성이 있음을 인정해야 한다.
>
> 전쟁과 관련하여 자신의 입장을 결정하는 맑스 주의자의 임무는 그 성격을 결정하는 것이다. 제국주의 전쟁 외에도 파시즘과 나치즘이 정치현상으로 등장한 20세기 중반에 널리 퍼진 민족해방전쟁과 반파시스트전쟁이 있는데 10월 혁명의 영향으로 민족해방투쟁이 격렬해졌기 때문이다…
>
> 2014년 2월 미국과 다른 나토(NATO) 국가들의 직접적인 지원으로 우크라이나에서 정부 쿠데타가 발생했다. 합법적인 정부는 전복되었다. 네

오나치가 권력을 잡았다. 이후 미국은 정권교체(레짐 체인지) 준비와 '민주주의 발전'을 위해 약 50억 달러를 투자했다고 공개적으로 인정했다. 말할 필요도 없이, 그 누구도 그렇게 막대한 액수를 쓰지 않을 것이다.

쿠데타의 결과로 극단적인 민족주의, 반유대주의, 반폴란드, 루소포비아(러시아 혐오증) 및 반공산주의 정서가 전통적으로 강했던 서부 우크라이나, 갈리시아 사람들이 권력을 장악했다.

러시아어를 사용하는 인구의 강제 동화가 시작되었다. 러시아어 금지와 학교 교육을 러시아어에서 우크라이나어로 전환하기로 한 결정은 도네츠크와 루간스크에 강력한 저항에 부딪혔다. 사람들은 팔짱을 끼고 일어났다.

2014년 5월 11일 국민투표에서 인민의 87%가 독립을 선택했다. 따라서 도네츠크와 루간스크 인민공화국은 크렘린의 지시가 아닌 대중 주도로 형성되었다.

도네츠크와 루간스크를 약화시키려는 시도가 여러 번 실패한 후 키예프 나찌는 테러에 의지했다. 8년 동안 지속된 중포격으로 거의 14,000명의 민간인이 사망하고 수만 명이 부상당했다. 인프라가 심하게 손상되었다.

긴 8년 동안 유럽국가들과 미국은 돈바스에서 러시아인들이 학살당하는 것을 극도의 평정심을 가지고 바라보았고, 이는 키예프 정권의 행동을 효과적으로 정당화했다.

오늘날 유럽연합과 미국은 민간인을 인간방패로 삼는 것이 이른바 자유투사들의 일상이 된 사실을 외면한 채, 전쟁에서 고통받는 인민들을 묘사하는 전대미문의 위선을 보이고 있다…

맑스주의 이론에 따르면 우크라이나의 군사적 충돌은 그리스 동지들이 주장하는 것처럼 제국주의 전쟁으로 묘사될 수 없다. 그것은 본질적으로 돈바스 인민들의 민족해방전쟁이다. 러시아의 관점에서 그것은 국가 안보에 대한 외부 위협과 파시즘에 대한 투쟁이다….

반데라이트 정권은 8년 동안 이 전쟁을 준비해왔다. 군인들은 루소포비아 계급의 정신으로 끊임없는 이데올로기 세뇌를 당했다. 강력한 요새가 만들어지고 군대에 최신 무기가 제공되었다.

제국주의적 지정학적 목표에 따라 미국은 점차 우크라이나를 군사적 이익의 영역으로 끌어들여 우크라이나를 '마지막 우크라이나 군인까지' 러시아와 싸우기로 결심한 나토 선봉으로 만들었다.

이르면 2021년 12월 러시아는 미국에 북대서양조약기구(NATO)의 동방 비확대 회담을 열자고 제안했다. 미국인들은 직접적인 대답을 피했다. 2022년 1월 러시아는 이런 상황에서 국가 안보를 보호하기 위해 추가 조치를 취해야 한다고 경고했다.

동시에 우크라이나에 미국의 전술 핵무기 배치에 대한 이야기도 나왔다. 4개의 원자력 발전소와 상당한 과학·기술적 잠재력을 가진 우크라이나는 자체 핵무기를 만들기 위한 준비를 시작했다.

펜타곤의 후원 아래 우크라이나는 세균 무기를 개발하기 위해 30개 이상의 실험실을 설립했다. 이 실험실이 치명적인 질병의 특히 위험한 박테리아를 연구하고 다른 인종의 사람들을 대상으로 전파하는 방법을 조사하고 있음을 증명하는 문서가 있다.

이 모든 것은 러시아뿐만 아니라 인류 전체에 위협이 된다.

이것은 모두 제국주의 간 모순이나 시장과 자원에 대한 투쟁에 관한 것이라고 주장된다. 계급적 문제의 민족적 요소와 민족적 문제의 계급적 요소를 보지 못하는 것은 교조주의의 영역으로 이끈다…

우크라이나의 천연자원과 산업 잠재력을 장악하기 위해 러시아 부르주아지의 이익을 위해 전쟁이 벌어지고 있음을 증명하기 위해 우리 동지들은 전쟁의 본질에 대한 레닌의 말을 역사적 맥락을 거세하고 끄집어낸다.

그러나 러시아 지도부가 우크라이나를 미리 장악할 준비를 하고 있었다는 주장은 사실과 다르다.

처음부터 러시아 지도부는 돈바스 인민공화국 형성에 대한 국민투표를 지지하지 않았다…

1991년 이후 우크라이나의 산업과 자원은 미국과 유럽연합의 독점에 의해 과도하게 착취당했다. 러시아 과두정치는 서구의 이해관계에 있는 '파이 나누기'에 참여하지 않았다.

더욱이 러시아 과두정치는 우크라이나에서의 군사작전에 반대했다. 그것은 세계 과두정치에 통합되기 위해 노력하고 있었고 이미 러시아의 친서방 지향을 보존하도록 정부에 압력을 가할 것을 촉구하는 서방으로부터 엄청난 압력을 받고 있었다.

게다가 러시아 과두정치들은 우크라이나에서 러시아의 군사작전으로 상당한 고통을 겪었다. 그들은 제재를 받았고 그들의 궁전과 요트를 빼앗기고 은행 계좌가 동결되는 것을 목격하고 있다.

우리는 30년 동안 러시아를 약탈하고 이제 전리품을 빼앗긴 사람들에 대해 조금도 동정하지 않는다. 우리는 단지 러시아 과두정치가 군사작전에 관심이 없었을 뿐만 아니라 그로 인해 고통을 받았다는 점을 강조하고 싶을 뿐이다. 이 작업을 지원하지 않음으로써 대기업은 재산과 돈을 잃었을 뿐만 아니라 러시아 지배 엘리트 내에서 영향력을 잃었다.

어떤 계급 세력이 우크라이나에서 러시아 군사작전의 가장 맹렬한 반대자였는지 주목하기 바란다. 이들은 무엇보다도 큰 독점자본, 자유주의 환경의 정치적 대표자, 소위 지식인 사이의 '창조적' 하수인이었다.

러시아 공산주의자들은 도네츠크와 루간스크 인민공화국을 보호하는 데 가장 적극적으로 참여하고 있다. 수백 명의 공산당원들이 이 공화국 군대의 일원으로서 나치와 싸우고 있다. 이 투쟁에서 수십 명의 공산주의자들이 사망했다. 러시아연방공산당은 지난 8년 동안 13,000톤의 인도적 지원을 실은 93대의 호송대를 이들 공화국에 보냈고 휴식과 치료를 위해 러시아에 온 수천 명의 어린이를 수용했다.

지난 몇 년 동안 러시아연방공산당은 러시아 지도부에 돈바스의 독립을 인정할 것을 촉구했다.

솔직히 우리는 그리스 동지들이 돈바스의 '소위 인민공화국'에 대해 경멸하는 말을 하는 것을 달가워하지 않는다.

도네츠크와 루간스크 인민들은 반데라주의자 나찌들의 은밀한 침략에 맞서는 암울한 저항의 8년 동안 수천 명의 민간인과 군인의 생명을 희생하여 공화국을 방어했다…

우리는 러시아인과 수 세기 동안 러시아인, 특히 우크라이나인과 벨로루시인과 함께 살았던 다른 민족의 이익을 보호하는 것이 우리의 국제주의적 의무라고 생각한다. 우리가 보기에 '러시아 세계' 또는 러시아 문명의 역사적 중요성을 부정하는 것은 고대 그리스 문명의 위대한 의미를 부정하는 것만큼이나 불합리하다. 마놀리스 글레조스(Μανώλης Γλέζος)*가 아크로폴리스 꼭대기에서 나치 깃발을 찢을 때 그는 계급적 이익뿐만 아니라 독일 점령에 맞서 단호한 투쟁을 시작한 그리스인들의 국가적 자부심에 이끌렸다…

오만방자하게 '세계공동체'를 표방하는 서구 정치인들과 언론은 유럽의 역사를 직접 체험한 아시아·아프리카·중동·중남미 주요국인 신나치 편을 노골적으로 편들고 있다. 그리고 미국의 신식민주의는 우크라이나 사건을 미국 주도의 단극 세계에 대한 러시아의 투쟁으로 보는 것이 지극히 옳다.

지구 인구의 60%가 거주하는 국가들은 러시아 작전을 지원하거나 중립 입장을 취한다.

1941년에 히틀러 연합의 일원으로서 우리나라에 전쟁을 일으킨 사람들만이 공격적인 입장을 취한다. 이들은 제1차 세계대전에서 패한 나치 군부 체제의 부활에 크게 기여한 미국과 영국뿐 아니라 유럽국가들이다. 오늘날 러시아는 다시 파시즘과 유럽과 미국에서 파시즘을 지지하는 사람들과 싸우고 있다.

마놀리스 글레조서[*]의 생전 모습

출처: https://www.ekathimerini.com/news/251143/veteran-leftist-and-resistance-fighter-
manolis-glezos-dies-at-97/

---

[*] 마놀리스 글레조서는 그리스의 좌익 정치가, 언론인, 작가, 민중 영웅으로 제2차 세계대전
저항군에 참여한 것으로 유명하다. 1941년 5월 31일 새벽에 그는 아테네의 아크로폴리스에
게양돼 있는 독일 파시즘의 깃발을 제거했다. 그는 이 사건으로 나치 정권에 의해 체포되어
고문을 당하고 사형을 선고받기도 했다. 그리스내전과 내전 이후에도 그는 투옥되어 사형선
고를 받고 오랜 수감생활을 하기도 했다. 2020년 3월 30일 97세 나이로 타계했다.(역주)

맑스주의와 현대제국주의

2. 서방 제국주의가 러시아와 돈바스인민공화국을 침략했다!

2022년 12월 16일

러시아-우크라이나 전쟁은 실제로는 러시아 대 전쟁 꼭두각시인 우크라이나 젤렌스키를 내세운 서방 제국주의자들 간 전쟁이라고 할 수 있다. 실제로 이 전쟁에는 서방 세계 모든 제국주의 국가들과 동맹국들이 러시아에 맞서 군사전, 정치전, 경제전을 치르고 있다. 우크라이나는 서방이 제공한 돈과 무기로 전쟁을 치르고 있다. 서방의 군사 지휘관들의 작전 지휘 하에 군이 움직이고 있다. 서방의 군사첩보를 가지고 러시아군, 러시아에 대한 포격을 가하고 있다. 서방의 러시아 제재를 등에 업고 경제전을 치르고 있다. 심지어 서방 세계의 모든 언론들도 제국주의 프로파간다를 유포하기 위해 심리전으로 참전하고 있다. 이로써 이 전쟁의 진짜 배경, 원인, 진실은 사라지고 서방 제국주의가 유포하는 일방적인 전쟁관(戰爭觀)이 천지를 뒤덮고 있다.

우크라이나 민족과 민중을 배반하고 우크라이나를 전쟁의 참화로 몰아넣은 천둥벌거숭이 도발자 젤렌스키는 국제적인 전쟁 영웅이 되었다. 우크라이나 신나찌 세력들은 러시아 침략에 맞서 우크라이나 자유와 민주주의를 지키는 파수꾼이 되었다. 우크라이나를 지원하기 위해 참전한 국제 파시스트 깡패들은 국제주의 전사가 되었다.

우크라이나의 신나찌 파시스트

반면 러시아와 푸틴은 침략국, 전쟁광이 되었고, 러시아를 지지, 지원하는 나라들은 그 침략과 전쟁의 동조자들이 되었다. 서방 제국주의가 전쟁의 원흉이라는 입장을 견지하는 국제평화주의 세력들은 전쟁을 지지하는 호전세력이자 패권주의 러시아의 동조자로 낙인찍히고 있다.

전쟁 성격은 다를지라도, 그 양상에서 볼 때, 6·25가 한국전쟁의 성격을 왜곡하듯이, 우크라이나에서의 전쟁은 2·24전쟁이 아니다. 2·24는 러시아가 '특별군사작전'이라는 명분으로 우크라이나에 대한 대대적인 군사공격을 감행으로써 전쟁 양상에 중대한 전환점을 가져온 날이지만, 이 전쟁은 2·24에 돌연 벌어진 것이 아니었다. 이미 2·24 훨씬 이전부터, 러시아를 향한 미국과 나토 제국주의의 공세는 계속되고 있었고, 돈바스 지역을 향한 보다 직접적인 포격도 지속되고 있었다. 러시아의 돈바스 자

맑스주의와 현대제국주의

결권 승인 직후에는 돈바스를 향한 우크라이나군의 포격이 더 격렬하게 자행되고 있었다.

우리의 시야를 가리는 2·24 이전의 양상을 살펴보면, 그보다 명료하게 이 사태의 진실이 드러난다.

역사적 맥락 없이 하늘에서 뚝 떨어진 2·24는 없다!

2·24 3개월여 전인 2021년 11월 이 전쟁의 직접적인 이해 당사국 공산당·노동자당은 다음과 같은 공동성명을 발표했다.

> 우크라이나 징벌군은 2021년 가을 돈바스에서 일련의 아주 뻔뻔스러운 도발을 자행했다.
>
> 그들은 도시를 포격하고, 사람들을 납치하고, 터키 드론을 사용하고, 중립 지역의 정착지를 점령하고, 공개적으로 민스크 협정을 파기하고 있다. 어린이들, 인민들이 죽어가고 있다. 처벌자들의 배후에 있는 정치가들과 과두정치들은 다시 한 번 단순하고 비열한 속임수를 사용했다. 그들은 수십 명을 죽이고 수천의 생활조건을 파괴함으로써 이기적인 이익을 해결하고 있다. 국경 상황 악화와 러시아연방으로부터의 이른바 '위협'을 이용해 민족주의자들을 지원하는 미국과 유럽연합(EU)에 자금을 요청하고 있다.
>
> 지난 7년 동안 우크라이나는 진정한 파시스트 국가가 되었다. 2014년 5월 2일 오데사에 있는 노동조합 건물에서 열린 위헌적 행동에 반대하는 평화 시위에 참가한 사람들을 산 채로 불태우고 레닌, 다른 혁명

가 및 소비에트 인사의 기념비를 철거하는 민족주의가 계속되었다. 언론인과 좌파 활동가에 대한 공격과 살해, 이민자와 소수 민족 대표에 대한 노골적인 폭력, 국가 차원에서 우크라이나 국민의 반역자-히틀러의 반데라 공범자의 영웅화가 수행되고 있다. 1941~1945년 시대의 나치 상징이 사용되고 있으며 그들의 인사가 군대에서 받아들여지고 있다. 나치 횃불 행렬이 열리고 있다. 나치 깡패들의 야유 아래 공산당 활동은 사법 절차에 의해 금지되고 있다. 공산주의 및 사회주의 단체의 활동가들이 박해를 받고 있으며, 그들 중 다수는 보안국이 다루는 악명 높은 '피스메이커(Peacemaker)' 웹 사이트에 등록되어 강제로 출국당했다.

부르주아 민주주의조차도 끊임없이 짓밟히고 축소되고 있다. 모든 독립 매체는 금지되었다. 저항하려는 시도는 거의 즉시 진압당하고 있다. 정치적, 언어적, 종교적 이유로 인한 괴롭힘은 현재 우크라이나에서 흔한 일이 되었다.

파시스트의 영향에 굴복하기를 원하지 않았던 돈바스 인민들은 우크라이나 과두제를 지지하고 우크라이나 민족주의 당국이 전쟁을 일으키도록 선동하는 서방 제국주의자들과 러시아 과두주의(올리가르히) 이익을 보호하기 위해 노력해 온 제국주의 러시아의 방어주의 정부 사이에서 모순에 처한 자신을 발견했다.

현재 도네츠크와 루한스크 지역에는 평화도 선포된 전쟁도 없다. 그러나 지금 일어나고 있는 일은 전쟁과 같다. 우크라이나 징벌자들의 포격은 7년 동안 일상적인 관행이 되었다. 군대만 죽어가는 것이 아니라 집을 지키기 위해 일어선 노동자들도 죽어가고 있다. 등굣길, 귀갓길, 상점이나 일하러 가는 길에 노인, 어린이, 여성은 화재로 사망하고 있다….

맑스주의와 현대제국주의

파시즘은 말로 치유될 수 없다. 이 암 덩어리를 제거해야 한다. 증상의 원인인 자본주의를 종식시켜야 비로소 증상을 제거할 수 있다. 우크라이나, 러시아, 돈바스 지역 및 전 세계의 노동자들에게 이를 설명할 필요가 있다. 오직 노동자계급, 노동조합만이 이 악의적인 상황을 해결하고 다른 나라에서 유사한 파시즘의 재발을 제거할 수 있다.

("공동성명: 파시즘은 치유될 수 없다")

이 성명에는 우크라이나와 돈바스 인민공화국, 러시아, 인접한 나라의 직간접적인 이해당사자인 주요 공산당·노동당이 대거 서명했다. 이 성명에 서명한 공산주의당들은 다음과 같다.

우크라이나 공산주의자 연합
소비에트연방공산당
러시아공산주의노동자당
우크라이나 노동전선
돈바스 노동자전선
루한스크 인민공화국 공산주의 노동자 조직
사회당(리투아니아)
아제르바이잔 공산당
러시아공산당(CPSU)의 벨로루시 공화당 조직
카자흐스탄의 사회주의 운동
키르기스스탄 공산당
카자흐스탄 공산당

위 성명에는 '제국주의 러시아'라는 선언적인 규정이 있으나, 정작 성명 내용은 정반대다. 성명에 의하면, 이 전쟁은 우크라이나 파시스트 세력들의 준동과 이를 배후에서 조종하는 서방 제국주의자들의 돈바스와 러시아를 향한 도발로 촉발되었으며, 러시아는 '과두세력'(올리가르히) 이익을 보호하기 위해 국경을 방어하려는 수세적이고 방어적인 목적을 가지고 있을 뿐이다.

러시아의 우크라이나에 대한 위협을 근거로 미국과 유럽연합에 자금을 요청하는 민족주의자들(여기서는 실은 배타적 민족주의의 의미로 우크라이나 파시스트들)의 명분은 거짓 명분에 불과하다고 하고 있다.

> 자본주의 러시아는 상황을 해결하는 데 도움이 되지 않는다. 모스크바 정치가들의 결정에 따라, 러시아는 승인되지 않은 돈바스공화국에 대해 '서방 파트너들'과 적대하지 않게끔 현상 유지 정도까지만 지원하고 있다.

이미 이 지역의 공산주의자들과 민주주의자들은 반러시아 혐오를 조장하면서 우크라이나 내 러시아인들과 돈바스공화국에 대한 탄압과 전쟁에 맞서 투쟁해 왔다. 이들은 전쟁에서 돈바스를 정치적으로 지원하고, 물품을 제공했을 뿐만 아니라, 직접적으로 이 전쟁에 의용군으로 참전하기까지 하였다. 이때까지 푸틴은 공산주의자들의 강력한 요구에도 불구하고 오히려 이 분쟁에 직접 개입하기를 주저하고 있었다. 오히려 공산주의자들이 푸틴에게 서방 제국주의 눈치를 보지 말고 군사적으로 정치적으로 개입해서 파시스트에 맞서 돈바스 인민의 더 이상의 희생을 중단시키고 자결권을 위해 싸우라고 요구하고 있다.

이처럼 이들 공산주의자들이 러시아 푸틴 정부를 비난하는 것은 제국주의적이어서가 아니라 서방 눈치를 보며 포격 당하고 있는 돈바스의 자결권을 승인하지 않고 제대로 개입하지 않은 점에 있다.

더욱이 이 성명을 보더라도 우크라이나 파시스트들의 준동과 이를 배후에서 부추기는 서방 제국주의자들의 도발이 없고, 협정이 지켜 졌으면 이번 전쟁의 참극은 일어나지 않았다.

이러한 규정에 의해 보더라도, 이 전쟁은 서방 제국주의자들과 러시아 제국주의와의 제국주의 간 약탈전이 아니다. 이 전쟁은 우크라이나 꼭두각시 젤렌스키와 파시스트 세력을 내세운 서방 제국주의의 러시아와 돈바스에 대한 침략전쟁이다. 이 전쟁의 도발자, 침략자는 서방 제국주의자들이었다. 러시아는 서방 제국주의의 침략에 맞서 방어전을 치르고 있다.

이 공산주의자들의 성명에 의하면, 2·24는 그동안 서방의 눈치를 보고 돈바스에 대한 개입을 꺼리던 푸틴 정권이 전면적인 군사 행동에 나선 계기일 따름이다.

레닌의 말대로, 누가 먼저 총을 쏘았느냐가 아니라 전쟁의 진정한 성격이 중요하다(물론 먼저 총을 쏜 것은 서방 제국주의와 젤렌스키 정권이기도 했다).

우크라이나에서의 전쟁은 이미 7년 전부터 계속되고 있으며 이는 돈바스 인민들과 우크라이나 내 러시아인들에게는 "전쟁과 같다." 그런데 2·24를 기점으로 일부 공산주의자들은 돌변하여 푸틴이 먼저 총을 쐈으니 서방도 나쁘고 침략자 푸틴과 러시아도 나쁘다는 식으로 급작스럽게 양비론을 펼치고 있다.

이 전쟁이 우크라이나를 뜯어 먹기 위한
서방과 러시아 제국주의의 약탈전인가?

지금 양비론을 펼치고 있는 국제공산주의 운동 내부의 공산당들도 이 성명에 직접적으로 반대한 당들은 하나도 없었다. 반데라주의자들을 악랄한 신나찌 파시스트, 주적으로 규정하는데 일말의 주저함이 없었다. 미제국주의와 나토 제국주의가 이 분쟁을 배후에서 부추기고 있다는 점에 대해서도 그 누구도 부정하지 않았다. 그 누구도 이때까지는 이 분쟁이 서방 제국주의와 러시아 제국주의의 영토 분할전이니 시장분할전이니 하는 분석을 하지 않았다. 그런데 지난번에 소개했던 것처럼, 이 성명의 제일 위에 이름을 걸었던 '우크라이나 공산주의자 연합'은 국제공산당·노동자당 대회에서 이 전쟁을 제국주의 간 전쟁으로 규정하고 있다. 러-우크 전쟁 발발 직후 그리스공산당이 중심이 되어 발표한 공동성명에서는 '우크라이나에서의 최근 사태들'이 1차 대전과 같이 우크라이나 시장, 원자재 및 수송망 지배로 우크라이나를 뜯어 먹기 위한 서방과 러시아의 전쟁으로 묘사하고 있다.

> 독점자본주의 체제에서 일어나고 있는 우크라이나에서의 최근 사태들은, 그 나라의 시장, 원자재 및 수송망의 지배를 위한, 자본주의 러시아와의 격렬한 경쟁이라는 맥락에서의, 미국, 나토 그리고 유럽연합의 계획과 그 지역에 대한 그들의 간섭과 연관되어 있다.
>
> ("우크라이나에서의 제국주의 전쟁을 반대한다!- 자본주의의 전복을 위하여, 제국주의 전쟁에 맞선 계급 투쟁의 강화를 위하여, 사회주의를 위하여, 독점 기업과 부르주아 계급에 맞선 독자적인 투쟁이 필요하다!")

이로써 이러한 종파주의 공산주의자들의 입장에 의하면, 서방의 주구 우크라이나는 시장, 원자재 및 수송망의 지배를 위한 양 제국주의 늑대 약탈전으로 피해를 당하는 무고한 양떼가 되었다.

이는 1차 세계대전이 제국주의 간 식민지·반식민지 분할과 재분할을 위한 전쟁, 전리품을 약탈을 위한 전쟁이었던 것처럼, 지금 우크라이나에서의 전쟁도 그렇다는 것이다.

기묘한 양비론(사진은 노동자연대)

결국 이 입장대로라면 서방뿐만 아니라 러시아도 패전해야 한다. 제국주의 전쟁은 1차 대전처럼 제국주의 간 약탈전도 있지만, 2차 대전처럼 반파쇼 인민전쟁도 있다.

그런데 이들 종파주의에 찌든 일단의 공산주의자들은 우크라이나에서의 전쟁에서도 역사적 맥락 없이 도식적으로 1차 대전과 같은 성격으로 보고 있다. 이러한 입장에 의하면 2.24가 역사적 맥락 없이 하늘에서 뚝 떨어진 격이 된다. 맑스주의 분석의 변증법적 방법론의 기초인 구체적 현실에 대한 구체적 분석이 빠져 있다. 역사적 관점이 빠져 있다. 또한 일방적인 주장만 있을 뿐 근거가 없다.

이 전쟁이 제국주의 간 영토 원료 쟁탈전이라면, 2·24 이전에도 첨예한 분쟁에서 그러한 요소들이 강력하게 나타나고 있어야 한다. 그러나 전쟁 발발 3개월 전의 성명("파시즘은 치유될 수 없다!")을 보더라도 이러한 양상들은 전혀 제시되지 않고 있다.

원료 수송망을 둘러싼 쟁탈전의 실상을 살펴보면, 러시아와 독일의 노르드스트림2라는 천연가스 수송관이 있는데 이는 양국의 주권에 해당되는 일이다. 이 노르드스트림2 수송을 막은 건 미국의 제국주의 패권일 따름이다.

러시아는 제국주의적으로 우크라이나를 약탈하고 돈바스공화국을 식민지로 만들려고 하지도 않았다. 치유될 수 없는 파시즘은 서방의 지원을 받는 우크라이나의 반동들이었다. 무엇보다 영토 시장 분할전이라면 이 전쟁의 역사적 배경을 전혀 설명하지 못한다.

쏘비에트 해체 이후 나토의 동진과 서방 제국주의의 일극 패권을 유지하기 위한 러시아 고립화, 우크라이나의 나토 가입 문제. 서방 제국주의 지원 하에 파시스트들의 2013년 11월 21일 서방의 레짐 체인지 색깔혁명인 마이단 쿠데타와 유럽연합 가입을 전면 중단하고 친러 정책을 천명한 2014년 빅토르 야누코비치가 정부 전복, 민스크 협정의 두 차례 파기와 젤렌스키 정권 하에서 러시아 주민 탄압, 돈바스 지속 탄압 폭격, 2.24. 특별군사 작전 개시 며칠 전 고조된 폭격, 러시아 언어 방송국 폐쇄와 러시아어 공용어 사용 금지, 젤렌스키의 러시아 제재 운운은 전쟁을 도발하는 주된 요인이었다. 특히 우크라이나 젤렌스키 정권의 나토 가입과 지상군 배치는 바로 직선거리 약 750여 km, 우크라이나 최북단 기준으로는 약 500km로 모스크바 턱밑에 핵무기를 배치하는 격과 같다.(나무 위키, "2022년 러시아의 우크라이나 침공/원인") 이 핵무기가 배치되면 10여 분이면 모스크바까지 폭격당할 수 있게 된다.

서방 후원을 받은 마이단 쿠데타로 폐허가 된 키예프 독립광장
출처: https://www.internationaleonline.org/opinions/1092_cancelling_russia_thats_just_the_start/

우크라이나에 미군과 나토군 지상군 배치 역시 러시아로서는 마찬가지로 심각한 위협이다. 이것이 우크라이나 '시장, 원자재 및 수송망의 지배를 위한' 제국주의 간 전쟁이라는 황당한 정식보다 훨씬 더 과학적이고 역사적이며 현실적인 인식이다.

여기서 또 하나 중요한 사실은 러시아가 제국주의적으로 개입했다면 그것은 돈바스의 러시아로의 합병이 돈바스 주권을 강탈하고 인민의 요구와 반대되는 것이어야 한다. 돈바스를 총칼로 짓밟고 '점령군'으로 돈바스공화국에 입성해야 한다. 그런데 돈바스공화국들은 자결권을 선포하고 나서 러시아의 개입을 요청했다. 그리고 보다시피 87%에서 100% 가까이 거의 전적으로 러시아 영토가 되는 것에 열화와 같은 찬성을 표했다.

2014년 5월 11일, 도네츠크 인민 89%와 루한스크 인민 96%가 국민투표에서 독립된 도네츠크 인민공화국과 루한스크 인민공화국을 세우는 데 찬성했다. 2022년 9월, 루한스크에서 98%, 도네츠크에서 99%, 자포리자에서 93%, 체르손에서 87%가 러시아 영토가 되는 것에 찬성했다.

(요제프 보쉿트(Jozef Bossuyt) 벨기에코리아친선협회대표, "미국 주도의 전쟁에 저항하라!", 세계반제플랫폼(The World Anti-Imperialist Platform), 2022.10.14.)

이 선거는 국제감시단의 참관 하에 공정하게 치러졌다. 또한 이들(그리스공산당을 비롯한 이 전쟁이 제국주의 간 전쟁이라는 세력들)의 논리에 의하면 조선은 러시아가 강도 같은 제국주의 전쟁으로 약탈하고 지배하게 된 돈바스의 이권, 전리품 배분에 참여하는 약탈자 무리의 일부가 되었다.

누가 진실을 말하는가?
종파주의자들인가? 조선과 쿠바인가?

그리스공산당은 돈바스 인민의 자결권을 실천적으로 무시하고 있다.

'이른바' 돈바스공화국의 자결권이라며 이들의 처절한 자결권 요구를 외면하고 있다. 이들이 인민공화국을 내걸고 있지만 사회주의 공화국이 아니라는 것이다. 그러면, 사회주의는 아니나 외세의 간섭과 침략으로부터 자주적으로 살려고 하려는 노력은 정당하지 않는가? 사회주의 공화국이 아니면 자결권은 인정받지 못하는가? 돈바스의 자결권이 사회주의 공화국으로 가는 데 방해가 되는가?

돈바스 인민들은 우크라이나 파시스트에 맞서 싸우면서 파시스트들이 무너뜨린 레닌과 소비에트 시절의 동상을 지켜내고 복원하고 있다. 쏘비에트 시절에 대해 우호적이고 레닌과 스탈린에 대해서도 우호적이다. 그러면 충분하지 않은가?

미국은 2022년 국방백서에서도 확인되듯, 중국과 러시아, 조선을 주적으로 간주해 왔다. 이것은 마치 나찌 독일과 쏘련이 전쟁으로 공멸하도록 부추겼던 것처럼, 우크라이나에서 러시아와 우크라이나가 서로 망할 때까지 싸워서 자기의 패권을 유지하려는 미국의 의도를 명백하게 드러내는 것이다. 그러한 시점에 공산주의자들이 러시아 제국주의, 강도 간의 싸움이라며 이 전쟁 앞에서 미제를 주적으로 돌리지 못하고 러시아의 제국주의, 푸틴 침략자 운운하며 양비론을 펼치고 있으니 이는 실제로는 미제의 의도에 놀아나는 꼴이다.

종파주의에 빠진 일부 공산당·노동당들이 비해 우크라이나 사태에 대한 조선과 쿠바의 공식 입장이 훨씬 더 과학적이고 역사적이며 실천적이다.

2월 28일 미국이 우크라이나 사태를 계기로 러시아에 대한 제재 책동을 강화하고 있는 것에 대한 조선중앙통신사 기자가 제기한 질문에 대한 북 외무성 대변인의 공식 입장을 보자.

알려진 바와 같이 지금 우크라이나 사태가 국제사회의 이목을 집중시키고 있다.

우크라이나 사태가 발생하게 된 근원은 전적으로 다른 나라들에 대한 강권과 전횡을 일삼고 있는 미국과 서방의 패권주의정책에 있다.

미국과 서방은 법률적인 안전담보를 제공할 데 대한 로씨야의 합리적이며 정당한 요구를 무시한 채 한사코 나토의 동쪽확대를 추진하면서 공격 무기체계 배비시도까지 로골화 하는 등 유럽에서의 안보환경을 체계적으로 파괴하여 왔다.

이라크와 아프가니스탄, 리비아를 페허로 만들어버린 미국과 서방이 이제 와서 저들이 촉발시킨 이번 우크라이나 사태를 두고 '주권 존중'과 '영토완성'을 운운하는 것은 어불성설이다.

오늘 세계가 직면한 가장 큰 위험은 국제평화와 안정의 근간을 허물고 있는 미국과 그 추종세력들의 강권과 전횡이다.

현실은 주권국가의 평화와 안전을 위협하는 미국의 일방적이며 이중기준적인 정책이 있는 한 세계에는 언제 가도 평온이 깃들 수 없다는 것을 다시 한 번 여실히 실증해 주고 있다.

러시아의 우크라이나 침공이 시작된 지 이틀 후인 2월 26일에 발표된 성명에서 쿠바 혁명 정부는 다음과 같은 성명을 발표했다.

최근 몇 달 동안 러시아연방에 인접한 지역을 향한 미국과 나토의 군사적 움직임은 잘 알려져 있다. 더불어 군사적 포위 공격의 일환으로 먼저 우크라이나에 현대식 무기를 전달했다.

역사는 국제평화, 안보 및 안정을 위협하는 나토 국경 너머의 점점 더 공격적인 군사 교리의 결과에 대해 미국에 책임을 물을 것이다.

나토가 최근 처음으로 신속대응군을 배치하기로 결정하면서 우리의 우려는 더욱 커졌다.

러시아연방이 수십 년 동안 안전보장에 대해 제기한 근거 있는 주장을 무시하고 러시아가 국가 안보에 대한 직접적인 위협에 직면했을 때 무방비 상태로 남아 있을 것이라고 가정하는 것은 실수였다. 러시아는 스스로를 방어할 권리가 있다…

쿠바는 위선과 이중 잣대를 거부한다. 1999년 미국과 NATO는 유엔 헌장을 무시하고 지정학적 목표를 추구하기 위해 많은 인명 피해로 분열된 유럽국가인 유고슬라비아에 대대적인 공격을 감행했음을 상기해야 한다.

미국과 여러 동맹국은 여러 차례 무력을 사용했다. 그들은 주권국가를 침략하여 정권교체를 가져오고 지배 이익에 굴복하지 않는 다른 국가의 내정에 간섭하여 영토 보전과 독립을 수호했다.

그들은 또한 '부수적 피해'라고 명명한 수십만 명의 민간인 사망, 수백만 명의 실향민, 약탈전쟁에서 지구 전역에 걸친 광범위한 파괴에 책임이 있다.

2022년 2월 26일 아바나

누가 대의에 입각해 진실을 말하고 있는가? 종파주의자들인가? 사회주의 국가들인가?

3-1. 통일전선의 빛나는 사례, 반파시즘 인민전선을 계급협조라 부정하는 교조·종파주의자들

2023년 1월 10일

프랑스와 스페인에서의 영웅적인 반파시즘 투쟁에 대한
교조·종파주의적 인식

러시아–우크라이나 전쟁, 다시 한 번 강조하지만, 미제국주의와 나토 제국주의자들의 우크라이나를 앞세운 러시아에 대한 전쟁을 둘러싸고 국제공산주의 운동진영 내에서는 파시즘, 파시즘의 수출을 둘러싼 논란이 있다. 그리스공산당은 우크라이나에서 발흥하고 있는 파시즘을 부정하고 있다.

> 더구나 두 개의 결의안들이 상정되었다. 첫 번째의 것은 러시아 공산주의 노동자당, 러시아연방 공산당, 그리고 우크라이나 공산당에 의해 제안된 것이었으며, 러시아의 침략을 정당화하고 지지하고 있었으며, 자신의 열망들을 감추려는 러시아 부르주아지에 의해 활용된 '반파시스트'라는 구실을 재생산하고 있었다.
>
> (엘리세오스 바게나스[Eliseos Vagenas], 그리스공산당: 제22차 공산당 노동자당 국제회의에서의 이데올로기적-정치적 대결과 '반러시아적인' 그리고 '친러시아적인' 감정에 대한 '속임수, 〈정세와 노동〉 제187호, 노동사회과학연구소, 문영찬 번역 연구위원장)

과연 우크라이나에서 파시즘은 실존하는 현실이 아닌가? 단지 가상인가? 혹은 우크라이나에 대한 '러시아 침공을 정당화'하고 '지원'하기 위한 단지 '구실'에 불과한가?(여기서는 파시즘의 실존 여부를 다루려는 것이기 때문에 푸틴의 진짜 속내와 정치적 목표에 대한 논의는 또 다른 차원의 문제다.)

그리스공산당이 이번 전쟁에서 우크라이나에서 발흥하고 있는 파시즘(신나치)과 반파시즘 투쟁에 대해 부정하는 것은 우연이 아니다. 그리스공산당은 반파시즘 통일전선의 빛나는 사례인 국제공산당(코민테른) 7차 대회에 대해서도 '계급협조'라며 부정한다.

> 10. 공산주의 인터내셔날 제7차 대회(모스크바, 1935년 7월 25일-8월 21일)에 앞서, 프랑스 공산당과 에스파냐 공산당은, 공산주의 인터내셔날 집행위원회와 협의하여, 사회민주당들과의 협력을 요청했다. 결국, 이들 국가들에서의 인민전선은 1936년에 공산당과 사회민주주의 및 기타 부르주아 정당과 기회주의 운동 사이의 정치적 협력의 한 형태로 구성되었으며, 자본주의적 권력에 도전하는(지) 않았던 정부에 참여하거나 또는 그 정부를 지지하였다.
>
> 제7차 대회는 다가오는 제2차 세계대전의 성격을 제국주의적이라 규정했지만, 동시에 반파쑈 전선을 수립하는 정책에 우선순위를 두었다. 실제로, 제7차 대회는 반파쑈 정권의 출현을 노동자 권력으로의 이행의 한 형태로 본다고 결의하였다.
>
> 제7차 대회는 환상과 화해 정신을 불러일으켰고, 사회민주주의와 기회주의에 맞서는 이데올로기적-정치적 전선의 혼란과 쇠퇴를 가져왔다.

> 민주적 권리와 자유를 위한, 파씨즘에 맞선 투쟁과 외세 강점으로부터
> 의 해방은, 자본에 맞선 투쟁과 분리되었다.

(그리스공산당 중앙위원회 성명, '공산주의 인터내셔날 100년', 2019년 2월 26일, 번역, 노사과연,
〈정세와 노동〉, 2019.10.30.)

그리스공산당이 반파시즘 인민전선 투쟁을 '계급협조'라 규정하며 반대하는 것은 파시즘에 대해 제대로 인식하지 못하거나 파시즘의 심각성을 인지하지 못하기 때문이다. 이는 또한 트로츠키주의적인 종파주의에 빠져 계급 대 계급(노동자계급 대 자본가계급의 대립) 노선만 주장하면서 통일전선을 부정하기 때문이다.

그리스공산당은 '환상과 화해 정신'을 조장하고, '사회민주주의와 기회주의에 맞서는 이데올로기적—정치적 전선의 혼란과 쇠퇴를 가져왔다'며 프랑스와 스페인에서의 반파시즘 인민전선을 비난하고 있다.

프랑스 사회당의 레옹블룸 정부(당시 프랑스 공산당은 이 연립정부에 참여하지 않았다.)는 보수당의 압력과 인민전선 내부 자유주의 급진당의 눈치를 보면서 '불간섭 정책'이라는 명목으로 스페인 인민전선 정부에 대한 무기지원을 금지시켰다. 이에 대해 프랑스 공산당과 전투적인 노동자들은 강력하게 비판하고 싸웠다.

프랑스에서 레옹 블룸(Léon Blum) 정부가 자국 노동자들과 스페인 인민전선을 배신하고 계급협조적인 태도를 취했다고 하지만, 이를 근거로 프랑스에서의 반파시스트 투쟁을 부정하는 것은 극단적 분파주의이자 영웅적인 반파시즘 투쟁에 대한 역사 왜곡이다.

당시 프랑스 노동자 인민은 대두하고 있는 파시스트 세력에 맞서 격렬

맑스주의와 현대제국주의

하게 투쟁했다. 프랑스 공산당은 사회당에 대해 반파시즘 공동투쟁을 제안했다. 그러나 독일에서 공산당의 4차례에 걸친 반파시즘 공동투쟁에 대해 사민당이 반대했던 것처럼, 처음에 사회당은 이 공동투쟁을 반대했다. 종파주의적 태도로 인해 사회당은 프랑스에서 노동운동과 반파시즘 투쟁이 고양되는 상황 속에서 1만5,000명의 당원을 잃었고, 1934년 5월의 톨루즈 당 대회에서는 대의원의 3분의 1 이상이 공동투쟁을 지지하는 사회당 내 좌파에 찬성했다. 이로 인해 '프랑스 사회당·공산당 행동통일 협정'(1934년 7월 27일)이 체결되고 프랑스에서 대두하는 파시스트들을 효과적으로 막아낼 수 있었다.

1933년 독일에서 파시즘이 권력을 잡은 뒤 파죽지세로 파시즘의 어두운 기운이 국제적으로 확장됐다. 프랑스의 반파시즘 투쟁은 최종적인 결실을 맺지 못했다 하더라도 1934년 2월 6일 의회정치를 전복하고 파쇼 체제를 수립하려고 기도하는 파시스트들의 폭동을 분쇄했다는 점에서 커다란 역사적 의미를 가지고 있었다. 프랑스가 만약 파시스트들에게 장악당하고 추축국의 일원이 됐다고 한다면 2차 대전에서 쏘련의 운명도 장담하지 못했을 것이고 민족해방투쟁도 중대한 패배를 당하게 됐을 것이다.

게다가 프랑스에서의 인민전선 투쟁은 200만 명이 참여하는 공장점거를 포함한 총파업을 통해 단체교섭권 보장, 2주 유급 휴가, 40시간 노동제, 은행 국유화 등의 사회 개혁적 요구들을 쟁취했는데, 당시 투쟁의 성과가 프랑스 '복지 국가'의 바탕이 되었다(이에 대해서는 "코민테른의 혁명적 전통에 대한 그리스공산당의 '좌익' 분파주의적 견해 비판", 전국노동자정치협회, 2019년 12월 16일 기사를 참고하기 바란다).

스페인 내전은 파시즘과 반파시즘 투쟁이 명운을 걸고 싸웠던 국제적 전선이었다.

1939년 콘도르 군단 퍼레이드에서 스페인 파시스트들을 영접하는 아돌프 히틀러
출처: https://www.eldiario.es/sociedad/justicia-soria-conservar-carnicero-badajoz_1_3548121.html

그리스공산당은 심지어 1936년 국제 제국주의자들의 지원 속에 반란을 일으켰던 프랑코 독재에 맞서 싸웠던 스페인 인민전선 투쟁과 그 정부도 '환상과 화해 정신'을 조장했던 '계급협조'로 극렬 비난하고 있다. 무정부주의자가 아닌 한, 스페인 인민전선 정부와 노동자 인민의 투쟁을 대립시키지는 못할 것이다. 결국 이는 파시즘에 맞서 영웅적으로 투쟁하다 산화했던 스페인 공산당원들과 노동자·인민들, 스페인 내전을 적극 지원했던 쏘련과 국제공산주의자들, 국제의용군에 결합하며 목숨 바쳐 싸웠던 광범위한 민주주의자들을 매도하는 극단적 종파주의다.

맑스주의와 현대제국주의

1936년 스페인 내전 당시 국제 공산주의 여단을 위한 깃발을 제작 중인 여성들

출처: © Apic / Getty Images(A group of women preparing a PSUC banner at the start of the Civil War.)

1937년 스페인 내전 기간 국제여단의 미국 링컨대대

출처: https://www.dawn.com/news/1333449

영국 첩보기관에 동지들의 명단을 넘기고 정보원 역할을 하는 것으로 추악한 정치생활을 마감했던 조지 오웰을 비롯한 트로츠키주의자들은 당시에 인민전선을 '계급협조'라 부정하고 당시 농민들의 요구와 열망, 농촌의 발전수준을 넘어 무분별하게 집산화를 주장했다. 심지어는 인민전선 배후에서 '혁명'을 일으켜 사실상의 반혁명 책동을 자행하기도 했다. 그리스공산당은 스페인 인민전선에 대해 트로츠키주의자들과 같은 극단적 분파주의 입장을 취하고 있는 것이다.

그리스공산당이 반파쇼 인민전선을 부정하기 위해 대는 첫 번째 근거인 '사회민주주의와 기회주의'와의 투쟁을 이유로, 당시 사회당, 사회민주당 같은 정치세력들과의 통일전선을 부정하는 것은 파시즘과 전쟁에 반대하고 민주주의 열망에 사로잡혀 있는 광범위한 대중들, 특히 사회민주주의 세력들의 영향권에 있는 광범위한 노동자 인민들을 반파시즘 투쟁으로 끌어들이지 못하고 방치하는 격이 된다. 이것이야말로 파시즘을 키워주고 '이데올로기적-정치적 전선의 혼란과 쇠퇴'를 가져오는 것이다.

그리스공산당이 반파쇼 인민전선을 부정하기 위해 대는 두 번째 근거인 "민주적 권리와 자유를 위한, 파씨즘에 맞선 투쟁과 외세 강점으로부터의 해방은, 자본에 맞선 투쟁과 분리되었다"는 주장은 역사적 사실과도 맞지 않다.

침략자 독일 파시즘에 맞선 쏘비에트 권력과 인민들의 인류사 최대의 투쟁은 쏘비에트를 수호하게 했을 뿐만 아니라 동유럽 전반에서 인민민주주의 권력, 사회주의 권력을 가져왔다. 외세 강점에 맞서는 민족해방투쟁 역시 식민지·반식민지 나라를 제국주의로부터 해방시켰고 이 역시 많은 국가에서 인민민주주의 권력, 사회주의 권력을 가져왔다.

반파시즘 인민전선은 순수 정신의 고안물이 아니라
선진적 노동자 인민의 열망 표현

 그리스공산당이 프랑스와 스페인에서의 인민전선 사례를 부정하는 것
은 이 반파시즘 투쟁에 영향을 미쳤던 국제공산당 7차 대회의 결정을 똑
같은 논리로 부정하기 때문이다. 그리스공산당은 코민테른 7차 대회가
'사회민주주의 및 기타 부르주아 정당과 기회주의 운동 사이의 정치적 협
력의 한 형태로 구성'됨으로써 프롤레타리아 독재를 포기하고 부르주아
민주주의를 수호하는 투쟁으로 전락하였다고 비난하고 있다. 그러나 코
민테른 7차 대회의 반파시즘 통일전선은 파시즘과 정면대결하며 프롤레
타리아 독재로 이행하는 형태를 찾는 혁명적 현실주의의 정수였다.

코민테른 7차 대회 당시 의장이자 반파쇼 인민전선의 기초자였던 게오르기 디미트로프
출처: https://mltoday.com/from-the-classics-what-is-fascism-georgi-
dimitrov/

레닌은 15년 전에 '프롤레타리아 혁명으로의 이행 혹은 접근의 형태를 찾아내는 것'에 모든 주의를 집중하라고 우리에게 호소했다. 분명 통일전선 정부는 일련의 나라에서 가장 중요한 이행형태의 하나가 될 것이다. '좌익' 공론가는 레닌의 이 지시를 언제나 회피해 왔다. 시야가 좁은 선전가들인 그들은 단지 '목적'에 관해 말할 뿐, '이행의 형태' 등에는 결코 주의를 기울이지 않았다. 그런데 우익 기회주의자는 노동자 사이에 부르조아지의 독재로부터 프롤레타리아 독재로 가는, 의회를 통한 평화로운 산보라는 환상을 퍼뜨리기 위해 이 두 개의 독재 사이에 특수한 민주주의적 중간단계를 설정하려 했다. 이 가공의 '중간단계'를 그들은 또한 '이행형태'라고도 부르면서 레닌까지 인용했다! 그러나 이 속임수를 폭로하기는 어렵지 않았다. 레닌은 '프롤레타리아 혁명'에의, 즉 부르조아 독재 타도에의 이행과 접근의 형태에 관해 말했던 것이지 부르조아 독재와 프롤레타리아 독재 사이의 이행형태에 관해서는 전혀 말하지 않았기 때문이다 …

왜 레닌은 프롤레타리아 혁명에의 이행형태에 그처럼 유난히 큰 중요성을 두었던 것인가? 그것은 그가, 참으로 광범한 근로대중을 혁명적 전위 쪽으로 끌어들이는(그렇게 하지 않으면 권력획득투쟁에서 승리할 수 없다) 문제에 있어서는 대중에게 단순한 선전과 선동이 그들 자신의 정치적 경험을 대신할 수 없다는 법칙, 즉 모든 대혁명의 기본법칙을 염두에 두고 있었기 때문이다. 일단 정치적(혹은 혁명적) 위기가 발생하면 공산당 지도부는 혁명적 봉기의 슬로건을 내세우기만 하면 되고, 그러면 광범한 대중이 그들의 뒤를 따른다는 생각하는 것은 흔한 좌익식의 오류다.

(디미트로프, "파시즘의 공세와, 공산주의인터내셔널의 임무", 통일전선 연구 반파시즘
통일전선에 대하여, 거름)

맑스주의와 현대제국주의

그리스공산당이 트로츠키주의자들과 같은 '좌익 공론가'적 태도로, 종파주의적 태도로 반파시즘 인민전선과 코민테른 7차 대회 결정을 비웃고 있지만, 반파시즘 인민전선은 현실과 괴리된 공산주의자들의 정신적 고안물이 아니다. 인민전선은 파시즘에 맞서 총단결을 외치며 싸웠던 가장 선진적인 노동자 인민의 열망과 요구에 기초해 있다. 인민전선은 현실의 과학적인 인식이고 가장 현실적이고 가장 혁명적인 대응물이다. 인민전선은 프롤레타리아 독재로 가는 특수하고 역사적 조건에 맞는 투쟁이다.

이 인민전선은 파시즘이 대두한 나라에서, 식민지·반식민지 나라에서 각 나라의 혁명의 특수한 조건, 이행의 특수한 경로를 찾도록 하고 수많은 나라, 민족들이 승리할 수 있도록 했다. 국제공산당 7차 대회에서 반파쇼 통일전선을 기초했던 드미트로프는 "우리는 어디에서든 자본주의와 싸우고 있다. 프랑스에서 이 투쟁을 훨씬 전진시켜야 한다. 자본주의는 단지 하나의 역사적, 경제적 범주가 아니다. 그것은 여러 가지 계급, 인간, 은행 따위의 형태를 갖고 있다."(디미트로프, '프랑스 문제에 대하여', 1935년 5월 11일, 코민테른 자료선집 3, 동녘)라고 주장했다. 자본주의는 단지 하나의 추상적인 역사적, 경제적 범주가 아니다. 반파쇼 인민전선은 자본주의와의 투쟁을 회피하는 것이 아니라 자본주의가 역사적 조건마다 취하는 구체적인, 각각의 특수한 형태, 공세에 맞서 생동감 있게 싸우는 것이다. 민주주의 부정, 민족자결 부정에 맞서 싸우는 투쟁도 자본주의의 특수한 형태, 공세에 맞서 싸우는 것이다.

이와 반대로 그리스공산당은 '좌익 분파주의', 교조주의적 태도로 반파시즘 인민전선을 부정할 뿐만 아니라, 코민테른 6차 대회에서 "1. 프롤레타리아 독재로의 즉각적인 이행이 가능한 선진 자본주의 국가들, 2.

부르주아 민주주의 혁명에서 사회주의 혁명으로의 다소 빠른 이행이 가능할 것으로 여겨지는, 부르주아 민주주의적 변혁이 아직 완료되지 않은 평균 수준의 자본주의 발전 국가들, 3. 프롤레타리아 독재로의 이행이, 부르주아 민주주의 혁명의 사회주의 혁명으로의 전화를 위한 전 기간을 필요로 하는 식민지 혹은 반식민지 국가들"로 혁명의 단계 규정을 두는 것도 반대했다.

그리스공산당에게는 오직 계급 대 계급의 모순, 자본주의 대 프롤레타리아 독재밖에 없다. 혁명의 발전 '단계', 조건, 순서, 경로를 부정하고 비약하여 오로지 궁극 목표만을 주장한다. 그리스공산당에게는 '국제 제국주의 체제에서의 각국의 위치의 상대적 변화와는 관계없이' 오직 순수 프롤레타리아 혁명밖에 없다. 프롤레타리아 독재라는 궁극 목표만 있다. 이 또한 전술이자 이행형태로서의 반파시즘 인민전선, 식민지·반식민지, 최근의 신식민지에서의 이행의 특수성, 이행의 조건을 부정하는 트로츠키주의의 전형적 정치적 입장이다.

우리 사회에서 이러한 입장이 나타난다면, 분단의 특수한 조건, 미제국주의 진주라는 특수한 역사적 조건도 고려하지 않고 러시아식 프롤레타리아 독재라는 궁극적 형태만을 추상적으로 추구하는 교조주의로 나타나게 될 것이다. 이는 '우리 민족끼리'도 '계급협조'이며 심지어 '범죄'라고 극단적으로 부정, 매도하고 그리스공산당의 입장을 무분별하게 번역, 소개하고 있는 노동사회과학연구소(노사과연)식 좌익적 교조주의다.

그리스공산당은 쏘련 해체 전 페레스트로이카를 지지했던 우경 노선을 청산하고 그리스 내에서 투쟁을 선도하고 있고 이를 바탕으로 국제공산주의 운동을 주도하는 공산당 중 하나다. 그러나 과거 우경적 노선은 몇 가지 중요한 문제에서 그 반대 극의 종파주의적인 좌경노선으로 변하면서 분파주의적 특성이 점점 더 부각되고 있다. 그리스공산당은 제국주의 포위라는 극단적 제약 속에서 사회주의 건설을 하는 현실 사회주의 국가들의 특수한 조건, 혁명의 현실성, 난관을 부정하고 극단적이고 일방적인 규정으로 적대감을 표하고 있다. 그리스공산당은 종파주의적 입장으로 중국은 독점자본주의에 바탕을 둔 제국주의 국가이며, 쿠바는 '자본주의 관계의 지속적 강화'가 이뤄지는 시장 사회주의이며, 조선은 '자유경제지대', '시장'을 추구하는 3대 족벌체제로 규정하고 있다.

그리스공산당은 제국주의 포위 속에서 그와 대결하면서 각국 구체적인 역사적 조건 속에서 사회주의 건설을 하고 있는 국가들에 대한 존중과 이해, 배려가 전혀 없는 것이다. 이러한 좌익교조주의적 입장으로는 그리스에서 혁명도 없다. 국제공산주의 운동에도 혼란과 분파주의, 기회주의 정신을 심을 따름이다.

3-2. 우크라이나 파시즘은 러시아의 침략 '구실'에 불과한가?

2023년 1월 18일

우크라이나 파시즘이 '산발(散發)된 사실들, 일화들'이라는 산발(散髮)적 인식

이제 우크라이나 전선으로 돌아와 보자! 앞에서 제기했던 명제, 우크라이나에서 파시즘은 단지 러시아의 침략을 정당화하기 위한 '구실'에 불과한 것인지 본격적으로 살펴보자.

노동사회과학연구소(노사과연)는 우크라이나에서 발흥하고 있는 파시즘을 부정하고 이번 전쟁이 제국주의 간 전쟁이라는 입장을 취하고 있는 폴리트슈투름(Politstrum)이라는 미국 '공산주의' 단체의 글을 자주, 무분별하게 번역, 소개하고 있다.

이들 공산주의자들이 8년 동안 파씨즘의 증거라고 수집했다는 게 고작 모두 일련의 산발된 사실들, 일화들, 그리고 일반적인 상황으로부터 얻어진 사건들이다.

이데올로기적으로는

- 정부 당국의 민족주의적 이데올로기
- 언어 법 (Language law)[6]
- 비원주민 시민에 대한 법률
- 반데라와 다른 놈들(bastards)에 대한 미화
- 레닌과 적군 병사들의 기념비 철거
- 횃불 행진들 "러시아인(Muscovite)을 매달아라" "러시아인을 칼로 찌르자"
- 역사에 대한 조롱, 위대한 우크라인 이미지 창조, 등등의 허구

정치적으로는

- 2014년 쿠데타
- 오데사 방화 사건[7]
- 우크라이나 공산당 금지
- 돈바스와 관련한 가혹한 군사작전 개시
- 국민 대대들 창설– 파시스트 원칙에 입각해서
- 완고한 여론 지도자들 암살– 올레그 부즈니아(Oleg Buzina)[8] 등등
- 부르주아 반대파에 대한 보복– 메드베드추크 (Medbedchuk)[9] 등등
- 반대 언론 매체 폐쇄
- 민스크 협정의 비(非)이행으로 전체 국제사회 기만
- 8년 동안 돈바스 지역에 대한 지속적인 폭격과 도발
- '모든 사람을 죽이는' 방식으로 돈바스를 다루겠다는 공개적인 약속
- 주요한 것은 군사적 잠재력을 몇 배로 더 늘려, 돈바스뿐 아니라 크

리미아에서도 침략에 대비하는 것이다.

이 목록의 대부분은 어떤 식으로든 파쑈 독재의 존재를 증명하고 있지 않다. 반데라의 미화, 기념비 철거, 횃불 행진들과 민족주의 표어들, '국제사회에 대한 기만' 2014년 쿠데타, 군사적 잠재력의 구축─ 이러한 것들은 파씨즘의 징후들이 아니다. 이들 현상은, 반동적이긴 하지만 동시에 파쑈적이지는 않은 부르주아─민주주의 정권 하에서도 존재할 수 있고, 때때로 존재한다.

오데사 참사와 같은 개별적인 잔학행위들과 범죄들은, 그것들이 아무리 끔찍하더라도, 파쑈 국가들에서만 일어나는 것은 아니다. 그리하여, 바이마르공화국(Weimar Republic) 시기에, 수많은 범죄와 잔학행위가 있었지만, 아무도 그 시기의 파쑈 정권 운운하지 않는다. 심지어 '완고한 여론 지도자들'의 살해조차도 파쑈 정권들 하에서만 일어나는 것은 아니다.

국민군단(National Corps)이나 우익 부문(Right Sector) 그리고 스보보다(Svoboda)와 같은 파쑈 조직들은, 권력을 장악하고 있지 않기 때문에, 전복될 수 없다. 젤렌스키는 이런 조직들의 회원이나 지도자가 아니다.

그가 말하고자 하는 것이, 젤렌스키도, 현재 집권하고 있는 인민의 종복당(Servant of the People party)도 모두 국가 사회주의(National Socialism, [Nazi: 역자])를 지지하고 있다는 것이라면, 그것을 입증하는 것이 좋을 것이다. 우크라이나의 정권은 정말로 나치이고, 정말로 독재적이라는 것, 젤렌스키는 무제한의 권력을 가진 모든 우크라이나인의 독재자라는 것, 그리고 그 나라는 일당제 체제라는 것 등등을 증명하는 것.

> 그러나 국가 권력의 구조에 대한 진지한 추론 대신에, 플라토슈킨은,
> 기껏해야, 개별적·고립적 사례들을 맥락으로부터 분리해서 감정에 지지
> 를 호소하고 있고, 최악의 경우 그것조차도 하지 않고 있다.

("러시아-우크라이나 위기에 대한 러시아의 '공인' 공산주의자들의 입장", 정세와 노동, 노사과연,
2022.11.6.)

우크라이나에서 발흥하고 있는 파시즘이 '모두 일련의 산발된 사실들,
일화들, 그리고 일반적인 상황으로부터 얻어진 사건'들에 불과한 것이라는
인식은 전혀 정돈되지 않고 혼란스러운 산발(散髮)적 인식에 불과하다.

우크라이나 파시스트 스테판 반데라 현수막을 내걸고 횃불시위 중인 신나치
출처: https://www.ynetnews.com/article/rkbqnqddn

우크라이나 당국의 반러 민족주의(여기서는 저항적 민족주의가 아니
라 극단적 배외주의적인 이데올로기)와 반쏘 반공주의 신나찌 학살자 반

데라주의자들에 대한 미화, '러시아인(Muscovite)을 매달아라', '러시아인을 칼로 찌르자' 같은 선전·선동들이 이데올로기적으로 파시즘이 아니라면 무엇인가? 그리고 이러한 선전·선동들은 단순하게 말에 그치지 않고 마이단 쿠데타 당시 무장폭동 및 테러, 오데사 방화 집단 살해 사건, 돈바스 주민들 학살 포격, 친러 인사들 테러 및 학살, 우크라이나 공산당 및 민주주의자들에 대한 전면 탄압, 노동조합 활동 전면 부정, 이번 전쟁에서 러시아인과 돈바스 인민들에 대한 '인간방패' 사용, 러시아 포로의 잔인한 학살 등 극렬한 파시즘적 탄압과 광기로 나타났다.

위에서 예를 든 사례들이 '파씨즘의 징후들이 아니'고 '모두 일련의 산발된 사실들, 일화들, 그리고 일반적인 상황으로부터 얻어진 사건'들에 불과한 것인가? 이러한 사례들은 '개별적·고립적 사례들'이 아니다. 이러한 사안들은 산발적인 것도, 부분적인 일화인 것도 아니라 체계적이고 일관되고 지속적이고 총체적인 사건들이다.

이 논리대로라면 파시즘은 없다. 부르주아 민주주의와 파시즘의 구별은 없다. 히틀러가 권력을 잡았을 때, 사회민주당 세력과 파시즘에 맞서는 통일전선은 의미가 없다. 사회민주당이나 히틀러 도당이나 다 부르주아 민주주의 반동 세력들이라고 간주하기 때문이다. 따라서 반파시즘 통일전선은 필요 없다. 2차 세계대전 당시의 국제적인 반파시즘 투쟁도 의미가 없다. 제국주의 국가들 사이에 모순을 이용할 필요도 없다. 현대 트로츠키주의에서도 마찬가지로 대개 파시즘을 부정하고 부르주아 민주주의 일반으로 수렴하는데 이와 마찬가지 태도다.

코민테른 7차 대회에서 가장 고전적인 파시즘에 대한 규정은 '금융자본의 가장 반동적인, 가장 배외주의적인, 가장 제국주의적인 요소들의 노골적인 테러적 독재'다. 파시즘은 배외주의, 인종주의이고 그 끝에는 침략전쟁이 있다.

그런데 파시즘은 다양한 형태를 가지고 있다. 일당독재 여부, 히틀러 같은 지도자 존재, 중간층에 대한 장악 여부를 가지고 파시즘을 판단하는데 이는 파시즘이 나타나면서 취하는 다양한 형태를 가지고 파시즘을 부정하는 근거로 삼는 것이다. 그런데 파시즘은 역사적 조건에 따라, 파시즘이 사악한 악선전으로 대중을 포섭하는 정도에 따라, 파시즘에 대한 투쟁 정도에 따라 다르게 나타나는 문제들이다. 히틀러도 처음에는 선거를 통해 당선됐다. 히틀러 같은 지도자의 여부는 파시즘의 본질이 아니다. 중간층에 대한 장악 여부는 파시즘이 사악한 선전으로 대중들을 사로잡았는가, 취약하고 고립되어 있는가를 의미하는 것일 뿐이다.

서방제국주의의 수출품인 우크라이나 신나치와 국가 차원 무장된 파시즘

'파쑈 조직들은, 권력을 장악하고 있지 않기 때문에, 전복될 수 없'는 것이 아니라 권력 기관들과 긴밀하게 유착되어 있다.

쏘비에트의 붕괴 이후, 특히 2013년 마이단 봉기가 시작된 이후 2014년부터 친러시아 대통령 빅토르 야누코비치에 대한 2014년 쿠데타('유로마이단') 이후에 법적, 제도적으로 완성되고 군, 행정기관, 경찰기관 등 공고한 권력체계에 의해 이 일들이 자행되었다. 권력의 비호 없이, 군대 내에서의 체계 없이 어떻게 우크라이나에서 파시즘이 발흥할 수 있었겠는가?

이른바 탈 공산화의 이정표는 친러시아 대통령 빅토르 야누코비치에 대한 2014년 쿠데타('유로마이단') 이후에 수립된 법적 틀이다. 새로운 우크라이나 정부에 참여한 '우익 부문'과 '스보보다 당'과 같은 민족주의 및 파시스트 세력은 공산주의 이데올로기를 범죄화하고 공산주의자의 정치 활동을 금지하기 위한 새 법안을 추진했다. 동시에 파시스트 대대가 재조직되고 네오나치가 국가 메커니즘의 대열에 합류했으며 러시아어를 사용하는 사람들에 대한 공격이 증가했다. 위의 모든 일은 경쟁자인 러시아에 대한 '트로이 목마'로 우크라이나를 이용한 미국과 유럽연합(EU)의 공모 하에 발생했다.

우리는 당시 유럽 및 유라시아 담당 차관보였던 빅토리아 눌랜드(Victoria Nuland)와 당시 키예프 주재 미국 대사였던 제프리 파이트(Geoffrey Pyatt)와 같은 유로마이단(Euromaidan) 시위에서 일부 미국 정부 관리들의 적극적인 역할을 수행했을 뿐만 아니라 우크라이나 극우 지도자와 고(故) 존 매케인(John McCain) 공화당 상원의원과의 만남을 상기시킨다.

2015년 4월 9일 아르세니 야체뉴크 총리 하에서 우크라이나 의회(Verkhovna Rada)는 '공산주의 및 국가-사회주의 전체주의 체제'와 관련된 상징의 선전을 금지하는 비공산화에 관한 일련의 법률을 통과시켰다. 공산주의와 나치즘을 독단적으로 동일시하는 비역사적이고 반동적인 양 극단 이론을 사용하여 우크라이나 정부는 소비에트 시대와 관련된 모든 것을 범죄화하려 했다. 법안의 기본 조항 중에는 쏘련을 '범죄 및 테러리스트 정권'으로 지정하는 특징이 있다.

그 법안의 주요 목표는 소비에트 시대가 '전체주의'이고 '비인간적'이며 사회주의-공산주의가 '사악한' 이데올로기라는 인식으로 우크라이나 청년 세대의 마음과 의식을 채우는 것이었다.

새 법안은 공산주의 상징과 선전 수단의 사용을 금지했다. 반대로 파시스트와 네오나치 그룹(악명 높은 아조프 연대 등)의 활동은 계속되고 확장되었으며 국가 메커니즘에 동화되기까지 했다. 많은 경우에 나치 그룹의 저명한 구성원들이 경찰과 군대를 포함한 국가 보안군에 배치되었다….

2018년 10월, 극우 의원이자 급진당원 모시추크 이고르 블라디미로비치(Mosiychuk Igor Vladimirovich)는 공개적으로 공산당 제1서기 페트로 시모넨코(Petro Symonenko) 살해 협박을 했다.

2019년 2월. 중앙선거관리위원회는 3월 31일 대선 후보로 시모넨코를 등록하는 것을 거부했다. 당시 공산당은 성명에서 다음과 같이 지적했다. "공산당이 대선 후보를 지명하는 것을 금지하는 집권 정권이 추구하는 목표임이 명백하다. 우리 공산주의자들은 우리 당의 이름을 버리지 않았고, 상징을 버리지 않았으며, 우리의 이데올로기를 배반하지 않았다."

2019년 8월 19일, 키예프 행정법원은 우크라이나에서 가장 오래된 공산당 신문인 '라보차야 가제타'(노동자 신문) 발행을 금지했다. 이 결정은 몇 달 후인 2019년 11월 제6항소행정법원에서 확정되었다.

(니코스 모타스[Nikos Mottas], 공산주의를 방어하며[In Defense of Communism], 2022년 3월 20일)

참고로 앞에 인용문이 실린 매체는 우크라이나 파시즘을 푸틴의 침략을 정당화하기 위한 '구실'로 보는 그리스공산당(KKE)을 지지하는 입장을 취하고 있다.

그런데 2019년 4월 19일 대통령에 당선된 젤렌스키 하에서 우크라이나에서 파시즘 발흥이 멈췄다는 단 하나의 사례라도 있는가? 젤렌스키는 파시스트가 아닌가? 유대인은 파시스트일 수 없는가? 젤렌스키 정권은 마이단 쿠데타 이후에 나타난 반러 정서의 고조, 극단적인 정치적 지형에 비판적인 우크라이나 인민의 정서에 야합하여 당선되었다. 그러나 젤렌스키는 집권 이후 파시즘을 수출하는 서방의 개가 되어 나토 가입 기도를 통해 전쟁 책동을 지속하고, 우크라이나에서 신나찌를 한층 더 육성하였고 반러시아 반돈바스 인종주의적 범죄책동을 지속했다.

우크라이나에서의 전쟁발발 이후 전쟁의 성격을 면밀하게 추적해온 이해영 교수는 페이스북(1월 2일)에서 우크라이나에서의 신나찌의 역사와 서방의 개입, 젤렌스키 정부 하에서도 계속되는 파쇼화의 실체에 대해 다음과 같이 밝혔다.

우크라이나 네오나치, 반데라, CIA, 젤렌스키 2

미 진보 매체 <콘소시움 뉴스>가 지난 연말 다시 한 번 우크라의 네오나치 기사를 실었다. 우크라 네오나치의 역사는 알다시피 2차대전 때까지 거슬러 올라간다. 나치 부역자 스테판 반데라가 특히 중요하다. 독일에서 KGB에 암살된 반데라는 2004년 우크라 칼라혁명 즉 오렌지혁명 이후 '영웅'으로 추서되었고, 곳곳에 반데라가가 생겨났다. 그리고 전쟁만 아니었으면 그의 생일인 1월 1일 우크라 전역은 그의 초상화를 든 횃불시위 물결로 뒤덮였을 거다.

반데라의 레거시는 그의 죽음으로 끝난 것이 아니다. 미 CIA는 반소 사보타쥬를 위해 그의 최측근과 접선, 지속적으로 그 관계를 유지, 관리해 왔다. 과거 냉전기 미국 내에서도 공개적으로 당시 소연방 구성국이었던 우크라이나에 대한 반공 캠페인을 계속해왔다. 미국 내 반데라조직은 전미우크라협의회(UCCA)라는 이름으로 계승되었다.

반데라의 조직 OUN-B는 미 정부기관인 연방아카이브 연구에서도 적시하듯이 '파시스트 군사조직'이다. 그리고 최소 십만 명 이상의 유대인과 폴란드인 그리고 러시안을 학살한 학살조직이다. 심지어 미 육군방첩단조차도 이 조직을 '극도로 위험'하다고 했다.

반데라 레거시는 1991년 우크라 독립과 더불어 서우크라 르보프에 기반을 둔 사회민족당으로 부활했다. 나치의 민족사회주의당의 어순을 바꾼 것에 불과한 이 당은 2000년대 들어 자유당(Svoboda)당으로 해소·발전한다. 스보보다는 2014년 유로마이단 쿠데타이전에도 10% 정도의 득표를 보였고, 유로마이단의 사실상 행동대였다. 우익섹터와 더불어 말이다. 이 스보보다를 열렬히 지원해 준 것이 미공화당의 맥케인과 네오콘 눌런드 (현 미국무차관)다.

우익섹터와 '민족혁명' 방법론을 놓고 이견을 노출한 빌레츠키가 결성한 것이 바로 아조프대대(지금은 연대)다. 유로마이단의 네오나치일부는 쿠데타 성공 이후 미국의 후견을 입어 정계에 입문한다. 바로 이 아조프가 지난 러군에 대패한 이후 다시 CI개정을 통해 바로 얼마전 다시 론칭했고, 3백만 달러를 받고 입 다물고 해외로 있기로 한 빌레츠키가 다시금 무대에 등장하는 쇼를 연출했다.

우크라의 부패, 범죄 올리가르히 콜로모이스키가 아조프의 돈줄이다. 동시에 그는 현 대통령 젤렌의 뒷배이자 자금줄이기도 했다. 젤렌은 유대인이다. 하지만 우크라 나치부재설?을 강변하는 수많은 얼치기들이 주장하듯 이 이유로 우크라 정치시스템에서 네오나치가 '과잉대변'된 현실이 달라지는 것은 아니다. 2014년 이후 우크라 제도정치권에서 네오나치가 2%에 불과 운운하는 플레이북도 실제 우크라이나 현실 정치의 의제와 관행 그리고 동원을 네오나치가 장악한, 즉 네오나치의 헤게모니가 부정되는 것은 전혀 아니다. 네오나치는 현 젤렌 정권을 견인, 견제하는 젤렌과 일종의 '정치공동체'다.

또 한가지 우크라이나 네오나치의 존재와 위험성에 대한 서방주류언론의 탄핵기사는 진심 차고 넘친다. 미 정부기관, 의회 공식문서도 마찬가지다. 하지만 푸틴이 '나치청산'을 개전 명분으로 내걸자 세상이 밤과 낮처럼 뒤바뀌었다. 서방주류언론은 '이 나치가 바로 영웅인겨'로 돌변했다. 멋모르고 따라 베끼던 '조선에서 한겨레'까지 한국언론은 이 저간의 사정이 뭔지도 알 리 없다. 그리고 이 급변침을 합리화하기 위해 서방이 던진 온갖 구질구질한 밑밥을 물고, 소위 밀덕이나 초보평론가들이 일거에 '나치 어없다'는 영구식 후렴을 합창하고 있는 것이다. 바로 지금 말이다.

서방제국주의자들은 오랫동안 우크라이나에서 반러시아 신나찌들을 육성, 조장, 조종하고 있다. 서방 제국주의자들이 우크라이나에 파시즘을 수출하고 있다. 전쟁을 수출하고 돈바스 인민들뿐만 아니라 우크라이나 내 러시아인들을 말로 표현할 수 없는 참상과 고통의 구렁텅이로 밀어 넣고 있다.

우크라이나의 신나찌의 준동과 민주주의의 파괴, 서방 제국주의자들의 전쟁 책동에 대해 서방 주로 언론에서는 전혀 다루지 않고 있다. 푸틴은 독재자, 러시아는 침략자, 서방과 우크라이나는 민주주의 세력, 침략에 맞서 싸우는 저항의 나라라는 서방 지배계급의 인식을 일방적으로 대중들에게 유포하고 있다. 서방 제국주의자들이 오히려 우크라이나를 볼모로 해서 전쟁을 촉발하고 전쟁을 지속시키고 있다는 사실은 철저하게 은폐되고 있다.

조 바이든이 2014년 키예프에서 극우 스보보다당의 지도자인 올레 타흐니보크(Oleh Tyahnybok)을 만나고 있다.
출처: https://www.conservapedia.com/Oleh_Tyahnybok

한국은 서방 제국주의 '가치동맹'과
프로파간다의 선전장

뼛속 깊이 친서방적이고 특히 친미적인 한국 사회에서는 서방의 프로파간다가 마음껏 활개 치는 선전장이다. 한국 사회 언론은 서방 언론의 기조와 관점을 그대로 복사하여 일방적으로 보도하고 있다. 이러한 서방 언론의 나팔수는 경향, 한겨레, 오마이뉴스 등 신문도 전혀 예외가 아니다.

경향신문은 이른바 '전문가' 대담을 통해 전쟁 양상을 일방적으로 보도하는가 하면 서방 제국주의자들의 시각으로 선전기구 역할에 앞장서고 있다.

경향신문은 러시아 전문가인 박상남 한신대 교수, 양승조 숭실대 교수, 정재원 국민대 교수와 함께 해를 넘기게 된 우크라이나 전쟁의 배경과 향후 전망을 진단했다. 대담자들은 전쟁의 원인을 러시아의 군사적 팽창과 제국주의를 지향하는 '푸틴 체제'에서 찾았으며 전쟁이 러시아 사회를 전체주의로 몰아가고 있다고 진단했다.
- 러시아군이 졸전을 거듭했다.

박 = 권위주의 체제의 특징 중 하나가 불투명성과 부패, 무능이다. 러시아도 이와 비슷할 것이다. 부패와 비리로 많은 군사 장비가 고장이거나 효율적으로 운영되지 못함에도 푸틴에게는 모든 것이 잘 준비된 것처럼 보고되었을 것이다.
- 전쟁을 나토와 우크라이나의 대리전으로 보는 시각이 있다.

양 = 먼저 나토의 동진이 전쟁의 결정적 요인이라고는 보지 않는다.

2004년 발트 3국의 나토 가입으로 러시아는 이미 나토와 국경을 접했다. 나토 동진만 강조하면 침공이 정당한 것처럼 인식하게 만든다.

정 = 러시아 입장에서 나토 동진은 위협일 수 있지만 그렇다고 전쟁을 일으켜 타국의 영토를 15~20% 차지하는 건 별개의 문제이다. 이 전쟁은 러시아가 나토와 싸우는 것이 아니라, 우리가 잊고 있던 19세기 제국주의 식민주의적 사고가 부활한 것이다. 나토의 동진 못지않게 전쟁의 원인으로 거론된 것이 우크라이나의 친유럽 정책이다. 우크라이나의 친유럽 정책은 자신들의 미래와 관련해 러시아가 대안을 보여주지 못한다는 점에서 기인한다. 그들은 권위주의 체제에 폐쇄적인 러시아보다는 민주주의나 복지 국가의 모습이 있는 유럽을 대안으로 판단한 것이다.

- 러시아 내부 사회는 어떤 상태인가

정 = 러시아와 파시즘이라는 용어를 합쳐서 '러시즘'이라는 표현을 사용하는 이들도 있다. 크름반도 합병 이후 8년 동안 '러시아 사회'가 질식 상태에 빠졌다. 언론은 철저하게 정권의 선전·선동 도구가 됐다. 우크라이나는 형제면서도 제국주의, 파시즘 그리고 동성애적인 서구의 조종을 받는 존재이기에 구원해야 한다는 논리가 상당한 영향을 미친 것이다.

양 = 푸틴이 1999년 12월 31일 대통령 권한대행이 된 이후 러시아에서는 20년 넘게 푸틴을 중심으로 하는 독재 권력이 확립됐다. 푸틴 정권은 정치적 경쟁 세력을 제거하는 동시에 언론을 국유화 또는 준국유화함으로써 국가 통제 아래 가둬놓는 데 성공했다.

([아듀 2022 송년 기획] "러시아 국력 약화…푸틴은 승리 선언하겠지만 잃은 게 더 많아",
경향신문, 2022.12.29.)

러시아, 중국을 권위주의 체제로 보는 시각은 바로 서방 제국주의의 눈으로 세상을 보는 것이다. 서방 제국주의 자신들은 민주주의 국가인데 반해 러시아, 중국은 권위주의 국가라는 것이다. 이러한 대립구도는 '민주주의 정상회의'에서 미국과 서방 제국주의 국가들이 중국과 러시아를 권위주의 국가로 대립시켜 '민주주의'라는 가치동맹으로 자신들의 침략성을 은폐, 전가하려는 술책이다.

이러한 서방 제국주의 '가치동맹'에 포섭된 일단의 지식인들은 '전문가'임을 자처하면서 러시아군은 '불투명성과 부패, 무능'으로 졸전을 거듭하고 있으며 이에 반해 우크라이나는 영웅적으로 항전하고 있음을 대비시켜 실제 전개되고 있는 전쟁의 양상을 철저하게 속이고 있다.

이들은 심지어 서방 나토의 동진조차도 전쟁의 결정적인 배경으로 보지 않고 있으며, 우크라이나의 반러 친서방 정책을 '민주주의나 복지 국가의 모습이 있는 유럽을 대안으로 판단한' 자주적이고 민주적인 결정으로 간주하고 있다.

소부르주아 자유주의 신문의 시각이야 그렇다고 치자. 자주적이고 진보적이며 심지어 혁명적인 조직, 언론, 개인들의 시각은 마땅히 이와 달라야 한다. 일방적인 정치적 편견, 사악함으로 가득한 프로파간다에 맞서 목숨을 걸고 진실을 옹호해야 한다.

폴리트슈투름(Politstrum)은 미국에 있는 '공산주의' 조직이다. 미제국주의 심장부에서 활동하고 있는 공산주의 조직이라면 마땅히 미제국주의의 야수성과 폭력성, 침략성을 폭로하고, 이중잣대를 폭로하여 민중이 자주적으로 인식하고 투쟁할 수 있도록 전력을 다해야 한다. 그런데 이들 자칭 '공산주의자'들은 그렇게 하는 대신에 중국을 제국주의로 몰고 있으며, 러시아의 침략성, 제국주의성을 집요하게 부각하고 우크라이나에서의

맑스주의와 현대제국주의

신나찌를 부정하는 데 정치선전을 집중하고 있다. 이들이 러시아를 제국주의로 드는 근거도 일방적이고 터무니없는 관점으로 가득 차 있다.

> "시리아에서 러시아연방의 군사행동이나 마두로 정부에 대한 지원은 값싼 석유를 위한 투쟁으로 간주되어야 한다. '우크라이나의 파시즘에 대한 투쟁'은 제품 시장, 값싼 노동력, 유럽연합(EU) 및 미국과의 하층토 개발 가능성을 둘러싼 투쟁이다."
>
> "러시아 철도는 북한의 철도 인프라 현대화에 참여하고 있다."
>
> "오히려 중국의 독점 부르주아지가 앞으로 세계의 중심 세력을 대신하기를 고대하고 있다. 중국 국가독점자본주의의 맹렬한 발전과 자본의 급속한 축적으로 인해 중국 부르주아지는 점점 더 많은 새로운 시장을 장악해야 한다."
>
> "Nord Stream-2를 위한 미국에 대한 러시아연방의 투쟁은 탄화수소 자원 시장을 위한 투쟁으로 간주되어야 합니다."
>
> ("러시아는 제국주의인가?", 2022.6.17.)

우리는 '집요하게 러시아의 제국주의성을 증명해서 무엇을 얻으려 하는가?'(전국노동자정치협회, 2022년 6월 26일) 기사에서 이를 신랄하게 비판한 바 있다.

다시 한 번 강조하지만, 첨예한 국제정치 상황에서 중립과 양비론은 실제로는 서방 제국주의의 프로파간다에 부합함으로써 미제국주의의 입장을 두둔하는 것으로 귀결될 수밖에 없는 것이다.

노사과연은 이처럼 터무니없는 조직의 글을 소개하면서 러시아의 제국주의성을 증명해서 무엇을 하려고 하는가? 참으로 분별없는 짓이다. 노사과연의 최근 국제정세 관련한 번역 글이나 글들은 미제국주의와 서방 제국주의의 침략성과 본질, 서방 언론과 그를 일방 추종하는 국내언론의 이중잣대를 폭로하기보다는 러시아의 침략성, 중국의 제국주의성을 드러내는 데 매진하고 있다. 이는 심각한 종파주의의 발로다.

러시아에서 일부 나타나고 있는 파시즘 현상과 우크라이나에서 국가차원에서 머리부터 발끝까지 무장하고 있는 파시즘과 비교하는 것은 양비론적 태도로 우크라이나에서의 파시즘을 물타기 하고 부정하려는 처사다. 이는 양적, 질적인 수준에서 비교할 수 없는 수준의 것을 비교하는 분별력이 없는 처사다.

이는 인식의 문제도 문제거니와 실천적으로 우크라이나에서의 전쟁이 한반도에서 미·일·한 동맹과 조·중·러 동맹으로 나타나고 있고, 한반도를 제2의 우크라이나, 윤석열을 제2의 젤렌스키 전쟁광 책동으로 만들어 가는 시점에서 하등 도움이 되지 않을뿐더러 유해한 입장이다.

노사과연은 폴리트슈투름 글을 번역하여 "러시아는 과연 우크라이나를 '비나치화'할 수 있는가?"라고 묻는데, 제국주의에 의한 전쟁반대 투쟁에 앞장서고 있는 미국의 진짜 공산주의자는 이 문제에 대해 이렇게 답한다.

거의 1년 전인 2월 15일, 우크라이나에 의한 포격은 돈바스 지역에서 하루에 70차례에 걸쳐 자행됐다. 그리고는 도발을 고조시키기 위해 2월 22일까지 포격은 하루 1,400건으로 20배 늘어났다. 돈바스 지역 국경에 있는 150,000명의 키예프 군대가 대량학살을 저지를 준비가 되어 있었다. 이는 부인할 수 없는 사실이다. 그리고 그 대량학살을 막을 수 있었던 유일한 것은 루간스크와 도네츠크가 요청한 러시아의 개입이었다.

(존 파커[John Parker], 러시아에 초점을 맞추지 말고 이 전쟁의 기획자들을 보라", 2023.1.17.,
STRUGGLE-LA LUCHA)

아조프 연대는 2014년 돈바스 반군과 싸우기 위해 등장한 악명 높은 신나찌 부대였다.

출처: https://www.thebulwark.com/heroes-of-mariupol-or-neo-nazi-menace/

2022년 5월 마리우폴 아조프 제철소에서 끝까지 저항하다 포로가 된 1천여 명이 넘는 군인들은 돈바스에서 학살을 저지르던 아조프 연대 소속이었다.

우크라이나로부터 독립을 선포한 돈바스 지역 도네츠크인민공화국 (DPR) 군대는 러시아군의 지원을 받아 마리우폴을 포함한 도네츠크주 상당수 지역을 장악한 상황이다.

DPR 정부 수장 데니스 푸실린은 이날 러시아 TV 방송 '로시야-24'와의 인터뷰에서 "우리에겐 전범재판을 위한 사법기관의 증거 자료들이 충분하다"면서 "재판이 머지않았다"고 전했다.

그는 '(우크라이나 군인들의) 범죄는 민간인 강간, 고문, 조롱, 살해 등이며 이 범죄 행위들에 대해 최고 수준의 형벌이 가능하다'면서 '하지만 판결은 재판에서 판사가 내릴 것'이라고 말했다.

이어 '재판이 최대한 공개적으로 진행될 것이고 국제기구와 서방국가들을 포함한 외국 대표들도 초청할 것'이라면서 '범죄 사실은 아주 명확하며 그것이 전 세계에 보여져야 한다'고 주장했다.

("마리우폴 제철소서 투항한 우크라군 포로 전범재판 곧 열릴 것", 연합뉴스, 2022.05.31.)

이것이 '비나치화'가 아니면 무엇인가?

더욱이 우크라이나에서 파시즘 척결의 목표는 전쟁을 계기로 두드러지고 있으나 여기에는 우크라이나 인민들, 공산당들, 민주주의자들, 돈바스 공산주의자들과 인민들, 러시아 공산주의자들, 한반도에서의 국제적인 반제 반미 전선도 긴밀하게, 다각도로 연결되어 있는 문제다.

(다음에는 우크라이나에서 발흥하고 있는 신나치주의의 역사성에 대해 상세하게 다룬 "우크라이나 신나치주의의 영향에 대하여"라는 먼쓸리리뷰(Monthly Review) 기사를 [보론]으로 소개할 것이다.

파시즘에 이어서는 우크라이나에서의 전쟁이 부각시키고 있는 미제중심의 일극화에 맞서 생겨나는 다극화의 문제를 다룰 것이다.)

[보론] 우크라이나 신나치주의의 영향에 대해

2023년 2월 2일
저자: 조 로리아(Joe Lauria)

2022년 12월 29일
컨소시엄 뉴스(Consortium News)에 처음 게시
먼쓸리 리뷰(Monthly Review)
2023년 1월 4일

　미국과 우크라이나 파시스트의 관계는 제2차 세계대전 이후 시작되었
다. 전쟁 중에 우크라이나 민족주의자 조직(OUN-B) 부대가 홀로코스트
에 참여하여 최소 10만 명의 유대인과 폴란드인을 죽였다. 미국 국립문
서보관소의 2010년 연구에 따르면, 파시스트 OUN-B의 지도자 스테판
반데라(Stepan Bandera)의 최측근인 미콜라 레베드(Mykola Lebed)는
전후 미 중앙정보국(C.I.A)이 키웠다.

　정부 연구는 '반데라의 날개(OUN/B)는 전투적 파시스트 조직이었다'
고 밝혔다. 반데라의 최측근인 야로슬라브 스텟츠코(Yaroslav Stetsko)
는 다음과 같이 말했다.

> 　나는…모스크바의 우크라이나 노예화를 돕고 있는 유대인들의 아주
> 해롭고 부적당한 역할에 전적으로 감사한다… 따라서 나는 유대인을 말
> 살하고 독일이 유대인을 근절하는 방식을 우크라이나로 신속하게 가져

오는 것을 지지한다… 연구는 다음과 같이 말한다.

1941년 7월 6일 르부프(Lwów)에서 열린 회의에서 반데라 충성주의자들은 유대인을 '가혹하게 다루어야 한다… 우리는 그들을 끝장내야한다… 유대인과 관련하여 그들을 파괴하는 모든 방법을 채택할 것'이라고 결정했다.

레베드는 직접 '폴란드 주민의 전체 혁명 영토를 정화하여 부활한 폴란드 국가가 1918년처럼 이 지역을 차지하지 않도록 할 것'을 제안했다. 레베드는 망명 중인 반데라파 정부의 '외무장관'이었지만 나중에 독재자로 활동했다는 이유로 반데라와 결별했다. 미 육군 방첩부대는 반데라를 '매우 위험하다'고 하면서도 '모든 우크라이나인들의 정신적, 국가적 영웅으로 여겨진다'고 말했다.

미 중앙정보국(C.I.A.) 보고서 81~82쪽에 따르면 미국과 달리 영국 비밀정보국(MI6)은 반데라와의 사업에 관심이 있었다.

MI6은 반데라 그룹이 '해외에서 가장 강력한 우크라이나 조직이며, 당 간부를 양성하고 그리고 도덕적으로나 정치적으로 건전한 조직을 구축할 능력이 있는 것으로 여겨진다'라고 주장했다.

1954년 초 MI6은 자료 분석에서 이렇게 언급했다.

이 반데라와의 영국 협력의 작전 양상은 만족스럽게 발전하고 있었다.

점차적으로 침투 작업에 대한 보다 완전한 통제가 이뤄졌다.

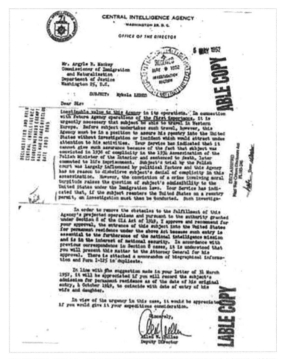

CIA의 앨런 덜레스는 살인 유죄 판결에도 불구하고 레베드가 미국에 재입국할 수 있도록 미국 이민국에 요청한다.(히틀러의 그림자에서.)

출처: https://twitter.com/RealLoriSpencer/status/1608640760123129856

영국은 1954년에 반데라와의 협력을 종료했다. 전 나치 정보국장 라인하르트 겔렌(Reinhard Gehlen) 휘하의 서독 정보국은 그 뒤 반데라와 협력했다.

미 중앙정보국은 반데라 대신 그의 파시스트 경력에도 불구하고 레베드에게 관심이 있었다. 미 중앙정보국은 그를 뉴욕시의 한 사무실에 자리를 주고 그곳에서 우크라이나 내 정보기관을 대신하여 소련에 대한 사보타주(파괴공작)와 프로파간다(정치선전) 작전을 지시했다. 미국 정부 조사 보고서는 다음과 같이 말한다.

이들 우크라이나인들과의 CIA 작전은 1948년 암호명 카르텔(CARTEL)로 시작되었고 곧 에어로다이나믹(AERODYNAMIC)으로 변경되었다. 레베드는 뉴욕으로 이주하여 영주권과 미국 시민권을 획득했다. 그로 인해 그는 암살로부터 안전하게 보호받고, 우크라이나 이민자 그룹과 소통할 수 있게 됐으며, 유럽에서의 작전 활동 뒤 미국으로 돌아갈 수 있게 되었다. 한때 미국에 있던 레베드는 에어로다이나믹에 대한 CIA의 주요 연락 담당자였다. CIA 담당자는 그의 '교활한 성격'과 '게슈타포와의 관계와…게슈타포가 그를 훈련시키'고 그가 '아주 무자비한 대원'이었다는 사실을 지적했다.

C.I.A.는 레베드와 손잡고 1991년 우크라이나가 독립할 때까지 그곳에서 사보타주 및 친우크라이나 민족주의 선전 활동 관련한 사업을 했다. 연구에 따르면 '미콜라 레베드(Mykola Lebed)와 CIA의 관계는 냉전 기간 내내 지속되었다'고 한다.

전시 가해자와 관련된 대부분의 CIA 작전은 역효과를 냈지만 레베드의 작전은 소련의 근본적인 불안정성을 증가시켰다.

반데라의 부활

따라서 미국은 적어도 우크라이나가 독립될 때까지 우크라이나 내에서 파시스트 계획을 은밀하게 유지했다. 미국 국립문서보관소 연구는 '우크라이나에서 반데라의 전시 부관이었던 미콜라 레베드(Mykola Lebed)는 1998년에 사망했다. 그는 뉴저지에 묻혔으며 그의 논문은 하버드 대학의 우크라이나 연구소에 있다'라고 밝혔다.

그러나 미국 OUN-B의 후계 조직은 그가 죽은 뒤에도 살아남았다. 인터내셔널 비즈니스 타임스(IBT, International Business Times)에 따르면 그 조직은 미국 우크라이나의회위원회(UCCA)로 개명됐다.

'1980년대 중반까지 레이건 행정부 내에는 UCCA 성원들이 들어와 있었다. 레이건은 1983년 백악관에서 리비우(Lviv)에서 7,000명의 유대인 학살에 앞장섰던 반데라주의자 지도자 야로슬라브(Yaroslav), 스테츠코(Stetsko)를 개인적으로 환영했다'라고 인터내셔널 비즈니스 타임스가 보도했다. '야누코비치 정권이 무너진 후 UCCA는 유로마이단 시위를 지원하기 위해 미국 전역의 도시에서 집회를 개최하는 것을 도왔다'라고 보도했다.

그것은 마이단과(Maidan)과 2차 세계대전 시기 우크라이나 파시즘 사이의 직접적인 연결고리다. 미국이 반데라보다 덜 극단적인 레베다를 선호함에도 불구하고 레베드는 우크라이나에서 더 유력한 인물로 남아 있다.

우크라이나 독립 첫해인 1991년에 신파시스트 사회국민당(후에 스보보다당)이 결성되어 그 기원을 반데라에서 직접 따왔다. 리비우에 반데라의 이름을 딴 거리가 있었고 그의 이름을 따서 도시의 공항 이름을 지정하려고 했다. '스보보다당은 쿠데타 전과 이듬해 맥캐인(McCain)*과 눌런드(Nuland)**가 그 당 지도자***와 함께 나타나기 전인 2012년에 우크라이나 의회(라다 Rada) 의석의 10%를 차지했다.'

2010년 친서방 우크라이나 대통령 빅토르 유시첸코(Viktor Yushchenko)는 반데라를 우크라이나의 영웅으로 선포했으며, 이는 전복된 야누코비치에 의해 파기되었다.

반데라를 기념하는 50개 이상의 기념물, 흉상, 박물관이 우크라이나에 세워졌으며 그중 3분의 2는 친미 유시첸코가 당선된 해인 2005년 이후에 지어졌다. 스위스의 한 학술 연구에서는 이렇게 말한다.

> 2011년 1월 13일, 리비우 주의회는 반데라 기념물 옆에 있는 임시회기에 회의를 갖고, 스테반 반데라를 '영웅'으로 명명하라는 빅토르 유시첸코(Viktor Yushchenko)의 법률 폐기(skasuvannya) 조치에 반응했다. 수백만 명의 우크라이나인들에게 반데라는 법원의 가련하고 무가치한 결정에도 아랑곳하지 않고 우크라이나의 영웅이었으며 지금도 그러하다며 '스테판 반데라 거리'를 '우크라이나의 영웅 스테판 반데라 거리'로 개명할 의사를 선언했다.

---

* 존 매케인U(ohn McCain)은 미국 상원의원이자 2008년 미 공화당 대선후보이기도 했다.
** 빅토리아 눌런드(Victoria Nuland) 2013년에는 미 국무부 대변인이었고 2013년 현재는 미 국무부 정무 담당 차관을 맡고 있다.
*** 스보보다당 지도자 올레 타흐니보크(Oleh Tyahnybok)을 말한다.(역자)

맑스주의와 현대제국주의

올해를 포함해 그의 생일인 1월 1일 우크라이나 도시에서는 반데라의 초상화 뒤의 횃불 행진을 흔히 볼 수 있다.

신나치의 주류

2013~2014년 우크라이나 사건이 시작될 때부터 컨소시엄 뉴스(Consortium News) 창립자 로버트 페리(Robert Parry)와 다른 기자들은 신나치가 존재하지 않는다는 뉴스가드(NewsGuard)* 주장을 반박하는 근거를 제시하면서 쿠데타와 우크라이나 신나치의 영향력 있는 역할에 대해 광범위하게 보도했다. 당시 기업 언론도 쿠데타에서 신나치가 한 핵심적인 역할을 보도했다.

뉴욕타임스가 보도한 바와 같이, 신나치 그룹인 우익섹터(Right Sector)**는 야누코비치(Yanukovych)의 폭력적인 축출에서 핵심적인 역할을 했다. 봉기에서 신파시스트 단체의 역할과 우크라이나 사회에 대한 영향은 당시 주류 언론 매체에 잘 보도되었다.

비비씨(BBC), 뉴욕타임스, 데일리 텔레그래프(Daily Telegraph) 및 씨

---

* 뉴스가드(NewsGuard)는 온라인 정보 분석 단체로 미국에 본사를 두고 있다. 뉴스가드가 허위 뉴스를 제공했다고 주장하자 컨소시엄 뉴스는 이에 대해 우크라이나 신나치의 역사를 분석해서 기사로 쓰고 있다.(역주)
** 우크라이나 극우정당(역주)

엔엔(CNN)은 모두 우익섹터(Right Sector), C14[*] 및 기타 극단주의자들이 야누코비치(Yanukovych) 전복에서 어떤 역할을 했는지에 대해 보도했다.

BBC는 그가 축출된 지 일주일 후에 이 보고서를 실었다.
https://youtu.be/5SBo0akeDMY
https://youtu.be/sEKQsnRGv7s

쿠데타 이후 새 정부의 많은 장관들은 신파시스트 정당 출신이었다. NBC 뉴스는 2014년 3월에 다음과 같이 보도했다.

'자유'를 의미하는 스보보다(Svoboda)는 지난 2월 빅토르 야누코비치 대통령이 축출된 후 만들어진 임시 정부에서 내각 직위의 거의 4분의 1을 차지했다.

맥케인(McCain)과 눌랜드(Nuland)가 함께 무대에 섰던 스보보다당의 지도자 올레 타흐니보크는 한때 '모스크바-유대인 마피아(Muscovite-Jewish mafia)'로부터 우크라이나의 해방을 요구했다. 인터내셔널 비즈니스 타임스는 다음과 같이 보도했다.

2005년 티흐니복은 당시 우크라이나 대통령 빅토르 유시첸코에게 공개서한에 서명하여 반명예훼손연맹을 포함한 모든 유대인 조직을 금지

---

[*] 우크라이나의 신나치 단체(역주)

맑스주의와 현대제국주의

할 것을 촉구했으며, 그가 '조직된 유대인들이 범죄 활동'을 수행했다고
주장한 것은 결국 우크라이나 민족의 대량학살을 목표로 한 것이었다.

맥케인과 눌런드가 타흐니보크와 그의 사회 국민당을 이용하기 전에
유럽 의회는 2012년에 다음과 같이 비난했다.

'의회'는 인종차별, 반(反)유대주의, 외국인 혐오적 견해가 유럽연합
(EU)의 근본 가치와 원칙에 위배된다는 점을 상기하며, 따라서 우크라이
나 의회(Verkhovna Rada 우크라이나 입법부) 내 친민주 정당들이 이러
한 극우정당에 대한 연관, 지지 또는 연합을 형성하지 말 것을 호소한다.

스보보다당의 지도자 올레 타흐니보크

출처: https://www.nzz.ch/meinung/rechtsextremismus-bleibt-in-der-ukraine-politisch-marginalisiert-
ld.1531247?reduced=true

반데라주의에 대한 그러한 주류 보도는 푸틴이 '비나치화'를 침공 목표로 삼자 서방 언론에서 우크라이나 신파시스트의 역할 관련 기사를 못 내게 하면서 중단되었다.

쿠데타 중에 발생한 아조프 대대(Azov Battalion)는 쿠데타에 저항하는 러시아어를 사용하는 돈바스(Donbass)인들과의 전쟁에서 중요한 세력이 되었다. 그 사령관 안드리 빌레츠키(Andriy Biletsky)는 우크라이나의 임무가 '셈족(유대인)이 이끄는 열등 인종에 맞서 생존을 위한 최후의 성전에서 세계의 백인 종족을 이끄는 것'이라고 악명 높게 말했다.

2014년 현재의 아조프 연대는 내무부의 통제 하에 공식적으로 우크라이나 방위군에 편입되었다. 아조프 연대는 우크라이나 정보국(SBU)과 긴밀히 협력하여 국가에 더욱 통합된다. 아조프는 전 세계 국가의 군대 중 유일하게 신파시스트 성분으로 알려져 있다.

우크라이나 군대의 일원으로서 아조프 성원들은 제2차 세계대전 당시 독일 나치 친위대(SS)가 착용했던 볼프상겔(Wolfsangel)과 함께 (이번 주까지) 여전히 노란색 완장을 착용하고 있다. 계속 저지른 잔학 행위를 포함하여 아조프는 국가로의 통합이 그들을 비나치화 시키지 않았다는 것을 세계에 보여준다. 오히려 국가에 대한 영향력이 커졌을 수도 있다.

버락 오바마가 우크라이나에 대한 군사원조를 거부한 이후에도 미국과 나토는 아조프를 훈련시키고 무장시켰다. 오바마가 우크라이나에 무기 공급을 거부한 한 가지 이유는 무기가 이 우익 극단주의자들의 손에 넘어가는 것을 두려워했기 때문이다.

아조프 사령관 안드리 빌레츠키(가운데)
출처: https://www.voltairenet.org/article215489.html

뉴욕타임스에 따르면, "오바마 대통령은 의구심을 가지고 계속 문제를 제기했다. '그럼, 장비를 보내면 그다음에는 교관을 보내야 하는가?' 한 사람이 익명을 조건으로 토론을 부연 설명하며 말했다. 만약 그것이 깡패들의 손에 넘어가게 된다면? 푸틴이 강화되면 어떻게 되는가?"

뉴스가드(NewsGuard)의 이의 제기

뉴스가드(NewsGuard)는 신파시스트 정당이 여론 조사에서 지지가 미미하다는 사실을 가지고 우크라이나에서 신나치 단체의 중대한 영향력을 반대하고 있다. 이는 이 신나치 단체들이 대신 의회 밖의 극단주의에 관여한다는 엄연한 사실을 무시한다.

뉴스가드의 잭 피시먼(Zack Fishman)은 우크라이나의 신파시스트에 대해 '가짜 뉴스'를 게시했다며 컨소시엄 뉴스를 비난하는 다음 기사를 썼다.

> 나치즘이 우크라이나에 상당한 영향을 미친다는 증거는 없다. 2018년 프리덤 하우스 보고서에 따르면 우크라이나의 급진 극우 단체는 '우크라이나의 민주적 발전에 대한 위협'을 보여준다. 그러나 그것은 또한 극우 극단주의자들이 우크라이나에서 정치적 대표성이 부족하고 권력에 대한 믿을만한 경로가 없다고 밝혔다. 류스란 코슈린스키(Ruslan Koshulynskyy)는 대통령 선거에서 단 1.6%의 득표율을 기록했다.

그러나 선거 결과에 초점을 맞추는 이러한 주장은 많은 주류 소식통에 의해 기각되었다. 세계에서 가장 반러시아적인 싱크탱크인 아틀란틱 카운실(Atlantic Council)은 그중 하나다. 2019년 기사에서 아틀란틱 카운실의 한 기자는 다음과 같이 말했다.

> 분명히 말하면, 스보보다와 같은 극우정당은 우크라이나의 여론 조사와 선거에서 저조한 성과를 거두고 있으며 우크라이나인들은 그들에 의해 통치되기를 원하지 않는다. 그러나 이 주장은 '주의를 다른 데로 돌리는' 것이다. 우크라이나의 벗들과 관련된 것은 극단주의자들의 선거 전망이 아니라 오히려 국가가 폭력 집단에 맞서고 그들을 처벌하려는 의지 부족이나 무능력이다. 이것이 이들 극우 단체 일부가 러시아와 싸운 것에 대한 지속적인 부채감 때문이든, 그들이 국가 자체를 공격할 수 있다

는 두려움 때문이든 심각한 문제이다. 우리는 우크라이나의 실상을 감춰서 우크라이나에 봉사하지 않는다.

'그들이 국가 자체에 등을 돌릴지도 모른다는 두려움'은 이러한 극우 단체가 정부에 대해 가지는 강력한 영향력을 인정한다. 아틀란틱 카운실은 이러한 그룹이 얼마나 영향력이 있는지 강조한다.

크렘린의 선전처럼 들리지만 그렇지 않다. 지난주 흐로마드스케(Hromadske) 라디오는 우크라이나의 청소년 체육부가 국가에서 '국가 애국 교육 프로젝트'를 홍보하기 위해 신나치 단체 C14에 자금을 지원하고 있다고 밝혔다. 6월 8일 교육부는 어린이 캠프를 위해 C14에게 17,000달러에 조금 못 미치는 금액을 수여할 것이라고 발표했다. 또한 극우와 연결되어 있는 홀로시예프(Holosiyiv) 아지트 및 교육기관에 기금을 수여했다. 이 폭로는 법 집행기관이 혐오자들에게 폭력을 가하려는 극우 단체의 불법 행위를 암묵적으로 수용하거나 심지어 조장하는 위험한 사례를 보여준다.

2018년 초부터 C14와 아조프 계열 민병대, 우익 섹터, 카르파츠카 시치(Karpatska Sich) 등 극우 단체는 반파시스트 시위, 시의회 회의, 국제 앰네스티가 주최하는 행사, 미술 전시회, 엘지비티(LGBT) 행사와 환경운동가들뿐만 아니라 로마 그룹을 여러 차례 공격했다. 3월 8일, 폭력 단체들은 우크라이나 전역의 도시에서 세계 여성의 날 행진자들을 공격했다. 이 중 소수의 경우에만 경찰이 공격을 막기 위해 조치를 취했고 일부에서는 실제 가해자가 아닌 평화로운 시위대를 체포하기도 했다.

반러시아 단체들 중 아틀란트 카운실만이 우크라이나 신파시스트 단체들이 위험한 세력이라고 인정하는 것은 아니다. 벨링캣(Bellingcat)은 2018년에 '우크라이나의 극우 전사, 거대 유럽 보안 회사에서 훈련받은 백인 우월주의자'라는 제목의 놀라운 기사를 게시했다.

나토는 또한 미국과 직접 연계하여 극우 우크라이나 극단주의자들과 직접 연결하는 아조프 연대를 훈련시켰다.

더 힐(The Hill)은 2017년에 '우크라이나의 신나치의 현실은 단지 크렘린 선전이 아니다'라는 제목의 기사에서 다음과 같이 보도했다.

일부 서방 관측통은 우크라이나에 신나치적 요소가 없다고 주장하며, 이는 모스크바의 선전에 불과하다고 주장한다. 불행히도 그들은 안타깝게도 착각하고 있다.

실제로 우크라이나에는 신나치 조직이 있다. 이것은 거의 모든 주요 서방 매체에서 압도적으로 확인되었다. 분석가들이 그것을 모스크바가 퍼뜨린 선전으로 일축할 수 있다는 사실은 아주 충격적이다.

아조프의 로고는 반명예훼손연맹(Anti-Defamation League)에 의해 네오나치 상징으로 식별된 두 개의 엠블럼(볼프상겔wolfsangel과 소넨라드Sonnenrad)으로 구성되어 있다. 볼프상겔은 미국의 증오 단체 아리안 네이션(Aryan Nations)에서 사용하는 반면 소넨라드는 올여름 샬롯빌(Charlottesville)의 극단적인 행진에서 신나치 상징 중 하나였다.

아조프의 신나치 캐릭터는 뉴욕타임스, 가디언, 비비씨, 텔레그레프 및 로이터 등에서 다루었다. 기존 서구 언론 매체의 현장 기자들은 나치 친위대(SS) 룬 문자, 만(卐)자(swastikas), 횃불 행진, 나치 경례를 목격했다고 썼다. 그들은 네오나치임을 순순히 인정하는 아조프 병사들을 인터뷰했다. 이들은 '미국이 우크라이나에서 지원하는 신나치는 몇 명인가?'우크라이나 의용군에는 나치가 포함돼 있다'는 식의 노골적인 제목으로 이 보고서들을 기록하여 남겼다.

어떻게 이것이 러시아 선전일 수 있는가?

유엔과 국제인권감시단(휴먼라이츠워치[Human Rights Watch])는 아조프와 다른 키예프 부대를 수많은 인권유린 혐의로 고발했다.

나치의 상징인 볼프상겔과 소넨라드

출처: https://www.theguardian.com/world/2022/aug/04/signs-of-hate-parental-guide-to-far-right-codes-symbols-acronyms-uk

신파시즘은 우크라이나 대중문화에도 영향을 미쳤다. 2019년 나치 독일이 소련을 침공한 날을 기념하기 위해 6개의 신나치 음악 그룹이 콘서트를 열었다.

2019년 국제앰네스티는 '우크라이나는 과격 단체들이 가하는 통제되지 않은 폭력과 그들의 완전한 면책의 혼돈 속으로 빠져들고 있다. 사실상 이 나라의 어느 누구도 이러한 상황에서 안전하다고 느낄 수 없다'라고 경고했다.

젤렌스키와 신나치

1990년대 초 우크라이나의 가장 강력한 과두정치 중 하나인 이호르 콜로모이스키(Ihor Kolomoisky)는 신나치주의 아조프 대대의 초기 재정 후원자였다. 2015년 로이터는 다음과 같은 보도를 했다.

> 이들 준군사 조직 중 다수는 그들이 보호해야 할 시민을 학대한 혐의를 받고 있다. 국제앰네스티는 콜로모이스키가 부분적으로 자금을 지원한 아이다(Aidar) 대대가 불법 납치, 불법 구금, 강도, 강탈, 심지어 처형 가능성까지 포함한 전쟁범죄를 저질렀다고 보고했다.
>
> 국제앰네스티 보고서에 따르면 다른 친키예프 민간 대대는 전쟁의 한 형태로 구호 수송대가 우크라이나 동부의 분리주의 통제 지역에 도달하는 것을 막아서 민간인을 굶주리게 했다.
>
> 우크라이나의 일부 사병 대대는 극단주의적 견해로 우크라이나의 국제적 명성을 더럽혔다. 타루타(Taruta)와 콜로모이스키(Kolomoisky)가 부분적으로 자금을 지원하는 아조프 연대는 나치 볼프상켈(Wolfsangel) 기호를 로고로 사용하며 많은 대원이 신나치, 반유대주의 견해를 공공연하게 옹호한다. 부대원들은 '키예프에 전쟁을 일으키는 것'에 대해 이야기했으며 우크라이나는 '많은 피를 흘릴 수 있지만, 그 과정에서 국가를 통합할 수 있는 강력한 독재자가 집권해야 한다'고 말했다.

2019년 4월 미연방수사국(F.B.I.)은 웨스트버지니아와 북오하이오에서 그의 철강지주회사와 관련하여 금융범죄 혐의로 콜로모이스키를 조사하

맑스주의와 현대제국주의

기 시작했다. 2020년 8월 미국 법무부는 그와 사업 파트너를 상대로 민사 몰수 소송을 제기했다.

> 고소장은 우크라이나에서 가장 큰 은행 중 하나인 프라이뱃뱅크 (PrivatBank)를 소유한 이호르 콜로모이스키와 겐나디 보호리우보프 (Gennadiy Boholiubov)가 수십억 달러의 은행자금을 횡령하고 사취했다고 주장한다. 두 사람은 약 2008년부터 2016년까지 사기성 대출과 신용 한도를 얻었는데 그때 계획이 밝혀졌다. 은행은 우크라이나 국립은행에 의해 국유화되었다. 고소장은 자금을 미국으로 이체하기 전에 주로 프라이빗뱅크의 키프로스 지점에 있는 일련의 페이퍼 컴퍼니 은행 계좌를 사용하여 범죄 수익의 일부를 세탁했다고 주장한다. 고소장에서 주장한 바와 같이, 사기로 얻은 대출금을 제외하고는 대출금이 거의 상환되지 않았다.

한편, 아조프 지지자의 텔레비전 채널은 이때까지 볼로디미르 젤렌스키가 명성을 얻고 궁극적으로 새 인민당 하에서 대통령직에 오르게 한 히트를 친 티브이 쇼 인민의 종복(2015-2019)을 방영했다. 자유라디오 유럽(등급 없음)의 이 보고서를 포함하여 여러 보고서에 따르면 콜로모이스티가 전 배우이자 코미디언의 대선 캠페인 자금을 지원했다고 한다.

대선 시기에 폴리티코(Politico)는 다음과 같이 보도했다.

> 콜로모이스키의 언론 매체는 또한 코미디언의 선거 운동을 위한 보안 및 물류 지원을 제공하며 최근 젤렌스키 법률 고문 안드레이 보흐단

(Andrii Bohdan)이 과두세력의 개인 변호사라는 사실이 밝혀졌다. 탐사 기자들은 또한 젤렌스키가 지난 2년 동안 콜로모이스키가 망명 중인 제네바와 텔아비브로 14번이나 다녀갔다고 보도했다.

결선 투표 전에 페트로 포로쉔코(Petro Poroshenko)는 젤렌스키를 '콜로모이스키의 꼭두각시'라고 불렀다. 판도라 신문(Pandora Papers)에 따르면 젤렌스키는 콜로모이스키로부터 받은 자금을 해외에 숨겼다.

2019년 9월 10일 젤렌스키(가운데)와 이호르 콜로모이스키(오른쪽)

출처: https://archive.kyivpost.com/ukraine-politics/privatbank-troubles-renew-questions-about-kolomoiskys-hold-over-zelensky.html

선거 운동 기간 동안 젤렌스키는 반데라에 대해 질문을 받았다. 그는 많은 우크라이나인들이 반데라를 영웅으로 여기는 것이 '멋지다'고 말했다.(https://twitter.com/i/status/1517014472291872768)

대통령 역을 맡은 배우 젤렌스키

스테판 반데라는 우크라이나인들 일부에게 영웅이고, 그게 정상이고 멋지다.

젤렌스키는 돈바스 전쟁을 끝내겠다는 공약으로 대통령으로 선출되었다. 임기 약 7개월 후 그는 돈바스 최전선으로 가서 아조프로 잘 대표되는 우크라이나 군대에게 무기를 내려놓으라고 말했다. 반대로 그는 길들여져서 돌아왔다. 키예프 포스트(Kyiv Post)는 다음과 같이 보도했다.

퇴역 군인인 데니스 얀타르(Denys Yantar)가 무기가 없다고 말하면서 대신 우크라이나 전역에서 벌어지고 있었던 계획된 철수에 반대하는 시위에 대해 논의하고 싶다고 말하자 젤렌스키는 분노했다.

"이보시오, 데니스, 나는 이 나라의 대통령이요. 내 나이 41세요. 나는 패자가 아니란 말이오. 나는 당신에게 와서 무기를 제거하라고 말했소. 일부 시위로 화제를 전환하지 마시오."

대담쇼 영상에서 이렇게 말하면서 젤렌스키는 미콜라이프 시에 있는 극우 아조프 의용군의 정치적 분파인 국민군단을 이끄는 얀타르에게 바짝 다가갔다.

"하지만 우리는 그것에 대해 논의했습니다"라고 얀타르가 말했다.

"나는 당신이 이해하기를 바랐다. 하지만 그 대신 얀타르 앞에서 내가 패자가 되기를 결심했다"라고 젤렌스키는 말했다.

민선 대통령에 대해 아조프 연대를 비롯한 군부의 힘을 과시한 것이었다.

러시아의 침공 후 젤렌스키는 4월 폭스 뉴스(Fox News)에서 나중에 마리우폴(Mariupol)에서 패배한 아조프에 대해 질문을 받았다. "그들은 그대로이다." 그가 대답했다. "그들은 우리나라를 지키고 있었다." 그런 다음 그는 아조프가 군대의 일원이기 때문에 더 이상 신나치가 아니지만 (화요일까지) 여전히 나치 휘장을 착용하고 있다고 말하려고 한다.

(폭스의 유튜브 게시물은 인터뷰에서 해당 질문을 삭제했지만 여기에 이 장면이 남아 있다.) (https://youtu.be/bltsSD8QtU4)

분노한 그리스 관리들

또한 4월에 젤렌스키는 아조프 연대의 일원을 그리스 의회에서 연설하도록 초청함으로써 두 명의 전 그리스 총리와 다른 관리들을 분노하게 했다. 제1야당인 급진좌파연합-진보동맹(시리자SYRIZA-Progressive Alliance)의 전 총리이자 지도자인 알렉시스 치프라스(Alexis Tsipras)는 의회에서 아조프 전사들의 모습을 맹비난했다.

'우크라이나 국민과의 연대는 자명한 사실이다. 그러나 의회에서 나치 발언은 허용할 수 없다'라고 치프라스가 소셜 미디어에서 말했다. '이 연설은 도발이었다.' 그는 키리아코스 미초타키스(Kyriakos Mitsotakis) 그리스 총리가 "이에 대한 전적인 책임이 있다…그는 역사적 날이라고 하지만 역사적으로 수치스러운 날이다"라고 말했다.

안토니스 사마라스(Antonis Samaras) 전 그리스 총리는 의회에서 아조프 영상이 재생되는 것을 '큰 과오'라고 말했다. 니코스 코드지아스

(Nikos Kotzias) 전 외무장관은 이렇게 말했다.

> 그리스 정부는 무책임하게 나치에게 자리를 깔아줌으로써 우크라이나 국민의 투쟁을 훼손했다. 책임이 무겁다. 정부는 그 행사 준비와 접촉 관련한 상세한 보고를 제출해야 한다.

야니스 바루파키스(Yanis Varoufakis) 전 재무장관의 유럽현실불복종전선(MeRA25, The European Realistic Disobedience Front)당은 젤렌키의 출현으로 '나치 축제'로 변했다고 말했다.

젤렌스키는 또한 뮌헨에 있는 반데라의 무덤을 방문한 독일 주재 우크라이나 대사 안드리 멜니크(Andrij Melnyk)를 질책하지 않았다. 그에 대해 독일 의회 의원은 다음과 같은 반응을 보였다.

> 나치 협력자 반데라를 '우리의 영웅'으로 묘사하고 그의 무덤을 순례하거나 우익 아조프 대대를 '용감하다'고 옹호하는 멜니크 같은 이는 실제로 여전히 '나치 동조자'쯤으로 관대하게 묘사된다.

젤렌스키는 언론 매체를 폐쇄하고 가장 큰 정당인 생명을위한야권연단(OPZZh, Eurosceptic Opposition Platform for Life)을 포함하여 11개의 정당을 불법화하고 그 지도자를 체포했다. 폐쇄된 11개 정당 중 극우정당은 없다.

도널드 트럼프는 샬롯빌(Charlottesville)에서 백인 우월주의자들에 대해 발언한 것에 대해 당연하게 비난을 받았다. 그러나 과두세력 후원자가 아조프에 자금을 지원하고 유럽 의회에서 연설하기 위해 신나치를 데려온 젤렌스키는 우크라이나의 신파시즘이라는 훨씬 더 나쁜 문제를 용인하는데도 민주당 정부와 미국 언론의 승인을 받았다.

4-1. '제국주의 피라미드론'은 제국주의론이 아니라 부르주아 국제주의론

2023년 4월 16일

자명하고 원론적 사실로 구체 쟁점을 회피하는 것은 기회주의의 특징

국제공산주의 운동 내에서는 '다극화' 관련한 또 다른 첨예한 쟁점이 있다. 한 편에서는 미국 중심의 일극 체제에 맞서 진행되고 있는 '다극화'는 진보적이라는 주장이 있고 다른 한 편에서는 '다극화'는 자본주의 세계 내에서의 변화에 불과하며 제국주의 간 세력 다툼에 불과하다는 입장이 있다. 후자의 입장 역시 그리스공산당(KKE)이 대표적으로 주장하고 있다. 앞서 살펴봤듯 그리스공산당은 국제적인 통일전선, 인민전선을 계급협조로 부정하고 러-우전은 서방 제국주의와 러시아 제국주의 간의 원료, 시장, 영토를 둘러싼 전쟁이기에 그 양자 중 어느 편도 들어서는 안 된다고 강조하고 있다. 그리스공산당은 다극화 문제에서도 그러한 입장의 연장선에서 살펴보고 있다.

> 진실은 하나의 '극'을 가지고 있든 많은 '극'을 가지고 있든 간에 자본주의적 생산 방식이 전쟁에 내재되어 있다는 것이다. 자본주의 경제 공

> 황과 마찬가지로 전쟁은 자본주의 생산 방식과 얽혀 있다…. 우리의 의견으로는 국제기구를 '청산'함으로써 미국 '제국'에 대한 균형추로 간주되는 '다극 세계'의 출현을 지원하는 입장은 전적으로 잘못된 것이다. 이는 현실과 무관한 위험한 환상이다.
>
> ("제3차 베네수엘라 공산당 국제 이데올로기 세미나에서 그리스공산당(KKE)의 서면 기고문",
> 2022.11.16.)

레닌은 자명하고 원론적인 주장을 함으로써 구체적인 쟁점을 회피하는 것은 기회주의의 특징 중 하나라고 강조한 바가 있다. 일반론적으로 보면 자본주의, 제국주의가 모든 전쟁의 원흉이고 제국주의 체제를 철폐할 때만이 경제공황과 전쟁이 사라질 수 있다는 주장은 틀림없이 맞는 명제이다. 그런데 이것이 자본주의 하에서 평화를 위한 투쟁은 의미가 없고 오직 자본주의가 철폐되고 국제적 수준의 프롤레타리아 독재 체제가 형성될 때만이 전쟁을 막을 수 있고 자본주의가 파생한 제반 문제를 막을 수 있다고 주장으로 나아간다면 이는 트로츠키주의자들이 흔히 보이는 인식이다.

소위 정통 트로츠키주의를 자처하는 세력은 '항구적 평화는 자본주의/제국주의 체제의 종식을 통해서만 오직 가능하다…제국주의 국가 하에서 항구적인 평화가 가능할 것이라는, 부르주아들이 평화의 주체일 수도 있다는, 평화협정으로 평화가 올 것이라는 환상'('볼셰비키 그룹'(페이스북 페이지, 2017년 8월 10일) 운운하며 한(조선)반도에서 미군철수와 평화협정 체결을 주장하는 우리의 입장을 비판한 적이 있었다. 우리는 이에 대해 이렇게 비판했다,

제국주의 체제에서 당연히 항구적 평화가 불가능하지요. 전쟁과 대결, 대립은 과잉자본을 수출하고 타국을 지배, 착취, 수탈하려는 독점자본의 발전에서 필연적으로 생겨나는 것이기 때문입니다. 그러나 제국주의 전쟁의 필연성은 그러한 의미에서이지 제국주의하에서 노동자계급이, 그리고 사회주의 국가가 전쟁에 맞서 싸우고 전쟁을 막을 수 없다는 것이 아니죠. 만약 제국주의 전쟁 필연성을 제국주의 전쟁은 막을 수 없다는 것이라면 그것은 체념, 수동성, 패배주의, 기권으로 귀결될 수밖에 없는 것이죠. 혁명이 되어야 전쟁을 막을 수 있다는 말은 일반론적으로 틀린 말은 아니지만 그것은 역으로 혁명의 조건, 혁명을 위한 수단, 전술과 정세의 활용, 주체역량의 결집에 별다른 영향을 미치지 못하는 기권주의가 되는 거죠….

평화협정 체결은 모든 것은 아니지만 그 점에서 현 시기 주요모순을 해결할 수 있는 주요한 수단이자 핵심 고리 중 하나인 것이죠.

평화협정 체결의 역사적, 구체적 상황을 모르고 환상에 빠져 있다는 가상의 환상을 세워놓고 그것을 무시하는 것이야말로 근본주의에 빠져 있는 거예요.

(노동자정치신문[노정신] 페이스북, 2017.8.11.)

평화협정 그 자체로 궁극적인 평화를 보장해줄 수는 없지만, 자본주의 국가들 간, 사회주의 국가들과 자본주의 국가들 사이에서 다양한 평화협정을 체결할 수 있고 그 협정이 일시적이든, 조건적이든 평화를 가져올 수 있다. 평화협정은 단순한 문서 조각이 아니라 대립하는 두 주체 간의 투쟁과 결전을 통해 체결되기 때문이다. 그것은 노동자계급이 권리보장을 위해 자본가들과 단체협상을 체결하는 것과도 유사한 측면이 있다. 평화협정은 힘의 역관계에 따라 맺어지고 힘의 역관계가 변화할 때 언제든지 파기될 수도 있다. 그러나 자본주의 체제 내일지라도 평화협정을 부정하고 단체협정을 부정할 수는 없다. 현실의 모순을 해결할 의지도, 능력도 없이 오직 언제 올지 모르는 궁극적 목표만을 주장하면서 각각의 국면에서 부각되는 현안들과 부딪쳐 싸우려고 하지 않으려 하는 자들은 근본주의자들이다.

그리스공산당은 러시아와 우크라이나·서방 제국주의자들 사이에 맺은 두 차례의 민스크 협정에 대해서도 마찬가지 태도를 취하고 있다. 그렇다면 민스크 협정을 준수하지 않은 서방 제국주의자들과 우크라이나 신나찌에게 그 협정 파기의 책임을 묻고 규탄하는 것이 당연한 것이지 자본주의 내에서의 협정 자체에 대해 부정할 요량이 아니다.

그리스공산당은 '사회주의를 향한 단계라는 낡은 전략' 운운하며 단계를 부정한다. 역사발전에도 노예제, 봉건제, 자본주의, 공산주의 같은 각각의 발전단계가 있고, 자본주의 단계 내에도 자유경쟁 단계가 있고 제국주의 단계가 있다. 공산주의 내에도 낮은 단계의 공산주의(사회주의)와 높은 단계의 공산주의(공산주의)가 있으며 그 단계 사이에는 이행의 국면도 있다. 혁명에 있어서도 민주주의 혁명의 단계가 있고, 사회주의 혁명의 단계가 있다. 이는 사물 발전과정에서 필연적으로 부각되는 특수한 국면이기 때문에 이에 대한 인식 자체를 낡았다느니 '전략'이니 하며 인위적 고안물로 사고하며 부정할 수 없다. 단계를 부정하고 건너뛰면서 궁극 목표만을 주장하는 것은 전형적인 트로츠키주의의 특성이다.

마오쩌둥이 『모순론』에서 밝혔듯, 사물의 긴 발전과정에는 각각의 발전단계가 있는데 이 단계성에 유의하지 않으면 각각의 모순을 제대로 처리할 수 없다. 러시아에서도 자본주의 발전에도 불구하고 남아 있는 봉건 황제체제라는 특수한 측면을 인식하지 못하였다면, 미완으로 그쳤지만 1905년 민주주의 혁명의 예행연습과 1917년 2월 민주주의 혁명을 거치지 않았다면 10월 혁명도 있을 수 없었다. 10월 혁명 이후 핵심 산업과 은행 국유화라는 사회주의 조치에도 불구하고 농촌 집산화로 곧바로 전면적인 사회주의 조치로 성급하게 나아가지 않고 이행의 과정을 거치지 않았다면 농민과의 동맹에서 실패하고 그때 이미 러시아 사회주의는 전복되고 말았을 것이다.

이남에서 변혁의 문제도 객관적인 자본주의 발전수준으로만 보면 프롤레타리아 혁명단계지만, 혁명의 주체 조건, 이남에서 변혁을 위한 조건의 마련, 즉 국가보안법 철폐와 미군철수, 분단모순의 해결 같은 구체적이고 특수한 문제들을 해결하지 못하면서 궁극 목표로 곧장 나아갈 수는 없다. 1948년 이남만의 단정 단선(단독정부 단독선거) 전후에 자주적인 통일조국 수립이라는 민중의 열망이 분출되었는데, 지금도 여전히 통일문제를 변혁과정에서 해결하려는 시도 없이 러시아 쏘비에트형 혁명노선으로 이남에서만의 지역적 관점으로 변혁을 달성할 수는 없는 것이다. 그리스공산당의 입장을 이남에서 그대로 적용하면 그러한 교조주의가 된다.

제국주의를 사실상 부정하는 고답주의(高踏主義)적 '제국주의 피라미드론'

그리스공산당은 '제국주의 피라미드론'이라는 요지부동의 도그마적 이론체계를 가지고 있다. 이는 레닌의 『제국주의론』을 심각하게 왜곡하여 독점이 형성돼 있는 나라들은 피라미드의 상중하에 각각 위치해 있기는 하나 모두 제국주의 국가라는 이론이다.

> 제국주의는 독점자본주의다. 현 제국주의 체제에서 모든 자본주의 국가는 여기에 통합되어 있으며 불평등한 상호의존, 경쟁, 협력의 관계로 특징지어진다. 이것은 확실히 그들이 같은 힘과 능력을 가지고 있다는 것을 의미하지는 않는다. 그것은 모든 부르주아 계급이 전리품의 공유, 전 세계 노동계급이 생산한 잉여가치의 공유에 각국의 정치적, 군사적, 경제적 힘을 기반으로 참여한다는 것을 의미한다.
>
> ("이른바 세계반제국주의 플랫폼과 그 파괴적이고 혼란스러운 입장에 대하여", 그리스공산당 중앙위원회 국제관계부, 2023.4.10.)

'모든 자본주의 국가'가 제국주의 체제에 통합되어 있다는 것은 분명한 사실이지만, 그것이 제국주의 지위를 가지고 통합되어 있다는 것을 의미하지는 않는다. 이 관계는 그리스공산당의 주장대로 '불평등한 상호의존, 경쟁, 협력'을 배제하지는 않지만, 이 어느 정도 수평적인 상호관계가 본질적인 관계가 아니다. 제국주의 체제 내에는 제국주의 국가와 (신)식민지 국가, 억압하고 지배하는 국가와 지배받는 국가, 종속하는 국가와 종속된 국가로 나뉘어 있다. 전자는 소수고 후자는 압도적 다수다. 그러나 그리스공산당은 독점이 형성된 '모든 자본주의 국가'가 제국주의 피라미드 구조 속에서 점하는 위치는 달라도 모두 제국주의 국가이기 때문에 '불평등'하기는 해도 상호의존, 경쟁, 협력을 본질로 보고 있다.

심지어 그리스공산당은 '모든 부르주아 계급이 전리품의 공유'에 참여하고 있다고까지 주장한다. 자본주의 각국이 각 나라의 착취자들의 국가이기 때문에 각 나라 노동자의 총합으로서 '전 세계 노동계급이 생산한 잉여가치의 공유에 각국의 정치적, 군사적, 경제적 힘을 기반으로 참여'하는 것은 분명하다. 그러나 그리스공산당이 말하는 '전리품의 공유'는 레닌이 『제국주의론』에서 주장한 한 줌도 안 되는 제국주의 국가들이 전 세계 피억압 민족, 국가, 노동자계급을 착취와 억압, 수탈하며 세계를 분할하고 재분할하기 위해 전쟁을 벌이고 각축전을 벌이는 것과 의미가 전혀 다르다.

세계적 규모로 성장한 독점체들이 제국주의 국가의 군사적, 정치적 심지어 문화적 힘을 빌려 지구를 분할하고 지배하고 승리자로서 식민지, 반식민지의 전리품을 힘에 비례하여 약탈적으로 공유, 배분하는 것이다. 그런데 그리스공산당의 어처구니없는 주장대로 '모든 자본주의 국가'가 전리품의 공유에 동참한다면 그건 서로 협력하거나 서로 뺏고 뺏기고, 서로 물고 뜯기며 전리품을 배분하는 것으로 여기에는 제국주의 독점체와 국가의 세계지배와 분할이 빠져 있다. 그건 때에 따라서 서로 협력하고 대립하기도 하는 약탈자 동맹이지 제국주의와 (신)식민지 관계가 아니다. 신하가 없이 임금이 있을 수 없듯이, (신)식민지가 없이 어찌 제국주의가 있을 수 있는가?

레닌은 자본주의 경제분석을 통해 그 경제구조의 상부에 위치한 제국주의의 정치적 구조, '폭력과 반동'이라는 그 구조의 본질, 성격을 밝히려고 했다. 레닌은 독점이 제국주의의 기초라고 했지 독점이 곧 제국주의라고는 하지는 않았다. 모든 제국주의 국가가 독점을 경제적 기초로 하고 있지만, 독점이 형성돼 있다고 모두 제국주의 국가는 아니다. 독점을 기초로 해서 전 세계적 수준에서 독점체 자본가들 간 세계분할을 하고 열강 간 세계분할을 할 때 비로소 제국주의가 된다. 세계분할과 재분할은 침략과 지배, 전쟁 없이 가능하지 않다. 자본수출도 마찬가지다. 과잉자본 수출을 통해 막대한 이권과 특혜를 차지하고 더 나아가서 그 나라의 내정에 공공연히 간섭하고 심지어 정권교체를 시도하는 등 자주성을 말살하는 것이 자본수출이 제국주의적 면모를 갖게 하는 것이다.

그리스공산당의 이런 황당한 이론체계는 제국주의 체제가 '한 줌의 선진국이 지구 상 인구의 압도적 다수를 식민지적으로 억압하고 금융적으로 교살하는 하나의 세계체제로 성장'했고 '이 전리품은 머리끝에서 발끝까지 완전무장한 2~3명의 강력한 세계적 강도들(미국, 영국, 일본) 사이에서 분배되고 있으며, 이들은 자신들의 전리품 분배를 둘러싸고 벌어지는 자신들의 전쟁 속으로 전 세계를 끌어들이고 있다'는 레닌의 제국주의 인식을 정면 부정하는 것이 된다.

다시 강조하건대, 그렇게 되면 제국주의는 한 줌도 안 되는 소수의 나라와 민족이 수백 개의 나라와 수십억 인류를 지배하고 압살하는 종속 체제가 아니라, 피라미드 속의 위치는 다를지라도 태반이 제국주의 국가가 되고 태반이 서로를 침략하고 지배하고 금융적으로 교살하는 체제가 된다. 서로가 제국주의라면 어디에도 일방적으로 지배당하고 약탈당하는 (신)식민지는 없게 된다. 이는 결국 제국주의를 부정하는 처사다. 이는 제국주의론이 아니라 상호주의적이고 수평적인 부르주아 국제주의론, 국제관계론이다.

그리스공산당은 '제국주의 피라미드론'에 의하여 러시아와 중국, 인도와 브라질, 멕시코, 그리스, 남아프리카공화국, 한국 등을 모두 제국주의로 본다. 그러니 미제와 서방 제국주의 중심의 일극 체제에 대항하여 중국과 러시아가 중심이 되어 조선, 쿠바뿐만 아니라 베네수엘라를 비롯한 남미의 좌파정부들이 권력을 잡고 있는 나라들, 이란 등의 나라가 이 일극 패권에 도전하는 것을 역사적 발전과 진보라고 주장하지 않는다. 오직 제국주의 피라미드 내에서 위치 변화에 불과한 것이다. 미국 중심의 일극체제가 동요되어 미국이 쇠퇴하는 것은 영국제국주의를 대신해 미제국주의가 세계 패권을 차지했던 것과 같은 일로 보게 되는 것이다.

'제국주의 피라미드론'은 인식 상의 심각한 오류인 동시에 실천적으로는 근본주의, 기권주의, 대기주의를 낳는다. 기존 세계 질서의 극적인 변화에 대해 어떠한 의미도 발견할 수 없고 그 변화과정에서 우리의 실천적 과제를 잡을 수도 없으며 그저 현 피라미드 체계 내의 나라에서 혁명이 벌어질 때만이 전쟁에서 벗어날 수 있으며 정치적으로 의미가 있는 것이 된다. 이러한 고답주의(高踏主義 속세에 초연하며 현실과 동떨어진 것을 고상하게 여기는 사상이나 태도)로 과연 혁명은 고사하고 눈앞의 현실의 변화라도 실현하는 것이 가능하기라도 할까?

이 고답주의에 많은 국제적 공산당들이 영향을 받고 미제와 서방 제국주의에 대한 진보적 인류의 단합된 결전을 가로막고 혼란을 조장하고 있다는 현실이 답답하다. 이 고답이 가로막은 답답한 현실을 돌파해야 한다. 인식이 현실을 반영하지 못하고 고루하면 현실을 봐야 한다. 이제 변화무쌍한 다극화의 현실을 보자.

4-2. 미제국주의 패권에 맞서는 다극화는 역사 진보와 혁명 전진의 촉진제인가? 걸림돌인가?

2023년 4월 27일

다극화가 가져오는 지구적인 변화의 현실

그리스공산당은 국제공산주의 운동 내부에 벌어진 이념적, 정치적 갈등을 다음과 같이 정리하고 있다.

> 국제공산주의 운동 내에 많은 중요한 주제들을 두고 치열한 이데올로기적·정치적 충돌이 벌어지고 있다.
>
> 평화를 위한 투쟁이 미국을 길들이고 사회민주주의와 기회주의자들이 촉진하는 소위 '평화로운 국제 구조'에 대한 환상을 조장하는 '다극 세계'와 불가분의 관계가 있다고 생각하는 정당들과 자본주의 세계는 '민주화'될 수 없으며, '극'이 아무리 많아도 전쟁에서 벗어날 수 없으며, 새로운 사회주의 사회를 위해 자본주의를 전복하기 위한 투쟁을 강화해야 한다고 믿는 당들 간에.
>
> 중국을 '중국 특색의 사회주의를 건설하는' 국가로 간주하는 정당

(엘리세오스 바게나스 그리스공산당 중앙위원/국제관계 대표, "제22차 공산당·노동당대회의
사상정치대결과 『반러』, 『친러』 정서의 『간계』에 대하여", 2022.12.27.)

그리스공산당은 미제 중심의 일극체제에 맞서 '다극 세계의 출현을 지
원하는 입장은 현실과 무관한 위험한 환상이고 평화로운 국제 구조에 대
한 환상을 조장'하는 것이 된다. 물론 정치세계에서 현실 인식을 하는 대
신에 '환상'에 빠져 있다면 그것만큼 위험한 것이 없다. 다극화에 대해서
도 '환상'을 가지고 있다면 심각한 문제다. 그런데 다극화가 '현실과 무관'
하지 않고, 다극화에 대한 '환상'이 아니라 지극히 현실적인 인식을 하고
있다면 어떤가? 일극 체제에 맞서는 다극화에 대해 환상을 가지는 것이
아니라 그것을 예리하게 분석하고 그러한 세계 정치의 변화상을 날카롭
게 인식하여 우리의 현실 인식의 기초로 삼고 변혁과정에서 그것을 유리
하게 사용하면 어떻게 되는 것인가? 그리스공산당식 극단적인 제기가 아
니라 이렇게 문제를 정식화해본다면 다극화는 세계 정치의 진보적 발전
에, 사회주의 변혁에 전혀 불리한 것이 아님을 알 수 있다.

다극화는 전 세계에 패권을 차지하여 다른 나라를 침략하고 학살하고
내정에 개입하고 레짐 체인지(정권교체)를 통해 다른 나라의 자주성을 압
살해 왔던 미국의 정치적 쇠퇴를 의미한다. 미제 패권에 맞서는 다극화
는 점점 더 빠르게 진행되고 있다. 동유럽과 쏘련 사회주의 해체 이후에

남아 있는 사회주의 국가들은 제국주의 체제 속에 철저하게 포위되어 조선은 고난의 행군을 하고 쿠바는 특별한 시기라는 난관과 싸우며 사회주의 체제를 지키기 위해 분투해 왔다. 베트남과 중국은 개혁개방을 통해 자본주의적 시장발전을 가속화 하고 미국 눈치를 보며 심지어 북에 대한 제재에도 부분 동참해 왔다. 특히 미국은 체제 붕괴를 기정사실로 간주하고 한층 더한 제재와 군사적 봉쇄를 통해 북에 대한 압살 공세 수위를 높였다. 그러나 북은 미제와 서방 제국주의와 이 제국주의 봉쇄에 동참하는 자본주의 국가들의 극단적 공세를 극복하고 자력갱생과 핵 무력 완성으로 제국주의 핵 무력 독점과 패권을 근저에서 뒤흔들어 놓았다. 중국은 시진핑 체제 들어 국유화 비중을 높이고 조화사회를 기치로 중국의 전반적인 빈곤을 척결하고 당의 지배를 강화해 오고 있다. 최근에는 미국패권에 정면으로 맞서면서 굴기(崛起)하고 있다.

러−우 전쟁에서 러시아를 침략국으로 규정하고 제재 조치를 가했던 서방 제국주의 국가들, 특히 유럽은 제재의 역풍을 맞고 에너지가 폭등과 경제침체로 비틀거리고 있다. 러시아에 대한 미국의 제재 요구에 동참하지 않는 나라들이 늘어나고 있다. 우크라이나를 지원하던 서방 국가들은 우크라이나의 패전 가능성으로 급격하게 동요하고 있다. 미국의 핵 패권과 대북 적대시 정책에 대한 자위권으로 행사되는 북의 핵미사일 시험에 대해 중국과 러시아의 반대로 유엔안전보장이사회의 제재와 규탄 결의문까지 통과되지 못하고 있다.

게다가 미국 앞마당으로 불렸던 남미에서는 '핑크 타이드'라고 반미를 기치로 한 진보국가들이 연이어 들어서고 있다. 이들 국가들은 미국 중심의 제재에 반대하고 러시아, 중국, 조선, 쿠바와 호혜 관계를 맺고 있

맑스주의와 현대제국주의

다. 상하이협력기구나 브릭스(브라질, 러시아, 중국, 인도, 남아메리카공화국), 아메리카 인민을 위한 볼리바리안 동맹(ALBA) 정상회담 국가들은 미국 중심의 세계 질서에 도전하고 있다. 이 기구들 내에서, 이 기구들에 참여한 나라들 사이에서 과연 상호 우애와 대등한 교역, 거래 대신 제국주의적 착취와 수탈관계, 침략과 지배 관계가 존재하는가?

서방 제국주의 국가들의 식민지배와 여전히 계속되고 있는 후과들로 고통 받고 있는 아프리카 각국들은 중국과 경제, 외교관계를 강화하면서 서방 제국주의 지배로부터 조금씩 벗어나는 계기를 만들고 있다.

2022년 10월 14일 마무드 아바스 팔레스타인 자치정부 수반은 카자흐스탄에서 열린 제6차 아시아 교류 및 신뢰 구축 회의(CICA)에서 푸틴과 정상회담을 통해 미국을 신뢰하지 않는 반면에 '러시아는 정의와 국제법을 지킨다. 그것으로 족하다. 그것이 우리가 원하는 것'이라며 '따라서 우리는 러시아의 입장에 만족한다'(김상훈 기자, 팔레스타인 수반, 푸틴 만나 "미국 못 믿지만 러시아엔 만족", 연합뉴스, 022-10-14)라고 주장했다. 이 자리에서 푸틴은 '팔레스타인에 대한 미국의 입장을 신뢰하지 않으며 이에 의존하지도 않는다'며 '어떤 경우라도 미국은 우리의 문제를 푸는 유일한 당사자가 아니다'(같은 기사)라고 강조하기도 했다.

시진핑 주석은 또한 2022년 12월 아바스 팔레스타인 수반을 만나 '경제 발전과 민생 개선을 위해 힘이 닿는 데까지 지원을 계속할 것'을 약속하기도 했다.

미국과 서방 제국주의 국가들의 제재에 오랫동안 시달리면서 사회주의 건설에서 간섭을 당하고 고통을 당했던 쿠바는 러시아와 중국과의 우호, 호혜적 관계를 강화하면서 제재를 돌파하고 있다. 시진핑 주석은 22

차 중국 당 대회 직후에 중남미에서 처음으로 쿠바를 초청하여 회담을 했다. 러시아 푸틴 대통령은 러시아에서 있었던 쿠바 피델 카스트로 총사령관 기념비 개관식에 쿠바 디아즈-카넬 주석을 초청하여 우호적인 관계발전을 도모했다. 쿠바 주석은 러시아를 방문하여 푸틴과 회담을 통해 우호 관계를 더욱 발전하기로 합의했다.

달러 중심의 미 패권 체제에 맞서 국제 거래에서도 중국 위안화 결제가 늘어나는가 하면, 현물결제나 새로운 결제 방식도 등장하고 있다. 미국 달러체제에 맞서 아프리카 공동통화체제를 만들려다가 미국의 눈에 벗어나 리비아가 침략을 당하고 카다피가 살해당했던 과거에 비해 격세지감의 일들이 벌어지고 있다.

이밖에 경천동지할 일들은 중동에서 미국의 영원한 종으로 간주됐던 사우디아라비아가 미국에 큰소리를 치며 중국과 교류하는가 하면 시진핑이 사우디를 방문하기도 하였다는 사실이다. 과거 비동맹 국가의 중심에 있었던 인도 역시도 중국, 러시아와 관계를 강화하고 있다. 또한 중국 왕이 외교부장의 중재로 순니파와 시아파의 대표적인 국가로 숙적이었던 사우디와 이란이 새로운 관계를 모색하고 있다. 2023년 4월 20일 시리아 파이살 미크다드 외무장관은 시리아 전쟁 이후 처음으로 사우디아라비아를 방문하고 이를 이라크 외무부가 환영하는 외교부 성명을 발표하기도 했다. 이는 미국의 중동에서의 패권에 심각한 타격이다.

러-우 전쟁(특별군사행동) 관련해서도 사회주의 정권이나 진보정권들은 나토와 미국에 반대하여 러시아를 지지하고 나섰다. 조선과 쿠바는 일찌감치 미국과 나토를 규탄하며 러시아의 입장을 지지하고 나섰다. 이미 조선은 돈바스 재건에 참여하기로 결정하기도 했다.

맑스주의와 현대제국주의

니콜라스 마두로 베네수엘라 대통령 역시 블라디미르 푸틴 러시아 대통령에게 전화해 이 군사 행동 목표가 '돈바스 지역의 민간인과 러시아의 크림반도 자치권을 보호하기 위한 것'이라면서 '러시아의 단호한 행동에 강력한 지지를 표시하고, 안정을 해치는 미국과 북대서양조약기구(NATO·나토)의 행위를 규탄했다.'("베네수엘라 마두로, 푸틴에게 전화해 '강력 지지'", 연합뉴스, 2022-03-02)

과연 이러한 일들이 제국주의 체제 내부의 변화에 불과하고 아무런 의미가 없다는 말인가? 중국과 러시아를 제국주의로 간주하는 그리스 공산당에게는 아무런 의미가 없는 일일지 몰라도 사회주의 조선과 쿠바, 팔레스타인과 서방 제국주의 국가들에게 부당한 내정 간섭을 당하고 침략을 당했던 아프리카, 아시아, 중동의 나라들에게는 엄청난 변화고 발전이다. 미제의 앞마당으로 미제의 간섭과 침략을 받아왔던 남미의 진보적인 정권들에게도 이러한 변화가 아무런 의미가 없는 일일 수 있는가?

디아즈 카넬 쿠바 주석은 아랍 독립신문 알 마야딘(Al Mayadeen)과의 인터뷰에서 현재 미국 중심의 일극 체제에 대해 이렇게 평가했다.

쿠바 주석은 '현재의 세계 경제 체제는 착취와 불평등에 기반을 두고 있고, 세계 빈곤층 대다수를 희생시키면서 부자에게 봉사하고, 군산복합체와 거대 서방 열강의 이익에 지배받으면서 개발도상국에게 어떠한 다른 선택지를 제시하지 않기 때문에' 변화될 필요가 있다고 알 마야딘에게 강조했다.

("아바나와 세계: 쿠바 주석과 알 마야딘 인터뷰2 Havana and the world: Al Mayadeen interviews Cuba President (II)", 2023.3.21.)

그렇다면 쿠바 주석은 다극화되고 있는 세계에서 무엇을 기대하는가?

쿠바 주석은 '오늘날 우리는 연대와 평화, 우애를 국제화할 수 있는 세계, 다원주의를 수호하는 관련 체계를 갖춘 세계가 필요합니다'라며 '이 세계는 무엇보다도 인류를 평화, 연대, 우애와 다원주의를 기반으로 하는 공동 가치에 따라 건설되고 있습니다'고 말했다.

그는 이 문제가 피델 카스트로 전 쿠바 대통령의 젊은 시절부터 가졌던 관심사였으며, 다양한 국제 행사에서 쿠바가 세계에 보내는 많은 메시지에서 언급되었으며 쿠바는 대화를 통해 갈등을 해결하고 세계가 보다 민주화되는 것을 목표로 한다고 덧붙였다.

만일 '우리가 다원주의, 이해, 타인에 대한 존중, 평화를 위한 투쟁을 달성하는 데 기여하는 동맹을 달성할 수 있다면… 이러한 동맹은 유효하고 도움이 될 것입니다.'

'세계가 보다 민주화' 되는 것에 대한 열망을 가지고 그것을 실제 실현하기 위해 분투하고 있는 쿠바 주석은 과연 그리스공산당의 주장대로 실현될 수 없는 꿈을 꾸는 몽상가거나 자본주의자인가? 아니면 혁명적 현실주의자인가?

김정은 북한 국무위원장은 지난해 말 열린 노동당 전원회의 보고를 통해 국제관계 구도가 '신냉전' 체계로 명백히 전환되고 다극화의 흐름이 더욱 가속화되고 있다며 이에 맞는 대외사업 원칙을 강조했습니다.

김 위원장은 또 미국이 일본, 한국과의 동맹 강화를 명분으로 '아시아

맑스주의와 현대제국주의

판 나토'와 같은 새로운 군사블럭을 형성하는 데 골몰하고 있다고 비난했습니다.

김 위원장의 목소리를 직접 대변하고 있는 것으로 평가되는 김여정 노동당 부부장은 지난달 우크라이나 전쟁 장기화로 곤경에 처한 러시아를 노골적으로 지지하는 담화를 냈습니다.

우크라이나에 탱크를 지원하겠다고 발표한 미국을 비난하면서 러시아 군대와 인민과 언제나 한 전호 즉 참호에 서 있겠다는 입장을 밝혔습니다.

(김환용 기자, "북한, '신냉전 구도' 외교전략에 적극 활용…미·중 대립 완화 등 변수",

VOA뉴스, 2023.2.3.)

이처럼 국제공산주의 운동 내에는 교조, 종파주의자들과 각 나라의 사회주의 건설의 특수성을 존중하고 다른 나라의 자주성을 존중하며 미국 중심의 서방 제국주의에 맞서 새로운 세계 질서를 만들기 위해 투쟁하는 공산주의자들 및 사회주의 나라들이 존재하고 있다.

반미 반제라는 국제적인 주요모순은 안 보는가?

그리스공산당은 계급 대 계급 입장을 가지고 통일전선, 인민전선을 부정할 뿐만 아니라 현대제국주의에서 (신)식민 체제는 존재하지 않으며 따라서 제국주의에 맞서 각 나라별로, 국제적으로 (신)식민지 모순을 해결하기 위한 반미자주를 부정한다.

'식민 체제 전복'의 필요성, 국가 주권 및 '주권국가'의 지역 연합 창설에 대한 세계 반제국주의 플랫폼의 접근 방식은 비역사적인 방식으로 현재 식민지 체제가 수십 년 동안 과거의 일이라는 사실을 간과한다. 식민지 체제의 자리에 수십 개의 '주권' 국가가 등장했고 각 국가에는 자본과 노동계급 사이에 해결되지 않은 계급 모순이 존재한다. 더욱이 '주권' 부르주아 국가 사이의 현재 관계는 모든 부르주아 계급이 그들의 힘에 따라 관여하는 불균등한 상호의존 관계에 의해 지배되고 있는데, 이는 세계 반제국주의 플랫폼의 분석에서 빠져 있는 사실이다.

이 제국주의 '피라미드' 내에서 각 자본주의 국가 사이에 생기는 의존성은 세계반제 플랫폼이 주장하는 것처럼 다극 세계에 의한 미국의 패배로 교정될 병리학, 일탈 또는 왜곡이 아니라 고유한 현상이다. 더욱이 세계반제플랫폼은 자본주의의 발전, 즉 자본의 국제화의 본질을 은폐한다. 불평등한 상호의존의 그물망은 오직 부르주아 권력과 자본 독재 국가의 전복과 새로운 사회주의-공산주의 사회의 건설에 의해서만 해체될 수 있는 것이다.

("이른바 세계반제국주의 플랫폼과 그 파괴적이고 혼란스러운 입장에 대하여", 그리스공산당 중앙위원회 국제관계부, 2023.4.10.)

이미 앞서 비판했지만, 현대제국주의에 대한 그리스공산당의 제국주의 '피라미드론'이야말로 '파괴적이고 혼란스러운 입장'이다. 그리스공산당은 미제국주의를 중심으로 독일, 영국, 프랑스, 일본 등 한 줌도 안 되는 제국주의 국가들이 수백 개 나라, 수십억 인류를 침략, 착취, 수탈, 지배, 간섭하고 있다는 레닌주의 제국주의론을 전면 부정하고 있다. 이는 비단 레닌의 제국주의론에 대한 부정일 뿐만 아니라 여전히 미제국주의를 중심으로 서방 제국주의 나라들이 전 세계를 대상으로 침략전쟁과 내정간섭을 벌이고 정권교체를 시도하는 현실을 부정하는 것이다. 또한 자본수출로 초과이윤을 수취하고 원료와 노동력, 시장을 지배하고, '인권과 인도주의' 같은 위선적 명분을 내세워 경제 제재를 가하며 국제통화기구(IMF), 유럽연합(EU) 유럽중앙은행(ECB) 등 트로이카를 내세워 긴축을 강요하고 금융적으로 교살하는가 하면 더 나아가 문화적 지배, 선전(문화 냉전)을 하는 현실을 철저하게 호도하는 것이다.

그리스공산당은 제국주의 '피라미드론'을 가지고 제국주의 국가와 비제국주의 국가 간의 종속과 수탈, 지배의 문제를 자본의 국제화로 수평적인 문제로, '불평등'하지만 상호의존의 측면에서 본다. 그리스공산당은 제국주의 국가에 맞서는 식민지 종속국, 반제반미자주국가들의 투쟁을 인정하지 않고 있다.

그리스공산당은 또 다음과 같이 '파괴적이고 혼란스러운 입장'을 제출한다.

세계반제플랫폼의 입장과 마찬가지로, 많은 기회주의 세력은 자신의 입장에 대해 비슷한 혼란을 겪고 있다. 가령 종교를 이용하여 계급착취와 사회적 불평등을 강화하고 여성 기본권을 부정하는 자본주의 국가인 이란조차 '반제국주의' 세력이라고 규정한다. 더욱이 이는 기본적인 부르주아 민주주의 권리를 위한 대규모 시위로 이란이 흔들리고 있는 시기에 말한 것이다.

그리스공산당에게는 오로지 노동과 자본의 모순밖에 존재하지 않는다. 국내적인 반파시즘 투쟁도, 국제적인 반파시즘 투쟁도, 이를 위한 다양한 형태의 통일전선, 정치적 합작도 필요 없다. 그리스공산당의 주장대로라면 2차 세계대전 당시 쏘련의 국제적인 반파시즘 투쟁 전선은 영국, 미국, 프랑스 같은 다른 제국주의, 부르주아와의 정치적 야합에 불과하게 된다. 실제 그리스공산당은 앞에서 비판했듯이 스페인 내전에서 반파시즘 인민전선도 '계급협조'라고 비난하고 있다. 이는 바로 통일전선을 부정하고 종파주의에 사로잡혀 있는 트로츠키주의의 정치적 특성이다.

국내에서는 그리스공산당의 입장을 무분별하게 소개하고 있는 노동사회과학연구소(노사과연)의 입장과 일치한다. 노사과연은 오로지 계급 대 계급의 입장에 입각해서 '우리 민족끼리 반미자주' 하자는 입장에 대해서도 '계급협조'이고 심지어 '범죄'라고까지 극렬 비난한 바가 있다.

민족문제에서 심각한 오류를 범한 노사과연은 국제문제에서도 '반제국주의'라는 미명하에, 중국, 러시아, 이란 등에 대해 일각에서 취하고 있는 태도에 문제를 제기(《정세와 노동》 2월호 편집자 글)한다면서 그리스공산당과 같은 오류를 범하고 있다.

우리는 이에 대해 다음과 같이 비판했다.

서방 제국주의자들의 이란 자주권 침해는 비단 이란 정부, 국가에 대한 침해뿐만 아니라 이란 민중의 투쟁까지 간섭하며 침해하고 있는 것입니다…

국제적 차원서 미제와 서방 제국주의자들의 개입을 반대하면서 이란 민중의 투쟁을 지지할 수 있습니다.

물론 이란 민중이 이 투쟁을 온전하게 하려면 서방의 인권 공세의 이중잣대와 이란에 대한 제재와 서방의 개입을 제대로 반대할 수 있어야 합니다.

그것이 아니면 이란 민중의 자주적 투쟁이 자칫 서방의 이란 레짐 체인지에 이용될 수 있기 때문입니다.

노사과연은 이란 내부의 모순만 분리해서 계급 투쟁만 강조할 뿐 국제적 주요모순과 통일적으로 사고하지 않습니다. 자주성의 의미를 전혀 인식하지 못하고 있습니다.

그렇기 때문에 아프가니스탄에서 탈레반의 미제 축출에 대해 탈레반의 반동성 운운하며 그 축출이 가지는 역사적 의미를 전혀 인정하지 않았던 것입니다.

("파산지경에 이른 정치적 오류를 교정할 수 있는 건 결국 자기 자신뿐", 전국노동자정치협회, 2023.2.4.)

실제로 이 연장선상에서 노사과연은 아프가니스탄에서의 미군철수에 대해서도 '자신들의 필요에 따른 전략의 수정'이라며 그 의미를 전면 부정하고 있다.

일부에서는 미군의 철수와 탈레반의 집권을 가리켜 '아프간의 해방'이라며 만세를 부르다시피 환호하는 사람도 없지 않지만, 그것은 결코 '해방'이 아니다. 그러한 판단과 환호는 자신의, 물론 반제(反帝)라는 선의의, 그러나 몰계급적인 국가주의적·국민(Nation)주의적 소망을 현실로 착각한 것일 뿐이다.

아프가니스탄은, 아니, 아프간 인민은 결코 해방된 게 아니다. 아프간 인민은 여전히 해방을 위한 혁명이라는 어려운 과제를 안고 있다. 아니, 탈레반은 분명 자신들이 미제로부터 아프간을 해방했다고 선전할 것이고, 그 인민들 중에도 그러한 몰계급적·국가주의적·국민주의적 선전에 넘어가는 사람들이 결코 적지만은 않을 터이므로 아프간 인민은 사실은 과거보다도 더 어려운 혁명의 과제를 지고 있는 것이야말로 현실이다.

탈레반 집권 후 벌어지고 있는 극히 어이없는 여성 억압이 전 세계적으로 지탄받고 있지만, 탈레반의 반동성은 그에 그치지 않는다. 사실상 사회생활 전반(全般)에 걸쳐 있다. 게다가 지난 8월 미군의 철수와 관련, 가히 극적인 장면들이 연출되었지만, 그렇다고 탈레반이 미군을 패퇴시킨 것은 결코 아니다. 미군은 자신들의 필요에 따른 전략 수정에 의해서, 즉, 주지하는 것처럼, 주로 중국이 더 이상 패권 국가로 대두하는 것, 중국인들이 즐겨 쓰는 표현을 빌리자면, 굴기하는 것을 견제하기 위해서 아시아에서의 전력 배치를 수정해야 할 필요 때문에 아프가니스탄으로부터 철수했을 뿐이다.

(채만수, "이른바 팍스 아메리카나 체제와 그 극복", 〈정세와 노동〉 제177호, 2022년 1월)

그래서 무슨 말을 하고 싶은 것인가? 아프가니스탄에서 미군철수는 아무런 정치적 의미가 없다는 말인가? 탈레반이 미국보다 반동적이니 미군이 진주하는 시절이나 별반 차이가 없다는 말을 하고 싶은 것인가? 아니면 계급혁명이 아니고서는 다른 모든 것은 의미가 없다는 말인가?

'자신들의 필요에 따른 전략 수정' 때문에 미군이 제 발로 아프간에서 걸어 나왔다는 분석은 바이든 정부와 미국 네오콘이 아프간에서 축출당하고 손상당한 자기들의 입지를 모면하려고 내세우는 주장이다. 이것이 중국을 견제하기 위한 '전략 수정'에 의해 단행되었다면, 아프가니스탄이야말로 미제가 약탈할 천연자원이 풍부하고 중국의 약한 고리가 될 수 있는 신장위구르에 인접해 있고 이란을 비롯해 남아시아, 중앙아시아까지 패권을 유지할 수 있는 전략적 거점이라는 점으로 볼 때 터무니없는 주관적 분석에 불과한 것이다. 아프가니스탄인들의 반미투쟁이 없었다면 '전략 수정'은 있을 수 없고 그것도 황급한 야반도주로 미군이 전 세계에 체면을 구기며 철수하지는 않았을 것이다.

물론 아프가니스탄에서의 미군 축출 그 자체만으로 아프가니스탄인들이 전면 해방된 것은 아니다. 아프가니스탄인들은 미군의 침략과 학살, 탄압에 맞서 20여 년 세월 무장항쟁을 하고 그 성과로 외세 개입을 척결했던 것이다. 앞으로도 축출당한 미제가 아프가니스탄에 대해 경제 제재를 가하고 국제적으로 고립시키는 반제 반미의 과제가 사라진 것은 아니지만, 이제 아프가니스탄인들은 외세의 척결 이후 남아 있는 전면적인 해방의 과제를 스스로 선택하며 탈레반 정권과 내부 문제로 자기권리를 쟁취하기 위해 투쟁할 여지가 생겼다. 아프가니스탄에서 미군철수는 국제적으로는 미국의 패권약화와 함께 이라크를 비롯한 중동지역과 전 세계에서 반미 반제투쟁이 강화될 수 있는 민중의 자신감을 높이는 계기가 될 수 있다. 종파주의자들은 이러한 의미를 보지 못하고 미군철수 원인을 왜곡하고 그 의미를 축소하고 있는 것이다.

노사과연이 소개하고 있는 스페인 노동자 공산당(PCTE) 총비서 아스토르 가르시아(Ástor García)의 연설문도 그리스공산당과 같은 행보를 하고 있는 이 당의 종파주의적 입장을 잘 보여주고 있다.

많은 공산당들과 노동당들은 러시아를 제국주의라고 규정하기를 꺼리고 있습니다. 일부는 심지어 러시아도 중국도, 그들이 모두 미국과 유럽연합, NATO와 '대치'하고 있기 때문에 '반제국주의적' 역할을 하고 있다고까지 생각합니다. 이들은 다극체제론을 옹호하는 바로 그 사람들인데, 그들은, 그러한 논의가, 상이한 열강에 현존하는 자본주의적 생산관계들은 아무튼 그대로 둔 채, '일극'체제는 서구 열강에게 이득을 주는 반면에 '다극'체제는 서구 열강의 이익을 희생시켜 다른 열강의 이익을 보장할 것이라는 명제에 기반한, 제국주의 간 충돌 및 자본주의 발전 모델에 관한 논의라는 것을 잊고 있습니다. 이는 현실적으로는 쿠바와 베트남, 라오스 같은 나라들이 그들 경제에 자본주의적 메커니즘의 도입 과정을 더욱 가속하는 데에 이용되고 있습니다.

(아스토르 가르시아, [번역] "오늘날 러시아의 제국주의적 본성을 부정하는 것은 현실을 부정하는 것입니다", 〈정세와 노동〉 제182호, 2022년 7/8월)

위 입장에 대해 도리어 '오늘날 러시아의 제국주의적 본성을 강조하는 것은 미제국주의 지배의 현실을 부정하는 것이다'라고 반박할 수 있다. 그리스공산당이 중국은 제국주의로, 조선은 3대 세습 족벌체제로, 쿠바를 시장 사회주의로 비난하며 현실에서 사회주의를 내건 진보적인 권력들을 전면 부정하거나 적대감을 보이는 것처럼, 이들 역시 제국주의 포위와 맞서 싸우며 사회주의 건설을 하는 나라의 특수한 조건에 대한 배려나 고려 없이, 심지어 쿠바에 대해서조차도 '자본주의적 메커니즘의 도입'이라고 비난하고 있다. 더욱이 미제 중심의 일극 체제에 도전하며 중국과 러시아를 제국주의로 규정하지 않고 교류 협력하며 다극체제론을 옹호하는 것이 '자본주의 발전 모델에 관한 논의'라는 분석은 이 당이 얼마나 종파주의적인지 알 수 있게 한다.

자주성과 프롤레타리아 국제주의는
대립되지 않는다

국제주의의 상징인 쿠바 사회주의 주석은 쿠바-이란 관계에 대해 다음과 같이 묘사했다.

> 쿠바-이란 관계에 대해 말하면서 쿠바 주석은 이란을 쿠바의 자매국으로 묘사했다. 그는 두 나라 관계의 기초는 역사와 상호존중, 그리고 제국의 봉쇄와 제재에 직면하여 두 나라가 벌인 거대한 저항에 기초하고 있다고 말했다.
> 쿠바 주석은 '쿠바와 이란 국민은 제국주의 세력의 계획에 대한 저항, 용기, 영웅주의, 존엄성 및 반항에 대한 이해를 공유하고 있습니다'라고 말했다.

(아바나와 세계: 쿠바 주석과 알 마이단 인터뷰)

이와 달리 그리스공산당을 위시로 하는 국제공산주의 운동 내부의 세력들은 맑스 레닌주의를 내거나 실은 트로츠키주의적 입장에 경도되어 이러한 종파주의적 입장에 처하게 된 것이다.

현시대를 누구의 관점, 어떤 기준점으로 보는가에 따라 전반적 위기의 시대, 제국주의 시대, 프롤레타리아 독재의 시대, 자주성의 시대 등으로 다양하게 볼 수 있다. 그런데 이 시기 4대 모순은 다음과 같이 볼 수 있다.

첫째, 노동자와 자본가 사이의 계급 적대와 모순

둘째, 제국주의와 (신)식민지 종속국 간의 민족 모순

셋째, 제국주의와 사회주의 간 모순

넷째, 제국주의 열강 상호 간의 모순

이러한 모순은 절대적으로 대립되어 있는 것은 아니다. 특히 둘째와 셋째는 더 직접적으로 연결되어 있다. 제국주의에 맞서 싸우는 사회주의 국가들이나 (신)식민지 종속국 간의 민족 모순은 현재 종속국은 아니나 제국주의 침략 및 개입과 종속 기도에 맞서 '자주권'을 옹호하기 위해 싸우고 있는 것이기 때문에 반미자주로 확장되는 것이 타당하다. 미국 중심의 서방 제국주의 체제에 맞서 각 나라의 자주권을 옹호하고 다극화를 위해 싸우는 반미자주는 이 4대 모순에 비춰볼 때 타당한 분석이다.

그런데 그리스공산당을 중심으로 하는 종파주의 세력들은 아프가니스탄에서도 그렇지만 이란 등지에서도 이러한 둘째, 셋째의 모순을 척결하기 위한 국제적인 투쟁을 거부한다. 이들은 오로지 첫째, 노동자와 자본가 사이의 모순만을 일면적으로 강조하고 있다. 마오쩌둥이 『모순론』에서 강조한 것처럼, 제국주의가 침략을 하거나 (신)식민지 지배를 할 때 주요모순으로 떠오르는 반제투쟁의 과제를 거부하고 오로지 국내의 계급투쟁만 강조하고 있다.

트로츠키주의자들 역시 리비아, 시리아, 홍콩 등에서 서방 제국주의의 침략이나 내정 간섭, 정권교체 기도 등의 문제를 보지 않고 국내적 계급 모순만을 강조하며 제국주의 직접 후원이나 지지를 받는 내전을 '민중항

맑스주의와 현대제국주의

쟁', '민주주의 투쟁'이라 강조하며 지지하는 심각한 오류를 범했다. 이로써 이들은 항상 제국주의의 '진보적' 벗으로 전락했던 것이다.

국제공산주의 운동 내부의 종파주의 세력들도 이와 근본적으로 다르지 않다. 이들은 오로지 계급 대 계급, '자본주의 생산양식'의 유무로만 접근하며 제국주의에 저항하는 '자주성'의 문제를 보지 않기 때문이다. 물론 이는 반제자주를 절대시하면서 국내의 계급 투쟁을 도외시하는 우경적 흐름에 대한 좌경적인 반편향 때문에 생긴 것이기도 하다. 그러나 우리는 어떠한 편향을 절대화하면서 반대 편향으로 치우치는 반편향이 사실은 극과 극이 서로 통하는 우를 범하는 것이기에 양자를 다 거부해야 한다.

미제를 위시로 한 서방 제국주의에 맞서 싸우는 것이 국제적 주요모순을 해결하는 길이다. 이를 위해 미제의 지배와 간섭에 맞서 싸우는 모든 세력, 나라, 민족들과 폭넓게 같이 싸울 수 있다. 반미를 내걸고 있다고 해서 항상 올바른 관점과 방식으로 반제국주의 투쟁을 하고 이를 통해 해방으로 나아가는 것은 아니다. 그러나 반미가 빠진 반제는 있을 수 없다. 반미 반제 세력들은 국제적으로 통일전선을 세울 수 있다. 다극화는 바로 미제 중심의 서방 제국주의에 맞서는 국제적인 통일전선이라고 할 수 있다.

'자본주의 생산양식'의 유무로만 보면 이러한 국제적 전선은 필요가 없다. 이러한 국제적 전선이 없다면 제국주의 지배의 극복은 요원하게 된다. 현대 제국주의에서는 보통 과거 식민지와 똑같이 총독부를 가지고 식민통치를 하는 것은 아니기 때문에 제국주의 지배는 국내의 통치배들, 권력자들을 통해 이뤄진다. 따라서 제국주의 지배를 약화시킨다면 국내에서 노동자 민중이 해방될 여지, 가능성이 높아지게 된다. 물론 반대로 반제를 하면서 국내 통치계급, 특히 국내 통치계급 한 분파와의 투쟁을 소홀히 하거나 심지어 계급협조를 하게 된다면 그것은 제국주의 통치에 일조, 협조하는 것이 된다.

현재 신냉전 하에서 다극화는 과거 냉전 체제에서 '비동맹회의'(블록 불가담회의)와 같은 국제적 통일전선이라고 할 수 있다. 이는 생산양식의 측면에서 보면 '중립주의'에 해당한다고 할 수 있다. 그러나 이것이 반제 자주의 관점에서 중립을 의미하는 것은 아니었다.

이 비동맹회의는 1961년 제1차 회의 이후에 정점에 이르렀던 1979년 까지 6번에 걸쳐 진행되기도 하면서 지금까지 존속되고 있다. 이 비동맹 회의에는 사회주의 나라뿐만 아니라 제국주의의 지배 간섭에 반대하는 남반부의 많은 나라들이 참여했다. 1979년 이 회의에는 유엔가맹국의 75%인 115개 나라가 참여하는 성과를 거두기도 했다. 이 회의는 영토와 주권의 존중, 상호불가침, 상호 내정불간섭, 평등 호혜, 평화공존의 5가 지 원칙을 기본이념으로 하여 아시아, 아프리카, 라틴 아메리카 인민들의 독립과 '자주성' 고양에 막대한 역할을 하였다.

'자본주의 생산양식'의 유무로만, 오직 계급 대 계급의 관점, 노동 대 자본의 관점으로 협소하게 보았다면, 이 동맹은 시작도 하지 못했을 것 이다. 이 '자주성'의 관점은 프롤레타리아 국제주의 관점에 배치되는 것이 아니다. 반대로 프롤레타리아 국제주의 관점을 확장하여 제국주의 지배 와는 다른 새로운 '신세계 질서'를 구현한 것이 된다.

쏘련과 동유럽의 해체라는 쓰라린 패배, 현실 사회주의에 대한 닥친 난관, 미제 중심의 서방 제국주의의 승승장구와 일방적, 패권적 일극체제의 수립이라는 폭거가 상당 시간 지속됐지만 이제 미제가 쇠퇴하고 있고, 반제자주, 다극화는 점점 더 현실이 되고 있다. 그러나 미제국주의는 다극체제의 부상과 자신의 쇠퇴를 막기 위해 단발마적 발악을 하고 있다.

미·일·한 군사동맹의 침략 팽창주의 전략 하에서 미제의 잘 조련된 주구가 된 윤석열은 천지분간하지 못하고 미쳐 날뛰고 있다. 윤석열은 북 선제타격 위협과 북한주적론을 펼쳐 전쟁위기를 고조시키더니, 일본에 건너가서는 군국주의자들에게는 머리를 조아리며 반민족적 친일 굴종 행보를 하고, 우크라이나에 대한 군사 지원을 약속하여 러시아에 준 선전포고를 한 데 이어 방미를 해서는 '힘에 의한 현상 변경 시도는 세계 안보를 위협'한다고 하여 이제는 중국을 자극하고 있다. 날로 더 위험천만해지는 제국주의의 침략전쟁 책동과 국내 파쇼지배 체제 속에서 제국주의에 맞서 '자주성'을 옹호하는 투쟁, 반동적 통치배들과의 투쟁은 점점 더 중대한 정치적 과제가 되고 있다.

5. 러·우전에서 기묘하게 하나가 된
제국주의의 '진보적' 들보들!

　더 오랜 역사적 배경을 가지고 있지만, 2022년 2월 24일을 기점으로 전면화된 러시아와 우크라이나의 전쟁(특별군사작전)이 비교적 단기간에 끝날 것이라는 예상을 뒤엎고 1년 반 가까이 지속되고 있다. 이 전쟁은 서방 제국주의·우크라이나와 러시아의 대결, 대립으로 인해 필연적으로 발생했으나 이것이 전쟁을 피할 수 없는 숙명적이라는 의미는 아니다. 이 전쟁은 충분하게 피할 수 있는 전쟁이었다.

　두 차례에 걸쳐 합의된 민스크 협정을 서방과 우크라이나가 파기하지 않았다면, 우크라이나가 서방 제국주의와 단절하거나 러시아와의 관계에서 최소한 균형적인 태도를 취했더라면, 돈바스의 자치권을 인정하고 우크라이나 내 러시아인을 탄압하지 않았다면, 우크라이나 민중이 서방 제국주의 대리자들인 신나치에 맞서 승리했다면 이 전쟁은 일어나지 않았을 것이다. 더 나아가 이 전쟁은 조기에 종료될 가능성도 있었다.

　전쟁 한 달여 만인 3월 터키의 중재로 이스탄불에서 평화협정 체결 움직임이 있었다. 그러나 당시 3월 29일 5차례의 평화협상에서 이 전쟁이 조기 종결될 가능성이 높은 가운데 이즈음 폭로된 이른바 '부차 학살'로 평화협상이 무산되고 전쟁이 장기화되었다.

　서방측이 저질러 놓고 러시아의 자작극으로 몰고 있는 노드스트림 해저 가스관 폭파와 최근 헤르손 댐 폭파와 마찬가지로, '부차 학살'은 앞서 살펴본 것처럼 중대한 의혹들이 있으며 우리는 이 사안이 서방 제국주의자들과 우크라이나 측에 의해 조작된 것이라고 확신하고 있다. 전쟁범죄 학살을 저지른 혐의를 받고 있는 러시아는 유엔 안보리에서 이 사건을 공개 조사하자고 적극 제안한 반면, 당시 안보리 의장국이었던 영국은 완강하게 안보리 조사를 거부한 점만 보더라도 이 사건은 충분하게 의혹을 살만하다.

이 장기화된 전쟁은 보통 러시아와 우크라이나를 내세운 미제, 나토 같은 서방 제국주의자들의 대리전으로 알려져 있으나 실상을 보면 대리전이라는 말이 무색할 정도로 서방 제국주의자들이 이 전쟁에 깊게 참여하고 있다. 서방 제국주의자들은 막대한 무기, 자금지원, 거대 언론을 통한 이데올로기전 지원을 하고 있을 뿐만 아니라 우크라이나 군대를 직접 훈련시키고 지휘하고 있으며 비밀리에 정보 요원, 군사 장교까지 파견하여 참전하고 있다.

국제공산주의 운동에 파고든 (범)트로츠키주의, 즉 제국주의 정치

러-우 전쟁은 전 세계의 공산주의자들과 진보적 인류에게 선택을 강요하고 있다. 국제공산주의 운동진영 내에는 현대 제국주의의 성격과 대상을 둘러싸고 입장 차이가 있었다. 러·우전 이전에 이 차이는 잠재적인 갈등 요소였지만 당시까지만 해도 이론적 차이 정도였다. 그러나 러·우전을 계기로 이 이론적 차이와 잠재적 갈등은 공산주의 운동 내부의 전면적인 갈등과 대립으로 나타났다. 쿠바에서 있었던 22차 국제공산당 및 노동당 대회에서는 명목적으로는 국제공산주의 운동의 단결을 강조했지만 실제로는 두 개의 서로 다른 결의문이 채택될 정도로 공산주의 진영의 분열을 공식화한 대회가 되어 버렸다.

그 이후 국제공산주의 운동은 그리스공산당(KKE)을 중심으로 하는 기존 국제공산당 및 노동자당 참가 세력과 세계반제국주의 플랫폼이라는 두 개의 국제조직으로 나뉘었다. 러·우전이 서방 제국주의와 러시아 제국주의 간의 제국주의 전쟁이냐 아니면 서방 제국주의와 신나치 우크라이나 꼭두각시 정권과 여기에 맞서 싸우는 반제자주 진영의 대립이냐는 성격 규정은 서로 합의하거나 절충될 수 있는 성격의 문제가 아니다. 게다가 중국을 자본주의, 제국주의로 보는 관점은 현실 사회주의를 '국가자본주의' 혹은 '타락한 노동자국가'로 보았던 트로츠키진영처럼, 인류의 진보적인 성과, 결실을 전면 부정하는 것으로 제국주의에 봉사하는 논리다. 이는 맑스 레닌주의 진영까지 파고든 (범)트로츠키주의, 즉 제국주의 진영의 정치적 영향력을 잘 보여준다.

트로츠키주의는 과거에는 '모스크바나 워싱턴도 아닌 오직 국제사회주의'라는 양비론 구호로, 또는 '타락한 노동자국가론'으로 현실 사회주의 나라들에서 사회혁명이나 정치혁명으로 이들 권력들을 타도해야 한다면서 반쏘, 반사회주의 중상모략에 골몰하였다. 혁명으로 건설된 사회주의 국가들에서 혁명이 일어난다면 그것은 레짐 체인지(정권교체), 즉 반혁명에 불과한 것이다. 이처럼 트로츠키주의는 현실의 사회주의 국가와 그 지도자, 민족해방투쟁으로 들어선 진보적 국가와 지도자들에 대해 비방하고 정권교체를 획책하는 것으로 제국주의에 복무해 왔다.

이들 트로츠키주의자들, 특히 쏘련이나 현실 사회주의를 '국가자본주의'로 보는 가장 극렬한 트로츠키주의자들과 이들과 유사한 세계관을 가지고 있는 (범)트로츠키주의자들인 사회진보연대와 같은 '신좌파', 그리고 일단의 '좌파' 지식인들은 작금에는 서방 제국주의자들이 리비아, 시리아, 중국(특히 홍콩과 신장위구르), 미얀마, 아프가니스탄, 이란, 베네수엘라 등 반제·반미국가에 개입하여 레짐 체인지(정권교체)나 분쟁을 조장한 것을 '민주주의 투쟁'이라며 쌍수를 들고 환영하였다. 이들 (범)트로츠키주의자들은 제국주의가 개입한 나라의 권력의 '비민주적'인 성격 문제(독재)를 집중·거론함으로써 제국주의의 침략상과 폭력상을 물타기, 은폐하는 방식을 주로 채택한다. 러·우전에 대해서도 러시아의 제국주의적인 사회 성격과 푸틴의 '독재상'을 부각하는 것으로 서방 제국주의의 이해에 복무한다.

실제 그리스공산당은 한 줌도 안 되는 제국주의 국가가 수백 개 나라, 수십억 인류를 침략, 종속, 지배하고 금융적으로 교살한다는 레닌의 제국주의론을 부정(이는 눈앞에 펼쳐지는 현실을 부정하는 것이기도 하다)하고 있다. 이들은 국가 간, 민족 간 억압과 피억압 종속, 수탈관계를 수평적인 상호주의 관계로 왜곡시키는 '부르주아 국제관계론'의 일종인 '제국주의 피라미드론'으로, 맑스주의 철학에서 중요한 단계의 부정으로 혁명의 발전과정에서 필수적인 단계를 비약하여 건너뛰는 것으로, 사회주의 건설의 현실성을 외면하고 인류의 진보적 역사와 한 사회의 역사적 특수성을 부정하거나 폄하하는 것으로, 오직 계급 대 계급 간 대립을 주장하면서 통일전선을 부정하는 협소하고 배타적인 태도를 보이는 것으로, 러·우전을 제국주의 간 전쟁이라는 양비론으로, 대만분쟁에서도 마찬가지의 양비론을 취하는 태도로 맑스 레닌주의 진영에까지 파고든 트로츠키주의의 영향, 실제로는 제국주의의 영향을 다방면적으로 보여주고 있다.

'북한 핵'에 대해, 러·우전에서, 첨예한 정치사건마다 취하는 양비론적 태도는 트로츠키주의자들이나 정의당 같은 반공 '신좌파' 사민주의 정당과 일단의 다원주의적 인식을 가지고 있는 진보연하는 지식인들, 한겨레, 경향, 오마이뉴스 같은 소부르주아 언론이 취하는 전형적인 모습이다. 이들은 공히 반미는 시대착오적 인식이라면서 미제국주의의 세계지배와 침략, 약탈상을 존재하는 않는 것으로 인식하고 대중들한테 자신들의 인식을 전파함으로써 제국주의에 봉사한다.

피아간의, 적과 우리와의 첨예한 갈등과 대립을 두고 펼치는 양비론, 중립론은 결국 피와 적의 편을 드는 이적행위로 나타나기 마련이다. 정치는 구체적인 현실에서 벌어지는 계급 간 투쟁, 민족 간 투쟁으로 진공 속에서 이뤄지는 것이 아니기 때문이다. 실제로 핵은 인류를 절멸로 몰아갈 수 있는 위험천만만 무기이기에 궁극적으로 사라져야 한다. 인류의 생존을 위협하는 모든 핵무기는 사라져야 한다. 그러나 이러한 일반적이고 당위적인 원칙으로부터 '모든 핵 반대'라는 구호를 내건다면 이는 실천적으로 공허한 구호이거나 지극히 위험한 구호가 된다.

이 구호에는 핵 패권과 핵 독점의 원흉인 미제국주의의 책임이 빠져있다. 심지어 미제국주의가 자신들의 핵 독점과 핵 패권을 유지, 강화하기 위해 '북핵 반대'를 내걸고 북에 대한 경제 제재와 정치, 군사적, 이데올로기적 일방 공세를 취하는 상황에서 '모든 핵 반대'는 제국주의에 대한 투쟁을 회피하고 자위권의 일환으로 만든 핵무기를 반대하는 구호로 전락함으로써 제국주의의 이해에 봉사하게 된다.

사회진보연대의 '모든 핵 반대'라는 양비론적 입장은 결국 첨예한 정치적 사안 앞에서 이들이 결국 제국주의와 파쇼권력에 봉사하는 진보진영 내에 침투한 오열의 역할을 수행하게 된다는 것을 여실히 보여주고 있다. 사회진보연대는 미제의 핵과 적대시 정책, 침략책동에 대해서는 침묵하면서 우크라이나에서의 전쟁이 펼쳐지고 미제와 그 주구 윤석열 정권의 반북 적대행위와 전쟁 책동이 고조되는 시점에 민주노총 대의원대회나 전선조직 내에서 '북한 핵에 대해서도 비판해야 한다'는 논리로 미제와 파쇼권력에 충실하게 봉사해 왔다.

러·우전에 대해 제국주의 간 전쟁이라는 인식 하에 중립론, 양비론을 펼치는 공산주의 표방자들의 주장 역시 실제적인 정치 공간 내에서는 중립이 아니라 제국주의에 복무하게 된다. 이들의 논리와 실천은 진보적 인류가 제국주의와 제국주의가 도발한 전쟁에 맞서 단결하고 평화를 위해 적극 투쟁해야 하는 시점에서 진짜 전쟁도발자를 흐리게 하고 제국주의자들의 이중 잣대를 제대로 폭로하지 못하고 부화뇌동하게 되며 평화를 위한 투쟁을 분열시키게 한다.

러·우전이 서방 제국주의와 러시아 제국주의 간의 전쟁이고 중국은 제국주의라는 그리스공산당의 양비론적 인식은 결국 우크라이나가 '정의의 전쟁'을 수행하고 있다는 주장으로 나아가고, 대만분쟁에서는 전쟁을 획책하는 미제를 집중 규탄하는 것이 아니라 제국주의 간 분쟁이라는 것으로 대만 문제의 역사적 기원을 호도하는 것으로 나타났다.

트로츠키주의자, 반공 신좌파, 맑스 레닌주의 표방자들의 기묘한 정치적 동거

러시아군도 철수하고 서방 제국주의 개입도 반대한다는 기묘한 양비론, 현실에서 결코 실현될 수 없는 공상적 요구를 자칭 맑스 레닌주의자들이 (범)트로츠키주의자들과 같이 내걸고 있다는 것이야말로 기묘한 정치적 현상이 아닐 수 없다.

러시아와 중국이 제국주의이고 러·우전이 제국주의 간 전쟁이라는 인식을 가지고 있는 국내의 노동사회과학연구소(노사과연) 같은 단체의 양비론적 인식도 실천적으로는 미제국주의 야수성, 강도성을 집중 폭로 규탄하고 싸우는 대신에 러시아와 중국이 제국주의라는 것을 입증하는데 전력을 다하고 있고 아프가니스탄에서의 미군철수와 이란의 반미전을 호도하는 데 집중하는 것으로 나타나고 있다.

이른바 맑스 레닌주의 표방 단체가 실제로는 종파주의에 골몰하며 타도 제국주의라는 엄중한 정치적 과제를 혼란케 하고 제국주의가 유포하는 대중혐오, 대러 혐오에 일조하고 있는 것이다. 문제는 일단의 진보 '좌파적' 단체, 활동가들이 비록 소수라 할지라도, 소부르주아 언론이 유포하는 인식, 세계관과 제국주의자들이 유포하는 프로파간다와 맞아 떨어지면서 힘을 발휘하고 있다는 점이다. 트로츠키주의자-신좌파 단체와 일단의 '진보'적 지식인-소부르주아 언론-맑스 레닌주의 표방자들이 결탁하여 제국주의자들이 유포하는 이중잣대와 책임 전가, 진실 호도, 은폐에 놀아남으로써 노동자계급과 민중 내부에 혼란스러운 인식을 심어주고 제국주의에 대한 사상적, 실천적 결전을 가로막고 있는 것이다.

반도 이남에 살고 있는 일단의 '진보주의자'들의 이러한 양비론적 인식은 러·우전이 유라시아에서의 전쟁과 대립을 넘어, 제국주의에 의한 아시아판 나토와 가치동맹 같은 국제분쟁으로 비화되고 동북아에서는 중–대만과의 분쟁, 러일, 중일 영토분쟁과 남과 북의 대결로 나타나고 이것이 미·일·한 동맹 대 조·중·러와의 대결로 비화되는 상황에서 단순하게 관념상의 사고를 넘어 실천적으로는 심각하게 유해한 역할을 수행하고 있다.

러·우 전쟁 초기 사회진보연대(국제이주팀)는 프랑스 언론 Mediapart(3월 7일)에 실린 발리바르 인터뷰를 번역, 소개하며 푸틴과 러시아의 침략상을 규탄하고 우크라이나를 지원해야 한다고 주장했다. 이 기사는 원문 그대로 레디앙에도 실렸다.

러시아와 러시아 정권, 즉 일종의 '석유 재벌 과두정치' 독재에, 초군사화(ultramilitarisée)되고, 점점 더 경찰 국가화되고 있으며, 러시아 제국 시절을 그리워하는 그 러시아가 지금 우리의 적이 아니라고 말하는 게 아닙니다. 그들은 우크라이나인들의 적이고, 결과적으로 저처럼 우크라이나인들의 저항을 지원하는 게 우선이라고 생각하는 모든 사람들의 적이기도 합니다.

확전이 너무나 두렵습니다. 핵무기 문제를 포함해서요. 확전은 두려운 일이고, 분명, 그 가능성을 배제할 수 없습니다. 하지만 평화주의는 선택지가 아닙니다. '비개입'으로 또다시 돌아가서는 안 됩니다. 유럽연합은 이미 전쟁에 얽혀 있습니다. 유럽연합이 군대를 파견하지 않는다 하더라도, 무기는 보내고 있지요. 그리고 저는 유럽연합이 그렇게 하는 게 옳다고 봅니다. 그것도 개입의 형태입니다.

　얼마 전 노암 촘스키는 우크라이나인들을 도와야 한다고 하면서도, 푸틴에 대해서는 빠져나갈 길을 열어주고 있습니다. 또 경제 제재가 러시아인들의 과도한 반발을 불러서는 안 된다고 하고 있습니다. 그에 대한 경의에도 불구하고, 저는 촘스키가 틀렸다고 생각합니다. 푸틴을 물러서게 하려면 강력한 타격이 필요합니다.

　푸틴이 시작한 전쟁에 개입하는 방법은 여러 형태가 있지만, 그게 비용이 들지 않거나 위험이 없다고 믿을 수는 없습니다. 다시 말하지만, 가장 절대적으로 필요한 것은 우선 우크라이나인들을 지원하는 것입니다. 그러므로 저는 푸틴에게 빠져나갈 길을 열어주고 싶지 않습니다.

("'평화주의는 선택지가 아니다' 우크라이나 전쟁에 대한 에티엔 발리바르 인터뷰", 2022.3.13.,
사회진보연대)

　우크라이나에 무기를 보내 군사적으로 지원하고 침략자 푸틴과 러시아를 고립시키기 위해서 '가스나 석유, 밀의 공급이 안 되어서 유럽인들이 고통받을 수도 있고', '인플레이션도 치솟을' 위험과 '세계 금융에는 체계적 위험(risque systémique)이 될지도 모른다' 하더라도 국제사회가 러시아를 경제 제재해야 한다는 주장이 이른바 '국제적인 맑스주의 석학'이라는 자의 입에서 거침없이 쏟아져 나오고 있다.

　러시아 출신으로 한국으로 귀화한 진보적 학자로 명망 높은 박노자 교수 역시 이 글을 공유하며 '역시 마르크스주의 이론 석학다운 탁견'이라고 찬사를 보냈다. 그런데 이 노골적인 친서방 제국주의적인 주장이 나토를 일방적으로 옹호하는 것만은 아니다. 이 주장은 양비론으로 위장하고 있다.

> 저는 나토가 냉전의 종식과 함께 사라졌어야 한다고 생각하는 사람 중 하나입니다. 바르샤바 조약기구의 해체와 함께 말이지요. 당시에 서방은 '체제' 전쟁에서 승리했다는 생각에서, 경제적 이념적 군사적, 그 모든 면에서 승리의 결실을 거두려 했습니다…
>
> 이 모든 것은 확실히 제국주의와 연관이 되지요. 나토는 넓은 의미에서 유럽이 미 제국으로부터 진정한 지정학적 자결권을 가지고 있지 않다는 것을 보장하는 도구 중 하나입니다. 이게 냉전 이후에도 나토를 유지한 이유 중 하나입니다. 그리고 그 결과는 전 세계에 재앙이었습니다.

발리바르는 양비론적 입장에 입각해서 원론적으로는 나토를 제국주의 도구로 비난하고 있다. 그러나 '나토의 위협은 분명히 푸틴의 핑계'이고 '푸틴을 전쟁으로 몰아넣은 것은 나토의 공세가 아니'며, 나토의 침략성은 잠재적인 반면에 '러시아의 공격성은 매우 현실적'이기 때문에, '예를 들어, 발트해 연안 국가들의 시민에게는 나토만이 유일한 보호책으로 보입니다'라는 주장으로 실제적으로는 미제국주의와 유럽 제국주의자들의 편에 선다.

발리바르는 나토의 '보호'와 함께 세계 제국주의의 전략적 분쟁에 휘말려 들게 되기 때문에 '아무리 좋게 봐도 그게 이상적이라고는 할 수 없다'고 하더라도 '민중이 침략에 맞설 수 있다는 보증이 무엇이 있을지 자문한다면, 나토는 특정한 경우에 의지할 수 있는 최후의 수단'이라면서 나토가 진보적인 기구도 될 수 있다는 주장으로까지 나아간다.

발리바르의 주장은 서구 '진보적' 지식인들의 지적, 정치적 타락을 고스란히 보여준다. 서방 제국주의 전쟁기구의 진보성을 주장하고 반(反)러에 빠져 있는 발리바르의 반동성은 혁명성을 상실한 타락한 맑스주의, 정치적 전망을 상실하고 혼돈과 무정부주의에 빠져버린 강단 '좌파' 지식인, 프롤레타리아 국제주의를 유럽주의적인 코스모폴리터리즘(세계시민주의)으로 왜곡시키고 있는 서구 '진보정당', '진보' 지식인들의 자화상이다. 이는 서방을 추종하고 동방을 비하하는 뿌리 깊은 오리엔탈리즘의 일종이기도 하다. 오리엔탈리즘은 현대 제국주의 이데올로기의 일환이다.

이 오리엔탈리즘은 반드시 서방 '지식인'만의 전유물이 아니다. 동방에서도 이 오리엔탈리즘의 추악한 모방자들이 있다. 사회진보연대와 사회진보연대에 나왔지만, 그 세계관이 배출한 한지원 같은 진보, 맑스주의 표방하는 친윤석열파, 조선일보파, 친서방파 지식인들이 바로 그렇다.

세계화 자체를 '적'으로 삼는 반세계화 편향은 결과적으로 중국·러시아·선진국의 우파 포퓰리즘이 보여주듯, 세계화가 만들어 놓은 작은 진보마저 해체한다. 문명적 퇴보다.

(한지원, "야만이 세계화를 대체할 순 없다", 매일노동뉴스, 2022.04.28.)

한지원은 세계화는 역사의 진보이고 반세계화와 반미는 역사의 반동이라고 간주한다. 한지원은 이 점에서 일본 제국주의 조선침략이 역사의 진보라며 뉴라이트로 전향한 안병직, 이영훈, 강단의 관념적 급진좌파로부터 친윤석열 반공주의자로 전락한 윤소영의 청년판 모델이다. 사회진보연대 학생조직인 '학생행진'은 개인 한지원이 집단화된 청년판 조직이다.

미국 주도의 세계화가 끝나면 민중에게 새로운 기회가 찾아온다는

> 진보 좌파 일각의 목소리도 들려온다. 하지만 나는 오늘날의 세계화 위
> 기는 진보의 기회보단 문명적 퇴보의 위험에 가깝다고 생각한다.

'미국 주도의 세계화가 끝나면 민중에게 새로운 기회가 찾아온다는 진보 좌파 일각의 목소리도 들려온다'라는 한지원의 인식과 미제 중심의 일극체제와 여기에 맞서는 다극화에 대한 기대는 '현실과 무관한 위험한 환상'이라는 공산주의자들의 공통인식은 이들 다극체제를 주도하는 러시아와 중국에 대한 적대감, 혐오감으로 더 굳건하게 하나가 되었다. 공산주의자들은 혁명적 전망을 가지고 있는데 '한지원과 비교하는 것은 억지다'라고 반박할 수 있다. 그러나 한지원도 '세계화의 결함을 해결하는 대안적 세계화 프로그램이 전제될 때만 타당하다'라며 반러, 반중 입장에 입각해 있으면서도 관념적으로는 '대안적 세계화'라는 다른 진보적 세계를 열망하고 있지 않은가. 트로츠키 '국가자본주의자'들도 '진정한 혁명 건설'이라는 목표를 가지고 있다고 하지 않은가. 정치는 주관적 인식보다 실제 누구를 위해, 어떤 역할을 수행하고 있는가가 가장 중요한 것이다.

러·우전 초기 국내 '민중 언론 참세상'도 양비론을 강조하면서 서방의 '민주적 사회주의자들', '좌파'가 이 전쟁에서 취했던 태도를 소개하고 있다.

'나토를 강조하면, 푸틴이 사라진다'

일각에선 수많은 목숨을 앗아간 이번 전쟁 발발의 책임을 놓고 '나토'를 부각하는 것은 자칫 푸틴의 행위를 정당화할 수 있다는 지적도 제기된다. 개전 직후 〈오픈 데모크라시(Open Democracy)〉에 실린 한 칼럼에선 미국 민주적 사회주의자들이 발표한 여러 입장문에 러시아에 대한

비판이 단 한 줄도 담겨있지 않다는 점이 지적됐다. 스스로를 우크라이나 좌파라고 소개한 타라스 빌로우스(Taras Bilous)는 '(서구 좌파가) 우크라이나의 극우파 영향력을 과장하면서도 러시아 푸틴의 보수적, 민족주의적, 권위주의적 정책에 대한 비판은 피하고 있다'라며 '좌파 비평가들이 진영을 강조하면서 생기는 서구 반전 운동의 광범위한 현상'이라고 비판했다. 유럽에서도 좌파의 고민들이 깊어지고 있다. 독일 좌파당 소속 하원의원 카렌 레이는 "러시아의 크림반도의 불법 합병, 돈바스 전쟁, 시리아에서의 군사 행동에 대해 좌파로서의 비판이 충분하지 않았다"라며 "러시아 군사 행동의 공격적이고 제국적인 성격을 일찍 인식하지 못했다"라고 반성했다.

(박다솔 기자, 우크라이나 전쟁을 둘러싼 미·러의 '파시즘' 대결 [우크라이나에 떨어진 별]
서로가 전쟁의 명분…두 제국주의 국가의 끝없는 패권 경쟁, 민중언론 참세상, 2022.04.05.)

'두 제국주의 국가의 끝없는 패권 경쟁'이라는 양비론적 인식에 사로잡혀 있는 서구 좌파들조차도 결국 기회주의로 치달았지만, 전쟁 초기에는 서방 제국주의를 주되게 비판하며 '러시아에 대한 비판이 단 한 줄도 담겨 있지 않'게 하려 애쓰고 '우크라이나의 극우파 영향력을 과장'할 정도로 신나치를 집중·비판하고, 이 전쟁의 도발자인 서방 제국주의에 대한 집중 비판이 흐려질 것을 우려해 '러시아 푸틴의 보수적, 민족주의적, 권위주의적 정책에 대한 비판은 피하'기도 하였다. 그러나 동요하던 서구 좌파들에 비해 그리스공산당과 그 국내외적 추종자들은 '두 제국주의 국가의 끝없는 패권 경쟁'이라는 확고한 인식 하에 훨씬 더 일관되고 충실하게 신나치의 위험성을 부정하고 러시아의 제국주의성을 규탄하는데 골

맑스주의와 현대제국주의

몰하고 있으며, 돈바스 자결권은 부정하거나 경시하면서도 러시아의 '시리아에서의 군사 행동'을 제국주의 행위로 규탄했다. '나토를 강조하면, 푸틴이 사라진다'고 신좌파들이 우려를 표명하여 침략자 푸틴과 제국주의를 러시아를 집중 규탄하기 시작했는데, 종국에는 푸틴을 강조함으로써 미제와 나토가 사라져버리게 된 것이다. 이것이 '두 제국주의 국가의 끝없는 패권 경쟁'이라며 양비론적 입장으로 러·우전을 바라본 그리스공산당을 비롯한 국내외적 자칭 '맑스 레닌주의자'들이 휩쓸리게 된 치명적인 오류다.

독일 사민당은 이미 오래전에 제국주의의 지주(支柱)가 돼버렸는데, 독일 녹색당도 우경적 행보를 지속하다가 러·우전을 계기로 제국주의를 떠받치는 들보로 전락해 버렸다.

그동안 끈질기게 우크라이나가 요구했던 독일산 전차 '레오파르트 2'의 우크라이나 반출을 독일 정부는 지난 1월 25일 공식적으로 허락했다. 우크라이나 확전에 독일이 끌려들어 갈 위험을 우려해서 공격용 무기 제공에 신중했던 사민당 출신의 총리 숄츠가 국내외의 압력에 결국 손을 들었다.

미국의 압력도 강했지만, 연정의 파트너인 녹색당과 자민당의 요구를 무시할 수 없는 분위기였다. 숄츠는 독일을 포함한 나토가 '참전국'이 되지는 않을 것이라고 말했지만, 독일이 레오파르트 2의 반출을 우여곡절 끝에 허가한 그 날로 우크라이나는 지원무기의 희망목록에 신형 전투기 유러파이터, 전투함과 잠수함 등을 올렸다.

여기서 나는 반전평화에 지금까지 어느 당보다 가장 중요한 가치를 부여해왔던 녹색당이 우크라이나에 무기공여를 가장 강력하게 지지하는 행보에 눈을 돌리게 된다. '녹색당이 이제 전차당이 되었느냐'녹색당의 상징적 인물의 하나였던 페트라 켈리(1947~1991)를 떠올리며 '페트라 켈리가 무덤에서도 등을 돌릴 것이라'는 비난과 비판의 소리도 들린다.

1999년 봄, 2차대전 후 처음으로 독일이 세르비아와 코소보 사이의 전쟁에 나토 연합군의 성원으로 전쟁에 참여했던 사민당과 녹색당 연정 때 외무부 장관도 녹색당의 요스카 피셔였다. 당시 이 결정 때문에 당내에서 많은 갈등이 있었는데 이번 우크라이나에 대한 무기 지원문제와 관련해서는 이상하게도 조용하다.

이러한 차이는 우크라이나 전쟁을 둘러싼 국제정치적 지형도의 변화에도 원인이 있겠지만, 침략전쟁을 감행한 러시아와 이에 저항하는 우크라이나의 존재를 사실상 적국과 동맹국 관계로 보고 있는 데에 있다. 물론 나토의 동진정책도 하나의 원인이었지만 이것만으로는 침략전쟁의 명분이 될 수 없다는 주장이다. 이런 분위기 속에서 외교적 방법을 통한 문제 해결보다는 우선 피해자인 우크라이나에 대한 연대가 급선무의 과제이고 전투 무기의 지원도 따라서 당연하다는 것이다.

(송두율 전 독일 뮌스터대 사회학 교수, "적(敵) 개념의 과잉시대", 경향신문, 2023.02.01.)

미제와 나토 제국주의자들이 리비아에 대한 침략 명분으로 삼았던 리비아 카다피 정권의 '벵가지 학살' 학살 운운할 때 정의당은 '국제사회'가 이 학살을 중단시키기 위해 리비아에 비행금지구역을 설정해야 한다는 성명을 발표했다. 정의당이 말하는 '국제사회'는 바로 서방 제국주의자들인데, 이 강도 침략자들은 실제로 리비아에 대한 비행금지구역을 설정하고 리비아 전토에 폭격을 가하며 침략전을 개시했다. 내전을 조장해서 분쟁을 일으키고 '민주주의와 인권'을 내세워 침략전을 자행하며 정권교체를 기도하는 방식은 서방 제국주의자들이 즐겨 사용하는 침략 방식이다. 서방 제국주의의 침략과 정권교체가 성공한 뒤 리비아 지도자 카다피는 참살당하였고, 리비아는 미제의 점령지가 되었다. 과연 카다피 '독재 시절'에 비해 리비아에 '민주주의'가 도래했는가?

이와 마찬가지로 무기지원을 하면 우크라이나가 승리를 거두고 평화가 찾아오는가? 러시아가 철군하고 전쟁을 멈추면 우크라이나는 자주 국가가 되겠는가?

궁극적인 정치적 목표가 다르고, 표방하는 정치적 이념이 판이하게 다른 다양한 자칭 진보파들이 현대사에서 가장 첨예한 전쟁 앞에서 적극적이든, 소극적이든, 직접적이든 간접적이든 실제로는 제국주의의 '진보적' 들보로 전락했다는 것은 우리 시대의 희비극이다.

우크라이나에 어떻게 평화가 찾아올 수 있는가? 우리가 발 딛고 있는 이 땅에서 우리는 무엇을 해야 하는가?

6. 우크라이나 전쟁 종식과 평화의 전망

우크라이나 '자결권'의 통탄할 현실

앞에서 국제 석학, 실제로는 이 국제 석두(石頭)인 발르바르의 주장을 소개했는데, 이러한 주장은 미제와 서방 제국주의자들에 의해 반동적으로 실현되었다. 서방 제국주의자들은 우크라이나에 군사지원을 하고 있다. 지원이라기보다는 우크라이나 군대는 서방의 무기로 총무장하고 서방의 사상이 주입된 체 서방 군사시스템과 서방의 명령 체계 하에서 숫제 서방 군대로 변모했다고 해도 과언이 아니다. 그런데 과연 이 군사지원으로 우크라이나에 평화가 왔는가? 이 전쟁이 종결됐는가?

미제를 위시로 한 서방 제국주의자들의 우크라이나 군사지원은 전쟁 조기 종결과 우크라이나에 평화를 가져오기는커녕 끝없는 전쟁의 참화 속으로 우크라이나를 몰아넣고 있다. 러시아와의 전투에서 희생당한 우크라이나 신나치야 자신들이 저지른 반인륜 범죄에 대한 대가를 치렀다 하더라도, 우크라이나의 무고한 청년들 대다수도 강제 징집당하며 제대로 된 훈련 한 번 받지 못하고 전선에 투입되어 숱하게 사망하거나 부상당하고 있다. 격전지인 도네츠크 지역의 바흐무트 전장에서는 급하게 징집된 우크라이나 군인들이 러시아의 포위망인 '고기분쇄기' 속으로 뛰어

들어 희생당하고 있다. 젤렌스키 정권은 바흐무트에서 전과(戰果)를 올려 서방의 무기지원 근거로 삼으려고 자국 군인들이 어떠한 희생을 치르더라도 아랑곳하지 않고 이 참화 속으로 강제 몰아넣고 있는 것이다.

한국에서도 이러한 우크라이나에 대한 살상 무기지원 문제가 첨예한 논란이 되고 있다. 윤석열 정권은 폴란드나 체코를 통해서, MBC의 보도에 따르면 수십만 발의 155mm 포탄을 독일 노르덴함항 등을 통해 무기지원을 해오고 있다는 사실이 속속 밝혀지고 있다. 최근 미국의 한국 도청 사건도 윤석열 정권의 우크라이나 무기지원 의사를 파악하고 이를 압박하고자 이뤄졌다. 윤석열은 지난 4월 19일 로이터와의 인터뷰에서 살상 무기지원을 밝혔고 이후 4월 25일 미국 방문 중에도 이 입장을 공공연하게 다시 확인했다.

러시아는 이에 대해 한국이 우크라이나에 무기지원을 하면 이 분쟁에 직접 개입한 것이라고 경고하였다. 윤석열은 유라시아 전쟁을 무기한 연장하는데 기여하고 있을 뿐만 아니라 동북아시아, 한반도로까지 불러들이려 하고 있다. 게다가 서방의 제재에 참여한 후과로 생긴 에너지, 식량, 원료 위기와 물가급등에 이어 러시아의 경제보복을 초래하여 민중의 삶을 도탄에 빠뜨리려 하고 있다. 이를 두고 볼 때, 국내외 '진보인사', '진보단체'가 얼마나 미제국주의를 위시한 서방 제국주의와 극우파쇼 윤석열 정권에 동조하며 반동적인 요구와 행보를 해왔는지 알 수 있다. 국내 사회진보연대와 그 학생조직은 학생행진이 대선에서 윤석열을 지지해왔는데, 이들의 우경적인 행보가 우연이 아님을 알 수 있다.

과연 이 전쟁은 얼마나 오래갈 것인가? 우크라이나에는 언제, 어떻게 평화가 찾아올 수 있을 것인가? 그리스공산당을 비롯해서 종파주의적인 공산주의 진영 내에서는 '제국주의' 러시아군의 철수와 서방 제국주의 우크라이나 개입반대라는 현실에서는 전혀 실현될 수 없는 공상적 요구를 내걸고 있다. 더욱이 이 요구는 행동 대 행동, 등가의 요구가 아니다. 발리바르 등 서방 '진보' 지식인들의 '양비론'적 주장이 그러한 것처럼, 러시아의 철군은 너무나 구체적이고 직접적인 행동과 조치를 수반하는 데 반해, 서방의 개입반대는 당장의 무기지원문제를 제외한다면, 광범위하고 장기적이고 추상적인 행동과 조치를 수반하기 때문에 현실에서는 주로 러시아가 선행해야 하는 일방 철군 요구로 나타날 수밖에 없다.

그러면 러시아가 먼저 철군하면 우크라이나에 평화가 찾아오는가? 우크라이나는 외세 개입으로부터 자유로운 자주 국가가 될 수 있을 것인가? 나토의 동진과 러시아 제재와 군사위협은 사라지게 될 것인가?

천만의 말씀이다. 지금 이대로 러시아가 철군한다면 돈바스는 우크라이나 신나치와 군대의 잔학한 보복살해장으로 전락될 것이다. 돈바스 민중은 본격적인 러·우전 발발 전에 이미 14,000명 이상이 우크라이나의 공격으로 살해당하거나 희생당하였는데, 지금 이대로 러시아군이 철군하게 되면 돈바스의 자결권은 고사하고 돈바스 인민이 절멸당할 수 있는 위기에 처할 수밖에 없다. 우크라이나 내 러시아인들도 전쟁 발발 전에도 집중 탄압을 당했는데, 이대로 러시아가 철군한다면 대량 인종청소의 대상이 될 것이다.

우크라이나의 자결권은 어떠한가? 이미 우크라이나는 서방의 전쟁, 경제 놀이터가 되어 왔다. 지금까지 서방의 우크라이나 군사, 재정지원액은 200조 원이 넘고 있다. 이 가운데 군사지원은 60조 원이 넘고 있다. 이 같은 전체 서방의 지원액은 2023년 1월 통계로도 '2022년 우크라이나 정부 예산인 555억 달러의 2.7배 이상이고, 군사지원액은 2022년 러시아 국방예산 511억 달러의 94%에 달한다.'(MBC 김장훈 기자, "서방의 우크라 군사지원액, 러 국방예산과 맞먹어", 2023.1.13.)

전폭적으로 남의 나라 이데올로기 지원을 받고 남의 나라 무기와 남의 나라 군사지휘와 통제로 싸워온 우크라이나가 한층 더한 서방제국주의의 군사적, 정치적, 문화적, 정신적 노예 상태가 되리라는 것은 불을 보듯 뻔하다. 우크라이나의 핵심 산업과 기업, 토지는 이미 서방 거대 기업소유가 되었다.([류경완의 국제평화뉴스] 젤렌스키, 우크라이나 농지의 28% 1,670만 헥타르(남한의 1.7배) 팔아먹어, 2022.08.01.)

우크라이나를 전쟁의 참화 속으로 몰아넣은 외세 추종자들은 '전쟁 전 자산 $6억, 월급 $78만, 연 수입 $1억1천3백만, 코스타리카 해외계좌에 $12억 예치. 전쟁 1년 만에 $8.5억(약 1조 원) 재산증가. 국방장관, 외교장관, 대통령 고문, 키예프 시장 등도 비슷하게 증가(총 200억 달러 횡령 의혹, 류경완 페이스북)'함으로써 친일파가 그러했듯, 민중의 도탄 위에서 막대한 부를 누리고 있다.

이번 전쟁이 우크라이나의 승리로 마무리된다면 이는 오로지 서방 제국주의자들의 일방적인 지원 덕분이기 때문에 서방은 지금보다도 한층 더 노골적으로 우크라이나를 식민지배하게 될 것이다.

2023년 3월 서방 제국주의의 대표적인 국제금융약탈기구인 국제통화기금(IMF)은 우크라이나에 향후 4년간 156억 달러(약 20조4,000억 원)의 재건 자금을 지원하기로 했는데, 원조, 차관이라는 명목의 제국주의 경제원조가 식민지배의 대표적 수단이었다는 점을 고려할 때 우크라이나 경제의 미래는 자립의 흔적조차 사라지게 될 것이다.

반면 우크라이나 전쟁과 참사는 군산기업체들에게는 이윤의 복마전이다.

미국 록히드마틴의 주가는 12.2%, 노스롭 그루먼은 16%, 영국 BAE 시스템즈는 17.7% 급등했다. 전쟁의 장기화로 실질적 이득을 보는 것은 결국 무기를 생산하는 회사들이다. 언론에 따르면 정부는 풍산과 협의하여 군 비축용 탄약을 캐나다에 싸게 수출하고, 가격 인하분을 풍산에 보전해주는 방식을 검토하고 있다고 한다. 결국 방산업체만 이익을 남기고, 무력 분쟁에 개입하여 무기 판로를 늘리는 결과로 이어질 것이다.

(시민단체 공동성명: 우크라이나에 대한 우회적 무기지원에 반대한다, 2022.5.31.)

서방제국주의가 허울 좋게 내거는 '인권과 민주주의' 기치 뒤에서 2014년 서방의 배후조종 하에 신나치의 마이단 학살과 오데사 방화 학살, 인종주의 증오범죄가 자행되던 우크라이나에서 언론, 출판, 집회, 결사, 사상의 자유는 철저하게 유린되었다. 전쟁이 우크라이나의 승리로 끝난다면 서방식 민주주의는 서방이 '수출'한 신나치의 학살과 탄압으로 얼마 남지 않은 우크라이나 인민의 자유와 민주주의 숨구멍조차 틀어막고 압살할 것이다.

우크라이나 분쟁 종식 관련 논의들

우크라이나전 종식과 관련 중국외교부는 지난 2월 25일 우크라이나전 발발 1년이 되는 시점에 '우크라이나 위기의 정치적 해결에 관한 중국

의 입장'을 공식 발표했다

1. 각국의 주권을 존중한다. 유엔 헌장 취지와 원칙을 포함한 공인된 국제법은 엄격히 준수되어야 하며 각국의 주권·독립·영토의 완전성이 철저히 보장되어야 한다. 국제법은 평등하고 통일되게 적용되어야 하고 이중잣대를 취해선 안 된다.

2. 냉전적 사고를 버린다. 공동·종합·협력·지속 가능한 안보관을 견지하고 세계의 장기적 안정에 입각해 균형적이고 효과적이며 지속 가능한 유럽 안보 틀의 구축을 추진해야 한다. 타국의 불안전에 기반하여 자국의 안전을 세워가는 것에 반대하며 진영 대립 형성을 방지하고 유라시아 대륙의 평화·안정을 공동 수호해야 한다.

3. 전쟁을 멈춘다. 각 측은 이성과 자제력을 유지하고 사태나 갈등이 격화되지 않도록 해 우크라이나 위기가 더욱 악화되고 심지어 제어할 수 없는 지경에 이르지 않도록 해야 한다. 러시아와 우크라이나가 서로 마주 보고 나아와 직접 대화를 조속히 재개해 국면을 점차 완화시키고 최종적으로 완전한 정전 합의에 이르는 것을 지지해야 한다.

4. 평화 회담을 이끌어낸다. 대화를 통한 협상은 우크라이나 위기를 해결하는 유일한 출구다. 국제사회는 화해를 권하고 회담을 촉진하는 정확한 방향을 견지하며 충돌 당사국이 정치적으로 위기를 해결하는 문을 조속히 열 수 있도록 도와 협상 재개를 위한 여건을 조성하고 장을 마련해줘야 한다. 중국은 이를 위해 건설적인 역할을 지속적으로 담당하길 바란다.

5. 인도주의적 위기를 해결한다. 인도주의적 행동은 반드시 중립과 공정의 원칙을 준수해야 하며 인도적 문제가 정치화되는 것을 방지해야 한다. 관련 지역에 대한 인도주의적 지원을 확대하고 인도주의적 상황을 개선해야 한다. 충돌 지역에 대한 인도주의적 지원에 있어 유엔의 조율자 역할을 지지한다.

6. 일반인과 전쟁 포로를 보호한다. 충돌 당사국은 국제 인도주의법을 엄격히 준수하고 일반인과 민간 시설에 대한 습격을 피해야 한다. 중국은 러시아와 우크라이나가 전쟁 포로를 교환할 것을 지지하며 각 측은 이를 위해 더 많은 유리한 여건을 마련해야 한다.

7. 원자력 발전소 안전을 수호한다. 원자력 발전소 등 평화적 핵시설을 무장 공격하는 것에 반대한다. 각 측이 원자력안전협약 등 국제법을 준수하고 인위적인 핵사고 발발을 결단코 막을 것을 호소한다. 평화적 핵시설의 안전 및 안보를 위한 국제원자력기구(IAEA)의 건설적인 역할을 지지한다.

8. 전략적 위험을 줄인다. 핵무기를 사용하거나 핵무기 사용으로 위협하는 것에 반대해야 한다. 핵확산을 방지하고 핵위기가 나타나지 않도록 한다. 어떠한 국가, 어떠한 상황에서도 생화학 무기를 연구개발(R&D)하거나 사용하는 것에 반대한다.

9. 식량 외부 운송을 보장한다. 각 측은 균형적이고 전면적이며 효과적으로 러시아·튀르키예·우크라이나·유엔이 체결한 '흑해 곡물 수출 협정'을 이행해야 하며 유엔이 이를 위해 중요한 역할을 발휘할 것을 지지한다. 중국이 제시한 '국제 식량 안보 협력 이니셔티브'는 세계 식량 위기 해결을 위한 실행 가능한 방안을 제공했다.

10. 일방적 제재를 중단한다. 안전보장이사회(안보리)의 승인을 거치지 않은 모든 일방적 제재에 반대한다.

11. 산업망·공급망 안정을 확보한다. 각 측은 기존 글로벌 경제 체제를 확실히 수호하고 글로벌 경제의 정치화·도구화·무기화에 반대해야 한다.

12. 전후(戰後) 재건을 추진한다. 국제사회는 충돌 지역의 전후 재건을 지원하는 조치를 취해야 한다. 중국은 이에 협조하고 건설적인 역할을 발휘하길 바란다.

(中 외교부, 우크라 위기 정치적 해결 위한 입장 발표, 신화망 한국어판, 2023.02.25.)

중국의 이 입장은 보다시피 '국제법 엄격 준수'와 '각국의 주권·독립·영토의 완전성 철저 보장' 같은 원칙적이고 일반적인 요구와 함께 핵무기 사용의 방지같이 전쟁의 재앙적인 확전을 막을 수 있는 요구들과 평화협정 논의와 함께 즉각적으로 실현될 수 있는 전쟁 즉각 중단, 일반인과 전쟁 포로 보호, 식량 외부 운송 보장, 제재 중단, 원자력 발전소 안전 수호, 산업망·공급망 안전 확보 등과 전쟁 종결 이후 재건 문제같이 다양한 요구들로 구성돼 있다.

이 중에 각국의 주권 보호와 영토의 완전성 철저 보장은 돈바스 지역의 주권을 러시아로 할 것인지, 우크라이나로 할 것인지 우크라이나─러시아 양국의 이해관계의 근원적인 불일치로 당장 실현될 수 없는 지극히 원칙적이면서도 원론적인 요구다. 이 불일치는 전쟁의 추세에 의해 결정될 것이지만, 여기서 자결권의 관점에서 볼 때 원칙은 돈바스 인민들의 자유로운 의사와 이해에 기초하고 역사의 진보와 합치되어야 한다는 것이다. 그밖에 중국 제안은 평화협정이 진행된다면 전쟁 즉각 중단과 인도주의적 위기를 즉각 해결할 수 있는 현실적이고 건설적인 요구들도 포함하고 있다.

이에 대해 그리스공산당은 이렇게 비난하고 있다.

이 제안이 순진한 독자에게 줄 수 있는 첫인상은 마침내 평화로운 해결책에 도달할 수 있는 훌륭하고 일관된 제안이라는 것이다.

그러나 두 번째로 이 문장을 읽는 모든 독자는 우리가 또 다른 '외교적 모호성'을 다루고 있음을 이해할 것이다.

이처럼 중국 계획은 일반적으로 '모든 국가의 주권 존중''모든 국가의 독립과 영토 보전'을 말한다. 젤렌스키 우크라이나 대통령은 중국이 2022년 러시아의 군사 침공으로 사라진 우크라이나의 주권과 영토 보전을 언급하고 있다고 단정하고 중국 제안의 이러한 문구를 긍정적으로 평가한 것은 주목할 만하다. 그러나 러시아 또한 2014년 러시아에 합병된 크림반도와 2022년 합병된 새로운 지역을 모두 러시아 주권과 영토 보전의 일부로 간주하기 때문에 중국의 제안 문구에 반대하지 않는다. 크림반도, 도네스크, 루한스크, 헤르손, 쟈포리자는 현재 러시아연방 개정 헌법 65조 3장에 언급된 러시아 지역으로 간주된다.

더욱이 '한 나라의 안전보장'을 '다른 나라의 희생을 대가로 추구해서는 안 된다'는 일체의 언급은 이미 유럽안보협력기구(OSCE) 문서에 포함되어 있다. 그러나 이 모든 선포된 원칙들과 모든 부르주아 국가들이 서명한 다른 많은 평화 지지 선언들은 전쟁을 막을 수 없었다. 이와 같이 거듭 반복되는 원칙에 대한 인식이 왜 지금 여기서는 통하지 않는 것인가?

전쟁이 계속되고 양쪽에서 피가 쏟아지는 가운데, 파괴된 기반 시설과 도시를 재건하는 '향연'은 이미 시작되었다.

'분쟁 후 재건'을 강조하는 중국의 제안은 사실 전쟁으로 피해를 입은 인프라의 '재건' 파이와 다시 한 번 인민들이 비용을 지불하게 될 주택의 몫을 차지할 것으로 기대되는 모든 건설 독점자본 및 '재건 은행' 경쟁에 대한 관심의 표현이다.

("우크라이나 전쟁과 중국의 '평화 제안', 그들의 평화는 제국주의 전쟁의 잿더미와 불길 위에 세워지고 있다", 그리스공산당, 2023.3.31.)

그리스공산당은 중국의 제안이 '외교적 모호성'으로 가득차 있기에 우크라이나와 러시아 양자가 이 제안을 각자에 유리하게 해석하기 때문에 결국 실현될 수 없는 요구라고 비난하고 있다. 더욱이 그리스공산당은 중국 '제국주의'라는 선험적인 규정에 의해 모든 사안을 보고 있다. '제국주의' 중국은 겉으로는 평화를 이야기 하나 그 제안의 속내는 음험한 것이며, '재건 계획'은 우크라이나 민중과 우크라이나를 약탈하기 위한 강도와 같은 심보로 가득 차 있다는 것이다.

우크라이나 사태에 대해 공상적이고 양비론적인, 그러나 현실에서는 주로 서방 제국주의의 이해가 관철될 수밖에 없는 구호를 내건 그리스공산당 요구에 비해, 중국의 제안은 지극히 현실주의적인 것이며 건설적인 것이다. 게다가 서방뿐만 아니라 러시아에도 강력한 정치적 영향을 미칠 수 있는 중국의 국제적 지위로 인해 이 제안은 실현 가능성이 더 높다. 실제 중국은 미제를 위시한 서방 제국주의자들의 책동에 의해 영속적인 분쟁과 분열에 이를 것 같던 시리아와 다른 중동 나라들, 시아파와 순니파의 대표적인 국가인 이란과 사우디아라비아의 오랜 갈등도 해결할 수 있는 고도의 정치적, 외교적 능력을 보여줬다.

주권과 영토 보전의 상호존중, 상호불가침, 내정불간섭, 평등 호혜, 평화공존이라는 중국이 그동안 견지했던 평화공존의 5대 원칙들에 대한 국제적 신뢰가 있었기에 가능한 일이다. 미제를 비롯한 제국주의자들의 방해가 없다면 이러한 원칙들은 훨씬 더 실현 가능성이 높아지게 될 것이다. 이번 우크라이나 분쟁 종식 관련한 제안 역시 중국의 일관된 5대 원칙을 바탕으로 하고 있다.

전 세계 곳곳을 침략, 약탈하고, 배후에서 분쟁을 조장하고 내란을 불러일으켜 색깔 혁명을 일으켜 왔던 미제국주의와 나토 제국주의 국가들에 비해 러·우 분쟁을 종식시키기 위한 중국의 평화노력과 중재안은 중국이 제국주의이기는커녕, 국제평화와 각 나라 자주권 실현에 중추적인 역할을 하고 있다는 것을 보여준다.

종파주의에 빠져 분별력을 상실한 그리스공산당에 비해 일본의 맑스레닌주의자들은 중국 제안을 적극 지지하고 있다.

조선반도에서 일촉즉발의 긴장이 한창일 때, 기시다는 3월 21일에 우크라이나에 들어가 젤렌스키와 회담했다. '전격 방문'을 연출하면서 우크라이나에의 추가지원을 약속하여, 그의 '외교성과'를 과시했다. 하지만 그것은 평화를 호소하는 외교가 아니다. 러시아와의 전쟁을 계속하게 하는 전쟁 방화자(放火者)의 외교였다.

한편 같은 날, 모스크바에서는 시진핑(習近平)과 푸틴의 중러 정상회담이 이루어져 '새 시대에서의 포괄적 전략적 협력관계의 심화에 관한 중러 공동성명'이 발표되었다. 이 '공동성명'은 전체 9개의 장(章)으로 이루어

맑스주의와 현대제국주의

진 포괄적인 문서인데, 그 제9장이 국제관계에 관한 부분이다. 거기에서는 우선 우크라이나 문제에 언급하여, 본지(本紙) 지난 호에 오무라 사이이치(大村歲一) 논문[2]을 통해서 우리가 지지를 표명한 문서 '우크라이나 위기의 정치적 해결에 관한 중국의 입장'을 러시아가 환영하고, '쌍방은, 우크라이나 위기의 해결은 모든 나라의 정당한 안전보장(安全保障)상의 불안을 중시하고, 대립의 형성이나 불에 기름을 붓는 것을 방지하지 않으면 안 된다고 지적했다. 쌍방은, 책임 있는 대화가 착실한 해결을 실현하기 위한 최선의 방법이라고 강조했다. 이 목적을 위해서 국제사회는 관련된 건설적인 노력을 지원해야 할 것이다. 쌍방은, 모든 당사자에 대해서 긴장을 야기하고, 전투를 길게 끌게 하는 어떠한 행동도 삼가며, 위기가 더 한층 악화, 혹은 제어불능에 빠지는 것을 피하자고 호소했'고 명기되어 있다.

이 '공동성명' 제9장에서는, 계속해서 NATO의 확대 문제나 동북아시아와 조선반도, 중동, 중앙아시아를 위시하여 세계 여러 지역의 현안 문제들이 검토되어, 제재나 압력에 반대하며, 대화에 의한 해결이 최선으로서 확인되고, 그것을 촉구하는 방도가 제기되어 있다.

그리고 푸틴과 헤어질 때 시진핑은 '우리는 지금 100년간 볼 수 없었던 변화를 목격하면서 움직이고 있는 것이다'라고 말한 것으로 보도되고 있다.

시진핑의 '100년간 볼 수 없었던 변화를 움직이고 있는 것이다'라는 말에는, 신해혁명으로부터 1949년의 중화인민공화국의 건국을 거쳐, 좌우의 편향을 극복하면서 세계를 움직이는 힘을 비축해온 인민 중국의 강한 자부심이 엿보인다.

(도마츠 가츠노리(土松克典) | 활동가집단 사상운동, "흔들리는 미 일극 지배와 우리가 나아갈 길 – 과거를 소홀히 하고는 미래가 없다!" 번역, 노동사회과학연구소, 〈정세와 노동〉 제192호(2023.6.)

러시아, 심지어 중국을 제국주의로 보고 이번 러·우전에서 미제를 집중 규탄하기보다는 러시아의 제국주의성을 규명하는데 골몰하고 있는 노사과연이 평소 자신들이 견지한 입장, 신념과 정반대되는 글을 번역, 소개한다는 것이 참으로 자기배반적, 자기파괴적이기는 하지만 그러면 또 어떤가? 국제공산주의 운동 내에서의 이처럼 균형적이고 역사적인 관점에 충실한 입장이 소개된 것만으로도 충분하다.

러·우전에서 미제의 패배는
이남의 미군철수 문제를 부각시키게 될 것이다

세계평화를 위한 중국의 노력은 긍정적으로 평가받을 일이지만, 서방 제국주의자들이 그 노력을 집요하게 방해할 것이고, 각 나라마다 이해관계가 다르기 때문에 그것만으로 국제분쟁이 해결될 수는 없다. 게다가 우리는 우리를 둘러싼 국제문제에 대한 방관자가 아니기 때문에 주체적으로 적극 개입해야 한다. 우리는 우리가 처한 현실에서 국제적인 전쟁 종식과 지구 상의 평화정착을 위한 투쟁을 해야 한다.

지금까지 우리는 긴 시간 동안 품을 들여 국제공산주의 운동 내부의 분열과 쟁점에 대해 소개하고 다방면으로 분석했다. 이는 우크라이나에서 벌어지고 있는 전쟁의 근본 성격과 현대 제국주의의 성격을 밝히는 길이기도 했다. 주지하듯, 국제공산주의 운동 내부의 이론적인 이견, 잠재적인 논란들이 전면에 부각된 것은 우크라이나에서의 전쟁을 계기로 해서다. 그만큼 이 전쟁은 제국주의 질서의 새로운 질서로의 이행의 촉진제가 되어 국제공산주의 운동과 진보적 인류의 향방을 가르기도 할 만큼 가장 격동의 전쟁이기 때문이다. 서방 제국주의 국가와 그 충실한 '동맹국'들이 총력전으로 이 전쟁에 개입한 것도 그들로서도 이 전쟁의 향배가 중대한 영향을 미치기 때문이다.

우크라이나에서 진정한 평화를 찾기 위해서 우리는 무엇을 해야 하는가?

누가 전쟁의 진짜 원인인지 모른 체, 전쟁의 참혹함에 대한 도덕적, 감정적 대응은 전쟁을 막고 평화를 찾는 것이 아니라 도리어 전쟁 책동에 복무하게 되는 역설적 사태를 가져오게 된다.

먼저 우리는 이 전쟁의 진짜 도발자인 미국을 비롯한 나토 제국주의 같은 서방제국주의자들에 맞서 싸워야 한다. 이 전쟁을 제국주의 간 전쟁으로 규정하고 어설픈 양비론을 외칠 것이 아니라 서방 제국주의자들에 맞서 투쟁해야 한다.

서방 제국주의자들과 그 추종언론들은 푸틴과 러시아를 일방적으로 침략자로 낙인찍고 규탄해 왔다. 최근 바그너그룹의 '무장반란'에서도 보듯, 서방 언론들에게 진실을 추구한다는 언론의 사명 따위는 일찌감치 존재하지 않는다. 서방 언론은 객관적인 보도가 아니라 '무장반란'이 러시아의 '전제정'인 푸틴 독재 정권을 뒤엎고 러시아가 전쟁에서 패배할 기회가 될 것이라는 강력한 바람, 열망에 기초하여 보도했다. 그러나 서방 언론의 기대와 달리 이 '무장반란'은 우리가 보통 사고하는 군사 쿠데타도 아니고 한 체제를 뒤엎을 만큼 강력한 것도 아니었으며, 24시간 만에 '평화롭게' 종결되었다. 이제 서방 언론은 자신들의 일방적 왜곡보도, 주관보도를 인정하는 것이 아니라 '쿠데타'가 푸틴 체제 종말의 신호탄이 될 것이라는 자신들의 열망을 기사라는 명목으로 쏟아 내고 있다. 서방 언론을 맹목적으로 추종하는 대다수 한국언론도 마찬가지다.

> 정지섭 기자, 김지원 기자, 전문가들,
> "푸틴도 고르비처럼 실패한 쿠데타 후 몰락할 것"
> "위기의 푸틴 러시아 용병 반란 후폭풍", 조선일보, 2023.06.27.
> 노지원 기자, "'하루 천하' 바그너그룹 무장반란, 푸틴 체제 종말의 신
> 호탄 쐈나," 한겨레, 2023.06.25.

　여기에서는 조선일보나 한겨레나 같은 편집국을 가지고 있지 않을까 할 정도로 논조가 똑같다. 한 시대의 지배적 사상은 지배계급의 사상인데, 러·우전을 둘러싼 서방 제국주의 진영과 이를 일방 추종하는 국내의 언론들은 푸틴과 러시아는 우크라이나 침략자고, 우크라이나는 침략을 당한 약소국이며 서방 제국주의는 약소국을 옹호하는 '정의의 기사'라는 인식을 민중에게 깊게 심어줬다. 서방 언론, 국내 대다수 언론의 일방적인 프로파간다로 인해 러·우전의 진짜 침략 도발자는 사라졌고, 대중들 다수는 반러감정을 가지게 되었다.

　이러한 대중적 감정 위에서 윤석열은 정의의 방어전을 치르고 있는 '약소국' 우크라이나에 살상무기를 지원하는 약속까지 하며 이 전쟁에 개입하고 있는 것이다. 이러한 언론의 프로파간다, 인권과 인도주의에 대한 이중잣대에 맞서 싸워야 하는 것이 진보주의자들의 공통 임무다.

　러·우전의 도발자인 서방 제국주의자들은 아시아판 나토로 이 전쟁을 한반도와 대만, 동북아시아 전체로 확대시키려 기도하고 있다. 일본제국주의자들은 이를 기회로 평화를 염원하는 일본 민중과 아시아 민중의

염원을 짓밟고 침략적 본성을 노골적으로 드러내고 있다. 일본 제국주의자들의 역사 왜곡과 후쿠시마 핵 오염수 방류 문제까지도 사실은 미·일·한 전쟁동맹을 강화한다는 전략적 목표 하에서 미제국주의자들의 방조로 이뤄지고 있다.

이로써 한반도와 동북아에는 미·일·한 동맹 대 조·중·러의 신냉전이 펼쳐지게 되었다. 우크라이나 전쟁은 서방 제국주의자들의 유라시아 패권 전쟁인 동시에 반북, 반중, 반러로 이어지는 한반도와 대만을 위시한 동북아 전체로까지 이어지는 '가치동맹'의 전쟁확장로이다.

미제와 일본제국주의, 윤석열 정권의 '가치동맹'과 전쟁 책동을 규탄, 분쇄하는 것이 진보주의자들의 임무다. 윤석열 정권퇴진 투쟁은 살상무기 지원을 중단시키고 전쟁 책동을 분쇄하는 첩경이기도 하다. 윤석열 정권이 물러나게 된다면 제국주의의 사슬의 약한 고리가 끊어지게 되는 것이다.

한반도에서 남과 북의, 미국과 조선의 강 대 강의 전쟁위기 국면은 올해 그 향방이 결정될 러·우전의 결과에도 크게 영향을 받을 수밖에 없다. 강 대 강의 대치가 누구의 승리로 끝나는가에 따라서 전쟁과 평화의 갈림길도 확연해질 것이고, 쇠퇴일로에 빠진 미제국주의가 원기를 보충하느냐 삽시간에 그 패권을 상실하는 계기가 되는지를 결정할 것이다.

러·우전에서 우크라이나의 패배는 미제국주의의 패배이며 동시에 이 패배는 내리막길을 가고 있는 미제의 급격한 쇠퇴를 촉진할 것이다. 전 세계에서의 침략자인 미제의 패퇴는 이 땅에서 미군철수와 평화협정 체결이 현실화 되는 국면을 조성할 것이다. 러·우전을 계기로 이 역사적 격변 속에서 분열된 국제공산주의 운동 재편과 전면 쇄신도 이 속에서 이뤄지게 될 것이다.

7. 사회진보연대의 극우적 타락상과 진보진영의 정치적 교훈

2023년 2월 12일

사회진보연대는 반쏘 반북 반중을, 최근에는 반러를 자기 노선으로 삼고 있다. 사회진보연대는 전 세계 비핵화를 위해 북핵에 대해서도 엄중히 비판하고 우크라이나를 침략한 러시아를 침략국으로 집중 규탄해야 한다고 주장하고 있다.

조선일보가 사회진보연대에 찬사를 보낸 것은 우연이 아니다. 사회진보연대 노선이 극우파쇼 신문의 기조와 일치했기 때문이다. 조선일보는 친미 반공 반북주의, 반중, 최근에는 그 연장선상에서 푸틴을 침략자로, 러시아를 침략자로 규탄하고 있다. 조선일보의 입장은 일관되게 친미 반공 부르주아의 이해에 입각해 있다. 반쏘, 반스탈린에서 반북, 반중, 반러 입장, 북 비핵화를 주장하는 사회진보연대의 입장이 조선일보 구미에 맞는 것이다.

이처럼 사회의 진보와 변화를 추구한다는 진보진영이 조선일보의 지지와 고무를 받고 급기야는 그 학생조직이 윤석열을 지지하는 데까지 타락했다. 사회진보연대는 진보운동의 교사, 즉 반면교사가 되어야 한다. 철저하게 그 타락상을 연구하여 정치적 교훈으로 삼아야 한다.

사회진보연대는 쏘비에트권 해체 이후 사상적 동요와 청산주의적 흐름 속에서 탄생하였다. 사회진보연대는 쏘련 해체 원인이 프롤레타리아 독재에 있다고 보았다. 이 프롤레타리아 독재가 프롤레타리아에 대한 독재가 되고 그 중심에 당 독재가 있고 그 정점에 일인숭배, 스탈린 독재가 있다고 보았다.

사회진보연대는 당의 규율가 통일이 일괴암(一塊岩)주의, 즉 하나의 바위 덩어리 같은 조직이 사회를 철권통치하며 인민의 자유와 민주주의를 억압한 결과 쏘련이 패망했다고 보았다.

그렇다고 사회진보연대가 진정한 당 운동, 진정한 프롤레타리아 독재를 추구하는 것으로 나아가게 된 것도 아니다.

사회진보연대는 프롤레타리아 독재와 통일된 당 운동을 부정하고 그 자리를 '사회운동'으로 채우는 범무정부주의 노선을 추구하는 것으로 나아갔다.

사회진보연대의 쏘련 해체 원인에 대한 분석은 이른바 '북핵' 규탄 인식만큼 전도된 인식이다. 쏘련은 스탈린 프롤레타리아 독재, 당 독재 때문에 망한 게 아니라 후르시초프의 반스탈린 기치 하 전 인민의 국가론, 평화공존에서 출발해 맑스주의 혁명원칙을 폐기하고 프롤레타리아 독재, 제국주의와의 투쟁을 약화, 폐기시키고, 당의 지도권 및 정치적 약화, 중앙집중 계획약화 이윤체계의 확장과 제2경제의 범람, 국제주의 대신 대국주의 득세, 부르주아 사상 문화의 침투 등 수정주의로 망했기 때문이다.

국제적으로는 이 수정주의 영향으로 상당수 공산당들이 유로꼬뮤니즘 정당으로 타락해갔다. 이 수정주의 정점에 배반자 고르바초프의 페레스트로이키와 글라스노스트가 있었다. 쏘련은 결국 프롤레타리아 독재 대신 다당제로, 중앙계획 체제를 사유화로 전환시키면서 해체됐다.

사회진보연대의 통일적 당의 부정은 통일적 인식, 총체적 인식의 부정으로 나아갔다. 동유럽과 쏘련 해체 무렵인 1980년대 말 1990년대 초 상당수 급진 지식인들이 혼돈에 빠져 맑스주의 위기 운운하며 불모의 알튀쎄르주의에 경도되었다.

사회진보연대는 알튀쎄르주의를 추구하며 복수적대 다층적대 운운하며 사회의 근본모순 주요모순을 부정하며 다원주의로 나아갔다. 사회진보연대는 제국주의 반대가 빠진 반핵, 생태주의를 추구했다. 오늘날 다원주의적 인식과 같다. 이 서방식 다원주의는 심지어 제국주의가 내건 인권과 인도주의에 경도되는 경우가 많은데, 사회진보연대의 반쏘 반북 반중 반러는 미제를 위시로 한 서방제국주의의 '가치동맹'과 상통한다.

유럽에서 반스탈린주의로 시작된 혁명적 전통, 반쏘비에트노선은 무정부주의적 68년 혁명으로 나타나고 1970년대 다원주의 사상이 창궐했다면 우리에게 그 현상은 1990년대 이후 나타나 지금 창궐하고 있다.

반쏘 반스탈린이 스탈린 일인독재가 더 극심하게 구현됐다고 하는 북에 대한 적대, 그 지도자에 대한 적대로 나아가는 것은 필연적이다.

사회진보연대의 정치사상의 스승인 윤소영이 '3대 세습 군주정 부활' 운운하며 중앙일보에 인터뷰로 북을 적대시하고 극우 반공주의자인 작가 이문열을 찾아 '우습게 들릴지도 모르겠지만 이문열을 이해하기 위해 올여름 그의 고향 경북 영양에 내려가 볼 생각이다'라고 지적혼란과 타락상을 과시하는 건 비극이 아니라 차라리 희극적으로 보인다.

윤소영이 포퓰리즘 비판 운운하며 대선에서 윤석열을 지지하고 사회진보연대 학생조직인 전국학생행진이 윤소영을 쫓아 윤석열 지지 성명을 낸 것도 차라리 희극적이다.

마침내 조선일보가 사회진보연대에 찬사를 보내고 사회진보연대의 핵심 이론가였던 한지원이 윤석열 지지와 조선일보 기고까지 하는데 이르렀다. 한지원이 사회진보연대를 탈퇴했다고 하지만 사회진보연대가 이런 극우적 타락과 결별한 것이 아니다.

사회진보연대는 급기야 민주노총 대의원대회에서 반북주의 성향의 대의원들을 규합해서 전 세계 비핵화를 위해 북의 핵 무력을 비판하고 러시아를 침략자로 규정해 규탄해야 한다는 이른바 수정동의안을 발의했다.

반미 반제 대신 반북 반러 반중을 기치로 하는 운동은 제국주의의 주구가 될 수밖에 없다

사회진보연대의 운동 기조에는 반미 반제가 없다.

사회진보연대의 인식에는 역사인식이 전혀 없다.

사회진보연대의 철학적 인식에는 원인과 본질이 없고 결과와 현상만 있다.

사회진보연대에는 미제의 침략상이 사라져 있다.

사회진보연대에는 미제의 핵 패권, 핵 독점, 미·일·한 동맹의 패권이 사라지고 없다.

사회진보연대는 미제의 대북 적대시 정책은 안중에도 없다.

우크라이나 전쟁에서도 사회진보연대에는 미제와 나토 침략자, 여기에 동조한 우크라이나 민중의 반역자인 신나치와 전쟁도발자 젤렌스키는 없다.

돈바스의 자결권도 없다.

우크라이나의 자결권 운운하는데 우크라이나 자결권은 러시아가 아니더라도 이미 서방제국주의와 서방 과두 자본에 의해 일방적으로 침해당했다. 전쟁 이후 우크라이나는 서방 제국주의 지원으로 전쟁을 치르면서 서방의 완전한 노예국이 되었다.

사회진보연대는 심지어 서방 제국주의자들이 우크라이나 민주주의와 평화를 위해 무기를 지원해야 한다는 입장까지 제출하여 서방 제국주의의 전쟁 장기화 책동에 복무하고 있다.

사회진보연대의 반핵평화 운동의 주적은 미제와 일제, 서방제국주의가 아니라 '북한'과 중국과 러시아다.

사회진보연대는 "사회운동의 엇갈린 시대인식 〈신냉전 대결과 다극화로 향하는 세계, 한반도 평화의 과제〉 토론회"라는 기사를 통해 자기들의 입장을 정당화하고 있다.

진보운동의 생명은 당파성이다. 진보운동의 당파성은 과학성과 역사성과 대립되는 것이 아니라 이를 바탕으로 하고 있다.

사회진보연대는 '사회운동의 엇갈린 시대인식'의 한 축이 아니라 미제국주의의 침략상에 복무하며 제국주의 프로파간다를 유포하는 첨병이다.

사회진보연대는 반북으로 미제의 대북 적대시 정책에 복무하며 반공주의를 유포하고 있다.

트로츠키주의 내 국가자본주의 노선이 '워싱턴도 모스크바도 아닌 오직 국제주의'가 중립노선, 양비노선으로 미제와 반공부르주아의 이익에 복무하고 있는데, 오늘날 진보진영 상당수가 반제를 반미제국주의가 아니라 미·러, 미·중 패권주의 반대라는 신종 기회주의 노선으로 나타나고 있다. 미제의 중국 포위 공세, 러·우 전쟁 이후 이 노선은 제국주의 프로파간다의 영향으로 더 힘을 얻고 있다.

심지어 맑스 레닌주의를 자처하는 세력조차도 일대일로를 근거로 중국이 강도와 같은 제국주의이며, 러·우 전쟁이 원료 영토 시장을 둘러싼 제국주의 간 약탈전쟁이라며 신종 양비론, 신종 제국주의론도 나타나고 있다.

신좌파 대표적 지식인인 장석준도 '차이메리카' 시대의 파국 운운하며 신종 양비론을 설파하고 있다.

이들 노선들이 사회진보연대의 인식에 의기투합하고 있는 것이다. 특히 우크라이나 전쟁을 계기로 아시아판 나토로 아시아로 전쟁을 확전하고 가치동맹을 내걸어 반중 반러 기치로 대만, 한반도를 제2 우크라이나로 만들려는 시점에 더 부각되는 이러한 흐름은 미제와 미·일·한 전쟁동맹에 맞서 싸워야 하는 우리의 전열을 심각하게 망가트린다.

미제와 반공부르주아, 조선일보식 논리에 부합하는 사회진보연대의 반동 노선을 일소해야 한다.

사회진보연대 논리와 영합하는 아류 사회진보연대 노선을 청산해야 한다.

사회진보연대의 극우적 타락상을 발본적으로 인식하여 정치적 교훈으로 삼는 것은 우리 사회, 우리 진보, 우리 연대를 위해 필수적 과제다.

8. 집요하게 러시아의 제국주의성을 증명해서 무엇을 얻으려 하는가?

2022년 6월 26일

폴리트슈투름(Politsturm)이라고 미국의 자칭 맑스 레닌주의 조직이 있다. 폴리트슈트름 국제조직(Politsturm International)도 있다. 이 조직이 최근에 '러시아는 제국주의인가?'(Is Russia Imperialist?, 2022년 6월 17일) 라는 글을 발표했다.

https://us.politsturm.com/is-russia-imperialist/

국내에서도 맑스 레닌주의를 자처하는 세력 중에서 이 글에 주목하고 공개적으로 소개하고 나서고 있다. 제목의 뉘앙스와 다르게 이 글은 러시아가 왜 제국주의 국가인지를 집요하게 증명하려 하고 있다. 결론적으로 말해서 이 글은 레닌의 『제국주의론』에 대한 왜곡이자 현실 분석에 있어서 태만하고 역사적 관점이 없으며 경제주의적 관점으로 가득 차 있다. 또한 종파주의적이다.

가령 이 글은 다음과 같은 근거로 러시아의 제국주의적 성격을 입증하고 있다.

> 시리아에서 러시아연방의 군사 행동이나 마두로 정부에 대한 지원은 값싼 석유를 위한 투쟁으로 간주되어야 한다. '우크라이나의 파시즘에

> 대한 투쟁'은 제품 시장, 값싼 노동력, 유럽연합(EU) 및 미국과의 하층토
> 개발 가능성을 둘러싼 투쟁이다.

2011년부터 나토와 서방 제국주의자들이 일으킨 시리아 전쟁은 시리
아 영토를 파괴하고 수십만의 사망자와 1,100만의 난민을 만드는 국제적
참극이었다. 그렇다면 과연 리비아에 이어 시리아에 내란을 조장하고 레
짐 체인지(정권교체)를 하려는 나토와 미제의 행태가 제국주의인가?

그것에 맞서 동맹국 시리아의 요청에 의해 시리아를 군사적으로 지원
하는 게 러시아의 제국주의 근거인가?

과연 러시아가 시리아를 지원한 대가로 영토를 할양받았는가? 이권과
특혜를 취했는가? 아니면 시리아의 내정에 개입했는가? 설사 미제와 나
토 제국주의를 시리아 침략 기도에 맞서 시리아를 지원한 대가로 일정한
경제적 혜택을 얻은 게 있다면, 그것은 러시아의 희생의 대가로 정당한
것이지 부당한 행위고 이것을 제국주의 행태로 간주할 수 있는가?

베네수엘라 마두로 정부를 제재하고 레짐 체인지하려는 미제와 서방
제국주의야말로 악랄하게 제국주의 행태를 하고 있는 것이다. 미국은 실
제 후안 과이도를 내세워 쿠데타를 배후조종하고 베네수엘라의 석유 수
출을 금지하기도 했다. 그렇다면 베네수엘라 마두로 정부를 지지하고 미
제의 제재에 동참하지 않는 것이 제국주의 행태인가? 또한 베네수엘라
석유를 값싸게 구입한 것이 제국주의의 실례라고 할 수 있는가? 러시아
야 석유가 풍부한데 석유를 차지하기 위해 마도로 정부를 지원한다는 분
석도 구체적인 정치적 분석이 빠진 일면적인 분석에 불과하다.

우크라이나 전쟁도 2차 대전 이전부터 반파쇼 대조국전쟁 전부터 잉

태된 파시즘이나 현재 서방의 지원을 받고 레짐 체인지와 돈바스 학살에 가담한 네오파시즘, 나토의 동진정책, 민스크협정파기, 젤렌스키의 우크라이나 내에서 러시아어 사용 금지와 러시아 제재 도발 같은 구체적이고 역사적 분석 없이 그저 태만하게, 경제주의적으로 원료 노동력 시장을 위한 전쟁으로 분석할 수 있는가?

마찬가지로 앞의 글은 러시아의 조선과의 경제교류에 대해서도 러시아가 제국주의라는 근거로 삼고 있다.

러시아 철도는 북한의 철도 인프라 현대화에 참여하고 있다.

여기서도 과연 미제와 나토의 조선에 대한 고립말살책, 제재가 제국주의 행태지 그걸 반대해서 철도 인프라 투자를 하는 게 제국주의라고 할 수 있는가? 그게 제국주의라면 러시아가 이런 투자로 막대한 이권을 차지한다든가 그 나라의 내정에 개입한다든가 근거가 있어야 하지 않겠는가? 그리고 자주성을 생명으로 하는 조선에서 이런 시도가 있다면 추호라도 용인하겠는가? 러시아가 제국주의자들의 제재에 참여하지 않고 조선과 경제교류를 강화하는 것은 칭찬을 받을 일이고 진보적인 일 아닌가?

미국 폴리트슈투름(Politsturm)은 다음 근거를 들어 중국에 대해서도 국가독점자본주의(제국주의)라고 규정하고 있다.

> 오히려 중국의 독점 부르주아지가 앞으로 세계의 중심 세력을 대신하기를 고대하고 있다. 중국 국가독점자본주의의 맹렬한 발전과 자본의

맑스주의와 현대제국주의

급속한 축적으로 인해 중국 부르주아지는 점점 더 많은 새로운 시장을
장악해야 한다.

중국 자본의 증가하는 식욕은 소수의 종속 국가로 만족할 수 없다. 중
국 자본은 자신의 이익을 최대한 충족시키기 위해 중심에 위치해야 한다.

해외 자본 투자 자체가 제국주의 근거가 될 수는 없다. 미국 폴리트슈
투름(Politsturm)은 러시아의 해외 자본 투자가 31위라는 근거로 제국
주의임을 밝히기 위해 다음과 같은 도표를 들고 나오고 있다.

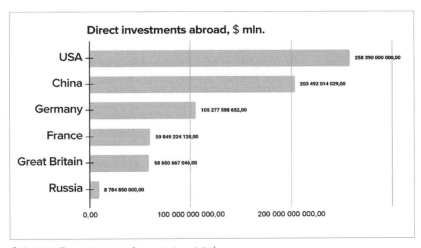

출처 : https://us.politsturm.com/is-russia-imperialist/

도표대로라면 중국은 미국에 이어 2위의 제국주의 국가가 되어야 한다.

더욱이 미국 폴리트슈투름(Politsturm)은 러시아가 주요 해외 채권국
이라는 근거로 다음 도표를 사용하는데 이 표대로라면, 러시아도 물론이

지만, 중국은 일본, 독일, 영국 보다 앞선 해외 채권국이다. 과연 이를 근거로 러시아와 중국이 제국주의라는 근거로 삼을 수 있는가?

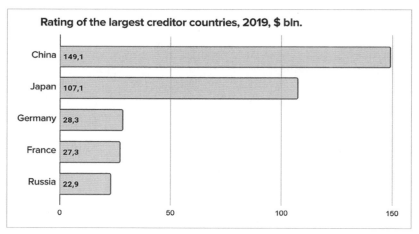

출처: https://us.politsturm.com/is-russia-imperialist/

미제의 자본투자는 (신)식민지 나라에서 그 반대급부로 초과이윤을 비롯한 막대한 경제적 이권과 특권, 정권교체, 쿠데타 지원, 정치적 지배로 나타났다. 그렇다면 중국의 일대일로가 아프리카 등지에서 자본투자 대가로 내정 간섭을 한다든가 레짐 체인지를 기도한다든가 (신)식민지로 삼는다던가 하는 근거를 제시해야 한다.

반대로 저 글은 러시아가 팔레스타인 문제에서 이스라엘과 미국을 규탄하고 팔레스타인 독립을 주장한 것은 왜 사례로 들지 않는가?

미국 폴리트슈투름(Politsturm)은 또한 다음과 같이 카자흐스탄 사태에 개입한 사례를 근거로 러시아를 제국주의 근거로 삼는다.

> 2022년 1월 카자흐스탄에서 일어난 시위 동안 러시아와 집단안보조약기구(CSTO)의 국가들은 제한된 파병대를 그곳에 파견했다.

그런데 카자흐스탄 사태에 대해서는 더 분석이 필요하지만 아래와 같이 실패한 '색깔 혁명'이라고 분석하며 '러시아와 집단안보조약기구 참여 국가들이 신속하고 결정적인 조치를 취함으로써 미국의 중부 아시아에서의 사악한 색깔 혁명을 무위로 돌아가게 했다'는 분석도 있다.

미국의 비열한 음모가 지금은 진압되었지만, 오래 참았던 카자흐인들의 진정한 불만은 사회주의 경제가 한때 자랑스러웠던 땅으로 회복될 때까지 의미 있게 해결되지 않을 것이다. 그래야만 제국주의자들의 중앙아시아 '거대한 게임(great game)'에 따르는 끝없는 간섭에서 조국을 해방하고 평화와 번영을 누릴 수 있을 것이다.(앞의 원글 사진에 첨부된 주)
출처:(https://thecommunists.org/2022/03/12/news/kazakhstan-failed-colour-revolution/)

> Nord Stream-2를 위한 미국에 대한 러시아연방의 투쟁은 탄화수소 자원 시장을 위한 투쟁으로 간주되어야 합니다.

미국은 우크라이나 전쟁을 빌미로 러시아의 독일과의 천연가스 파이프라인 사업을 봉쇄하고 있다. 이로 인해 독일도 이 사업 중단을 발표한 바가 있다. 그러나 이 전쟁 이전에도 미국은 호시탐탐 노르트스트림2 개통에 대해 반대하는 입장을 천명해 왔다.

전임 도널드 트럼프 행정부는 노르트스트림2가 개통하면, 독일을 비롯한 유럽의 러시아 에너지 의존도가 심각해지고, 이는 곧 유럽에 대한 러시아의 영향력을 확장하는 무기가 될 수 있다고 지적하며, 노르트스트림2 사업에 참여하는 기업에 제재를 가하겠다고 경고했습니다.

트럼프 행정부의 뒤를 이어 들어선 조 바이든 정부도 노르트스트림2에 반대한다는 입장이었는데요. 하지만 미국과 유럽의 동맹과 단합이 중요하다고 판단해 지난해 7월 독일의 입장을 수용했습니다.

바이든 정부가 이렇게 입장을 바꾼 건 이미 공사가 거의 다 완공 상태였기 때문에 되돌리기 힘들다고 판단했기 때문이라는 분석도 나왔는데요. 미국 정부는 노르트스트림2가 우크라이나 등 주변국을 압박하는 데 악용될 경우 제재하겠다는 경고도 잊지 않았습니다.

(박영서 기자, [뉴스 따라잡기] '노르트스트림2' 가스관, voakorea, 2022.2.11.)

러시아가 독일과 천연가스관을 직접 개설하여 천연가스를 공급하려는 시도는 제국주의 행태와 전혀 상관이 없는 러시아와 독일의 자결권에 해당하는 일이다. 이 사업이 다른 나라의 자결권을 침해하는 행위도 아니다. 또한 미국의 가스 파이프라인 사업 방해에 맞서 이 사업을 지속하려는 러시아의 시도는 국제적으로도 정당한 것이다. 이를 근거로 러시아를 제국주의로 규탄하는 것은 어불성설이다. 이 사업에서 노르트스트림2 개통을 막으려고 하는 미국의 간섭정책이야말로 제국주의 행태다.

미국 폴리트슈투름(Politsturm)은 '제국주의의 극단적인 형태는 전쟁으로 금융과두제가 영토를 합병하여 민족자주와 자급자족의 원칙을 저해한다'라고 하고 있다. 이 행태는 바로 국산복합체를 내세워 전 세계에서 전쟁을 자행하며 다른 나라의 자결권을 없애는 가장 흉폭한 미제국주의의 사례가 아닌가? 민족자주와 자급자족의 원칙을 스스로 저버리고 미제와 서방 제국주의자들의 주구가 되고 있는 것은 우크라이나 젤렌스키 정권 아닌가?

러시아와 중국을 제국주의로 규정하는 분석은 논리적 모순도 그렇거니와 실천적으로도 미제와 나토, 이스라엘 등 서방 제국주의와의 분쟁에서 기회주의적 양비론으로 일관하면서 그를 통해 궁극적으로 제국주의의 이해에 봉사하게 된다.

도대체 집요하게 러시아가 제국주의라는 성격 규정으로 무엇을 얻으려 하는가? 1차 세계대전 당시 레닌의 제국주의론 분석을 구체적 현실 분석 없이 문자 그대로 적용하여 오늘날 우크라이나에서 전쟁도 제국주의 국가 간의 전쟁이니 양자의 패배를 주장할 것인가? 지금 당장 러시아의 철군을 주장할 것인가? 그럼 이 철군으로부터 당장 이익을 볼 세력들은 누구인가? 돈바스의 자결권은 누가 보장해줄 것인가? 미제와 젤렌스키 정권, 신나찌들이 그럴 것인가? 지금 평화협정을 통해 전쟁 종식을 막고 우크라이나를 영구적인 전쟁터로 만들려 기도하는 자들은 누구인가? 미제를 위시로 한 서방 제국주의 국가와 자국민의 끝없는 희생도 아랑곳하지 않고 서방의 개가 된 젤렌스키 아닌가?

북핵 양비론이 미제의 핵 독점 전략에 봉사하듯 우크라이나 전쟁에서 양비론은 결국 미제와 서방제국주의 이해에 봉사하는 것이다. 전 세계적으로, 국내적으로 조선혐오, 중국혐오, 러시아 혐오증은 미제와 서방제국주의의 프로파간다의 일환으로 조장되고 있다. 이는 단순하게 이데올로기적 혐오만의 문제가 아니라 서방 제국주의자들의 전 세계적 패권 공세의 일환이기도 하다. 제국주의는 중국과 러시아의 제국주의성을 근거로 아시아, 아프리카, 남미 등 전 세계에서 자신들이 저질러 왔던 (신)식민지적 약탈과 학살과 전쟁과 파괴, 내정 간섭과 자결권 파괴를 물타기하고 은폐하려 하고 있다. 이를 통해 지금도 계속되고 있는 제국주의 자신들의 행보를 중국과 러시아에 전가하고 정당화하려 하고 있다.

오늘날 우크라이나 전쟁은 앞으로 대만을 비롯한 동북아와 남중국해, 한반도(조선반도)에서 미제와 중국, 일본제국주의와 러시아의 분쟁으로 나타날 수 있으며, 대만과 한국의 정권은 젤렌스키 같은 미제의 충실한 주구로서 이 전쟁을 촉발하는 데 일익을 담당할 수 있다.

그렇다면 양비론이 아니라, 미제를 위시로 한 서방제국주의, 미·일·한 전쟁동맹에 맞서 평화를 지키고 전쟁을 반대하며 싸우는 것이 우리의 실천적 과제가 아니겠는가?

미제 중심의 일극체제의 약화를 위해 투쟁하는 게 우리의 과제가 되어야 하는 것 아닌가? 윤석열 정권이 일방적으로 조장된 러시아 적대감과 우크라이나에 군사 물자를 보내고 중국혐오와 미제의 기도에 부응하여 미국, 일본, 인도, 호주 등 인도·태평양 4개국이 참여하는 '쿼드안보대화' 같은 동아시아판 나토에 참가하려는 것을 파탄시켜야 하지 않는가?

우크라이나 제국주의자들과 그에 영합하는 언론들의 일방적인 프로파간다에 맞서 균형적 인식, 진실을 위해 이데올로기적으로 투쟁해야 하는 것 아닌가?

러시아가 제국주의라는 인식은 인식 상 오류이고, 실천적으로는 유해하다. 이러한 기회주의 사상이 유포되는 것을 단호하게 막아야 한다.

4장

중국혐오의 정치적 기원

1. 중국혐오는 자연스러운 역사적 감정이 아니라 조장된 것이다

2022년 5월 27일

'시대정신'이 된 중국혐오

역사적인 경험으로 보면 전연 이해할 수 없는 일들이 우리 눈앞에서 맹목적으로, 광범위하게 펼쳐지고 있다. 한국인들은 왜, 언제부터 중국을 혐오하거나 부정적으로 바라보게 됐는가? 한국인들 상당수는 36년 동안 악랄한 식민통치를 했고 지금도 그 식민통치 역사를 왜곡, 미화하고 군국주의 책동을 계속하고 있는 일본보다 중국을 더 혐오하는가? 날이 갈수록 중국혐오는 더 깊어지고 있는데, 급기야 한국 사회의 반중 혐오는 일시적 조류를 넘어 보편적인 '시대정신'이 되었다.

> 2021년 한국은 '반중(反中)'으로 뭉쳤다. 작게는 텔레비전 드라마의 중국 소품 사용부터 크게는 한·미 정상회담 문구 하나까지, 중국과 관련한 모든 이슈에 극렬하게 반대하는 여론이 압도적이다. '중국이 싫다'라는 감정이 단언컨대 시대정신으로 떠오르는 중이다.
>
> (이오성 기자, "중국의 모든 것을 싫어하는 핵심 집단, 누굴까?", 시사인, 2021.06.17.)

호감도 조사를 보면, '미국이 57.3도로 가장 높았고, 일본 28.8도, 북한 28.6도였다. 중국이 26.4도로 가장 낮았다. 주변국 사람에 대한 응답에서는 온도 차가 더욱 커졌다. 북한 사람(37.3도), 일본 사람(32.2도)보다 중국 사람(26.3도)에 대한 호감도가 확연히 낮았다.'(같은 기사) 심지어 응답자 58.1%가 중국이 '악'에 가깝다고 답했다. '선'이라는 응답은 4.5%였다.(같은 기사)는 조사 결과에서 보듯, 중국은 악의 제국이 되었고 중국인들은 악마가 되었다. 온라인에선 중국혐오가 놀이처럼 이뤄("한국 사회의 '중국혐오'를 파헤치다", 국민일보, 2022-04-28)질 정도로 잔혹하게 일상화되었다. 중국혐오는 같은 동포인 조선족에 대한 극단적인 멸시와 비하로 나타나기도 한다.

2021년 미국 여론조사기관 퓨리서치센터의 조사에 따르면, 바이든 집권 이후 한국에서 미국에 대한 호감도는 점점 더 높아지고 있다고 한다.

> 국가별로 미국에 대한 우호적 시각 응답은 한국이 77%로 전년보다 18%포인트 올라 가장 높았고, 다음으로 이탈리아(74%), 일본(71%), 프랑스(65%), 영국(64%) 순이다.

("바이든 취임 후 미국 호감도 급상승…16개국서 62% 美에 우호적", 뉴시스, 2021.06.11.)

그런데 중국혐오는 이른바 진보와 보수를 가리지 않고 모두 비슷하다.

> 진보와 보수로 나눠 살펴봐도 마찬가지다. 중국에 대한 감정 온도는 진보(26.9도), 중도(26.7도), 보수(26.7도)가 모두 비슷하게 차갑다.

청년층에서 유독 중국혐오가 두드러진다.

대다수 한국인이 공감하는 반중 정서는 세대에서 드라마틱하게 갈린다. 특히 20대에서 두드러진다(〈그림 10〉 참조). 20대의 중국에 대한 감정 온도는 15.9도로 40대(28.3도)나 50대(30.8도)에 비해 절반 가까이 떨어진다. 30대도 21.8도로 전체 평균 26.4도보다 낮다. 2030 세대가 반중 정서를 이끌어가는 핵심 집단이라는 결론이 나온다.

도대체 중국을 혐오하는 이유는 무엇인가?

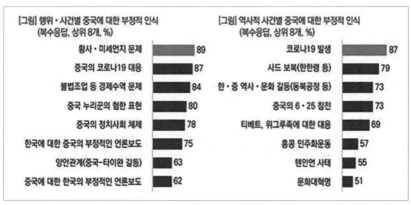

행위 사건별 중국에 대한 부정적 인식 / 역사적 사건별 중국에 대한 부정적 인식 (도표 출처 : 목회데이터연구소)
출처 : 고신뉴스 KNC(http://www.kosinnews.com)

이처럼, 중국에 대한 부정적 인식은 사소한 생활상의 문제들로부터, 중국의 사회 현상들, 중국의 정치적, 역사적 문제들, 중국의 체제에 이르

맑스주의와 현대제국주의

기까지 한 마디로 중국의 모든 것에 걸쳐 나타나고 있다. 이쯤 되면 중국과 중국인들이 숨만 쉬어도 적개심을 표출할 정도가 되었다. 특히 '중국에 대한 한국의 부정적인 언론보도'처럼, 언론의 영향도 무시할 수 없는데, '한국에 대한 중국의 부정적인 언론보도'조차도 대개는 언론에서 일방적으로 보도하는 것으로 한국에 편파적인 방식으로 알려지고 있다. 더욱이 '언론보도'가 하나의 설문 문항으로 들어가 있지만, 위의 부정적인 인식들 모두가 실은 언론에서 다루는 주제이기 때문에 중국 혐오증은 언론이 반중 혐오 조장에 적극 나선 결과임을 알 수 있다. 특히 청년들에게서 반중 혐오 감정이 만연한 것은 청년세대가 1980년대 반미의 역사적 경험을 가지고 있지 못한 데다가, 한국 사회 전반이 친미반공주의 일색으로 후퇴한 영향을 받았기 때문이다.

'한 시대의 지배적 사상은 지배계급의 사상'이라고 하는데, 사실 지배계급의 사상은 부르주아 계급에는 자연스럽게 자신들의 계급적 처지, 이해관계에 의해 자연스럽게 형성되기도 한다. 하지만 민중 대다수에게 나타나고 있는 당대의 지배적 여론, 인식, 감정들은 지배계급의 교육, 종교, 언론 등에 의해 적극 조장되고 있는 것이다. 현대 부르주아 사회에서는 제국주의 언론과 그 나팔수 역할을 하고 있는 부르주아 언론 기관들이 지배계급의 사상을 유포하는데 가장 선두에 서 있다.

중국에 대한 위의 부정적 요소들 중, '미세먼지' 중국 책임론은 '당시 베이징 공기 정화를 위해 그 지역 공장들이 한반도와 가까운 산둥성 지역으로 이동했다는 루머가 인터넷상에서 폭발적으로 퍼지며 반중 여론이 들끓었다'고 하는 것처럼, 중국의 발전과정에서 나타난 부정적인 환경적 문제들을 의도적인 문제로 부각시킨 결과 생겨났다. 더욱이 몽골이나 중국 북부에서 자연스럽게 날라 오는 황사같이 자연적 현상까지도 중국 탓으로 돌리면서 더욱 조장되고 있다.

'중국의 코로나 19에 대한 대응'에 대한 적대적 감정은 코로나 발발 초기 '우한 폐렴'이라고 하여 언론들이 앞장서서 중국혐오를 조장한 결과 생겨났다. 이로써 중국은 기존의 적대감정에 더해 박쥐를 먹는 미개한 민족이며 코로나바이러스를 전 세계에 전파하여 전 인류를 고통에 빠트리는 용서할 수 없는 나라로 다시 한 번 인식되게 되었다.

출처:(https://www.ohmynews.com/NWS_Web/View/at_pg.aspx?CNTN_CD=A0002608504)

실제 코로나 19가 중국에서 시작됐다는 인식이 확산되면서 최근 아시아, 태평양계에 대한 증오범죄가 300% 이상 늘어났다. 한국에서 극우 언론의 지지 속에서 신세계 극우파쇼 정용진의 '난 공산당이 싫어요'라는 해시태그 난동과 미국 내 '중국으로 꺼져라', '중국 공산당(communist

China)한테로 꺼져라'라는 반공주의, 인종주의와 급증하는 증오범죄는 깊이 연결되어 있다.

불법조업의 문제는 남북 간에도 해상 영유권 문제로 심심찮게 벌어지는 문제이며, 중국과 한국 모두가 상호 간에 책임이 있고 해결해야 하는 문제기도 하다.

'중국 누리꾼의 혐한 표현'은 한국 사회에서 거대하게 나타나고 있는 반중 적대감에 대한 대응 차원에서 나타나는 개별적 문제일 수 있다. 중국의 공식적 언론보도가 아닌 개별적인 누리꾼들의 혐한 표현을 보도하여 중국 적대감을 조장하는 것도 사실 한국언론이다.

'양안 관계(중국–타이완 갈등)'는 중국의 내정 문제인 데다가, 역사적으로 국민당이 미국을 등에 업고 대만을 식민지로 만들면서 생겨났다. 홍콩 문제 역시 그 역사적 출발은 영국의 홍콩 식민지 지배로부터 발생했다.

'중국의 6·25 참전'의 문제는 해방 이후 미제가 일제를 대신하여 한반도 이남을 점령한 상태에서 반북, 반중국, 반쏘비에트의 전초기지로 삼으려는 문제들로부터 비롯됐다. 남과 미국에서는 이를 북과 중국의 침략 전쟁으로 보고 있지만, 북에서는 조국해방전쟁, 중국에서는 북과의 형제국, 혈맹으로서 반미 조국해방전쟁 지원전으로 성격을 규정하고 있는 역사적인 문제기도 하다.

사드보복의 원인은 두말할 나위 없이 미국의 강압에 의해 중국과의 군사적 대립을 부각시키는 사드를 도입한 박근혜, 문재인이 제공했다.

천안문 사태는 1989년 동유럽과 쏘비에트가 해체되는 격동의 시점에 나타난 사건으로 중국이 존립하느냐 동유럽과 쏘련처럼 해체되느냐의 갈림길에서 벌어진 문제로 기본적으로 중국의 내정문제에 해당된다. 이 격동의 시기에 벌어진 천안문 사태에 대해서도 상당 부분 서방 언론들에 의해 사태가 일방적으로 보도되거나 과장된 측면도 있다. 특히 서방 자본주의 국가들이 천안문 사태나 홍콩시위나 신장위구르 문제에 대해서 그때나 지금이나 '민주주의와 인권' 기치를 내걸어 간섭을 일삼고 있기 때문에 나타난 문제다.

문화대혁명은 '홍위병'으로 상징되는 부정적 인식으로 나타나고 있지만, 중국 사회주의 건설 시기에 나타난 문제들로서 기본적으로 중국 내 수정주의의 대두와 맞서 싸운 거대한 정치투쟁이자 사회주의 문화혁명의 문제들이다. 스탈린의 '숙청'에 대해 그런 것처럼, 문화대혁명은 그 역사적 의의는 사라지고 제국주의 프로파간다에 의해 과장, 왜곡되어 알려지고 있다. 문화대혁명이 당적 차원에서 조직적으로 전개되지 못하고, 일부 극단적 편향의 사례들에 대한 비판적 평가는 할 수 있다고 하더라도, 지금 서방 제국주의 진영과 이를 일방 추종하는 한국 사회의 평가는 반공주의적이고 일방적이고 편향되었다.

'중국의 정치사회 체제의 문제'에 대한 부정적 인식은 반공주의의 일환인데, 공산당이 통치하는 중국체제는 일제의 중국 지배와 중국 봉건제에 맞서 '중국민이 찾아낸 최적의 제도'로서, '입헌군주제에서 다당제, 의원내각제에서 대통령제로, 그들은 모든 것을 시도했지만 불행히도 이들 중 어느 것도 중국이 스스로를 보호하고 혼란을 끝내는 데 효과적으로 도움이 되지 못했다'(김남중 선임기자, "한국 사회의 '중국혐오'를 파헤치다", 국민일보, 2022-04-28)고 볼 수도 있다.

　　　　　　　　　　　　　　　맑스주의와 현대제국주의

진보적 반미 감정에 비해 반중은 조장된 배외주의 감정

위 중국에 대한 부정적 요인들 중 '동북공정' 같은 중국의 '역사 왜곡' 문제는 어떻게 한국인들 사이에서 중국혐오를 가지는 요인이 됐는가?

중국의 동북공정 탓에 대한민국이 또 한 번 뒤집혔다. 지난 2004년 동북공정 프로젝트의 존재가 알려지면서 '고구려사를 삼키려 드는 중국의 무서운 음모'에 온 국민이 분노한 지 2년 만이다.

2년의 성과물로 고구려를 중국의 소수 민족으로 규정한 논문이 알려지자 일부 언론들은 이를 '역사 침략'으로 규정했고 이 '역사 침략'이 '영토 침략'으로 이어질 것을 심히 우려하고 있다. 북한을 호시탐탐 노리는 중국 정부가 '유사시'를 대비해 역사부터 고쳐두고 있는 것이며 '침략의 대상'에는 북한뿐 아니라 한강 이북이 모두 포함돼 있다는 주장도 제기됐다.

김희교 교수는 '언론과 정치권이 동북공정 문제로 호들갑을 떠는 구도 속에는 기본적으로 한미동맹에 대한 불안감이 잠재돼 있다'고 주장했다.

김 교수는 정부가 전시 작전통제권환수 방침을 밝히는 등 미국으로부터 유연해지려는 노력을 보인 점을 동북공정 논란의 '도화선'이라 지적했다. 미국과의 관계가 소원하다는 평가가 나올 때마다 '그렇다면 중국과 함께 가는 거냐'는 질문이 뒤따르는 사회 환경에서, 미국으로부터 멀어지는 것을 원치 않는 세력들이 중국의 위험성을 부각시키기 시작했고 자연히 여론도 '그래도 중국보다는 미국이 낫다' 쪽으로 돌아가게 됐다는 주장이었다.

(이지윤 기자, "'동북공정' 논란 뒤엔 '한미동맹' 족쇄가…" 전문가들 "국내정치용 민족주의 자극은 '이제 그만'", 프레시안, 2006-09-08)

중국의 '침략의 대상'에는 북한뿐 아니라 한강 이북이 모두 포함돼 있다는 주장은 북의 붕괴설에 근거를 둔 것으로, 북이 중국에 대해서도 철저하게 자주적인 국가라는 점을 간과하고, 조·중 역사에 대해 무지한 결과라고 할 수 있다. 중국이 한강 이북을 영토적으로 침략할 것이라는 주장도 앞의 전제가 성립하지 않는 한 아무런 근거가 없는 소설 같은 얘기에 불과하다. 더욱이 '동북공정' 제기가 중국의 역사 왜곡에 반대하여 한국의 자주성을 세우려는 의도에서 비롯됐다고 할 수 있는데, 정작 자주성을 전면 유린하는 미국은 일방적으로 추종하고, 식민지배 역사를 왜곡하고 군국주의 책동을 계속하는 일본 제국주의와의 군사적 동맹을 부추기고 있는 미·일·한 동맹을 절대적 가치로 떠받드는 이율배반적 태도는 어떻게 이해해야 하는가? 또한 그를 통해 같은 민족인 북을 고립 말살시키며 북의 자주성을 유린하는 데 동참하면서 유독 중국으로부터는 '자주성'을 외치는 이중적인 행위는 어떻게 봐야 하는가?

결국 중국의 '동북공정' 역사 왜곡 논란은 역사의 진실을 바로잡고 진정한 '자주성'을 염원하려는 의도로 출발한 것이 아니라고 할 수밖에 없다. 그 반대로 '동북공정' 논란을 통해 미제국주의에 대한 노예화를 영속화 시키려는 의도에서 비롯됐다고 할 수 있다. '전시작전통제권'처럼 군사적 자주권의 문제가 불거지는 시점이거나 '미국과의 관계가 소원하다는 평가가 나올 때'처럼, 특히 국내에 반미정서가 불거질 때마다 반중 혐오가 의도적으로 조장되는 것은 우연이 아니다. '미국으로부터 멀어지는 것을 원치 않는 세력들'이 중국과의 적대감을 고취시킴으로써 한미동맹의 가치를 정당화하고 있기 때문이다. 중국혐오가 깊어질수록 전통적인 '한미동맹'만이 악마와 같은 중국을 견제하고 중국으로부터 한국을 방어하

맑스주의와 현대제국주의

는 데 도움이 될 수 있다는 여론을 조성하는 것이다. 중국이 악마가 되면 될수록, '그래도 중국보다는 미국이 낫다'는 여론이 먹혀들기 쉽기 때문이다.

멀리는 제주 4·3학살과 여순학살로부터, 가까이에는 광주학살 배후에 미국이 있고, 역사적으로 분단이 원흉이라는 것이 알려지면서 폭발적으로 생겨난 반미감정은 1980년대의 시대정신이었다. 이후에도 반미감정은 미군범죄, 여중생 장갑차 압사 사건, 대추리 평택미군기지 이전문제, 미군기지 오염문제와 세균실험실 문제, 미국 최첨단무기 수입 강요, 주둔비 인상, 한미연합훈련, 남북관계 진전의 반대와 전쟁위기 조성 등으로 계속되고 있다.

한국에서 반미감정은 역사적으로 필연적으로 생길 수밖에 없는 당연한 대중적 인식이고 진보적인 감정이다. 반면 중국에 대한 한국 사회의 적대적 배외주의와 미제국주의에 대한 무조건적 숭배감정은 역사적 경험 속에서 생겨난 자연스러운 감정, 인식이 아니라, 역사적 경험과 정반대로 부르주아가 언론, 교육, 문화, 종교(특히 극우 개신교 등) 등을 내세워 조장된 감정, 인식이다.

미국은 국제적으로도 미·중 대결을 고취시키면서 반중 적대감을 조장하고 있다.

국제사회, 특히 미국은 중국의 약한 고리를 집중 타격하고 있다. 6월 13일 영국에서 열린 주요 7개국(G7) 정상회담에서 각국 정상들은 중국의 신장·홍콩·타이완·남중국해 정책을 비판하는 공동성명을 채택했다. 중국의 '일대일로'에 맞서는 새로운 파트너십도 구축하기로 했다. 동남아시아와 아프리카 국가들에 G7의 자본을 투입함으로써 이들 국가가 중국과 손잡을 필요가 없도록 하겠다는 것이다. 미국이 요구했던 대중국 강경 노선을 각국 정상이 대부분 수용했다는 점에서 큰 이슈였다. 중국은 G7과 미국을 겨냥해 '내정 간섭이다. 소수의 나라가 국제질서를 정하는 시대는 지나갔다'라며 강하게 반발했다….

중국을 견제하려는 미국과 국제사회의 움직임은 어제오늘 이야기가 아니다. 중국의 부상에 발맞춰 차근차근 진행해왔다. 2018년 미·중 무역전쟁은 그 변곡점이었다. 무역전쟁의 승자가 누구인가에 대해서는 여전히 의견이 분분하지만, 한 가지는 분명해졌다. 미국이 더욱 노골적으로 중국을 견제하리라는 점이다.

(이오성 기자, "중국에 대한 반감, 그 반대편에 친미가 있다", 시사인, 2021.07.12.)

이처럼 제국주의 국가들은 '약한 고리' 운운하며, 중국 내정에 개입해 자주성을 말살하고 궁극적으로 중국의 민족갈등을 부추겨 분리독립 시키고 중국을 해체시키려 하고 있다. 이는 중국이 미제 중심의 서방 제국주의 일극체제에 도전하여 부상하려는 것을 막기 위한 제국주의 패권의 일환이다.

2. 중국혐오는
(신)식민지 담론이다

2022년 6월 2일

'짱깨주의의' 탄생, 인종주의와 (신)식민지 담론

'양키 고 홈' 구호에서의 '양키'는 인종주의, 배외주의적 표현이 아니라, 신군부 쿠데타와 광주학살 이후에 그 배후였던 미제국주의에 대한 분노를 표현하는 진보적인 '언어'였다. 반면 '짱깨', '짱깨집'은 우리 사회에서 대중적으로 사용되는 인종주의적인 중국혐오의 표현이다. 김희교 교수(광운대 중국학과)는 이를 '짱깨주의'라고 표현하고 있다.

과연 '짱깨주의'는 어떻게 탄생했는가?

『짱깨주의의 탄생』(보리)의 저자 김희교 교수는 '짱깨라는 개념은 서구의 인종주의가 지니는 혐오를 그대로 품고 있다'며 한국 내 반중 정서의 뿌리를 검토하고 있다.

> 1894년 청일전쟁 이전까지 조선에서 중국인들은 혐오의 대상이 아니었다. 인식이 달라진 건 청일전쟁으로 중국이 패하고 일본이 조선을 장악하기 시작하고부터다. 일본은 중국인을 열등하고 미개한 국민으로 설정

했고 조선인도 일본의 식민 담론에 포섭돼 중국인을 비하하기 시작했다.

이후 1992년 한중수교로 중국혐오가 누그러졌지만, 중국의 급속한 성장과 가속화되는 미·중 충돌 속에 한국 사회에서 '짱깨주의'는 다시 퍼지기 시작했다.

(신재우 기자, "한국에서 중국은 왜 '짱깨'가 되었을까?", 뉴시스, 2022.04.29.)

위 책의 부제는 '누구나 함부로 말하는 중국, 아무도 말하지 않는 중국'이다. 이는 마치 북에 대한 적대시 감정과 마찬가지다. 누구나 북에 대해 적대적으로 말하지만, 그렇게 말하는 그 누구도 북에 대해 제대로 알고 말하지 않는 것과 마찬가지다. 종북몰이의 일종이다. 더욱이 '짱깨'라는 중국혐오주의는 서구인종주의의 발로이다. 서구는 미제와 나토 등 서방제국주의를 말한다. 중국혐오주의는 제국주의 프로파간다의 일종인 동양 비하, 오리엔탈리즘과 닮아있다. 이는 제국주의 식민지배 이론의 일종이다.

위의 글에서 알 수 있듯, 우리 사회에서 직접적인 중국 혐오주의의 발생은 청일전쟁 이후부터 전면화되기 시작한 일제의 조선식민지 지배다. 일제가 조선 식민지배를 위해서 반중(당시는 반청) 혐오를 퍼트렸다. 당시 조선에 만연한 중국 사대주의 대신에 중국이 열등하고 미개한 나라라는 인식을 퍼트리면서 중국혐오를 부추겼다. 그런데 사대주의의 반대는 자주적 인식인데, 일제는 중국이 열등하고 미개한 나라인데 반해, 일본은 부강하고 개화한 나라라는 점을 부각시켰다. 이러한 친일 이데올로기를 이른바 여론 주도층인 지배계급, 지식인들한테 먼저 유포시킴으로써 조선인들 전반으로 유포시켰다.

맑스주의와 현대제국주의

'1992년 한중수교로 중국혐오가 누그러졌다'는 말은 한중수교 이전에 중국혐오가 팽배했다는 말인데, 이때의 중국혐오는 중공(중국 공산당)에 대한 혐오, 즉 반공주의와 직접적인 관련이 있다. 그런데, 잠시 누그러졌던 중국혐오가 고조된 것은 '중국의 급속한 성장과 가속화되는 미·중 충돌 속에' 기원이 있다.

근자의 중국혐오는 미제의 중국에 대한 포위 말살, 고립화, 반중 프로파간다에 원인이 있는 것이다. 미제국주의는 신장위구르, 홍콩 등에서의 중국의 분리주의에 대한 반대와 통합정책을 '인권과 인도주의'를 내걸어 중국혐오의 근간으로 삼았다.

> 신장 인권탄압은 사실인가, 송환법 반대 홍콩의 반중 시위는 민주화 운동이라고 볼 수 있는가 같은 민감한 질문도 던지며 다른 해석을 제시한다. 저자에 따르면, 홍콩이 처한 억압의 구조는 다층적이다. 민주와 반민주가 단순하게 나뉘지 않으며, 중국과 홍콩 간의 문제만도 아니다. 미국의 중국봉쇄 정책이 개입돼 있다. 그래서 홍콩이 미국과 연합하여 독립하려 할 때 중국은 '일국양제'를 지키던 기존의 태도를 버리고 일국을 지키려는 물리적 시도를 할 수밖에 없었다고 본다.

(김남중 기자, "한국 사회의 '중국혐오'를 파헤치다", 국민일보, 2022.04.28.)

앞에서 잠깐 말했듯, 조선(북한)에 대해서도 그렇듯, 미제가 내거는 '인권과 인도주의' 기치는 인류 전체의 보편적 가치가 아니라 미제의 야만성, 폭력성을 은폐하고 미제의 군사적, 정치적, 경제적 이해를 관철시키기 위한 수단에 불과하다. 따라서 중국에서의 인권탄압이라는 것도 심각하게 과장, 왜곡돼 있거나, 과거 쏘비에트 연방에 대해 그러했던 것처럼, 이 공세를 통해 궁극적으로 다민족 통일국가 중국을 분리독립운동으로 해체시키려는 의도에서 비롯됐다.

이와 같이 과거 청나라에 대한 혐오가 높아질수록, 일제의 식민지배 이데올로기가 만연됐던 것처럼, 현대에 와서 중국 혐오주의가 높아질수록 친미감정은 높아져 가고 있다. 반중 혐오는 식민지배 이데올로기의 일환으로 조장된 것이기 때문에 그것이 높아지면 질수록 이면에서는 친미 숭배감정이 고조되고 있다.

게다가 반중 혐오는 진보진영 내에까지 깊숙하게 자리 잡았다. 그 이유는 크게 두 가지다.

> '짱깨주의'는 이른바 '보수'나 '극우'를 지향하는 세력 사이에만 퍼져 있다고 생각하기 쉽지만, 진보진영에서도 유통된다는 것이 저자 판단이다.
>
> 그 근거로 진보진영 사이에도 민주주의를 단일한 가치로 보는 '자유주의적 보편가치 우선주의'가 자리 잡았고, 중국이 완벽한 사회주의 국가로 나아가지 못한 데 대한 실망감이 있다는 견해를 제시한다.

(박상현 기자, "중국을 혐오만 하면 과거 머물 뿐, 있는 그대로 보자", 연합뉴스, 2022.04.29.)

먼저 진보진영 내에도 '민주주의와 인권'의 가치를 보편적 가치로 알고 제국주의 프로파간다를 그대로 수용하는 경우가 많다. 서방 제국주의의 잣대를 가지고 중국과 조선에 대해서도 그대로 들이댄다. 특히 후자는 국가보안법이 큰 역할을 했다. 정의당의 반북감정, 반북 사상은 조선일보와 같은 정도의 수준이다. 주지하듯 정의당은 '헌법 내 진보' 운운하며 국가보안법을 적극 수용해 왔으며, 반공부르주아 진영과 언론들을 등에 업고 '종북몰이'에 앞장서며 '진보정당' 운동을 분열시켜 왔다.

　정의당은 북이 핵 시험이나 미사일 발사 시험 등 미국과의 대결이 고조되고, 북의 인권에 대한 비난이 거세질 때마다, '국제사회' 운운하며 국제 제국주의자들의 편에 서 왔다. 정의당 심상정은 2019년 이른바 '홍콩 사태'에서도 중국이 '홍콩 시민 자치 존중해야' 한다고 했는데, 이는 식민 지배 역사적 경험을 가지고 있는 홍콩인들을 다시 제국주의 지배 속으로 밀어 넣으며 제국주의 이해에 봉사하는 것이다. 이는 정의당이 제국주의의 국제강도와 같은 이념과 배외주의적 가치들, '자유민주주의'라는 부르주아 폭력적 정치 질서를 '민주주의와 자유' 일반의 가치로 적극 수용해 왔기 때문에 생기는 인식이다.

　'중국이 완벽한 사회주의 국가로 나아가지 못한 데 대한 실망감'은 스스로 사회주의자라고 인식하는 사람들로부터 나왔다. 중국 사회에 대한 부정적 인식은 극우 진영으로부터 진보진영, 더욱이 맑스주의, 심지어 맑스 레닌주의를 자처하는 단체, 사람들에게까지 퍼져 있다.

　먼저 중국혁명 시기부터 이 혁명은 진정한 노동자 혁명이 아니었고, 스탈린주의 관료주의이며 중국은 '국가자본주의'에 불과했다고 주장하는 세력들이 이러한 인식에 사로잡혀 있다. 두 번째는 쏘련은 후르시초프 시절부터 중국은 마오쩌둥 사후 덩샤오핑의 개혁개방 노선으로부터 중국이 자본주의로 변모되었으며 국제적으로는 '사회제국주의'가 되었다고 주장하는 세력들도 이러한 부류에 속한다. 세 번째로 두 번째와 인식이 비슷한데, 중국이 덩샤오핑 시절부터 수정주의를 도입하여 자본주의가 되었으며 심지어 중국은 독점자본주의 사회로 그 상부구조는 제국주의라고 주장하는 세력들도 마찬가지다.

트로츠키주의자들의 '국가자본주의론'은 머릿속으로 전 세계가 공산주의가 된 '완벽한 사회주의' 상을 그려놓고 그 조건에 맞지 않는 모든 사회는 모두 '국가자본주의'라고 주장한다. 트로츠키주의자들이 일국혁명 대국제혁명론의 허구적 도식을 만들어 놓고 일국에서 사회주의 건설의 문제를 부정하는 것으로부터 출발하여 현실 사회주의와 그 지도자들을 전면 부정하는 것도 이로부터 출발했다. 그런데 이들 트로츠키 국가자본주의론자들은 러시아 혁명부터 레닌 사망 전까지 몇 년이 사회주의였다가, 1920년대 중반부터 쏘련이 변질되다가 마침내 1920년대 중반 스탈린 관료주의의 반혁명으로 '국가'자본주의로 타락했다고 주장한다. 중국을 사회제국주의로 보는 세력들이나 독점자본주의를 토대로 제국주의 국가가 되었다는 세력들도 그 시기만 다르지 국가자본주의론자들의 인식방법과 유사하다.

국가자본주의론자들이 그 인식의 실천적 결론으로 쏘·미 간 냉전에서 취했던 것처럼, 이들도 미·중 간 대결에서 중립적인 입장을 취하거나 양비론적 입장을 취하는 점도 유사하다.

이러한 흐름들은 근원적으로 '중국이 완벽한 사회주의 국가로 나아가지 못한 데 대한 실망감'에서 출발하여 중국에 대한 부정적 인식에만 사로잡혀서 중국과 중국 문제(홍콩, 대만, 신장위구르 등)를 역사적인 관점으로, 균형적으로, 있는 그대로 인식하지 못한다.

출처: 노동자연대

그리하여 서방 제국주의자들의 중국에 대한 일방적인 프로파간다에 포섭되면서 대중들에게 맹목적으로 자리 잡은 반중 적대감에 동참하게 된다. 제국주의와 부르주아 반공주의자들에 의해 인위적으로 조성된 반중 적대감은 반북 적대감의 연장선상에 있는데, 이 반공주의 프로파간다의 연결고리를 끊어내지 못하게 된다.

탈식민주의 평화체제 구축을 위하여

미·일 제국주의에 의해 역사적으로 조성된 중국에 대한 적대감은 중국과 조선에 대한 군사적, 정치적 고립말살책, 경제 제재, 미·일·한 전쟁동맹에 의한 아시아와 한반도(조선반도)에서 제국주의 지배질서의 공고화와 침략책동, 전쟁위기 고조로 나타난다. 우크라이나 전쟁이 실은 미제를 위시로 한 서방 제국주의자들이 우크라이나를 내세워 러시아와 대리전이듯이, 대만 문제 역시 미제와 일제를 배후에 둔 대만과 중국과의 대립, 대결이다.

대만(타이완)의 '정체성 정치'는 친미 숭배와 그 이면으로 타인, 즉 중국혐오를 바탕으로 하고 있다.

공산당과의 내전에 패배하여 '무능·부패'로 낙인찍혀 미국의 지지를 잃어버린 장제스는 1949년에 타이완으로 도주하여 계엄령을 선포했다. 6·25전쟁의 발발로 미국의 지지가 회복되어 '기사회생'한 장제스는 타이완의 통치기반을 굳히기 위해 반대파에 대한 대대적인 숙청(1950년대식 백색테러)을 벌이고, 계엄을 무기한 연장하여 국민당 회의 정당금지(黨禁), 언론통제(報禁)를 실시했다… 장제스의 사망(1975년)과 그 아들의 사망(1988)으로 관료 출신의 본성인(本省人) 리덩후이(李登輝)가 총통으로 취임하게 되었으며, 38년간 계속되어온 계엄이 해제되어 민진당이 결성됨으로써 민주화의 열망은 누를 수가 없게 되었다. 국민당이 몰락한 후 2000~2008년 집권한 민진당은 2016년에도 재집권하여 타이완 정치의 다양화가 이루어졌다.

그동안 본성인은 국민당 독재에 반감과 증오를 쌓아왔는데, 그 감정이 반(反)중국·친일·친미의 타이완 정체성의 특색을 만들었다. 민진당은 '하나의 중국론'을 부정하고 타이완의 독립을 주장하게 되어 2006년에는 타이완의 이름으로 유엔 가입을 주장하기도 했다. 중국 사람과 타이완 사람으로 나누어 그 차별성을 강조하면서 지지자를 결속시키는 정체성 정치(Identity Politics)에 공들여 중국혐오를 부추겼다. 이른바 '타이완 정체성' 만들기이다.

(서승, "타이완 '정체성 정치'의 함정", 경향신문, 『동아시아의 과거와 미래를 생각한다 평화로 가는 한국, 제국으로 가는 일본』, 2019년 12월 초판 1쇄, 2020년 4월 초판 2쇄)

대만은 미제의 반중, 반공산주의 기지로서, 중국 본토에서 축출당한 국민당의 친미 반중 적대 국내 백색테러 정치로 출발했다. 대만에서 만연한 중국혐오는 제국주의에 의해 강요된 분단 문제를 배경으로 냉전 프로파간다의 일환으로 제기되었다는 점에서 한국 내의 반중 혐오와 유사하다.

오늘날 부각되는 '신냉전 체제'는 조·중·러 동맹 대 미·일·한 동맹의 대립, 대결로도 나타나고 있는데, 이는 우크라이나에서의 전쟁처럼 직접적인 무력충돌, 즉 열전을 배제하지 않고 있다. 신냉전 체제는 동북아와 한반도에서는 반중, 반러, 반북 전쟁동맹으로 나타나며 전쟁 책동을 고조시키며 평화를 위협하고 있다. 이는 한국에서는 문재인 정부의 가장 극렬한 형태로의 연장으로 집권한 윤석열 정권에 의한 대북 '선제타격'론으로 나타나고 있다. 일본에서는 미제가 부추기고 있는 일본의 평화협정 파괴와 군국주의 책동으로 나타나고 있다. 미제는 우크라이나에서 러시아에 그런 것처럼, 중국을 포위하면서 대만을 거점으로 사용하여 대결을 고조시키고 있다. 이로써 신냉전은 중국 대 미국(대만), 러시아와 미국(우크라이나), 조선과 미국(한국) 사이에 강 대 강의 위기 국면이 조성되고 있다.

결론적으로 저자는 중국을 서구에 기운 잣대로 평가하고 멸시하는 '짱깨주의'는 한국이 여전히 '전후 체제'에 머물러 있기 때문에 나타나는 현상이라고 주장한다.

이어 중국을 배제한 '샌프란시스코 체제'와 중국을 세계 경제 체제에 편입한 '키신저 시스템'으로 구축된 전후 체제를 벗어나 '평화체제'로 나아가야 새로운 중국 담론을 만들 수 있다고 역설한다. 그는 미국과 중국 가운데 한쪽에 서라는 식민주의 프레임에서 탈피해 '중국을 있는 그대로 보라'고 주문한다. 그래야 미국 중심 신냉전 체제와 작별하고 다자주의에 대응할 수 있다고 전망한다.

(박상현 기자, "중국을 혐오만 하면 과거 머물 뿐, 있는 그대로 보자", 연합뉴스, 2022.04.29.)

일본 패전 이후 한국전쟁이 계속되는 가운데, 국제질서를 결정한 '샌프란시스코 강화조약'은 1951년 9월 8일 미국 샌프란시스코에서 체결된 일본과 연합국 사이의 평화조약이다. 이 조약 체결의 장소가 미국인 것으로도 알 수 있듯이, 미국의 정치적 입김이 주로 반영되어 있다.

여기서 샌프란시스코 체제란 태평양전쟁과 일제식민지전쟁을 종결시킨 '샌프란시스코 평화조약'과 동시에 1951년 9월 같은 날 샌프란시스코 오페라하우스라는 같은 장소에서 체결된 주일미군의 법적 근거인 '미·일 안보조약'상기 두 조약을 모두 합쳐서 지칭한다. 전자에서는 응징의 차원에서 전범국 일본에게 단호한 징벌을 하는 대신에 상당한 특혜와 면책을 부여하였다. 또 후자에서는 일본을 패전국에서 해방시켜 동등한 조약 당사국으로 인정, 국제사회로 복귀시켜 미국과 동등하게 군사적

맑스주의와 현대제국주의

방위에 참여할 수 있게 약속한 것이다. 1951년 당시 동아시아 냉전을 의식한 미국은 전범국가 일본을 단호하게 응징하지 못하고 오히려 면죄부를 준 모순되는 샌프란시스코 체제를 탄생시켰다.

(이장희 한국외대 명예교수, "샌프란시스코 체제 넘어 새로운 동아시아 평화체제 구축하자",
통일뉴스, 2015.11.24.)

이 조약에 대해 소련과 중국이 반대했는데, 그 이유는 일본의 식민지 범죄에 면죄부를 준다는 점, 미국이 일본 내에 군사기지를 건설하고 반쏘 반중을 명목으로 일본의 재무장할 가능성이 있다는 점, 중국이 배제되면서 대만을 비롯해서 중국의 권리가 침해당했다는 점, 조선에 대한 전쟁 배상 문제 등이 누락했다는 점 등이다.

냉전 체제의 적대적 동맹인 샌프란시스코 체제와 경제·통상의 단일 시장을 지향하는 키신저 체제는 균열의 단층대 위에 공존했다. 한국을 포함한 많은 아시아 국가들이 선택한 '정치·안보는 미국, 경제는 중국'이라는 프레임은 충돌할 수밖에 없다. 미국 단일 지배체제가 흔들리고 미-중 대결이 본격화하면서, 한반도 남쪽의 짱깨주의도 더 거칠어진 모양새다.

(조일준 선임기자, "미국은 '국가전략', 중국은 '도덕' 잣대 '혐중'의 실태와 역사적 배경을 짚은
김희교의 『짱깨주의의 탄생』," 한겨레21 제1411호)

중국혐오 "그 밑바닥에는 20세기 전후(戰後) 체제의 위기와 미국의 신냉전 회귀의 기획이 숨어 있다."

2차 대전 이후 샌프란시스코 체제가 미제가 영국제국주의를 대신해 반공을 기치로 세계 제국주의의 패권 국가가 되고 '키신저 체제'로 중국을 포섭하여 쏘련을 고립시키려는 미국의 냉전 전략으로 형성되었는데 반해, 신냉전 체제는 그 체제의 균열과 위기로부터 다시 시작되고 있다. 승승장구하던 미국 중심의 서방 제국주의 단일체제가 약화되는 시점에 신냉전이 개시되고 있다.

신냉전 시기 미국은 중국과의 군사적, 정치적 경쟁에서 밀려날 운명에 처해 있으며, 미국의 힘의 표현인 달러체제는 급격하게 흔들리고 있다. 조선에 대한 말살공세는 핵 무력 완성과 자력갱생의 성공으로 근저에서 흔들리고 있다. 반러 제국주의 동맹은 나토 제국주의 내부의 이해관계 대립으로 인해 균열이 생기고 있다. 반면에 중국과 러시아의 동맹은 더욱 긴밀해지고 있다. 중국과 러시아에 대한 서방 제국주의의 제재가 강화될수록, 한때 미국 눈치를 보며 이 제재에 부분 동참해 왔던 중국과 러시아는 자신들과 조선에 대한 제재를 더욱 강력하게 반대하게 되었다. 조선과 러시아의 동맹이 강화되는 한편, 전통적인 조중혈맹은 최근 양국의 당이 '하나의 참모부'라고 선언할 정도로 강력해지고 있다.

미국 중심의 일극 체제가 동요하면서 냉전 시기 비동맹 체제처럼 다극화 체제가 강화되고 있다. 시리아에서 미국과 나토 제국주의의 공세는 약화되면서 그다음 목표인 이라크, 리비아, 시리아에 이어 제국주의자들의 공격 목표였던 이란에 대한 공세는 더욱 멀어지게 되었다. 아프가니스탄 20년 침략전쟁에서는 미제가 야반도주하듯 쫓겨났다. 남미에서는 '반미좌파' 정권들이 속속 들어서고 있다. 우크라이나 전쟁을 계기로 러시아를 고사시키려던 미국의 계획은 성공하지 못하고 국제적인 제재는 오히려 미국의 패권 추락을 상기하고 오히려 러시아에 의해 역보복을 당하는 결과를 초래하고 있다. 미국은 경제적, 군사적으로 점차 격차를 좁히고 있는 중국의 추격으로 미·중 대결은 그 공수가 뒤바뀔 때가 머지않았다.

문재인 정권은 이러한 신냉전 시기에 '정치·안보는 미국, 경제는 중국', 즉 미국에 기대어 중국의 눈치를 보는 줄타기를 계속해 왔다. 미국의 요구에 따라 사드 발사대를 추가 도입하면서도 중국의 경제보복을 피하기 위해 안간힘을 써왔다. 이러한 모순적인 상황은 결국 중국의 경제보복 조치에서 보듯 동요하고 불안정한 상황을 가져올 수밖에 없었다. 문재인 정권은 남북관계에 있어서도 '운전자론'을 주장하며 남북관계 개선을 추구했으나 결국 미국의 일방적 요구에 따라 남북관계를 파탄으로 몰아가며 운전대에 앉지도 못하고 빈손으로 차에서 내려야 했다.

이에 반해 윤석열 정권은 선제타격론 운운하며 보다 더 노골적인 대북 적대시 정책과 비핵화를 추구하고 있으며, 이번 바이든과의 회담을 통해 '글로벌 포괄적 전략동맹' 기치 하에 인도–태평양 경제프레임워크(IPEF)에 참여하면서 반중, 반러를 내건 미국 중심의 체제에 더 확고하게 편입하려고 한다. 이에 따라 '정치·안보는 미국, 경제는 중국'이라는 구도를 깨고 정치·안보뿐만 아니라 경제 영역에서도 반중, 반러 기치에 동참하려고 하는 것이다.

심지어 미국의 요구에 적극 부응하여 우크라이나 전쟁에 '우회적' 무기 지원 결정을 함으로써 우크라이나 전쟁과 민중의 희생을 지속시키는 군국주의 책동에 동참하려고 한다. 이러한 행보는 중국과 러시아의 노골적인 반발과 보복을 부를 것이며, 한국을 경제적 불안 상태뿐만 아니라 정치적, 안보적 불안 상태로까지 내몰게 될 것이다.

미국의 쇠퇴와 다극화 시대의 개화, 북의 핵전략 국가로서의 위상이 높아지는 상황에서 '한국은 몰락해 가는 패권에 줄을 서고 있'(이범주)는 것이다. 썩은 동아줄에 기댄 결과는 처참한 나락으로 떨어지는 길밖에 없다. 바이든과의 정상회담 직후 북이 미사일 발사 시험을 하자 윤석열 정권은 '좌시하지 않겠다'는 위협 발언을 했지만, 이는 비루한 문재인 정권이 그랬던 것처럼, 겁먹은 개가 짖는 것에 다름 아니다.

물론 미국패권이 하루아침에 무너지는 것도 아니고, 그 패권을 저지하기 위한 단말마적 발악으로 제국주의 체제의 반동성, 폭력성은 당분간 극에 달하게 될 것이다. 윤석열 정권 역시 '몰락해 가는 패권에 줄을 서고 있'지만, 그럼으로써 더욱 안간힘을 쓰고 대북 적대 정책을 악랄하게 펼칠 것이며, 대내적으로 반노동자적이고 반민중적 파쇼조치를 강화하게 될 것이다. 윤석열 정권이 '몰락해 가는 패권에 줄을' 선 대가는 고스란히 노동자 민중의 생존권적 위기, 평화의 위기로 나타나게 되면서 가혹한 시기가 될 것이다.

그러나 어둠이 깊어도 정세를 과학적으로 인식하고 있고 그 변화상을 날카롭게 인식하고 여기에 대처해나간다면 패배주의에 빠지지 않고 동요하지 않으며 낙관하며 승리를 향해 나아갈 수 있다. 미제국주의와 윤석열 정권이 친미·반북 반중·반러 프로파간다를 강화해 간다 하더라도 그 실질적 물질적 기반이 무너진다면 그 이데올로기도 설 자리를 잃어버리게 될 것이다. 국내외적 강 대 강의 격렬한 대립을 거치면서 미국패권은 쇠퇴하고, 거기에 줄을 선 윤석열 정권은 절대다수 노동자 민중으로부터 외면당하고 고립될 것이기 때문에 이 국면을 정면돌파한다면 노동자의 권리도 신장되고, 다시 평화협정과 미군철수가 전면화되는 국면이 도둑처럼 찾아오게 될 것이다. 그러나 그 국면을 기다리지 말고 예비하자. 승리는 우리의 것이다!

맑스주의와 현대제국주의

3. 중국혐오는 부메랑이 되어
   파멸을 부른다

2022년 6월 30일

문재인의 인식과 현실의 천양지차

김희교 교수의 저작, 『짱깨주의의 탄생』을 중심으로 〈중국혐오의 정치적 기원〉 2탄이 나간 직후, 공교롭게도 문재인 전 대통령이 지난 6월 8일 페이스북에 『짱깨주의의 탄생』에 대한 짧은 추천사를 게시했다. 문재인은 페이스북에 다음과 같이 썼다.

> 오랜만에 책을 추천합니다. 김희교 교수의 〈짱깨주의의 탄생〉, 도발적인 제목에 매우 논쟁적입니다. 책 추천이 내용에 대한 동의나 지지가 아닙니다. 중국을 어떻게 볼 것이며 우리 외교가 가야 할 방향이 무엇인지, 다양한 관점을 볼 수 있습니다. 다양한 관점 속에서 자신의 관점을 가져야 합니다.
>
> 이념에 진실과 국익과 실용을 조화시키는 균형된 시각이 필요합니다. 언론이 전하는 것이 언제나 진실은 아닙니다. 세상사를 언론의 눈이 아니라 스스로 판단하는 눈을 가지는 것이 매우 중요하다는 것을 새삼 느끼게 해줍니다.

전직 대통령이라는 사회적 위상으로 인해 이 책은 순위권 밖에 있다가 추천 이후 일주일 만에 주요 대형서점 문화·역사·분야 일약 베스트셀러 1위에 올랐다.

반중 혐오가 극에 달한 지금, 김희교 교수의 이 저작이 대중들의 관심을 받게 된 것은 그 자체로는 환영할만한 일이다. 그러나 우리는 더 나아가 문재인의 발언으로부터, 문재인 집권 시절의 중국관과 그 관(觀)과 비교되는 실제적인 현실의 하늘과 땅만큼(천양지차)의 괴리, 그 괴리의 원인, 그리고 문재인 정권과 대비되는 윤석열 정권의 중국관과 그것의 정세적 의미를 살펴보고 우리의 실천적, 정치적 과제에 대해 제시할 필요가 있다.

문재인이 말하는 '언론이 전하는 것이 언제나 진실은 아닙니다. 세상사를 언론의 눈이 아니라 스스로 판단하는 눈을 가지는 것이 매우 중요하다는 것을 새삼 느끼게 해줍니다'는 말은 (부르주아, 제국주의) 언론이 진실을 가리고, 대중들의 인식을 호도하는 현실에서 참으로 진실이다.

이번 러시아-우크라이나 전쟁에서도 마찬가지고 중국관도 마찬가지다. 우리 사회의 반북혐오는 반중 혐오를 넘어 반러혐오로 극단적으로 나타나고 있다. 반북 반중 반러 혐오는 반비례하여 그 혐오 조장자들에 대한 숭배로 나타나면서 미국에 대한 인식은 점점 더 높아지고 있다.

그 점에서 언론이 조장하는 여론과 달리 다양한 관점을 가져야 하고 이 속에서 자신의 관점을 가져야 한다는 문재인의 제언은 마치 초야 속에서 잊히기를 원하는 현자(賢者)의 발언처럼 통찰력 있게 들린다. 그러나 여기까지다. 박근혜 퇴진 촛불 투쟁의 성과를 독차지해 권력을 잡고, 촛불 투쟁에서 민중의 요구와 염원을 배반(아니면 그 정치적 본색의 표출)하며, 윤석열 정권을 탄생시켜 이 사회를 퇴보시킨 자가 초야 속에 묻혀 잊히기를 원하는 것이 위선이거나 그저 헛된 바람일 뿐이다. 문재인의 거처가 소박한 초야가 될 수 없는 것처럼⋯

문재인은 '이념에 진실과 국익과 실용을 조화시키는 균형된 시각이 필요합니다'라고 한다. 문재인의 진실은 무엇이고, 국익과 실용은 또 무엇이었나? 문재인의 진실이 무엇인지는 정확하게 알 수는 없으나 문재인 정권 5년은 바로 자신들이 내세웠던 과제, 공약, 정책이 이른바 '국익'과 '실용' 앞에 난도질당하고 무너지는 과정이었다. 문재인의 진실과 국익과 실용은 절충주의 잡탕이 되면서 문재인 정권을 반노동자적, 반민중적, 반민주적, 반민족적, 반통일적 정권으로 만들었다.

문재인은 '촛불 혁명 정부'라 자칭하고는 기존 생산관계를 철폐하는 혁명의 본질과 정반대로 국내외 재벌들의 생산수단에 대한 지배력을 강화시켰다. 문재인은 '적폐청산'을 내세우고는 촛불 투쟁으로 구속된 재벌 총수 이재용을 석방, 사면시키고 박근혜를 석방시켰다. 반면 이석기 전 의원을 비롯한 국가보안법 양심수들은 단 한 명도 석방시키고 사면복권시키지 않았을뿐더러, 여전히 간첩조작을 일삼고 국가보안법을 내세워 구속자들을 만들어 냈다.

프랑스 대혁명 시기 취했던 최초의 조치가 바스티유 감옥을 무너뜨리고 수감됐던 정치범들을 석방시키던 조치였던 것을 봤을 때, 그 혁명적 조치에 상반되는 조치에 앞장선 것이다.

노동자에 대해서는 어떤가?

문재인은 노동존중을 내걸고는 노동 말살 정책으로 일관했다. 문재인은 노동존중을 내걸고는 극히 정치적인 방역조치를 내세워, 민주노총을 침탈하고 총연맹 위원장을 구속시키는 만행을 저질렀다. 민주노총 수석 부위원장 구속 역시 문재인 정권 시절 체포영장 발부로 말미암은 것이었다. 문재인은 공공부문 비정규직 제로를 내걸고는 비정규직 확대 정책을 취했다. 문재인은 청와대에 실업자 실시간 통계 전광판을 내걸고 실업자 문제 해결을 최우선적 과제로 내걸었으나 청년실업을 포함해 실업이 만연한 사회가 되었다. 문재인은 최저임금 인상, 소득주도 성장을 내걸었으나 결국은 역대급 최저임금 인상과 노동자 전반의 최저한의 명목임금 인상(실질임금 인하)으로 소득을 감소시켰다. 문재인은 집값 하락 정책을 내걸었으나 역대급 아파트가 인상을 가져왔다.

사드와 남북관계는 어떤가?

문재인은 사드 폐기를 내걸고 당선됐으나, 사드 배치 완성을 위해 지난 5월 10일 윤석열이 대통령에 취임하는 날까지, 미군을 위해 110번째 길 닦기에 나서면서 소성리 주민들과 평화활동가들, 종교인들을 무참하게 짓밟았다.

2017년 평창올림픽에서 남북의 만남으로 감동적으로 출발한 남북관계는 2018년 4·27 판문점 선언과 9·19 평양 공동선언으로 남북 간 화해와 평화적 관계, 통일전망은 정점에 올랐다. 그러나 주지하듯, 문재인 정권은 사사건건 미국의 눈치를 보며 남북 자결을 깨고 한미군사동맹, 미·일·한 전쟁동맹을 추구했다. 파탄 난 남북관계 개선을 위해 임기 말에 종전선언을 외쳤으나 문재인은 뒤로는 대북 제재에 앞장서는가 하면 한미군사훈련을 지속하고 참수부대 운영, 킬체인망, 전략포격 타격 등 전쟁 책동을 지속했다.

문재인 정권은 2017년 40조 원이었던 국방예산을 5년 동안 36.9%나

증액시켜 2022년도 국방예산으로 55조2277억 원으로 역대급으로 증강했다. 이도 모자라 문재인 정권은 2022~26년 국방중기계획을 통해 5년 후에는 70조 원으로 국방예산을 증액하여 5년간 무려 315조 원에 달하는 예산이 국방비로 사용된다. 문재인 정권은 지난 9월 22일 유엔 총회 연설에서 '한반도 종전선언'을 제안한 직후인 10월 1일 국군의 날에는 F-35A 스텔스기, SLBM탑재가 가능한 잠수함 등을 동원한 합동상륙훈련을 진행하고 이어 11월 1일부터 5일간 한미 양국의 전투기 200여 대를 동원한 한미연합공중훈련을 진행했다.

안보는 미국, 경제는 중국 '균형외교'의 비균형과 파탄

문재인 정권은 중국과 관련해서 안보는 미국, 경제는 중국이라는 '국익'과 '실용'을 조화시키는 노선을 취했으나 실제로는 사드 배치 같은 안보의 문제로 인해 중국의 경제보복을 당하는 등 자기 모순적 상황에 처해졌다. 경제적 토대 위에 정치라는 상부구조가 위치에 있다는 사적유물론 테제를 굳이 갖다 대지 않아도 경제와 정치군사문제가 긴밀하게 연관돼 있다는 것은 누구나 알 수 있는 초보적인 상식이다. 그런데 문재인의 '진실'은 현실과 괴리되는 가상의 조건을 만들어 놓고 자기최면으로 이를 분리하는 것이었다. 문재인의 '균형외교'는 사실은 미제국주의 중심으로 한미동맹, 미·일·한 동맹을 숭배함으로써 전혀 균형적이지도 않고 자기 모순적이고 이로써 지속될 수 없는 파탄적, 파멸적인 것이었다.

한·중 경제관계가 발전하면서 한미동맹 강화에 가장 큰 걸림돌이 '안미경중' 사고였다. 즉 안보는 미국과 협력하고, 경제는 중국과 협력한다는 사고가 한미동맹의 발목을 잡았다. 한중 경제관계의 고리를 깨지 않으면 한미동맹은 강화하기 힘들다. 미국과 중국 사이에서 한국의 줄타기가 계속될 것이기 때문이다.

'안미' 즉 군사동맹은 지속적으로 강화되어 왔다. 문재인 정부에서 이같은 경향은 변하지 않았다. 대북 군사연습이 지속되었고 비록 '임시배치'라는 명목이었지만 사드 배치가 추진되었다. 지난해 12월엔 한미작전계획을 최신화하는 것까지 합의했다. 대북정책 역시 한미동맹을 토대로하는 정책협의체인 한미워킹그룹회의가 만들어짐으로써 우리 정부의 대북정책은 한미동맹의 관리 하에 놓이게 되었다.

(장창준 한신대학교 교수, '윤석열 정부의 대북, 대외정책과 남북통일과제', 제5 발제문, "6·15공동선언 22주년 기념 국제학술토론회", 〈신냉전시대와 남북통일의 길〉, 2022.6.10.)

현재의 한미동맹과 한중관계의 발전은 대립관계에 있다. 이 양자 사이에서 줄타기는 지속될 수 없다. 이 양자 사이의 '균형'은 실제로는 미제국주의가 가진 패권, 미제국주의에 대한 문재인 정권의 일방적인 (물신)숭배로 인해 불균형적으로 되고 이 불균형적 줄타기는 줄에서 떨어지는 것으로 파탄날 수밖에 없었다. 이 파탄과 추락의 결정적인 계기에는 앞서 언급했던 사드 배치가 있다. 중국 측에서는 사드 배치를 어떻게 보고 있는가?

한국은 줄곧 '한미동맹을 바탕으로 중국과의 전략적 협력동반자 관계를 심화'한다고 강조해 왔다. 이 때문에 한중관계는 한미동맹의 구조

맑스주의와 현대제국주의

적 한계를 돌파하기가 어렵다는 것을 알 수 있다.

사드의 한국 배치는, 사실상 미국이 중한 간에 쐐기를 박은 것이다. 이로써 중한 간의 정치적 상호신뢰를 심각하게 떨어뜨렸고, 일련의 마찰을 가져왔다. 이뿐 아니라, 이는 한국을 미국의 미사일방어체계에 편입시키는 기회가 되었고, 나아가 중한 관계의 지속적 발전에 잠재된 근심거리가 되고 있다.

(최명욱 산동대학교 동북아학원, '한미동맹을 바라보는 중국의 시각과 과제(축약본)', 제4 발제문, "6·15공동선언 22주년 기념 국제학술토론회", 〈신냉전시대와 남북통일의 길〉, 2022.6.10.)

문재인은 임시배치라고 사기를 치고 있지만 문재인의 공약 사항이었던 사드 배치로 중국과의 신뢰는 깨지고 한중간의 관계는 결정적인 파탄 계기가 만들어졌다. 이 사드 배치는 향후 윤석열의 반중 조치의 강화와 함께 한중 파멸의 결정적 서곡이 될 것이며, 성주는 한반도 전쟁지대화의 거점이 될 것이다.

문재인 정부를 친중 정권으로 몰아가는 보수주의자들의 기획에 보수 유튜버를 포함한 언론과 정치권만 가담하고 있는 것이 아니다. 학계와 보수 시민단체들도 적극 가담했다. 윤석민 교수는 문재인 정부의 균형외교에 대해 '미국과 동맹관계인 한국이 미·중 사이에서 균형외교를 하겠다는 발상은 자기 모순적일뿐더러 현실적으로 불가능한 오판'이라고 주장했다. 윤덕민 교수에게 '21세기는 여전히 미국의 것'이다. 윤 교수는 '대륙의 힘을 빌려 자신의 세력을 강화하고자 했던 구한 말 지배층의 구태가 어떻게 귀결되었는지 잊어서는 안 된다'는 경고를 날리며 '한미동맹을 굳건히 해야 중국도 우리를 무시하지 못한다'고 했다. 또 '미국과 중국 사이에서 널뛰기하는 나라는 어느 한쪽으로부터도 신뢰를 얻을 수 없다'며 문재인 정부에게 신식민주의 체제에 대한 종속을 강조했다.

(김희교, 『짱깨주의의 탄생』)

이는 문재인 정부의 대중정책에 대한 극우 진영의 인식이다. '21세기는 여전히 미국의 것'이라며 '신 식민주의체제에 대한 종속'에 빠져 있는 시대착오적 망상가들의 터무니없는 주장이기는 하지만, '미국과 동맹관계인 한국이 미·중 사이에서 균형외교를 하겠다는 발상은 자기 모순적일뿐더러 현실적으로 불가능한 오판'이라는 인식에서만은 일단의 진실을 담고 있다.

김희교 교수는 극우 진영을 보수진영으로 보고, 우익 문재인 정권을 '진보진영'의 일환으로 본다는 분명한 한계가 있는 책이지만, 이 책을 관통하는 큰 주제는 중국혐오를 넘어 중국을 객관적으로 있는 그대로 보자는 것이고, 중국혐오 배후에는 친미 숭배 사상이 있다는 것이다. 따라서 반·중 친미를 넘어 (신)식민지 체제를 깨고 한반도와 동북아에 평화체제를 건설하자는 것이다.

문재인 스스로 '성공한 대통령'이라고 자기최면을 불어넣는 위선도 있지만, 문재인, 문재인 정권, 민주당이라는 정치세력의 가장 근본적인 문제는 무엇인가?

맑스는 프랑스혁명에서 자유·평등·박애라는 부르주아의 '위대한' 모토가 기병·포병·보병으로 전락해 버렸다고 조소한 바 있는데, 문재인 정권의 기치도 마찬가지다.

왜 이런 일들이 벌어졌는가? 문재인은 '적폐청산'이라는 촛불의 염원을 시대적 요구로 받아 안고 집권을 시작했다. 그런데 적폐는 이 사회의 역사적, 구조적 모순을 말한다. 이 사회의 역사적 모순은 분단과 제국주의의 문제이다. 이 사회의 구조적 모순은 자본주의 모순이다. 역사적 모순과 구조적 모순은 깊게 연결되어 있다.

역사적 모순은 당면하게는 분단을 빌미로 국가보안법을 내세워 반민주 반공체제를 구축하고 노동자를 착취하고 민중을 수탈, 압살해온 백색 테러 체제를 척결하는 것으로 해결된다. 궁극적으로는 외세를 축출하고 '자주적'으로 남과 북이 통일되는 것으로 해결된다. 그러나 문재인은 여전히 이 역사적 모순 속에 발을 깊게 담그고는 입으로만 '적폐청산'을 외쳤다. 문재인은 국가정보원, 검·경, 법원 같은 관료·폭력 기구에 발을 담그고는 검찰개혁 등 관료기구 개혁을 외쳤다.

이 사회의 경제는 자본의 독점과 축적을 무한대로 하는 착취와 수탈 경제다. 국내외 거대자본이 이 사회를 지배하고 있다. 이 사회의 정치는 이 경제적 토대 위에서 국내외 독점자본의 이해에 복무하는 상부구조다. 문재인은 국내외 독점자본의 이해를 전적으로 대변하면서 '노동존중'을 외치는 자기모순에 빠져 있었다. 이와 마찬가지로 문재인은 한미동맹에 발을 담그고는 평화를 운운하고, 민족분열과 대북 적대시 정책에 발을 담그고는 민족단결과 남북관계 개선을 추구했다.

'한미동맹을 바탕으로' 중국과의 관계를 개선한다!

'한미동맹을 바탕으로' 남북관계의 개선을 추구한다!

'한미동맹을 바탕으로' 평화를 추구한다!

'재벌과의 동맹을 바탕으로' 노동존중을 추구한다!

'최면을 바탕으로' 현실을 추구한다!

이러한 자기모순의 실제는 '윤석열을 바탕으로' 문재인을 추구한다!와 같은 것이었다.

한미동맹을 반대하는 것은 미국과의 모든 정치적, 외교적, 경제적 관계를 단절하고 오로지 중국과의 관계만을 가지라는 의미가 아니다. 진보적인, 심지어 사회주의 정부가 들어서도 대외관계를 단절하고 살 수는 없다. 이러한 정부는 민중의 이해에 확고하게 입각해서 국제관계에서 타국에 대해 평등과 평화, 우애의 관계를 가져간다.

문재인은 정반대로 행동했다. 문재인이 『짱깨주의의 탄생』을 추천했던 것은 윤석열 정권의 정책을 은근 비난하고 자기의 집권 시절 행보를 정당화하기 위한 것이었다. 그러나 '짱깨주의'는 문재인 정권 이전에 이미 탄생했고, 문재인 정권은 이 '짱깨주의'를 종식시키기는커녕 숙성시켰다. 문재인과 단절하여 윤석열이 등장한 것이 아니라, 문재인의 위선과 기만을 바탕으로 그 극단에서 윤석열이 등장한 것이다. 문과 윤은 하나의 연속선상에 있다. 윤은 문이 만들어 놓은 길을 따라 그 길을 가속화 하려 한다. 윤석열은 문재인이 못다 한, 문재인 정권의 유언집행인이다.

섶을 들고 불길로 뛰어드는 망동자(妄動子)

윤석열 정권은 문재인 정권이 안고 있는 자기모순과 파멸을 깨려고 한다. 윤석열 정권은 '미국과 동맹관계인 한국이 미·중 사이에서 균형외교를 하겠다는 발상은 자기 모순적일뿐더러 현실적으로 불가능한 오판'이라며 이를 바로잡으려 한다. 윤석열의 바람은 '미국이 돌아온다'는 기치를 내걸고 쇠퇴하는 미국의 패권을 다잡아보려는 바이든의 바람에 부합하는 것이다.

나토정상회의에서 포즈를 취하고 있는 정상들. 누구를 지옥의 길로 부르고 있는 것인가?
출처:https://www.politico.eu/article/g7-summit-june-2022-live-blog

이 점에서는 윤석열은 문재인과 다르다. 윤석열은 문재인이 가지고 딜레마가 없다. 거칠고 직설적이고 노골적이다.

노동존중을 내걸고 노동 말살을 했던 문재인과 다르게 윤석열은 일관된 반노동자적 인식 속에서 반노동자 조치를 노골화하고 있다. 대선 기간 동안 주 120시간 근로 발언으로 지탄을 받았던 윤석열은 주 92시간 탄력 근로와 노동 유연화 기도를 하고 있다.

문재인 정권의 위선적인 남북 정책에 비해 윤석열 정권은 노골적인 '북한 주적' 발언에 이어 '선제타격론'까지 내세우면서 대북 적대시 정책을 노골화하고 있다. 문재인 정권이 북과 중국을 벗이라고 선언해놓고 실제로는 적으로 간주했다면, 윤석열은 중국을 적이라고 간주하고 적에게 공세를 취하고 교전을 준비해 들어가고 있다. 문재인 정부가 미국에 대한 숭배감정을 대놓고 드러내려 하지 않는 반면에 윤석열 정권은 노골적으로 미국 숭배를 하고 있다.

앞에서 '21세기는 여전히 미국의 것'이라는 극우 인사의 인식처럼, 윤석열 정권에게는 미국의 세계지배가 영원할 것이기에 미국 숭배는 종교적 물신숭배 수준이다. '일본이 그렇게 빨리 망할 줄은 몰랐다'는 인식 속에서 친일파들이 견마지로(犬馬之勞) 하며 일제에 충성을 다 바쳤던 것처럼, 이들에게 미국의 영원한 번영과 패권에 대한 믿음은 근본주의 세계관의 기초이기 때문이다. 이 세계관 속에서 윤석열 정부의 모든 정책 방향이 설정되고 표현되고 있다. 그런데 그 출발점에서 윤석열 정권은 딜레마가 없지만 결국 더 심각한 딜레마와 헤어나올 수 없는 파산 상태에 빠질 수밖에 없다. 21세기는 '여전히' 미국의 것이지만, 앞으로도 미국의 것이라고 장담할 수는 없기 때문이다. 장담은커녕 '21세기는 여전히 미국의 것'이라는 세계관의 기초가 근저에서 붕괴되고 있기 때문이다.

먼저 윤석열 정부는 문재인 정부의 모순적이고 좌충우돌하고 비틀거리는, 그리하여 종국에는 좌초하고만 '균형외교'를 종식시키려 한다.

이번 정상회담에서 한미 정상은 '안전하고 지속 가능하며 회복력 있는 글로벌 공급망'을 구축하기로 합의했다. 한미 공급망동맹의 탄생이다. 여기서 더 나아가 윤석열 정부는 인도태평양경제프레임워크(IPEF) 참여를 공식화했다. IPEF는 중국이 주도하는 RCEF의 대항마로 2022년

2월 중순 미국이 출범을 예고한 경제협력체이다. 미국이 중국을 배제하고 대만을 참여시킬 구상을 갖고 있는 데서 확인되듯이 대중국 경제포위망 구축을 목적으로 한다. 따라서 한미공급망동맹 구축에 이은 IPEF 참여는 한중경제관계의 폭력적 단절을 의미한다.

이에 대한 비판을 피하기 위한 장치가 '경제안보'라는 새로운 용어이다. 경제도 안보 영역에 해당되는 것이니만큼 중국 중심 경제관계에 탈피하여 미국 중심 경제관계를 구축해야만 한다는 논리이다. 공급망동맹으로 불리든, 경제안보로 불리든 이제 중국 포위 봉쇄를 위한 미국의 대한정책은 아무런 장애를 받지 않고 일사천리로 진행될 수 있는 정치적, 경제적 발판을 마련한 셈이다. 이로 인한 모든 피해는 오롯이 한국 경제가 떠맡아야 할 부담이 될 것이다.

윤석열 정부는 이 같은 흐름을 안미경세(안보는 미국과, 경제는 세계와)라고 표현하지만 사실상 안미경미 노선의 추구이다. 안보는 말할 것도 없고 경제 역시 미국 중심으로 가야 한다는 것이다.

(장창준 한신대학교 교수, "윤석열 정부의 대북, 대외정책과 남북통일과제")

현재 한국의 무역량 중 중국과의 관계가 차지하는 비율은 약 25%에 달한다. 미국은 현재 10% 내외로 미국과 일본을 다 합쳐도 중국과의 무역량에 미치지 못한다. 이런 상황에서 '한중경제관계의 폭력적 단절'은 한국 경제를 파탄으로 몰아갈 수밖에 없다.

윤석열 정권은 이에 대해 '안보는 미국과 경제는 세계와(안미경세)'라고 표현하지만, 그 세계에는 북은 물론이고 중국과 러시아가 포함되어 있지 않다. 이미 전 세계적으로 미국 중심의 일극 체제가 쇠퇴하는 흐름이 도도하게 나타나고 있고, 이 일극 체제에 줄을 댔던 나라들, 심지어 인도, 사우디, 이스라엘조차도 러시아 제재에 참여하지 않았다. 미국의 요구에 의해 동참했던 러시아 제재가 도리어 부메랑이 되어 식량 가격 폭등, 에너지 가격 폭등으로 자국 경제가 위기를 겪게 되자, 유럽연합 내에서도 균열이 생기고 있다.

미국은 이제 그 균열의 틈을 메우고 다시 약화되고 있는 미국의 패권을 영속화하기 위해 우크라이나에 이어 영원한 미국의 추종자들인 한국과 대만을 내세우려 하고 있다. 대만이 중국 반발로 IPEF 참여를 하지 못하게 되자 이번에는 '21세기 무역에 관한 미-대만 이니셔티브'를 논의하기 위한 첫 회의를 개최하여 대만을 대중국 포위의 전초기지이자 제2의 우크라이나로 삼으려 하고 있다. 중국은 이에 대해서 하나의 중국 원칙을 저버린 중국 포위 전략으로 간주했다. 가오펑(高峰) 중국 상무부 대변인은 이달 초 이니셔티브와 관련해 '중국은 중국의 일부인 대만과 다른 나라 간 어떤 형태의 공식적 교류도 항상 반대한다'고 반발하고 있다.

윤석열 정부의 미국과의 가치동맹, 중국 포위 미국과의 동맹, '안미경미' 노선은 경제 파탄은 물론이고 종국에는 전쟁의 참화를 부를 수 있다. 우크라이나 참화의 직접적 원인은 미제국주의와 나토의 반러 동맹, 여기에 영합한 젤렌스키 정권의 반러 서방 중심의 가치동맹, 나토 가입 시도에 있다. 러시아를 경제적으로 포위, 고립시키고, 군사적으로 위협하려던 시도가 우크라이나에서 전쟁 참화를 불렀다. 미국과 나토는 평화협정 체결을 거부하고 우크라이나인들의 참혹한 현실에도 아랑곳하지 않고 이 전쟁을 지속시키려 하고 있다.

미국은 기본적으로 반쏘 반공 입장을 견지하면서도 과거 독일 파쇼와 쏘련이 서로 치고받다가 공멸하면 이득을 취하려 했던 것처럼, 우크라이나에서처럼 자국이 위험에 빠지지 않는 대리전으로 러시아와 우크라이나 전쟁에서도 같은 태도를 취하고 있다. 젤렌스키는 자국민들의 참혹한 현실에는 아랑곳하지 않고 여기에 적극 화답하고 있다.

아시아판 나토는 아시아판 우크라이나, 아시아판 참화이다

미국의 모토는 영속 전쟁이다. 미국 본토가 전쟁에 휘말리지 않는 조건 속에서 국지적인 전쟁을 영속화하여 미국의 군사적, 정치적 패권을 지속시키고 군산복합체를 비롯한 미국산업의 경제적 이익을 극대화하려 하고 있다.

> 중국을 몰아내자. 보수주의자들은 지금 그런 싸움을 하고 있다. 중국을 몰아내자, 중국 없이도 세상은 잘 돌아간다. 그런 메시지를 보내는 유령이 떠돌고 있다.
>
> (김희교, 『짱깨주의의 탄생』)

중국을 끝없이 자극하고 심지어 몰아내자고 충동질하면서도 '21세기는 여전히 미국의 것'이라는 세계관이 맹동을 정당화하고 있기 때문에 이들의 행동은 변함이 없다. 그러나 이 돈키호테적 맹동의 결과는 파멸이고 그 끝에는 전쟁과 같은 참화가 있다.

> 윤석열 정부의 대중 외교에서 또 하나 중요한 변수가 되는 것은 한미

군사동맹에 대중국 요소가 포함되는 것이다. 예를 들어 지난해 12월 한미 국방부가 작전계획을 최신화하는 합의가 나온 이후 미국 국방, 외교 일각에서 한미 작전계획 최신화에는 중국 문제가 포함되어야 한다고 주장하기 시작했다. 대북뿐 아니라 대중국 군사계획을 추진해야 한다는 것이다. 만약 이같은 '조언'대로 한미 작전계획에 중국 문제까지 포함된다면 한중관계를 치명적으로(인) 상태로 전변될 것이다. 사드 배치 때와는 비교할 수 없을 만큼 중국은 크게 반발할 것이다.

그 연장선에서 이번 한·미 정상 공동선언에서 또 하나 주목해야 할 표현이 있다. '한반도와 그 주변'이라는 표현이 그것이다. '한반도와 그 주변에서의 연합연습 및 훈련의 범위와 규모를 확대하기 위한 협의'를 개시하기로 했다. 유사한 표현이 확장억제전략협의체 회의에서도 논의되었다. '미 전략자산의 한국 및 주변 지역에 대한 순환배치'가 그것이다. 이들 문장을 종합하면 전략자산이 참여하는 한미군사연습을 한반도와 그 주변에서 하는 것이다. '그 주변'이 어디일지는 복잡한 계산을 요구하지 않는다. 남중국해, 동중국해, 대만해협인 것은 자명하다. '한반도와 그 주변'이라는 표현은 북한을 대상으로 하는 한미동맹에서 중국을 대상으로 하는 동맹으로 확대 개편한다는 것을 암시한다.

(장창준 한신대학교 교수, "윤석열 정부의 대북, 대외정책과 남북통일과제")

"나토는 그간 유럽을 넘어 중동·아프가니스탄으로 확장해 왔는데, 이번엔 아시아에서 루비콘 강을 건넜다"(포린폴리시(FP) 28일 자, '우리는 글로벌 냉전 속에 있다', 임선영 기자, "러시아 편들다 나토에 찍힌 중국… '유럽이 화났다'", 중앙일보, 2022.06.29.)는 서방 언론의 분석까지 나오

맑스주의와 현대제국주의

고 있다. 심지어 나토는 "서방과 민주주의 동맹국들은 중국·러시아·북한·벨라루스 등과 반대편에 서게 됐다"며 "이 새로운 전선은 수세대에 걸쳐 지속될 수 있다"고 하고 있다.

나토의 목에 올라탄 미국이 우크라이나를 방화한 데 이어 아시아라는 폭약에 불을 댕기려 하고 있다. 중국의 영자 신문 글로벌 타임스 만평
출처:https://www.linkedin.com/pulse/from-balkanization-indo-pacificization-lessons-regional-rodrigo

최근 진행된 아시아 안보회의에서는 대만 문제를 둘러싸고 '일전불사'라는 표현까지 등장했다. 우크라이나에 이어 대만에서의 전쟁을 불사하고, 대북 적대 전쟁광들이 한반도조차 수 세대에 걸쳐 지속될 수 있는 이 살기등등한 분쟁지대, 전쟁터로 만들려 획책하고 있는 것이다. 제국주의 전쟁기구에 돈키호테 같은 몽상가 윤석열이 참여하여 호전적 언사를 내뱉고 있다. 나토가 우크라이나 전쟁을 부르고, 윤석열은 아시아판 나토에 참가하여 한국을 전쟁으로 끌어들이고 있다.

미국과 유럽의 집단안보 체제인 북대서양조약기구(NATO·나토)가 향후 10년 목표를 담은 '전략 개념'에서 중국을 직접 거론했다. 사상 처음이다. 미국과 함께 유럽까지 대(對)중국 압박에 나섰다는 점에서 의미가 있다는 평가가 나온다. 나토가 시야를 중국과 인도·태평양까지 넓히면서 글로벌 신냉전은 더 격화할 것으로 보인다….

나토가 중국을 주요 안보 도전으로 공식화한 것은 미국에 이어 유럽까지 동참했다는 데 의미가 있다. 일부 유럽국가들이 중국과 관계 강화를 추진해 왔음에도 미국의 전략 구상을 결국 받아들인 셈이다. 조 바이든 대통령은 그동안 나토 동맹국들에게 대중 견제에 대한 공동 전선을 촉구해 왔다.

나토가 이번 전략 개념에 인도·태평양의 중요성을 다룬 것도 중국 견제와 맞물려 있다. 나토는 '우리는 지역을 넘어서는 도전과 공통의 안보 이익을 다루기 위해 인도·태평양의 새로운, 또 기존 파트너 국가들과 협력을 강화할 것'이라고 강조했다. 이에 걸맞게 이번 정상회의에는 한국, 일본, 호주, 뉴질랜드 등 인도·태평양 주요국 정상들이 초청받았다.

일부에서는 이번 정상회담을 기점으로 미국-유럽-인도·태평양과 중국-러시아의 신냉전 대결 구도가 더 격화할 것이라는 우려가 나온다.

나토는 북한을 두고서는 '이란과 북한은 핵과 미사일 프로그램을 계속 개발하고 있다'며 '시리아, 북한, 러시아는 비국가 활동 세력과 함께 화학무기 사용에 의존해 왔다'고 썼다.

(김정남 특파원, "나토, 中 향해 '위협' 첫 공식 명시…신냉전 더 격화한다", 이데일리, 2022.06.30.)

누군가에 대한 혐오는 혐오자 자신들의 영혼을 피폐화시키며 망가뜨린다. 중국혐오는 혐오 대상자들을 망가뜨리는 것이 아니라 혐오자들을 망가뜨린다. 중국혐오는 고스란히 부메랑이 될 수밖에 없다. 중국의 한국혐오와 경제보복, 군사보복을 부를 것이며 그 혐오자인 한국을 망가뜨린다. 그 피해는 노동자 민중이 고스란히 뒤집어쓰게 된다.

나토정상회의가 열리는 스페인 마드리드에서 나토에 반대하는 대중집회를 열고 있다.
출처: https://www.euronews.com/2022/06/27/thousands-protest-against-nato-ahead-of-key-madrid-summit

윤석열은 나토정상회의 참가를 통해 철부지 망동으로서 아시아판 젤렌스키 역을 수행하려 하고 있다. 나토정상회의는 반중, 반러 '전략적 개념'으로 아시아에서 중국, 러시아, 조선을 견제하고 포위 말살하기 위해 아시아판 나토를 획책하고 있다. 아시아판 나토에서 한국은 미제를 총사령관으로 해서 군국주의화 되고 있는 일제와 나토제국주의를 총참모장으로 모시고 미군, 나토군, 자위대와 함께 남중국해, 대만 접경지대, 러시아와 일본의 영토분쟁 지대 어디든 불려 다니며 위험천만한 분쟁과 전쟁에 끌려다니게 될 것이다.

유라시아에서 우크라이나는 나토의 동진이라는 '전략적 목표'의 최전선에 복무하다가 참화를 당했다. 아시아판 나토는 대만과 한국을 아시아판 우크라이나로 만들어 아시아판 참화를 부르고 있다. 더욱이 한반도(조선반도)는 이미 '북핵', 실은 미제국주의의 핵 독점, 패권전략으로 인해 일촉즉발의 전쟁 직전 상황에 처해 있다. 언제 우크라이나처럼 전쟁이 터져도 이상하지 않을 상황이 돼버렸다. 하나의 작은 불씨라도 당겨지면 전쟁으로 비화하는 '강 대 강'의 상황에서 맹동분자 윤석열은 섶을 들고 불길로 뛰어드는 망동자를 자처하고 있다.

천지 분간하지 못하고 날뛰는 윤석열 정권이 더 괴물로 자라나기 전에 초장에 분쇄해야 한다.

4. 군국주의자 아베 사망과 (신)식민 지배의 현재성

2022년 7월 16일

지금까지 살펴본 것처럼, 한국 사회에서 중국혐오의 역사는 뿌리가 깊고 넓으며 점점 더 깊어지고 있다. 주지하듯 이 혐오를 조장하는 데에도 역시 언론들이 앞장서고 있다. 심지어 최근 극우 군국주의자 아베의 충격적인 총격 사망 이후에도 어김없이 반중 혐오를 조장하는 기사들이 쏟아져 나오고 있다.

> "아베 사망 경축… 3일간 음료 1+1" 현수막 건 中상점들, 박선민 조선 NS 인턴기자, 2022.07.11.)

> "[월드리포트] 아베 피격 소식에 '좋아요' 누르는 중국인들"(김지성 기자, SBS 뉴스, 2022.07.10.)

> "아베 사망에 중국 네티즌은 '샴페인' 터트렸다?"(한국일보, 2022.07.10.),

> "'아베 암살 축하'…중국 일부 상점, 할인 현수막 내걸고 파티"(JTBC, 2022. 7. 11.)

아베의 총격 사망은 중국 당국이 개입한 것도 아니고 중국인이 이 총격 사건을 일으킨 것도 아닌 중국과 전혀 무관한 사건이다. 그런데 언론들이 이 사건에서도 중국을 비난하고 혐오감을 불러일으키는 논조를 사용해서 반중 보도를 하고 있다.

중국혐오를 조장하기 위한 기사였지만, 다음 기사에는 중국인들이 아베에 대해 어떠한 인식, 감정을 가지고 있고, 이 인식은 어떤 역사적 배경을 가지고 있는지 잘 나와 있다.

> 중국 온라인 뉴스 포털 '펑파이'의 일본 특파원인 쩡잉은 8일 아베 전 총리 피격 사건을 보도하는 와중에 아베 전 총리의 경력을 전하면서 울먹였다…이에 중국의 누리꾼들은 일본은 남경대학살을 일으켜 중국인 수십만 명을 학살했고, 아베 전 총리는 A급 전범을 포함한 전사자를 기리는 야스쿠니 신사 참배를 강행한 인물이라며 "기자가 일본인인 것 같다"고 저주를 퍼붓고 있다…. 다른 누리꾼은 '중국 침략의 역사를 인정하지 않고 있는 일본 우익을 대표하는 아베 전 총리 사망에 중국 기자가 눈물을 흘리는 것을 보니 황당하다'며 '역사 공부 좀 하라'고 질타했다.
> 또 다른 누리꾼은 "당신의 눈물을 보고 14억 중국인이 분노의 눈물을 흘리고 있다"고 꾸짖었다.
>
> ("아베 사망 보도하며 울먹인 中기자 결국 사과", JDNet Korea, 2022.07.09.)

'14억 중국인들이 분노의 눈물을 흘리게 하는 일본'의 '중국 침략의 역사' 중 대표적인 사건으로는 난징(남경)대학살이 있다.

중일 전쟁 시 중국의 수도 난징에서 일본 군대가 중국인을 무차별 학살한 사건. 마쓰이 이와네 대장 휘하의 5만여 일본군이 1937년 12월 중국인 포로와 일반시민을 대상으로 강간·학살·약탈을 자행했고 기관총에 의한 무차별 사격, 생매장, 휘발유를 뿌려 불태워 죽이는 등의 방법으로 학살했다. 극동국제재판 판결에 따르면, 비전투원 1만 2,000명, 패잔병 2만 명, 포로 3만 명이 시내에서 살해되었고, 근교에 피난 가 있던 시민 5만 7,000명 등 총 12만 9,000명이 살해되었다. 이것은 기록에 남은 최소한의 숫자이며 실제로는 30만 명이 넘을 것으로 추정되었다.

(다음 백과)

이처럼 난징대학살은 일제의 중국 침략 와중에 벌어졌던 사건으로 역사상 가장 잔학 무도한 학살사건이다. 아베는 일본군이 자행한 난징대학살을 인정하지 않고 있다. 이 난징대학살을 비롯해 일본 제국주의자들에 의해 자행된 피맺힌 식민지배 경험을 기억하고 있는 중국 인민들이 '개헌 못 해 단장(斷腸)의 심정'을 가지고 있다며 일본을 침략전쟁으로 내몰려 했던 군국주의자 아베의 죽음에 대해 환영하는 것은 당연한 역사적 감정이다.

국내언론에서 이러한 역사를 외면하고 아베의 침략자적 행태에 대해서는 눈감으면서 중국인들을 '국수주의'라고 비난하고 있다. 그러나 군국주의자와 아베와 아베를 추종하는 자들, 세력들, 나라들이야말로 배타적이고 침략적인 국수주의다. 반대로 아베와 군국주의자 아베에 대한 중국인들의 분노는 정당할 뿐만 아니라 진보적이고 역사의식이 깨어 있는 것이다. 이처럼 아베의 사망을 엉뚱하게도 중국혐오를 조장하는 기회로 삼는 언론의 행태를 보더라도 중국혐오 배후에 바로 반공·친미·친일 숭배의식이 있다는 것을 다시 한 번 보여주는 것이다.

군국주의자 아베와 아베의 현재성

아베는 자연인 아베가 아니다. 아베가(家) 역시 자연인들의 평범한 가족집단이 아니다. 아베는 2006년 9월 26일~2007년 9월 26일까지 366일간 총리로 재임하다 사임했고, 2012년 12월 26일부터 2020년 9월 16일까지 7년 8개월 동안 3 연임하여 최장기 총리로 일본을 통치한 인물이다. 그러나 아베는 일본 인민들의 광범위한 퇴진 압력을 받고, 건강 이상에다가 모리모토학원과 가케학원에 국유지 헐값 매각 같은 사학 스캔들 등 부패 연루 혐의로 총리직에서 사임했다.

아베는 군국주의 화신으로서 '반(反)좌익' '반(反)자유주의'를 선언하며 '아름다운 일본'을 건설하겠다는 모토를 내걸고 출발했다. 아베의 '아름다운 일본'은 바로 군사대국으로서 강한 일본을 의미한다. 아베는 고이즈미 총리 시절 당시 관방장관으로 있을 때 『아름다운 나라로』라는 책을 발표하였고, 2012년 12월 26일 치러진 중의원 선거에서 압승하며 총리가 된 뒤인 2013년 1월에는 약간의 보론을 추가해 『새로운 나라로―아름다운 나라로 완전판』을 출간했다. 이는 다음에 말하겠지만 천황제를 옹호하며 할복자살한 극우 작가 미시마 유키오(三島由紀夫)의 정치 미학론에서 영감을 얻은 것이다. 미시마 유키오는 일본적 '아름다움'을 추구하는데 집요하게 매달렸는데, 그에게 있어서 궁극적인 아름다움은 일본을 미국에서 벗어나 진정으로 천황이 지배하는 부강한 나라로 만드는 것이었다. 1956년 발표된 그의 대표적인 소설 『금각사(金閣寺)』는 금각사 불상을 태워버리면서 천황의 재ﾟ을 희망하는 열망하는 작품으로 알려져 있다.

2019년 10월 22일 나루히토(德仁) 일왕 즉위식에서 "천황 폐하 만세" 삼창을 하고 있는 아베 신조(安倍晋三) 당시 일본 총리
출처:https://english.kyodonews.net/news/2019/10/2b31a100bfd3-in-photos-japanese-emperor-
naruhitos-enthronement-ceremony.html

아베는 '아름다운 일본' 건설을 위해 통치 기간 내내 일본의 식민지 지배 역사를 왜곡, 정당화하고 태평양전쟁 A급 전범들이 묻혀 있는 야스쿠니 신사 참배로 일본 내 뿐만 아니라 쓰라린 식민지 경험을 지니고 있었던 아시아 인민들을 분노케 했다. 아베는 식민지 지배를 정당화함으로써 평화헌법을 개정하고 이를 통해 일본을 다시 전쟁하는 국가로 만들려 했

다. 아베는 또한 장기침체에 빠진 일본 경제를 부활시키기 위해 '아베노믹스'를 도입하여 소비를 진작시킨다고 했으나, 이는 소비세를 인상하고 실제로는 일본 경제단체연합회(경단련) 같은 독점자본의 이익에 철저하게 봉사하는 것이었다. 아베의 군국주의 부활과 장기 불황에 빠진 일본 경제의 부활은 긴밀하게 연결된 문제이기도 했다.

아베에게 부여된 군국주의 망령은 아베 개인뿐만 아니라, 아베 가(家)에게 부여된 '역사적' 임무이기도 했다. 아베가, 특히 외조부 기시 노부스케(岸信介)는 총리를 역임한 인물로 A급 전범으로 투옥됐다가 석방된 인물이다. 이 자가 총리로 있는 시절 일−미 신방위조약이 체결됐다. A급 전범이 투옥됐다가 일본의 총리를 역임하고 군국주의 행보를 가속화 한 것만 보더라도 일본의 정치가 얼마나 전반적으로 우경화 돼 있는지 잘 알수 있다.

아베는 외조부 기시 노부스케가 못다 이룬 일본의 군국주의화라는 대망을 실현하는 유언집행인이었다. 아베는 외조부의 정치이념을 따라 '아시아주의'를 배격하고 미·일 동맹을 강조해 왔는데, 일본의 우경적 정치인들이 강한 일본을 구가하면서도 미국을 숭배하는 이유는 일본의 군국주의화 배후에 미국이 있기 때문이다. 지난 7월 8일 나라(奈良)에서 총격 피습 당시에도 자민당 지원 유세를 하면서 평화헌법 개정과 적 기지 공격 능력(반격 능력) 보유를 위한 '군비 증강' 등의 내용으로 발언하는 중이었다.

아베는 군국주의자로 성장하고 군국주의자로 정치를 시작하고 군국주의자로 사망했다. 아베 피살 사건은 일본에서 일곱 번째 총리 피살 사건이고, 일본이 메이지 유신 이래 극단적 사무라이 파쇼사상으로 무장하고 침략전쟁에 나선 이후 조장되어온 일본의 군국주의 정치 파탄의 결과이다. 일본의 군국주의가 극우들의 총리 피살 사건을 낳았고 이 사건은 다시 극우적 군사주의를 강화하는 계기가 되었다. 따라서 아베의 극우적 행보는 아베 사망으로 끝나는 게 아니라 군국주의 아베 화신을 내세워 아베류들에게 전승되어 일본의 우경화를 한층 더 가속화하게 될 것이다.

이러한 역사적 배경을 가진 일본 군국주의에 의해 희생당한 것은 수천만 일본 인민과 수억의 아시아 인민들이었다. 일본 제국주의자들이 일으킨 전쟁으로 2천만 아시아 인민들이 희생됐다. 이 제국주의 침략전쟁은 식민지·반식민지 국가의 인민들뿐만 아니라, 일본 인민 역시도 3백십만 명 이상이 희생당했다. 독일 파시즘의 패배처럼, 일본의 패전 이후 들어선 전후 체제는 제국주의 파시즘 체제에 대한 역사적 반성에 기초에 들어선 체제로 다시는 일본이 이러한 침략전쟁에 나서지 못하도록 만드는 '평화체제'였다.

> 제9조 ① 일본국민은 정의와 질서를 기조로 하는 국제평화를 성실히 희구하며, 국제분쟁을 해결하는 수단으로서 국권이 발동되는 전쟁과 무력에 의한 위협 또는 무력의 행사는 영구히 포기한다.
> ② 전항의 목적을 달성하기 위하여 육해공군, 그 밖의 전력을 보유하지 아니한다. 국가 교전권은 인정하지 아니한다.

그러나 1946년 제정된 이 '평화헌법'과 여기에 기초한 '평화체제'는 불완전하고 모순적인 것이었다. 아시아 인민들과 일본 인민의 피가 서려 있는 평화헌법 제9조에도 불구하고, 침략국가로 나아가려고 하는 일본 군국주의자들의 책동은 집요하게 계속됐다.

　미제국주의는 패전한 일본에 점령군으로 있으면서 평화협정 9조 제정 대가로 '평화국가' 일본의 자위권을 대신 지켜주겠다는 보증을 했다. 오키나와 미군기지 건설은 이에 대한 군사적 담보물이었다. 이미 앞에서 살펴본 1951년 9월 8일 '한국전쟁' 와중에 체결된 샌프란시스코 강화조약이야말로 이남과 함께 반공주의 체제의 최후 보루이자 공산주의를 붕괴시킬 전초기지로서 일본을 재무장시키는 것이었다. 미국은 일본을 이러한 목표에 부합하게 만들기 위해 공산주의자들을 극렬하게 탄압하는 반면에 전쟁범죄 원흉인 쇼와 일본 천황의 죄를 사면하고 천황제를 유지시켰다. 그리고 샌프란시스코 강화조약 이후에 1960년 1월에 기시 내각을 내세워서 일-미 신안보조약을 체결하였다.

　신 안보조약이 처음의 안보조약과 다른 점은 원래 안보조약이 패전국과 점령국 사이에 체결한 조약으로 일본 방위뿐만 아니라 일본 국내의 내란, 폭동 같은 사태도 미군이 관할하는 것이었다면, 신 안보조약은 이런 제약 조건을 없애고 미·일 공동 방위를 명분화 하면서 일본 자체에 상대적 '독자성'을 부여하는 내용을 담고 있었다.

　310만여 명의 일본인들의 희생을 통해 침략전에 나섰던 일본을 다시 겨우 15년 만에 참혹한 전쟁국가로 만들려는 시도에 대해 일-미 방위조약 반대투쟁이 일본 전역에서 거세게 일어났다. '안보투쟁'은 일본 현대 역사에서 가장 격렬한 투쟁을 만들어 냈다. 일본 인민들의 대대적인 반대투쟁으로 기시다 내각이 사퇴했음에도 불구하고 이 방위조약은 법적 효력을 그대로 유지하였다.

　이 점에서 한국에서 미 군정이 공산주의자들과 자주적인 인민들의 결사체를 극렬 탄압하고 친일파를 다시 등용시켜서 반공주의 보루로 만들려고 했던 조치와 유사하다. 한미 방위조약과 일미 신안보조약도 마찬가지다. 그러나 한 가지 다른 점이 있다. 조선은 식민지국이었고, 일본은 패전했지만 제국주의 국가였다는 점이다. 미제국주의는 미국의 의도에 부합하고 미국의 통제 안에 있는 범위 내에서 일본을 전쟁하는 제국주의 국가로 삼으려 했다. 식민지에서 친일파였던 한국의 국우는 친미파로 변신하여 성조기를 들고 집회에 나서는 것처럼 철저하게 미국을 숭배하고 있고 미국의 보호령 하에 안주하려 한다. 반면 제국주의 침략국가였던 일본의 극우는 패전 이후 미국의 비호를 받고 친미숭배를 하면서도 동시에 일본의 독자적 힘으로 무장을 꿈꾼다. 이것이 일본 극우들이 가지고 있는 끊임없는 딜레마다.

할복하기 전 자위대 총감방 발코니 위에서 연설하고 있는 미시마 유키오
출처:https://blog.ilgiornale.it/scarabelli/2020/07/14/mishima-arte-azione-narrazione/

천황을 구심으로 '전승국(미국)이 만든 헌법'을 포기해야 한다는 '헌법 포기' 주장은 일본 극우들의 염원이다. 앞에서 잠시 언급했던 미시마 유키오(三島由紀夫)는 소설 『우국(憂国)』에서 천황에 대한 충성심을 증명하기 위해 할복자살하는 일본군 중위와 부인의 모습을 그렸는데, 실제 그는 자신의 소설의 주인공들처럼 할복자살했다.

그는 1970년 11월 25일 지금의 일본 방위성 본성인 자위대 이치가야 주둔소에서 자위대 총감을 볼모로 잡고는 자위대원 1천여 명을 모아 놓게 하고는 총감방 발코니 앞에서 다음과 같은 연설을 하고 할복자살했다.(다테노카이 사건)

이 상황에서 내가 자위대에 이야기해서 유감스럽다. 그러나 나는 자위대라는 존재를, 자위대를 믿었다. 일본은 경제적 번영에 몰두하여 마침내 정신적 공황에 빠지고, 정치는 모략(謀略)과 기오심(欺傲心)이… 이것이 일본이다. 자위대만이라도 일본의 정신을 유지해야 한다.

이제는 더 이상 헌법 개정 기회는 없다! 자위대가 국군이 되는 날은 사라졌다! 건군 본의는 없다! 그것이 가장 개탄스럽다. 자위대에게 건군 본의는 무엇인가? 일본을 지키는 일. 일본을 지킨다는 것은 무엇인가? 일본을 지킨다는 것은 천황을 중심으로 하는 역사와 문화 전통을 지키는 것이다.

지금 일본인이 일어나지 않으면, 자위대가 일어나지 않으면 헌법 개정은 없다. 제군은 영원히 미국 군대가 되고 만다.

지금 헌법은 끝없는 정치적 모략을 통해 제군이 합헌(合憲)인 것처럼 위장했으나, 자위대는 위헌(違憲)이다. 자위대는 위헌(違憲)이다. 너희들도 위헌(違憲)이다. 마침내 자위대가 헌법을 지키는 군대가 되었다는 사실을 왜 인식하지 못하는가! 나는 제군이 그것을 부정하는 날을 오랫동안 기다렸다. 제군은 사소한 것에 눈이 어두워 진정 일본을 위해 들고일어날 때를 놓쳐버렸다.

이제 제군이 헌법 개정을 위해 들고 일어나지 않겠다는 것을 충분히 알겠다. 이것으로 자위대에게 품은 내 꿈은 사라졌다. 여기서 천황 폐하 만세를 부르겠다.

천황 폐하 만세! 천황 폐하 만세! 천황 폐하 만세!

(나무 위키, '미시마 사건')

패전 이후 맥아더의 연합국 사령부(GHQ)에 의해 허수아비가 되어 버린 천황이 아니라 천황이 중심이 되는 국체(國體)를 되살려 일본이 다시 부흥하는 것이 군국주의 작가의 극우적 열망이었던 것이다.

헌법 9조 평화헌법과 일-미 방위조약은 상호대립적, 모순적이면서도 교묘하게 공존하게 되었다. 헌법 9조의 무력행사 포기와 군대 보유 금지에도 불구하고 말 그대로 자기방어를 명목으로 하는 자위대가 창설됐다. 이러한 모순 속에서 일본의 평화주의와 군국주의 반대 흐름은 헌법 9조를 유지하려 했고, 군국주의 세력들은 헌법 9조를 없애려 했다. 이 가운데 안보투쟁 이후 1968년부터 1969년 사이 '요원의 불길'처럼 타올랐던 일본의 전학공투회의(全学共鬪会議, 전공투)와 미시마 유키오의 할복 사례 같은 양극단의 극한투쟁이 있었다.

전공투 학생들이 무장하고 있다. 헬멧에는 낫과 망치가 그려져 있다.

출처: http://www.kongaru.net/bbs/today/580375

　자유민주당과 아베는 헌법 9조 폐기가 가져올 전 인민적인 저항을 우려하여 곧바로 평화헌법을 개정하지 못하고 '집단 자위권을 보유하고 있지만 행사할 수는 없다'는 기존 헌법 해석을 각의(국무회의) 의결만으로 변경하는 해석개헌(解釋改憲)을 통해 일본이 외국으로부터 공격을 당했을 때 집단적 자위권을 행사할 수 있다고 함으로써 전쟁하는 국가로 만들려 했다.

　미국 역시 미국의 패권이 유지되는 전제 하에서 일본이 보다 적극적으로 나서서 아시아에서 미국을 대리하여 전쟁을 치를 수 있도록 하기 위하여 이러한 흐름을 지원했다. 미국이 패권을 구사하는 명분과 마찬가지로 일본이 전쟁하는 나라로 나아가기 위해서는 끊임없이 '외부의 적'이 필요했다. 일본에게 외부의 적은 조선과 중국과 러시아였다. 미제국주의의 핵 독점 전략에 대한 자위권의 일환으로 북에서 핵 시험을 하고 미사일 발사 시험을 할 때마다 일본 내에서 반북주의와 반북혐오를 끊임없이 조장되었다. 아베는 일본 사회 내에서 반중, 반북 혐오에 앞장서면서 이러한 감정이 만연하도록 조장했다. 조선인 고등학교들을 무상교육에서 제외시키고 조선인들에 대한 인권침해를 조장하는 것 역시 이러한 상황에서 만들어진 것이었다. 미국이 중국에 대한 제국주의 패권을 행사하며 대립할 때마다 일본 역시 중국과의 대립을 조장하고 혐오를 조장했다.

중국과 일본과의 영토분쟁, 러시아와의 영토분쟁도 일본이 제국주의 국가로서 전쟁하는 국가로 나아가기 위한 수단으로 제기됐다. 최근 러시아와 우크라이나 전쟁은 일본이 전쟁하는 국가로 나아가기 위해 정당화하는 호재로 작용했다. 일본 공안지청은 아조프 부대는 국제 테러리즘 규정에서 삭제하고 우크라이나 무기지원 등으로 국제적 침략전에 떨쳐나서고 있다. 아베를 동경하고 아베를 추모하는 자들, 나라들은 아베와 같은 세계관을 가지고 아베와 정치적 이해를 같이하고 있다.

대만과 한국은 미·일 동맹의 전쟁 실험실

아베 사망을 둘러싸고 벌어지는 중국과 대만의 입장 차, 이에 대한 국제적 수준에서의 논란도 이 문제가 여전히 과거로부터 출발해 지금까지 계속되고 있는 역사적 문제임을 알 수 있게 한다.

> 타이완 총통부 청사에 조기가 게양됩니다.
> 아베 전 총리를 애도하기 위한 것으로, 다른 공공기관과 학교에도 모두 내걸렸습니다.

차이잉원 총통이 타이완에 마련된 아베 전 총리 분향소를 찾은 데 이어, 라이칭더 부총통은 조문을 위해 직접 일본을 방문했습니다.

지난 1972년 일본이 중국과 수교하면서 타이완과 단교한 이후 50년 만에 타이완 최고위급의 방일입니다.

…아베 전 총리는 중국의 압박에 맞서 타이완을 공개적으로 지지해왔는데, 퇴임 이후에는 '타이완의 비상사태는 일본의 비상사태'라며 중국의 타이완 침공 시 일본의 군사 개입을 시사한 바 있습니다….

중국은 거칠게 반발했습니다.

'왕원빈/중국 외교부 대변인 (지난해 12월) : 감히 군국주의 낡은 길로 돌아가 중국 인민의 마지노선에 도전한다면 반드시 머리가 깨지고 피가 흐를 것입니다.'

이번 조기 게양을 놓고도 중국 관영 매체는 현지법 위반에 해당할 수 있다고 지적하고 나섰습니다.

타이완 법률상 현직 국가 원수나 특별한 공헌을 한 사람에게만 조기를 게양할 수 있는데, 아베 전 총리는 해당이 안 된다는 것입니다…. 타이완 문제 등을 둘러싼 중국과 미국, 일본의 갈등이 아베 전 총리 사망을 놓고도 이어지는 모양새입니다.

(김지성 기자, "'아베 애도' 조기 게양한 타이완에 중국 '발끈'", SBS 뉴스, 2022.07.12.)

보다시피 대만에서도 반중 혐오에 대비하여 친미·친일 감정이 높아지고 있다. 아베는 중국과 대만 양안 문제에서 대만을 공개 지지해왔다. 심지어 타이완의 비상사태에 대해 일본이 군사 개입을 하겠노라고 천명

　　　　　　　　　　　　　　　　　　　　맑스주의와 현대제국주의

하기도 했다. 앞의 글에서 쓴 것처럼, 현 대만의 역사는 본토에서 축출당한 국민당 장개석 군의 식민지배로부터 출발했다. 그런데 장개석 군대가 중국 공산당에 비해 월등한 군대와 군사력을 가지고도 패배하고 본토에서 축출당한 것은 장개석 국민당군은 일본 군대에 대해서는 타협적인 태도를 취하면서도 반일 항쟁에 나섰던 중국 공산당을 도리어 주적으로 돌리고 중국 인민들을 배신했기 때문이다. 여전히 대만당국은 자신의 반인민적 역사성을 그대로 간직하고 군국주의자 아베를 찬양하고 심지어 일본 자위대의 군사 개입마저도 지지하는 반동적인 모습을 보이고 있다.

지난 11일 중국외교부 왕원빈 대변인은 일본의 참의원 선거 결과가 나온 뒤 '일본의 개헌 문제는 역사적인 원인으로 국제사회와 아시아 이웃 국가들로부터 크게 주목을 받고 있다'면서 일본은 역사의 교훈을 진지하게 받아들이라고 충고했습니다.

하지만 현지시각 11일 워싱턴포스트지 사설이 나오자 반응이 달려졌습니다. '미국은 일본의 군대 합법화 움직임을 지지해야 한다'는 제목의 사설입니다.

사설은 '제안된 개헌안은 이미 일본에 현실로 존재하는 것(육·해·공군)만을 합법화할 것'이라면서 '이는 전쟁 포기를 폐지하는 것이 아니라, 타이완 방위를 포함한 집단안보에 대한 일본의 도움을 수월하게 할 것'이라고 주장했습니다.

여기서 집단안보는 '중국의 부상과 타이완에 대한 가능한 위협 그리고 북한의 핵 잠재력'에 대항하기 위한 미국과 일본, 호주 등의 안보 협력을 말합니다. 한마디로 중국과 북한에 맞서 미국과 일본 등이 방위 협력을 공고히 하는데 일본 자위대 합법화가 도움될 것이라는 진단입니다…

미국이 일본의 자위대 합법화를 지지해야 한다는 주장이 나온 상황에서, 이번에는 타이완까지 '눈에 띄는' 움직임을 보였는데요.

차이잉원(蔡英文) 타이완 총통은 11일 직접 타이베이 주재 일본 연락사무소를 찾아 조문했습니다. 권력 서열 2위인 라이칭더(賴淸德) 부총통은 아예 도쿄로 날아가 장례식 쓰야(通夜·밤샘)에 조문 사절로 참석했습니다. 정부 차원 방문은 아니라고 선을 그었지만 1972년 타이완과 일본이 단교한 이래 일본을 찾은 타이완 최고위급 관료입니다.

중국으로서는 가뜩이나 미국과 타이완의 관계가 신경 쓰이는데, 타이완까지 이번 방문으로 일본과 밀착할 계기를 만드는 것은 아닌지 불안감이 커지는 상황입니다.

(이랑 기자, [특파원 리포트] "중국 '군사력 키우자'…이게 아베 전 총리 때문이라고?",
KBS NESW, 2022.07.14.)

아베의 피습 사망과 참의원 선거에서 일본 자민당 등 극우주의자들의 승리로 일본의 군국주의 책동은 한층 더 가속화 될 수밖에 없다. 워싱턴 포스트지 사설은 이런 국제정세 속에 이미 물밑에서 진행되고 있는 미국의 역할을 공개적으로 천명한 것이다. 중국에 맞서 타이완 집단 방위, 대북 집단 방위에 미국은 군국주의화된 일본이 한 축으로 그 역할을 담당해줄 것을 요구하고 있는 것이다.

미제와 나토가 반러를 기치로 우크라이나를 졸로 내세워 전쟁하고 있다면, 아시아에서는 대만을 내세워 중국과 전쟁을 획책하고 있으며, 동북아에서는 이남을 내세워 이북에 대한 전쟁을 획책하고 있다. 중국과

맑스주의와 현대제국주의

일본의 영토분쟁은 일본 극우들이 중국과 대립하면서 부각하는 영토분
쟁이다.

> 일본의 대표적인 '우익' 정치인인 이시하라 신타로(石原慎太郎) 일본
> 도쿄도(東京都) 지사는 미국 워싱턴 헤리티지 재단 주최 행사에 참석,
> 연설을 했다.
>
> "일본 주권하의 섬을 외국이 공격할 경우, 동맹관계인 미국은 곧바로
> 일본을 지원하도록 명문화돼 있다. 그러나 일본자위대는 외국군에 대해
> 제한적 수준에서만 대응할 수 있다. 무력(武力)행사를 영원히 포기한다
> 고 규정한 헌법 9조 때문이다. 자기 나라가 공격을 당해도 맞서 싸우지
> 못하고 동맹국에 의존하는 나라가 세상에 어디 있는가?"
>
> 이시하라가 외국군의 일본 공격의 예(例)로 내세운 것은 센카쿠(尖閣)
> 열도였다. 센카쿠 열도는 중국이 영유권을 주장하고 있는 지역이다. 이시
> 하라는 일본 정부가 센카쿠 열도 문제를 소홀히 한다고 비난하다가, 갑
> 자기 카메라를 정면으로 바라보면서 잠시 숨을 죽였다가 한마디 던졌다.
>
> (유민호 퍼시픽21 소장 "일본의 '左'와 '右' '右'와 '右翼', '左'와 '左翼'은 다르다",
> 〈월간조선〉, 2012년 9월)

이 영토분쟁은 1895년 청일전쟁으로 일본에게 패한 중국이 시모노세
키조약으로 일본에게 할양한 섬의 영유권을 두고 벌어지고 있는 역사적
문제이다. 중국은 일본의 패전으로 이 섬이 다시 중국으로 귀속되어야
한다는 입장이고 일본은 1969년 미국이 오키나와 반환협정으로 이 섬을
일본에 할양하기로 했다고 주장하고 있다. 대만은 대만대로 이 땅이 자

신의 땅이라고 주장하고 있고, 중국은 대만을 통일될 나라로 보고 인정하지 않고 있다. 이 영토분쟁에도 미국, 일본, 중국, 대만이 각축전을 벌이고 있는 것이다.

오야붕(おやぶん) 미국이 큰 형님 일본에게 완장을 채우고 한국과 대만 두 꼬붕(こぶん)을 내세워 피비린내 나는 싸움판에 끌고 다니려 하는 것이 작금의 동북아시아에서 펼쳐지고 있는 형세이다. 대만과 한국은 미·일 제국주의의 위험천만한 전쟁 실험실이다. 이러한 형세는 역사적인 형성물이다. 한국과 일본과 대만의 청산하지 못한 반동의 역사가 오늘날까지 전쟁을 부추기고 수십억 인민들에게 형언할 수 없는 고통을 안겨주고 있는 것이다.

5-1. 중국 사회 성격을 둘러싼
정치·경제학적 논쟁을 중심으로

2022년 8월 8일

제국주의 프로파간다와 대다수 언론들이 여기에 적극 부응하고 있는 현실에서 반중 적대감과 혐오는 필연적이다. 이 혐오를 극복하려고 한다면 이 제국주의 자본주의 하에서 필히 상수(常數)라고 인식해야 한다. 그렇다면 이를 변화시킬 수단은 무엇이고 변수(變數)가 무엇인지 고려해봐야 한다. 일극 패권의 조락과 다극화 같은 외부적 요인도 작용하겠지만, 대중들의 대중 적대감과 혐오를 바꿔낼 수 있는 주체적 역량의 측면이 중요하다. '진보진영'이야말로 지배계급이 조장한 대중적 여론, 인식, 감정에 맞서 싸우고 이를 변화시킬 수 있는 세력이다. 그런데 유독 중국혐오가 일정한 제동장치 없이 점점 더 빨라지고 확산되는 것은 바로 '진보진영'조차도 '이러저러한' 이유로 중국혐오에 동참하고 있기 때문이다. 변수가 상수의 일부가 되었기 때문이다.

진보단체들 대다수도 중국 비판에 앞장서고 있는데, 애초부터 중국혁명을 자본주의 혁명이라고 사고하는 단체들부터 중국이 등소평 시절부터 개혁개방에 앞장서면서 자본주의, 심지어 제국주의로 변모했다고 보는 단체들까지도 있기 때문이다.

앞에서도 살펴봤던, 『짱깨주의의 기원』(김희교 글, 보리)에서는 진보진영의 중국관에 대해서도 비판하고 있다.

안보적 보수주의의 '중국이 문제다'라는 프레임이 '상상된 중국'을 만들어 냈다면, 한국의 진보적 중국 연구자들이 만들어 낸 '사회주의 중국' 프레임은 사회주의라는 '상상된 중국'을 상정해 놓고, '사회주의 중국'에 대한 기대를 바탕으로 그것이 무너지는 데 대한 안타까움과 실망, 그리고 혐오가 뒤섞인 글들을 쏟아 내었다. 방법은 달랐지만 결과는 같다. '중국이 문제다'라는 프레임의 강화다… 일부 마르크스 진영에서는 송환법이나 보안법을 미국과 다를 바 없는 '제국주의 중국'의 본격적인 팽창정책으로 평가하거나, 노동자계급 운동으로 전환되어야 한다고 주장했다.

우리 사회에 만연한 중국혐오를 없애기 위해서는 이제 진보진영 내에서의 중국관, 중국 사회 성격에 대한 인식을 살펴보고 이를 비판적으로 검토함으로써 진보진영이 역사적으로 부여된 자신의 '진보적' 역할을 다할 수 있도록 하게 해야 한다.

양적, 질적으로 중국의 사회주의적 성격을 보여주는 공기업

중국 사회가 자본주의로 면모했다는 것을 근거로 제기하는 진보진영의 중국에 대한 비판적인 입장들은 '보수진영'과 그 의도, 관점이 다르다 하더라도 중국에 대한 편견과 혐오가 판치는 사회에서 중국 적대시에 결과적으로 편승할 수밖에 없다. 김정호 박사는 그동안 만연한 중국혐오, 심지어 '진보진영' 내에서조차 만연한 중국혐오에 대응하여 중국 사회에 대해 우리가 몰랐던 사실들, 편견과 왜곡에 빠졌던 부분에 대해 알려주는 의미 있는 역할을 수행해 왔다.

최근 김정호 박사가 중국 공기업을 중심으로 하여 중국 사회 성격을 검토하고 중국 사회주의를 옹호하는 글을 발표했다. 김정호 박사는 중국 사회가 사회주의 성격을 유지하고 있는 이유를 특수한 형태의 공기업에서 찾았다.

> 중국 공기업은 '사회주의 시장경제하의 자본'이다. 따라서 그것은 자본의 일반적 성격-자기 자신의 증식과정을 실행할 수 있는 가치-을 공유하긴 하지만, 다른 한편에선 착취를 배제한 특수 형식의 자본이라고 할 수 있다….

> 그가 고용된 직장이 공기업인 이상, 그 공기업의 이윤(잉여가치의 전화형태)은 우선 국가에게 귀속되며, 다시 최종적으로 본인을 포함한 전체 인민에게로 되돌아오게 된다. 예컨대 현재 중국의 경우는, 국유기업→국유자산관리감독위원회 (혹은 재정부 3)→전국인민대표자회의→사회(전체 인민)의 순서를 밟게 된다. 당연히 이윤의 전 사회적 환원을 통해서 애초 그것을 생산했던 노동자 자신도 혜택을 보게 된다….
>
> 그렇다면 중국이 사회주의 국가라는 사실은 어떻게 입증할 수 있을까? 사적 유물론에 입각할 때 한 사회의 성격을 판단하는 기준에는 두 가지가 있다. 생산관계의 핵심인 '소유제'와 '국가의 계급적 성격'이 그것이다. 이 두 가지 기준 중 여기서는 생산관계(소유제) 측면을 중심으로 살펴보기로 한다.
>
> 이 기준에 입각할 때, 공기업이 국민경제 전반에 대한 확고한 주도성

을 갖고 있는 중국 사회에 대해서 우리는 사회주의라고 규정할 수 있다… 또한 중국 공기업이 분포하고 있는 업종은 다른 자본주의 국가의 공기업과 비교할 수 없을 정도로 광범위하고 전략적으로도 중요한 위치를 차지한다. 예컨대 전력·에너지·통신 등 국가 기간산업뿐 아니라, 금융·건설·항공운수 등과 같은 핵심 인프라 업종을 포함한다. 그밖에도 기계제작과 소재 부품의 생산, 그리고 자동차·조선 등 완성품의 제조 및 심지어는 유통·서비스업에도 광범위하게 진출하고 있다.

(김정호, "특수 형식의 자본— 중국 공기업", '변혁의 시대' 블로그, 2022.7.15.)

이러한 주장에 대해 자본주의 내에도 공기업이 존재하지 않느냐, 특히 유럽 사민주의 정부 하에서 공기업이 상당수 존재하지 않았냐고 반박할 수 있다. 김정호 박사는 이에 대해 다음과 같이 답변한다.

만약 자본주의 사회라면, 비록 공기업이라 할지라도 그것은 전체 자본가계급의 이익을 위해서 복무한다. 따라서 착취가 발생한다고 볼 수 있다. 예컨대 2차 대전 직후 서유럽에서는 대대적인 국유화 바람이 불었지만, 국유화된 기간산업들은 일반적으로 민간 독점자본의 제반 비용을 낮추는데 주로 복무하였다. 따라서 그곳의 공기업 노동자들이 생산한 잉여가치 대부분을 자본가계급이 향유하였기 때문에 착취가 발생하였다고 할 수 있다. 또 당시 서유럽의 공기업들은 대부분 적자기업이었으며, 이윤을 창출할 수 있는 '알짜배기' 기업들은 민간자본에 맡겨졌다. 결국 이 같은 반쪽짜리 공기업체계로는 '적자'의 누적 때문에 오래갈 수 없음이 판명되었다.

실제 1982년 초 프랑스는 사회당 미테랑 정부 하에서 서유럽에서 가장 거대한 공공부문을 보유한 나라였는데, 당시 공공부문 비중은 11퍼센트에서 22.2퍼센트로 늘어났고, 산업 매출액 중 공기업은 29.4%를 차지하게 되었다. 이것이 가능했던 것은 '프랑스 정부는 이미 다수의 저축은행들을 소유하고 있었'고, '국유화된 기업들 중 상당수는 이미 사실상 공기업에 가까웠기 때문'(장석준, 『신자유주의의 탄생 왜 우리는 신자유주의를 막을 수 없었나』, 책세상)에 상대적으로 일부 기업에 대한 국유화를 하기에 손 쉬웠다. 그러나 프랑스에서 미테랑 정부는 경제위기가 도래하고 유럽중앙은행이나 국제통화기금(IMF) 등 국제금융기관이 압박을 해오자 노동자 임금삭감과 정리해고, 복지후퇴 등 구조조정에 앞장서고 공기업의 사유화 정책에 적극 앞장서고 나서게 되었다. 또한 국영은행들은 민간은행들과 마찬가지고 수익성을 중심으로 운영되었고, 르노 자동차의 사례에서 보듯, 인건비를 절감해야 한다면서 국내 투자를 기피하고 해외로 생산설비를 이전하기도 했다. 이것이 이른바 '르노 모델'이었다.(공상주의 비판2 기업들을 '아무런 망설임 없이 즉각 국가소유로 만들어야 한다'고? 망설임 없는 국가는 과연 누구를 위해 존재하는 국가란 말인가? 보론 자본주의 국유화의 의미와 한계— 유럽의 국유화 사례, 특히 프랑스 미테랑 사민당 정부를 중심으로, 노동자정치신문, 2020년 12월 11일을 살펴보기 바란다.)

질적인 측면 말고도 양적으로도 중국 공기업은 그 수가 엄청나다.

그렇지만 이 수치만으로도 다른 전 세계 공기업 수자를 모두 합친 것보다 많다. 참고로 중국 외에 공기업 수가 비교적 많은 국가들을 소개하면 다음과 같다. 헝가리(370개), 인도(270개), 브라질(134개), 체코(133개), 리투아니아(128개), 폴란드(126개), 슬로바키아(113개) 순이며7), 한국은 현재 30개의 공기업을 가지고 있을 뿐이다.

그런데 심지어 중국에서는 존재하는 해외자본이니 민간자본조차도 중국 사회주의 경제를 뒷받침하는 보조적 역할을 수행하기도 한다.

중국에선 자본주의적 생산관계 혹은 외국자본까지도 지배적인 사회주의적 생산관계인 국유경제와 집체 경제를 보완하고 봉사하는 역할을 한다. 이는 마치 자본주의 사회인 한국에서 한국전력이나 한국가스공사와 같은 공기업들이 재벌을 비롯한 사적 자본의 축적운동에 복무하는 것과 마찬가지 이치이다. 좀 더 구체적으로 말하면, 중국에서 민간자본(외국자본 포함)은 세수, 고용창출, 기술개발 등에 있어 공기업이 주도하고 있는 중국경제의 발전에 복무한다. 또 그 같은 중국경제 내에서의 민간자본의 존재는 국제관계에 있어서는 사회주의 국가인 중국이 주변의 자본주의 국가들과 교류하는 데 있어 반드시 필요한 매개물이기도 하다.

이처럼 양적, 질적으로 사민주의가 발전했던 유럽의 어느 자본주의 나라를 봐도 중국에서 존재하는 공기업과 비교할 수조차 없다. 영국 노동당, 프랑스 사회당, 독일과 스웨덴 사민당, 그리스 급진좌파연합 등의 사례에서 보듯, 오늘날 유럽에서 사민주의 정당들은 사유화와 반노동 정책에 앞장서는 등 그나마 남아 있던 진보성을 완전히 상실하고 신자유주의 정당으로 면모 했다. 나토의 모습을 볼 때, 대외적으로는 미제와 함께 약소국에 대한 침략전에 나서는 반동적인 정당이 되었다.

중국 공기업이 주식시장에 상장되었다고 하더라도, 그 배당은 국가로 귀속되고 이는 인민생활의 발전에 복무하게 된다.

예컨대 국무원 국자위가 2022년 6월 17일 발표한 통계에 따르면, 국무원이 직접 관리하는 97개 중앙 국유기업이 2013년 이래 국가에 납부한 세금은 누계 18조 2,000억 위안이었다. 이와는 별도로 최대주주인 국가에 대한 이윤배당으로 1조3,000억 위안을 국가에 상납했다. 지금의 환율로 계산할 경우 약 247조 원이다. 그밖에도 공기업은 주식시장에 상장할 경우 국가가 보유한 주식의 10%를 사회보장기금에 이체하도록 되어 있는데, 이 규정에 따라 같은 기간 이체한 금액은 1조2,000억 위안에 달한다.

중국 공기업이면서 주식시장에 상장된 공상 은행의 경우 2017년 벌어들인 50조 원의 이윤은 약 70%의 지분을 가진 국가에게 대부분이 귀속되었으며 (홍콩 자치구정부 산하의 펀드가 소유한 지분을 포함할 경우 약 94%), 국가를 통해서 결국 사회로 환원되었다고 볼 수 있다.

이와는 달리, 2018년 삼성전자가 벌어들인 동일한 50조 원의 이윤은 당시 57% 지분을 가진 외국인 투자가와 약 5%의 지분을 가진 이재용 등 총수일가의 몫으로 많은 부분이 귀속되었다.

게다가 중국의 공기업은 법적으로도 그 지위를 보장받고 있다.

중국 공기업의 국민경제 내의 '지배적 지위'는 또한 헌법을 통해서도 보장받는다. 관련 조항을 소개하면 다음과 같다.

<헌법 제1장 총강>

제6조. 중화인민공화국의 사회주의경제제도의 기초는 생산수단의 사회주의 공유제이다. 즉 전인민소유제와 근로인민대중의 집체소유제이다. 사회주의공유제는 인간에 의한 인간의 착취를 소멸시키고, 각자 자신의 능력대로 일하고 노동에 따른 분배원칙을 실시한다.

사회주의 초급단계에서 국가는 공유제를 주체로 하고 다양한 소유제 경제가 공통 발전하는 기본 경제제도를 견지하며, 노동에 따른 분배원칙을 위주로 하면서 다양한 분배방식이 병존하는 분배제도를 견지한다.

제7조. 국유경제, 즉 사회주의 전인민소유제는 국민경제의 주도적 역량이다. 국가는 국유경제의 공고화와 발전을 보장한다.

제12조. 사회주의 공공재산은 신성불가침하다. 국가는 사회주의 공공재산을 보호한다. 어떤 조직이나 개인도 어떤 수단을 통해서도 국가와 집체의 재산을 침해하거나 파괴해서는 안 된다.

진보진영 내에서는 중국에서 '개혁개방' 과정에서 물권법, 채권법이 제정된 것을 근거로 들면서 중국의 자본주의성을 증명하려 들기도 하는데, 이는 위의 중국의 헌법에서도 보장되고 있는 사회주의 공유제를 외면하는 일면적인 태도다.

자본과 확대재생산의 두 가지 인식 오류

김정호 박사는 이처럼 자본주의 사회와 달리, 여전히 사회주의 생산과

체제를 유지하는 중국의 실제 모습에 대해 새로운 사실들을 많이 알려주고 있다. 그런데 김정호 박사는 맑스가 『자본론』에서 밝혔던, 즉 '자기 자신의 증식과정을 실행할 수 있는 가치'라는 정의를 인용하면서 이는 자신의 크기를 키워 갈 수 있는 가치(응고된 노동시간)이며, 축적과 확대재생산의 가능성을 의미한다. 이 같은 측면에서 볼 때 중국 공기업은 완전히 그 조건을 만족시켜 주기 때문에 '자본' 범주에 속한다고 할 수 있다고 주장한다. 또한, 중국 공기업은 '사회주의 시장경제 하의 자본'이다. 따라서 그것은 자본의 일반적 성격—자기 자신의 증식과정을 실행할 수 있는 가치—을 공유하긴 하지만, 다른 한편에선 착취를 배제한 특수 형식의 자본이라고 할 수 있다고도 주장하고 있다.

과거 계획경제 하에서는 국가가 직접 그의 일자리를 배정하는 방식이었지만, 지금은 시장경제를 실시하기 때문에 노동자는 노동시장을 통해서 공기업에 채용된다. 즉 노동력은 사회주의 시장경제 하에서 '상품'으로 변화되었지만, 그럼에도 '그가 고용된 직장이 공기업인 이상, 그 공기업의 이윤(잉여가치의 전화형태)은 우선 국가에게 귀속되며, 다시 최종적으로 본인을 포함한 전체 인민에게로 되돌아오게 된다'라고 강조하고 있다.

김정호 박사는 자본과 확대재생산(축적)의 문제에 있어서 두 가지 혼란을 겪고 있다. 맑스는 김정호 박사도 인용(김수행 번역, 『자본론』1권)하고 있다시피, 자본이 '자기 자신의 증식과정을 실행할 수 있는 가치'이면서, 자본의 소유자, 즉 자본가는 화폐를 상품들로 전환시키고, '죽은 물체에 살아 있는 노동력을 결합시킴으로써', '자기 자신의 증식과정을 실행할 수 있는 가치(즉 이미 대상화된 죽은 과거의 노동)'로 전환시킨다고 하고 있다.

이로써 자본은 노동자들의 집단적인 과거 노동의 결과로 만들어졌음에도 불구하고 살아 있는 노동력의 소유자(노동자)들을 지배하고 착취하는 '활기 띤 괴물로 전환'되게 되는 것이다.

맑스는 자본이 특정한 역사적 단계 속에서 출현하는 '사회적 관계'라고 하면서 다음과 같은 유명한 주장을 하고 있다.

> 흑인은 흑인이다. 일정한 관계들 속에서 그는 비로소 노예가 된다. 면방적기는 면방적을 하는 기계이다. 일정한 관계 속에서만 그것은 자본이 된다. 이러한 관계들로부터 떼어 내어졌을 때 그것은 자본이 아닌데, 이는 마치 금이 그 자체로서는 화폐가 아니거나 혹은 설탕이 설탕 가격이 아닌 것과 마찬가지다.
>
> (『임금노동과 자본』)

원시공산제의 해체 이래, 상품교역이 생겨나고 생산력의 점차적인 발전에 따라 잉여 생산물이 생겨나면서 이 잉여 생산물을 독점하는 지배계급이 생겨나게 되었다. 그러나 상품생산이 존재한다고 해서 자본주의는 아니다. 자본주의는 상품생산이 지배적인 사회다. 인간의 노동력조차도 상품이 되는 사회가 자본주의 사회다. 자본은 처음에는 화폐 형태를 취하기는 하지만 그 자체로는 자본이 아니다. 자본은 증식하는 가치인데, 자본의 증식이 가능한 것은 가진 것은 노동력밖에 없는 노동자의 노동력을 사서 생산과정에 투입하고 이 생산을 통해 나온 생산의 결과물 일부를 임금으로 지급하고 나머지는 자본가들이 앗아가 노동력을 착취하기 때문이다.

자본가들은 노동자가 만들어 내는 잉여 생산물을 독차지하게 되어 자본규모를 늘리고 자본가로 군림하는 반면에, 노동자들은 자신이 만들어 낸 노동의 집단적 결실인 자본의 노예가 되어 착취 받고 억압받으면서 살아가게 된다. 이 자본주의적 생산관계 속에서 생산을 둘러싼 인간과 인간의 관계는 착취하고 지배하는 자본가와 착취당하고 지배당하는 노동자 사이의 주종관계가 된다. 자본주의 사회는 과거 노예제 시절의 노예와는 다르게 노동자는 인격적으로, 법적으로 명목적인 권리를 획득하지만, 실제로는 현대판 임금 노예가 되게 된다. 국가는 본질적으로 자본가들의 착취와 억압을 보장하는 자본의 집행기구에 다름 아니다.

중국에서 공기업 노동자들이 국가 배정 방식이 아니라 '노동시장을 통해서 공기업에 채용'되는 것은 자본주의적 형태지만, 그런데도 위의 사례를 보면, 중국의 공기업은 '자본'이 아니고, 이윤을 위해 생산하는 기업도 아니고 노동자들을 착취하는 기업도 아니다. 중국에서 노동자 착취는 공기업이 아닌 사적 기업에서 '특수한' 형태로 벌어진다. 여기서 특수한 형태라는 것은 우선 '중국에선 자본주의적 생산관계 혹은 외국자본까지도 지배적인 사회주의적 생산관계인 국유경제와 집체 경제를 보완하고 봉사하는 역할을' 수행하면서, '민간자본(외국자본 포함)은 세수, 고용창출, 기술개발 등에 있어 공기업이 주도하고 있는 중국경제의 발전에 복무'하기 때문이다. 또한 사적 기업에 고용된 중국의 노동자들이 착취를 받는다 하더라도, 다른 공기업에 만들어 낸 생산물, 사회적 가치들이 '우선 국가에게 귀속되며', 공기업 노동자들뿐만 아니라, '전체 인민에게로 되돌아오게' 되기 때문이다.

김정호 박사는 '공기업의 이윤(잉여가치의 전화형태)은 우선 국가에게 귀속되며, 다시 최종적으로 본인을 포함한 전체 인민에게로 되돌아오게 된다라고 강조하는데, 자신이 만들어 낸 생산물의 결실을 다 받지 못하게 되는 것은 중국의 사회주의 시장경제에서 독특하게 나타나는 현상이 아니라, 낮은 수준의 공산주의, 즉 사회주의 일반에서 나타나는 현상이다.

맑스는 〈고타강령 비판 초안〉에서 이렇게 주장하고 있다.

> 우리가 여기서 관계하고 있는 것은 자기 자신의 기초 위에서 발전한 공산주의 사회가 아니라 거꾸로 자본주의 사회에서 생겨난 공산주의 사회이며, 그러므로 그 모태인 낡은 사회의 모반이 모든 면에서, 즉 경제적, 윤리적, 정신적으로 아직도 들러붙어 있는 공산주의 사회이다. 이에 걸맞게 개별 생산자는 자신이 사회에 주는 것을─공제 후에─ 정확히 돌려받는다. 그가 사회에 주었던 것은 자신의 개인의 노동량이다. 예를 들면, 사회적 노동일은 개인적 노동시간 수의 합의로 이루어진다. 개별 생산자들의 개인적 노동시간은 사회적 노동일 가운데 자신이 제공한 부분, 즉 사회적 노동일에 대한 자신의 몫이다. 그는 자신이 (사회 기금을 위해 자신의 노동을 공제한 후에) 이러저러한 만큼의 노동을 제공하였다는 증서를 사회로부터 받고, 이 증서를 자기고 소비 수단의 사회적 저장품에서 동일한 양의 노동이 비용을 들인 만큼을 빼간다. 그는 어떤 형태로 사회에 준 것과 동일한 양의 노동을 다른 형태로 되받는다.
>
> (『고타 강령 초안 비판』, 박종철출판사, 이수흔 번역)

김정호 박사는 '축적과 확대재생산의 가능성'에서 중국 공기업은 완전히 그 조건을 만족시켜 주기 때문에 '자본' 범주에 속한다고 할 수 있다고 주장하는데, 이를 가지고 '자본' 범주에 속한다고 할 수는 없다. 왜냐하면 축적과 확대재생산은 비단 자본주의뿐만 아니라 모든 사회가 존립할 수 있는 기본적 조건이고 사회주의에서도 대규모 발전한 생산력 기반 위에서 확대재생산은 인민들의 물질적, 문화적 수요를 충족시키기 위해 필수적이다.

맑스는 『자본론』에서 "생산과정의 사회적 형태가 어떻든, 생산과정은 연속적이어야 하며 주기적으로 동일한 국면들을 끊임없이 통과해야 한다. 사회가 소비를 멈출 수 없는 것과 마찬가지로 생산을 멈출 수 없다. 그러므로 어떤 사회적 생산과정도, 그것을 연속된 전체로서, 끊임없는 갱신의 흐름으로써 고찰할 때에는, 동시에 재생산 과정이다"(『자본론』 1하, 제23장 〈단순재생산, 비봉출판사, 김수행 역)라고 분명하게 강조하였다. 맑스는 『자본론』 2권에서도 '생산이 자본주의적이 아니라 사회[주의]적이라 할지라도, I부문의 이 생산물들은 이 부문의 생산분야들 사이에서 재분배될 것이며, 한 부분은 그것이 생산물로서 나온 그 생산분야에 직접 남을 것이고, 다른 한 부분은 다른 부문으로 옮겨질 것이며, 그리고 이 생산물들이 이 부문의 여러 생산분야 사이를 끊임없이 왔다 갔다 하리라는 것은 명백하다'라고 하고 있다. 스탈린은 이를 염두에 두고 다음과 같이 주장하고 있다.

맑스의 재생산론의 다음과 같은 기본 명제 즉 사회적 생산을 생산수단 생산과 소비재 생산으로 구분할 데 대한 명제, 확대재생산에서 생산수단 생산의 우선적 성장에 대한 명제, 제1부문과 제2부문 간의 상호관계에 대한 명제, 축적의 유일한 원천으로서의 잉여 생산물에 대한 명제, 사회적 폰드의 형성 및 그 사명에 대한 명제, 확대재생산의 유일한 원천으로서의 축적에 대한 명제- 이 모든 기본 명제는 비단 자본주의적 구성태에만 타당한 것이 아니며 그것을 적용하지 않고서는 어느 사회주의 사회도 인민 경제를 계획화할 수 없는 바로 그러한 명제인 것이다. … 맑스를 본다면 그는 주지하는 바와 같이 자본주의적 생산 법칙의 연구 범위를 벗어나는 것을 즐기지 않았으며 따라서 『자본론』에서 자기의 재생산 도식이 사회주의에 어떻게 적용되겠는가 하는 문제는 연구하지 않았다. 그러나 『자본론』, 제2권, 제20장, '제1부문의 불변자본'이라는 절, 즉 제1부문 내에서의 제1부문 생산물의 교환을 설명하고 있는 절에서 맑스는 이 부문에서의 생산물 교환은 사회주의 하에서도 자본주의적 생산에서와 마찬가지로 부단히 진행될 것이라고 부언하고 있다.

(스탈린, "쏘련에서의 사회주의 경제적 제문제")

사실상 맑스주의 재생산론은 현대 사회가 해마다 축적하지 않고서는 발전할 수 없으며 또 축적은 해마다 확대재생산을 하지 않고서는 불가능하다는 것을 가르치고 있다. 이것은 명백하고 당연한 일이다. 우리의 집중화된 대규모적인 사회주의적 공업은 맑스주의적 확대재생산론에 의해서 발전되고 있다.

(스탈린, "쏘련에서의 농업 정책의 제문제에 대하여")

맑스는 '잉여가치의 생산 또는 이윤획득이 이 생산양식의 절대적 법칙이다'라고 강조했다. 자본주의에서 축적과 확대재생산의 궁극적 목표는 자본의 이윤을 획득하기 위한 것이다. 자본가들은 인간의 필요에 절대적으로 필요한 것이라도 이윤이 되지 않으면 생산하지 않을 것이고, 반대로 이윤이 된다면 '혹성이라도 합병'하려고 하고 전쟁도 마다치 않는다. 따라서 자본주의에서 축적과 확대재생산은 경쟁을 가속화시키고 노동자들의 실업과 빈곤, 비정규직을 확대시키며 저임금, 장시간 노동, 노동소외 등을 가중시키고 과잉생산 공황을 낳는 원인이 된다. 노동자들은 생산하면 할수록 그 생산의 결실에서 소외되고 자본가들은 점점 더 생산과 기업의 지배자가 되고 노동자들은 자본에게 생사여탈권을 빼앗기게 된다.

반면 사회주의에서 축적과 확대재생산은 전체 노동자 민중의 정신적, 물질적, 문화적 삶을 풍요롭게 하는 것은 목표다. 따라서 명백하게 생산의 추동력, 목표가 전혀 다른 사회주의 생산과 확대재생산을 '자본' 범주로 놓고 볼 수도 없고, 그것을 착취의 결과물인 잉여가치라는 개념으로 설명해서도 안 되는 것이다.

가치법칙에 대한 혼란과 왜곡

김정호 박사는 시장과 계획, 가치법칙과 관련해서는 더 혼란을 겪고 왜곡을 하고 있다.

> 지난 2019년 12월 19일 현실 사회주의 문제를 둘러싼 토론회가 있었다. 이 토론회에서 노동사회과학연구소(노사과연) 채만수 소장과 노동자연대 이정구 선생은 사회주의와 시장경제는 결코 양립할 수 없다는 주장을 펼쳤다. 결국 '사회주의=계획경제''자본주의=시장경제'라는 등식을 고수한 것인데, 이 두 분의 주장대로라면 한 사회의 성격을 판단하는 기

> 준은 소유관계와 국가의 성격 외에도, '시장과 계획'이 하나 더 추가되는
> 셈이다. 과연 올바른 판단일까?

시장과 시장경제가 존재한다는 것만으로 자본주의라 할 수는 없고, 계획이 존재한다는 것만으로 사회주의라고 할 수도 없다. 자본주의 이전에도 시장과 상품거래가 있었고, 사회주의에도 시장과 거래 없이 계획경제만으로 존재하지 않는다. 자본주의는 또한 상품생산과 생산계획이 독립적인 개인, 개별 기업 차원에서 이뤄지고 전 사회 차원에는 무정부성과 무계획성이 지배하며 상품을 서로 교환한다. 자본주의는 한 마디로 상품경제가 지배적인 사회라 할 수 있다. 자본주의는 심지어 인간 노동력조차도 상품이 되고 거래가 된다.

사회주의는 자본주의의 개별적 생산, 무정부적, 무계획적 무정부적 시장과 대비하여 (프롤레타리아) 국가 차원에서 중앙집중 계획을 통해 생산하고 노동을 배분한다. 사회주의는 궁극적으로 시장과 상품생산이 지배하는 사회에 비해 시장과 상품생산의 절멸을 향해 나아가는 사회다. 그러나 한순간에 시장이 절멸될 수는 없다. 사회주의에서도 역시 자본주의의 흔적이 남아 있는데, 국유기업 생산물과 협동조합 생산물과의 거래, 협동조합 생산물 상호 간의 거래, 다른 나라와의 무역, 여전히 남아 있는 소생산자들 간의 거래 등에서 시장과 상품교환이 존재하게 된다.

김정호 박사는 소유관계와 국가의 성격과 '시장과 계획'과의 관계를 별개로 파악한다. 그러나 시장과 상품거래가 지배적인 사회의 소유관계와 중앙계획이 지배적인 사회의 소유관계는 판이하게 다를 수밖에 없다. 자본주의와 그 국가는 사적소유를 보장하며, 사회주의와 그 국가는 중앙계

획 체제를 보장하게 될 것이다. 자본주의 소유관계의 법적 표현은 재산권 보장과 물권법, 채권법 등으로 나타나게 될 것이고, 사회주의에서는 기업과 토지의 공유제 같은 사회주의적 소유로 나타나게 될 것이다.

중국은 자본주의적 소유관계와 사회주의적 소유관계가 병존하고 있다. 시장과 계획 역시 병존하고 있다. 이 양자는 절대적으로 양립할 수 없는 게 아니다. 다만 가장 중요한 것은 시장이 지배적이냐 계획이 지배적이냐? 어느 요소가 우세를 차지하느냐?, 규정적이냐? 이다. 이것은 다른 사회뿐만 아니라 중국 사회의 성격을 파악하는데 있어서도 필수적인 요소다. 김정호 박사 자신도 그러하기에 중국에서 시장과 상품경제가 존재하지만, 공기업의 양적, 질적 문제, 사회주의적 소유의 문제 등으로 어느 것이 더 지배적이고 우세한지 살펴보지 않았나?

맑스는 이를 이렇게 정리하고 있다.

> 자본주의적 생산양식이 지배적인 사회의 부는 '거대한 상품의 집적'으로 나타나며, 개개의 상품은 이 부의 원소 형태이다.
>
> (맑스, 『자본론』 1권)

> 자본주의적 생산양식은 생산물을 상품으로 생산한다. 상품을 생산한다는 사실이 이 생산양식을 다른 생산양식으로부터 구별하는 점은 아니지만, 그 생산물의 지배적이고 규정적인 성격이 상품이라는 것은 이 생산양식을 다른 생산양식으로부터 구별하는 점이다.
>
> (맑스, 『자본론』 3권)

김정호 박사는 가치법칙에 대한 이해, 가치법칙의 존재와 가치법칙의 지배와의 문제에서도 마찬가지의 혼란을 겪고 왜곡을 하고 있다.

상품의 가치가 그것의 생산에 지출된 필요노동시간으로 결정된다는 말은 틀리지 않는다. 하지만 그렇게 결정된 상품의 가치 안에 이미 잉여 가치가 포함되어 있다고 하는 것은 이해하기 어렵다. 다시 말해서 가치법칙은 잉여가치법칙을 이미 포함하고 있다는 말로 들리는데(?!), 이것은 참으로 심오한 발언이라 하지 않을 수 없다.

우리는 여기서 분명히 가치법칙과 잉여가치법칙이 분리하여 나타남을 알 수 있다. 실제 양자는 완전히 서로 다른 개념이다. 맑스의 공적은 바로 가치법칙이 아닌 잉여가치법칙을 발견한 데 있다. 이점은 정치경제학에 어느 정도 소양이 있는 사람이라면 누구나 알고 있는 상식이다. 그런데도 이정구 씨와 같은 분이 '시장경제=자본주의'라는 등식을 입증하기 위해 가치법칙과 잉여가치법칙 두 범주를 혼동하는 것은 믿기지 않는 일이다.

'국가자본주의론'을 신봉하는 이정구 씨가 이처럼 두 개념을 혼동하는 데에는 이유가 있다. 토니 클리프를 비롯한 국가자본주의론자들은 현실 사회주의 국가에서 '잉여가치' 범주를 '가치법칙' 범주와 혼동하고, 단순히 가치법칙의 존재를 통해서 현실 사회주의는 착취가 존재하는 자본주의 사회임을 입증하려고 했기 때문이다. 하지만 앞서 언급한 대로, 가치법칙은 그 자체로서 잉여가치와 동일시 될 수 없으며, 양자는 전혀 별개의 두 개의 범주이다. 가치법칙이 의미하는 것은 '유통과정'에서 발생하는 '등가교환'일 뿐이다. 그것이 자본주의적 생산관계와 결합할 때만, 비로소 생산과정에서의 부등가교환인 부불노동의 착복 즉 착취 문제가 발생한다. 따라서 한 사회에서 교환가치의 존재, 그리고 상품과 시장의 존재 유무는 그 사회가 사회주의인지 자본주의인지에 대한 아무런 설명도 할 수 없다.

여기까지 이르게 되면, 결국 채만수 씨와 이정구 씨가 앞서 '사회주의=계획경제' '자본주의=시장경제' 등식을 고수하는 것은, 가치법칙이 지배하는 시장경제와 잉여가치법칙이 지배하는 자본주의 생산관계 양자를 제대로 구분하지 못한 결과라는 점이 분명해졌다.

김정호 박사는 가치법칙과 잉여가치 법칙을 분리하고 있으며 가치법칙을 단순하게 '유통과정'에서 발생하는 '등가교환'의 문제로만 인식하고 있다. 김정호 박사는 하나의 상품을 생산하는데 사회적으로 필요한 노동시간에 의해 가치가 결정되고 이 가치를 기준으로 상품과 상품이 서로 교환이 된다는 것만으로 가치법칙이라고 하고 있다. 그러나 이는 가치법칙의 모든 것이 아니라 하나의 요소이다. 이는 가치의 기본 규정을 가치법칙 자체로 왜곡하는 것이다.

가치법칙의 기본 내용은 상품의 가치가 상품을 생산하는 데 사회적으로 필요한 노동시간에 의해 결정되며, 상품교환이 상품의 가치에 따라 진행된다는 것이다. 이것은 상품경제를 관철하는 하나의 객관적 필연성이다… 가치법칙은 상품생산의 경제법칙이다. 사람들이 그 존재를 인정하든가 않든가에 관계없이 상품생산이 존재하는 곳이라면 반드시 가치법칙이 작용하고 있다. 사유제를 기초로 하는 상품경제, 특히 자본주의 경제에서는 가치법칙이 거대한 작용을 미치고 있다. 인간의 모든 경제활동, 경제관계의 각 측면이 모두 가치법칙의 지배를 받고 있다… 먼저 사유제 상품경제에서는 가치법칙이 생산수단과 노동력의 사회 각 생산 부문 간의 배분 비율을 자동적으로 조절한다…역사적인 사실은 가치법칙에 의해 조절되는 자본주의 생산이 결코 '자연스럽게 조화를 이루며' 진행되는 것이 아니라, 끊임없는 동요와 경제공황 속에서 이루어진다는 것을 증명하고 있다…자본주의 이전의 사회는 상품생산이 아직 발전하지 않았기 때문에 가치법칙의 작용 범위는 지극히 제약되었다. 자본주의 제도하에서 상품생산은 보편적인 성격을 가지며 따라서 가치법칙 또한 가장 넓은 활동 장소를 갖고 있다.

가치법칙은 상품생산의 경제법칙이며 상품생산과 함께 작용하기 시작하여 상품생산의 소멸과 함께 역사의 무대에서 사라져 갈 것이다.

(마르크스주의 정치·경제학개론 중국 당 학교 경제학 교과서 『자본주의편』, 일월서각)

한 사회의 총노동시간이나 혹은 그것이 담보하는 가치로 하여금 시장기구를 통해 간접적으로 노동분할을 실현하게 하고 또 그 분할의 정당성을 사후적으로 판정하도록 만다는 상품생산 사회의 동력, 그것이 바로 가치법칙이다. 따라서 가치법칙이란 전혀 어떤 사전적인 조정이 없이 독립적으로 수행되는 개인의 사적노동을 사회노동의 한 부분으로 포섭하고, 그 사적노동의 유용성을 사회적으로 판정하는 계기로서 작용한다.

(정운영, 『노동가치이론 연구』, 까치글방)

상품의 가치의 크기는 그 상품의 생산에 사회적으로 필요한 노동의 양(노동시간)에 의해 결정된다. 이와 같은 상품의 가치규정을 기초로 하

맑스주의와 현대제국주의

여 상품의 생산과 유통을 지배하는 법칙을 가치법칙이라고 한다.

('가치법칙', 『경제학사전』)

김정호 박사가 과학적인 정치경제학 체계를 전면 부정하고 새로운 정치경제학 체계를 자기 맘대로 창안했다면 모를까, 어느 모로 보나, 가치법칙을 단순하게 '유통과정'에서 발생하는 '등가교환'의 문제로만 인식하고 있는 경우는 없다. 가치의 개념 속에는 사용가치와 교환가치를 포함하고 있는데, 자본주의는 교환가치, 즉 상품교환을 위해 생산하는 사회이고, 사회주의에서는 인간의 필요와 유용성, 즉 사용가치를 위해 생산하는 사회라는 차이를 내포하고 있다. 가치법칙과 잉여가치 법칙은 분리되는 것이 아니라 잉여가치 법칙을 기본 동력으로 하여 가치법칙에 작동하게 된다. 자본가들은 새로운 생산 방식과 기계 등을 통해 하나의 상품을 생산하는데 사회적으로 필요한 노동시간보다 우월한 생산 방식을 채택하여 특별잉여가치라고 한다. 특별잉여가치의 추구는 자본주의 생산력을 발전시키는 추동력이다. 그리고 이에 따라 새로운 생산 방식과 기계를 채택하여 우월한 경쟁을 하는 자와 그 경쟁에서 탈락하는 자로 단순 상품 생산자를 분해하여 자본가와 임노동자를 낳기도 했다.

가치법칙은 상품생산과 교환을 규제하기도 하는데, 시장에서 상품은 수요와 공급에 따라 가격이 결정되는데, 수요보다 공급이 많을 때는 가격이 내려가고, 수요가 많을 때는 가격이 올라간다. 그 가격의 오르내림의 중심선이 바로 가치이다. 가령 가치보다 가격이 높으면 수요보다 공급이 늘어나게 되고 그렇게 되면 가격이 떨어지게 된다. 반대의 경우는 반대다. 이에 따라 가치법칙은 생산수단과 노동력을 배분하게 한다.

가치법칙은 이처럼 자본주의 상품생산과 교환을 지배하는 법칙이며 상품생산과 교환이 전면화되는 자본주의 사회에 작동하는 법칙이다. 무정부성과 무계획성을 특성으로 자본주의 사회에 비해 사회주의는 생산과 분배, 교환, 노동력 배분이 중앙계획에 의해 의식적, 계획적으로 이루어지는 사회다.

사회주의 계획과 상품생산, 가치법칙은 어떠한 관계에 있는가?

가끔 사람들은 우리나라에서도, 우리 사회주의 제도 하에서도 가치법칙이 존재하며 작용하는지 묻는다.

그렇다. 존재하며 작용한다. 상품과 상품생산이 있는 곳에는 가치법칙도 존재하지 않을 수 없다.

가치법칙의 작용 범위는 우리나라에서는 우선 상품 유통, 즉 매매를 통한 상품교환, 주로 개인 소비 상품교환에 미치고 있다. 물론 이 분야에서는 가치법칙이 일정한 범위 내에서 조절자의 역할을 지니고 있다.

그런데 가치법칙의 작용은 상품 유통 분야에만 국한되지 않는다. 그 작용은 생산에도 미친다. 물론 우리 사회주의적 생산에서는 가치법칙이 조절적 의의는 가지지 않지만 그러나 그것은 역시 생산에 영향을 주고 있으므로 생산을 지도함에서 있어서 그것을 고려하지 않으면 한 된다… 그렇다고 하여 이 모든 것은 가치법칙의 작용 범위가 우리나라에서도 자본주의 하에서와 같다거나 가치법칙이 우리나라에서도 생산의 조절자로 되고 있다는 것을 의미하는가? 아니다. 그런 것을 의미하는 것은 아니다. 사실에 있어서 가치법칙의 작용 범위는 우리 경제제도 하에서는 엄격

'진정한 사회주의라면 가치법칙이 적용되지 않아야 하는 것'이라는 주장은 사회주의에 대한 초보적 이해도 없는 것이다. '진정한 사회주의'에서는 상품생산이 절멸된 높은 수준의 공산주의가 아니기 때문에 가치법칙이 존재하는 것은 당연하다. 그렇다면 중국은 가치법칙이 존재하는가? 위에서 언급한 것처럼, 자본주의 흔적이 남아 있는 사회주의 일반에서도 가치법칙이 작동한다. 다만 자본주의처럼 전면적으로 작동하는 것이 아니다. 중국이 사회주의 시장경제를 채택한 사회이기 때문에 어느 사회주의 국가보다 가치법칙이 폭넓게 작동하는 것은 당연하다. 그러나 가치법칙의 존재를 가지고 자본주의라고 할 수는 없다. 문제는 상품생산이 존재하느냐 마느냐가 아니라 상품생산이 지배적이냐 마느냐로 자본주의와 사회주의를 구분했듯이, 가치법칙에 있어서도 가치법칙이 존재하느냐 마느냐가 아니라 가치법칙이 지배하느냐 아니냐로 구별해야 한다.

김정호 박사는 이렇게 중국 사회를 규정한다.

현재 중국에는 자본주의적 생산관계와 그에 따른 계급관계가 상당한 영역에서 존재하기 때문에, 당연히 '착취'가 객관적 현실로 존재한다고 볼 수 있다. 하지만 그것이 중국이 전반적으로 '착취 사회'라거나 계급

모순이 '주요모순'인 사회라는 뜻은 결코 아니다.

사회주의 시장경제를 채택한 중국에서 자본주의적 생산관계와 계급 관계가 상당하게 존재하기 때문에 이런 부분에서 특수한 형태로 '착취'가 객관적 현실로 존재한다. 이를 인정하는 것은 실사구시적 태도다. 그러나 중국 사회는 '공기업이 국민경제 전반에 대한 확고한 주도성을 갖고 있'고, '중국 공기업이 분포하고 있는 업종은 다른 자본주의 국가의 공기업과 비교할 수 없을 정도로 광범위하고 전략적으로도 중요한 위치를 차지'하고 있다. 중국에서 전략적 사업 부분에서 국가 계획이 지배하고 있다. 코로나 19 대응에서도 보듯 여전히 중국은 계획이 두드러지게 작동하고 있다. 더욱이 시진핑 정권 하에서 중국은 '공동부유', '조화사회'를 내걸고 사회주의적 생산관계를 강화하고 있다. 실제 중국에서는 후진타오 정권 하에서는 민간기업이 발전하고 국유기업이 후퇴(민진국퇴)했음에 비해 시진핑 정권 하에서는 국유기업이 발전하고 민간기업이 후퇴(국진민퇴)하고 있다.

김정호 박사는 즉 시장을 사회주의 건설에서 주요한 기반과 수단으로 사용하는 '중국 특색의 사회주의', 사회주의 시장경제를 극복해야 할 과제로 인식하는 대신에 사회주의 건설의 모범으로 강조하려다 보니 논리적 모순에 빠져버렸다. 이로써 자신이 실사구시적 태도로 제시했던 중국의 사회주의적 면모들을 스스로 훼손하고 자본주의임을 논리적으로 증명하는 자가당착에 빠져버렸다. 결국, 그러다 보니 중국이 국가자본주의, 국가독점자본주의, 심지어 제국주의라는 '진보진영' 내의 비과학적이고 종파주의적인 입장들을 제대로 반박하지 못하고 반대로 그들의 논거를 더 확고히 만들어 버렸다.

우리가 중국혐오에 맞서 투쟁하고 엄호하는 것은 중국의 사회주의적 성격, 진보적 성격이지, 자본주의적 요소 때문이 아니다. 중국에 필요한 것은 사회주의적 생산관계의 강화와 국제주의적 계급의식, 당의 사상성 강화다. 중국의 발전한 생산력은 사회주의 생산관계의 강화로써 인민복리에 복무해야 한다. 중국에서는 궁극적으로 자본주의적 요소들을 포위, 고립, 섬멸시켜서 사회주의 생산관계를 강화해 들어가야 한다.

5-2. '진보주의자들'의 역사인식 결여가 중국혐오를 지속시킨다

2022년 8월 24일

미국 하원 위원장 낸시 펠로시가 대만을 방문한 뒤 중국의 대만포위 군사훈련이 실시되고 여기에 대응하여 대만의 포사격 훈련이 있었다. 이어서 미국 의원단대표 10명이 대만 방문을 재차 강행하고 난 뒤에는 중국 전투기들이 대만해협을 넘어 위협 비행을 하기도 했다. '망둥이가 뛰니까 꼴뚜기도 뛴다'고 급기야는 미국을 따라 일본 의원단들이 대만을 방문할 예정이라고 한다. 올가을에는 미국이 대만과 공식적인 무역·투자 협상을 시작할 것이라는 언론보도도 나오고 있다. 심지어 미국은 조만간 미국 군함과 군용기를 보내 타이완 해협을 통과시킬 계획이다. 대만이 우크라이나처럼 전쟁의 불길 속으로 빨려 들어가고 있는 양상이다.

이 모든 사태의 중심에 '하나의 중국' 원칙을 둘러싼 논란이 있다. 펠로시는 자신의 대만원정이 '대만 민주주의를 열망하는 것'이라고 했다. 펠로시는 대만에서 '세계는 민주주의와 독재정치의 선택에 직면해 있습니다. 대만과 전 세계 민주주의를 지키려는 미국의 결의는 여전히 굳건합니다.', '중국의 압박으로 대만의 민주주의가 압박받고 있고', '시진핑 주석이 인권과 법치를 무시하고 있다'고 강력하게 비난하기도 했다.

중국은 이에 대해 펠로시의 대만 입국이 '주권과 영토의 완전성'에 대해 중대한 원칙을 훼손하고 있다면서 강력 반발했다. 미국 의원단대표들의 대만 방문에 대해서는 미국이 '하나의 중국' 원칙과 중·미 3대 공동성명 규정을 공공연히 위반했다며 '중국의 주권과 영토의 완전성을 침범하고 대만 독립·분열 세력에 심각하게 잘못된 신호를 줬다'며 격렬하게 반발하고 있다.

이처럼 미국에게 '하나의 중국' 원칙은 중국 독재 권력에 의한 대만 민주주의의 훼손이고 인권과 법칙의 무시다. 중국에게 '하나의 중국' 원칙은 주권 문제이자 완전한 통일의 문제고 보편적인 국제관계의 문제다. 지금 세계는 '하나의 중국' 원칙을 둘러싸고 확연하게 찬반이 갈라졌다. '하나의 중국' 원칙을 지지하는 세력은 '반제자주 진영'에 서는 것이고, 이를 반대하는 세력은 미국을 위시로 한 서방 제국주의의 편에 서는 것이다. 이 앞에서 제3의 길은 없다. 그런데 이른바 '진보진영' 내에서도 '하나의 중국' 원칙을 반대하며 중국이 제국주의적 폭력으로 대만의 자결권을 부정하고 있다는 비판이 나오고 있다.

대만 분리는 미제가 획책하는
전쟁과 영속적 분단을 의미한다

박노자 교수는 자신의 페이스북에서 '하나의 중국' 원칙에 대해 이렇게 주장하고 있다.

사실, 중화인민공화국은 대만을 통치한 적도 한 번 없지요. 이런 영유권 주장의 근거란 크게는 두 가지입니다. 하나는 중화민국의 영토를 계승한 중화인민공화국이 궁극적으로 청나라 영토의 계승자라는 논리며, 또 하나는 대만을 국공내전의 이미 패망한 쪽으로 보는 국공내전 연장 선상의 논리죠. 한데, 사실 양쪽 논리에 수많은 흠집들이 있습니다. 예컨 대 청나라 영토 계승론이라면, 마찬가지로 청나라의 영토였던 외몽고 (오늘날 몽골)를 중국이 왜 포기했는지를 설명할 수가 없게 되는 것이죠. 국공 내전 연장의 논리라면 이미 당-국가 (국민당의 1당 국가) 아닌 다 당제 국가/본성인의 국가가 된 대만의 '현재'를 전혀 반영하지 않는 것이 고요…좌우간, 이 '하나의 중국'의 논리는 결국 제국주의적 '폭력'의 일종 이죠. 대만인들의 민족자결권을 부정하는 폭력이지요.

역사적으로 대만은 중국이 실효적으로 지배하는 영토였다. 1895년 4 월 청일전쟁에서 중국이 일본에 패배하고 난 뒤 시모노세키조약을 맺으 면서 일본이 대만을 합병했다. 굴욕적이고 불평등한 강화조약으로 일본 에 강탈당했다가 일본의 패전 이후 대만은 중국으로 다시 귀속됐다. 이 후 1949년 중국 공산당이 대륙에서 승리하고 장제스 국민당 군이 대만 을 군사적으로 점령, 통치하면서 양자는 무력통일 차원에서 '하나의 중 국' 원칙을 내세웠다. 국민당은 대만을 반격 거점으로 하여 중국 공산당 을 물리쳐서 고토를 회복하고 대륙을 통일시키려 하고 중국은 대만을 군 사적으로 점령하여 중국을 완전하게 통일하려고 했던 것이다. 그러나 이 후 '하나의 중국' 원칙은 중국과 대만의 화해협력으로 평화적 통일의 원 칙으로 발전했다.

1949년 10월 1일 중국 대륙에 수립된 중화인민공화국의 공산당 정권

맑스주의와 현대제국주의

과 대만으로 쫓겨 간 중화민국 국민당 정권은 국제적인 냉전과 쌍방의 적대적인 의식 속에서 일종의 '제로섬 게임'과 같은 대항일변도의 양안 관계를 유지하게 되었다. 즉, 중국은 '대만해방'을, 대만은 '대륙수복'을 목적으로 '전승' 아니면 '전패'라는 정책논리를 견지한 정치·외교·군사적인 대결이었다. 따라서 중국은 대만은 중국의 일부이며, 대만에 대한 주권은 중국에 있다는 '하나의 중국' 원칙을, 대만은 일종의 망명정부로서 중국 대륙에 대한 주권은 여전히 중화민국 자신에게 있다는 '하나의 중국' 원칙을 각각 천명하게 되었다. 각각 완전히 해석을 달리하는 '하나의 중국' 원칙이었지만 이 원칙의 저변에는 치욕적인 중국 근대사를 배경으로 탄생한 중국국민당과 중국 공산당 모두 중국의 분열은 더 이상 용인할 수 없다는 중국민족주의적인 정서가 공통적인 저변으로 깔려있었다.

하지만 이러한 '하나의 중국' 원칙에 대한 공동인식으로 인하여 국제적으로는 어느 쪽의 '하나의 중국' 원칙을 지지하느냐의 문제가 곧 누구와 외교관계를 수립하느냐를 결정하는 전제조건이 되었으며, '두 개의 중국'은 양측 공히 절대로 받아들일 수 없는 것이 되었다. 국제사회에서 어느 쪽의 '하나의 중국' 원칙을 지지하는가의 문제는 결국 1970년대 초 대만의 후원자였던 미국의 정책변화에 의해 결정적인 전환의 계기를 맞이하게 되었다. 반면, 제로섬적인 논리가 지배하고 있었다고는 하지만 양안 관계에 있어서 '하나의 중국' 원칙에 대한 공동인식은 마오쩌둥(毛澤東)으로 하여금 무력통일정책에서 평화통일정책으로의 전환은 가져오게 한 중요한 요인이 되었다. 제1차, 제2차 대만해협위기를 거치면서 장세스(蔣介石)의 '하나의 중국' 원칙을 확인한 마오는 진먼(金門)과 마주(馬祖)를 중국 대륙과 대만을 잇는 연결고리로 인식하게 되었고 당시 미

국의 '두 개의 중국' 정책에 말려들지 않기 위해서는 진먼과 마주를 국민
당의 수중에 남겨두어야 한다는 결정과 함께 급진적인 무력통일정책에
서 점진적인 평화통일정책으로 전환하면서 '일국일제(一國一制)'에 기초
한 구체적인 평화통일 방안을 제시하게 되었다.

(김옥준[계명대학교], 마오쩌둥 시기의 통일정책: '하나의 중국' 원칙 확립과 정책변화,

충남대학교 사회과학연구사회과학연구 2010년 제21권 4호)

1949년 9월 21일 전국정치협상회의 개막식에서 마오는 '우리 민족은
앞으로 다시는 치욕을 당하는 민족이 되지는 않을 것이다'라고 선언했는
데, 이 선언은 역사상 가장 파렴치한 전쟁이라고 할 수 있는 두 차례의
아편전쟁을 비롯해 제국주의에 침략당하면서 반식민지 중국이 겪어야 했
던 치욕과 고통 속에서 나왔다.

1949년 9월 21일 역사적인 전국정치협상회의 개막식이 개최되고 있다.
출처: https://chiculture.org.hk/index.php/en/photo-story/3532

맑스주의와 현대제국주의

마오의 이러한 언급에서 우리는 중국의 강한 민족주의 성향과 서구 열강의 중국분할과 주권 침해에 대한 강한 반발을 읽을 수 있다. 따라서 중국과 중국민족에 있어서 영토의 분열과 주권의 침해는 어떤 일이 있어도 다시는 용인될 수 없는 사활적 문제가 되었으며, 이러한 배경에서 '하나의 중국' 원칙은 너무도 당연하고 자연스럽게 대두되었던 것이다.

이 일국일제에 기초한 '하나의 중국' 원칙은 이후 덩샤오핑의 '평화통일·일국양제' 통일정책의 기초가 되었다. 이러한 의미에서 '하나의 중국' 원칙은 서방 열강들에 저항하는 저항적 민족주의의 의미를 가지고 있으며 국토완정을 통해 민족통일을 완수하는 것은 역사적 의미를 담고 있다는 것을 알 수 있다.

'하나의 중국' 원칙은 미국의 '두 개의 중국' 정책에 맞서 더 이상 중국과 대만이 대결과 적대가 아니라 '하나의 중국' 원칙 하에 민족적 화해협력과 교류로 상호 간의 신뢰를 쌓아 나가고 종국에는 '일국양제'로 각 나라의 제도를 그대로 인정하면서 평화적으로 통일하는 것을 목표로 삼고있다. 홍콩이 영국 식민지에서 중국으로 반환되면서 이 일국양제가 실제 실시되고 있다. 이러한 중국의 '하나의 중국 원칙'은 한(조선)반도에서 남과 북의 연합연방제 통일 원칙과도 비슷한 측면이 있다. 이러한 일국양제 원칙이 아니라 서로의 제도와 체제를 통해서 상대방을 흡수 통일하려고한다면 이는 결국 전쟁으로 치달을 수밖에 없다.

중국의 대륙 통일 이후 대륙에서 쫓겨난 장제스가 대만을 점령하고 백색테러 정치로 대만을 통치할 수 있었던 것은 미국의 비호가 있었기 때문에 가능했다. 대만은 한국과 마찬가지로 미국의 '보호령'하에서 반공주의 전초기지의 역할을 수행했다. 그러나 미국은 중–쏘 사회주의 간의 대결을 이용해 쏘련을 고립시키고 중국을 자본주의 체제로 편입시키려는 목적으로 중국과 외교관계를 맺으면서 중국을 유일한 합법 정부로 인정한다는 결정을 내렸다.

1971년 10월, 제26회 유엔 총회에서는 제2758호 결의를 통과시키고 중화인민공화국의 모든 권리를 회복하고 유엔에서 중화인민공화국 정부 대표를 중국의 유일한 합법 대표로 인정한다는 결정을 내렸다. '하나의 중국' 원칙을 기반으로 중국은 지금까지 미국, 한국을 비롯한 181개 국가와 외교관계를 수립했다. 중·미 양국은 1970~80년대에 3개 공동성명에 서명했으며, 미국은 오직 하나의 중국만이 있고 대만이 중국의 일부분이라는 것을 인정하며 대만과는 문화, 비즈니스 및 기타 비공식 관계만 유지할 것을 약속했다. 이를 기반으로 중·미 관계는 지난 40여 년간 전체적으로 안정적인 발전을 유지해왔다.

([싱하이밍 中 대사 특별기고] 절대다수 국가가 '하나의 중국' 원칙을 지지한다,
아주경제, 2022-08-09)

그러나 미국이 애초에 의도한 바와 다르게 중국이 다당제 서방 자본주의 국가로 변모하지 않고 미국의 국제적 패권 질서를 위협하게 되자 '인권과 민주주의'를 내걸고 신장위구르, 홍콩에 이어 대만에 대한 분리주의 기도를 하고 있다. 미국은 '하나의 중국 원칙'을 공개적으로 부정할 명분이 없자 '하나의 중국 정책'으로 말장난을 하면서 대만의 분리독립을 획책하면서 중국을 계속 자극해 왔다. 트럼프 정권 당시에 미·중 대결이

고조되면서 대만을 둘러싼 미·중 간의 대결이 고조되었고, 펠로시 하원 의장의 대만 방문은 우크라이나에서의 전쟁 이후 대결을 고조시키는 위험천만한 책동이었다.

'중화인민공화국은 대만을 통치한 적도 한 번 없지요'라는 박노자 교수의 인식은 '하나의 중국' 원칙이 형성된 역사적 배경에 대한 인식이 없다는 것을 보여준다. 대만은 중국 공산당이 권력을 잡기 훨씬 이전인 약 500여 년 전부터 인종적으로나, 언어, 문화적으로 중국 역사(특히 중국 푸젠성)의 일부였다. 박노자 교수의 논리대로라면, 1948년 대한민국이 수립된 이래 한국이나 조선(북)은 단 한 번도 조선을 통치한 적이 없기 때문에 남과 북의 통일 근거도 성립할 수 없게 된다. 민족문제는 남에서 대한민국이 성립되고 북에서 조선민주주의인민공화국이 수립되기 이전의 역사적 문제이기 때문에 새로운 정체가 등장하고 양자가 분열됐다고 해서 없어지는 문제가 아니다. 게다가 중국의 민족분열은 외세 열강들의 중국 식민지 지배의 역사로부터 출발한 것이기 때문에 식민지배의 역사를 최종적으로 청산하는 역사적 과제의 의미도 있다.

대만이 청나라의 영토였다는 것을 근거로 '청나라의 영토이었던 외몽고 (오늘날 몽골)를 중국이 왜 포기했는지를 설명할 수가 없게 되는 것'이라는 박노자 교수의 주장은 억지 논리로 일관해 있다. 그런데 대만과 몽골은 역사적 배경이 전혀 다르다.

몽골은 한때 세계 상당 부분을 지배하는 제국이었고 심지어 97년 동안 원나라로 중국을 지배하기도 했다. 이후 만주족이 청나라를 세워 중국 전열을 지배하면서 몽골도 중국의 지배를 받았다. 1917년 러시아 혁명이 일어나고 나서 쏘련에 이어 두 번째로 외몽골은 몽골인민공화국(현

재는 몽골국)이라는 사회주의 국가가 되었고 내몽고는 일제 괴뢰국가로
전락했다.

> 1947년 소수 민족 자치구를 가장 먼저 선보인 곳이 내몽골이다. 내몽
> 골은 공산당에는 열렸으되, 국민당에는 닫힌 공간이 되었다. 그럼으로
> 써 국공 내전에서 승리할 수 있는 발판이 되었다.

(이병한 역사학자, 몽골 분단의 비밀…"칭기즈칸의 부활을 막자!", 〈유라시아 견문〉
내/외몽골 : 제국의 유산, 프레시안, 2015.06.09.)

이처럼 중국 공산당이 권력을 잡기 이전에 괴뢰 정부를 반대하는 내
몽골 인민들과 손잡고 항일 전쟁을 수행하면서 괴뢰국을 축출하고 나서
네이멍구(내몽고)는 인민들의 열망으로 중국 자치국이 되었다. 현재 내몽
고에는 약 80%의 한족이 살고 있다.

중국 공산당은 이미 1920년대부터 몽골의 자주적 국가 수립을 확고
하게 지지했다. 반면 중화민국은 몽골을 중국 영토로 간주하여 수복해
야 한다는 입장을 견지하다가 2012년에야 영유권을 포기했다. 시진핑 주
석은 2014년 몽골을 방문하여 몽골의 자주성을 인정하고 지금까지 친선
우호 관계를 유지하고 있다.

박노자 교수는 대만의 자결권 운운하며 '하나의 중국' 원칙을 부정하
고, 외몽골의 독립 사례에 비춰 이 원칙이 일관성이 없다고 주장하는데,
이는 전혀 상반되는 역사적 배경을 가지고 사실을 은폐·왜곡, 호도하고
있는 것이다.

'하나의 중국' 원칙이 '국공 내전 연장의 논리'라는 주장은 이미 살펴봤듯이, 역사적 관점을 결여하고 있을 뿐만 아니라 역사적 사실에도 부합하지 않는다. 박노자 교수는 '이미 당-국가 (국민당의 1당 국가) 아닌 다당제 국가/본성인의 국가가 된 대만의 현재를 전혀 반영하지 않는 것'이라고 하는데, 대만에서 수십 년간의 국민당 파쇼 독재가 1970년대에 무너지면서 최근에는 본성인인 민주진보당(민진당)이 정권을 잡고 있다고 해서 역사적 문제가 사라지는 것은 아니다.

가령 한국에서 분단을 낳았던 미 군정과 이승만 권력인 독립촉성국민회(국민회)와 이후 자유당 독재가 무너졌다고 해서 외세의 지배와 분단이라는 역사적 문제가 사라지는 것인가? 박노자 교수의 논리는 부르주아 다당제를 미화하는 논리이기도 하고, 정권교체에도 불구하고 여전히 해결되지 않고 남아 있는 역사적 문제를 부정하는 몰역사적 관점이기도 하다. 더욱이 민진당은 '하나의 중국론'을 부정하고 중국혐오를 부추기며 독립을 주장하고 있다. 반면 역사 왜곡까지 저지르며 대만을 침략하고 식민통치를 했던 일제를 미화하고 찬양하며 미국을 숭배하고 있다.(이에 대해서는 서승 우석대 석좌교수, "타이완 '정체성 정치'의 함정", 경향신문, 2018.08.08. 기사를 참고하기 바란다.)

미제국주의는 2차 대전 이후 한국전쟁 와중인 1951년 반공주의 체제를 유지, 강화하고 전후 국제 패권 질서를 위해 샌프란시스코 강화조약을 체결했다. 이 조약의 문제는 '중국 대만과 관련해서는 사회주의 중국이 일본 침략의 주요 피해자임에도 초대받지 못했다는 점'과 '타이완을 비롯한 여러 섬에 대한 중화인민공화국의 권리를 침해'하고, '중국 국토의 0.3%밖에 차지하지 않는 대만(장제스)의 국민당 정부를 인증하여, 중화인민공화국을 봉쇄'(서승 우석대 석좌교수·동아시아평화연구소 소장, 『신 냉전시대와 남북통일의 길』, 〈동아시아에서 자주·평화의 조건−계속되는 항일투쟁〉, 〈6·15 공동선언 22주년 기념 학술토론회〉, 2022년 6월 10 일)하게 했다.

　박노자 교수는 '하나의 중국'의 논리는 결국 제국주의적 '폭력'의 일종 이죠. 대만인들의 민족자결권을 부정하는 폭력이라고 하는데, 이는 '민족 자결'에 대한 심각한 왜곡이다. 중국이 제국주의라는 잘못된 인식도 문 제거니와 이러한 '민족자결'은 실제로는 '하나의 중국' 원칙이 부각된 역사 적 문제를 전면 부정하고, 이러한 원칙을 반대해 왔던 미제국주의의 '두 개의 중국' 원칙, 즉 중국의 분열과 분할 논리를 지지하게 되는 것이다.

　박노자 교수는 미국의 민주주의와 독재관, 이러한 제국주의 이데올로 기에 영향을 받고 그 논리를 전파하고 있다. 미국식 '민주주의'와 '자유와 인권'이 미제국주의가 전 세계에서 패권을 부리고 다른 나라를 침략, 약 탈하는 제국주의 패권논리임을 전혀 인식하지 못하고 있다. 그러다 보니 대만에서 대립이 격화되는 배후에 미제국주의가 있고, 중국의 군사적 대 응은 미제국주의가 제공한 원인에 대한 결과적 대응임도 전혀 인식하지 못하고 있다.

　대만의 독립, 분리는 박노자 교수의 인식대로 대만의 '자결권'이 아니 다. 미제국주의에 대한 대만의 더 심각한 종속과 대만 민주주의의 파 괴와 파쇼 통치의 심화, 중국과 대만의 영속적 분단을 의미하는 것이며 미·중 대결의 격화, 중국과 대만 대립의 격화로 전쟁을 부른다. 결국, 이 논리는 미제국주의가 획책하는 전쟁과 대결을 추종하는 심각한 강도적 논리다. '민족자결'이라는 형식이 아니라 민족자결의 역사와 자결의 내용을 간과하는 무지한 논리다.

대만 내에서도 진보세력들과 평화주의 세력들은 '하나의 중국' 원칙을 지지해 타이완의 중국 복귀를 주장하는 환중후이(還中會) 활동을 해왔다. '하나의 중국' 원칙에 대한 도전은 일국양제의 평화적 수단에 의한 중국과 대만의 통일 원칙을 깨는 것이며 이는 곧 중국과 대만 간의 대결을 고조시키는 행위이며 결국은 전쟁을 의미한다. 그런데 한국에서 반북의식이 고조되는 반면에 친미 숭배감정이 높아지는 것처럼, 대만에서도 중국혐오가 고조되는 반면에 친미 숭배감정이 드높다. 이는 타이완 사회가 반중 친미로 우경화되었기 때문이다.

박노자 교수는 한국 사회의 대표적인 '진보적' 지식인으로 명망이 높으면서도 역사적 관점의 결여로 인해 러시아 혐오에 이어 중국혐오에 앞장서고 있으며, 종국에는 미제국주의의 의도에 놀아나는 제국주의 추종자로 전락하게 되었다.

더 확고한 진영주의(당파성)에 입각해 역사의식을 확립해야 한다

오늘날 미제국주의를 비롯한 서방 제국주의자들이 '보편적 인권과 민주주의'를 내걸고 중국, 쿠바, 조선 등에 대해서 공세를 취하고 있는데, 이때의 '인권과 민주주의'는 실제로는 제국주의의 약탈과 파괴, 전쟁과 민주주의의 유린을 은폐하고 다른 나라를 침략하는 특수한 수단에 불과하다. 이것을 인식하는 것이 진보세력의 진보적 세계관의 기본 원칙이자 기준이다.

신장위구르, 홍콩 등지의 '인권문제'라는 것도 상당 부분 과장, 왜곡돼 있으며 이 문제는 대만 문제와 마찬가지로 본질적으로 미제국주의를 비롯한 서방제국주의자들이 중국을 해체시키기 위해 조장한 것들이다. 국내외의 일부 '진보적' 지식인들과 '진보단체'들이 중국의 인권 운운하며 이러한 의도에 동조하고 있다.

'좌파' 지식인이라는 슬라보예 지젝(Slavoj Žižek)은 '평화주의는 우크라이나 전쟁에 대한 잘못된 대응이다'(가디언, 2022년 6월 22일)라는 칼럼에서 '우크라이나를 전폭 지지하는 것이 우리가 진 빚을 조금이라도 갚는 것이며, 이를 위해서는 더 강력한 나토가 필요하다'며 서방 제국주의의 편을 들었다. 이와 마찬가지로 프랑스의 '좌파' 지식인 발리바르는 프랑스 언론 〈미디어파트(Mediapart)〉와의 인터뷰에서 '평화주의는 선택지가 아니다'(3월 7일)라며 공허하게 반전평화를 외칠 것이 아니라 우크라이나에 대한 군사적, 경제적 지원과 러시아에 대한 경제 제재를 강화해야 할 뿐만 아니라 러시아 시민들의 손으로 푸틴을 끌어내려야 한다고 주장했다. 발리바르에게는 이것이 국제주의라는 것이다. '사회진보연대'(국제이주팀, 2022.03.13.)가 이 인터뷰 기사를 번역해서 공개하기도 했다.(주지하듯 '사회진보연대'는 진보단체임을 자처하면서도 반북반공주의적이고 윤석열을 지지하고 조선일보의 찬사를 받고 급기야 조선일보에 칼럼을 기고까지 하는 대표적인 '좌파' 단체이다.)

박노자 교수는 사회진보연대의 발리바르 인터뷰 번역 글을 공유하며 '역시…마르크스주의 이론 석학다운 탁견'이라고 찬사를 보내기도 했다. 이처럼 국내외에서 진보적 지식인을 자처하는 자들이 최소한의 입에 발린 말로서의 '평화주의'도 거부하고 서방 제국주의의 편에 서 있는 것이다. 박노자 교수는 대만을 둘러싼 분쟁에서도 일관되게 이러한 관점에 서 있다.

정성진, 박노자 등 (범)무정부주의 지식인들이 맑스주의를 참칭하며 발행하는 잡지 〈마르크스주의 연구〉 2022년 가을호 편집자 주에서는 2003년 이라크 전쟁 당시와 다르게 국제적으로 반전운동이 전개되지 않은 이유가 진보좌파 상당수가 러시아의 우크라이나 침공을 '반미"진영주의(campism)'의 프레임으로 묶인하는 것과 무관하지 않다. 하지만 우크라이나 전쟁의 야만을 종식시키기 위해서는 '진영주의' 프레임에서 벗어나 이전 전쟁을 계급적 시각, 마르크스주의적 관점에서 접근하고 강력한 국제 반전 운동을 건설하는 것이 시급하다고 주장했다.

이들은 반미가 '진영주의'라며 쏘련 해체 이후 나토의 동진과 러시아에 대한 지속적 위협, 2003년 서방의 레짐 체인지 기도로 드러난 마이단 쿠데타와 중립적인 야누코비치 우크라이나 정부의 전복과 돈바스의 자결권을 부정한 학살 전쟁과 신나찌의 준동과 백색테러, 두 차례에 걸친 서방과 친 서방 우크라이나 정부의 민스크 평화협정 위반 등 서방의 침략전쟁 기원을 무시한다. 이러한 역사적 진실에 더해 이들 제국주의의 '진보적' 벗들은 노동자 민중, 피억압 민족이 계급적 당파성, 세계관을 반미 반제에 두는 것조차 극렬 비난하고 있다.

그런데 반미주의는 '좌파 지식인'들이 일방적으로 반미주의를 규탄한다고 해서 사라질 수 있는 게 게 아니다. 반미주의는 강력한 역사적, 물질적 기반을 가지고 있기 때문이다. 반미의 기초는 현실 그 자체이다. 미제국주의가 저지르는 패권, 살육, 전쟁, 약탈, 인권유린, 정치적, 경제적 지배 등이 미국을 반대하는 풍부한 토양이 된다.

반미의 사상적 기초는 당파성이다. 진영주의는 곧 당파성을 말한다. 자신이 처한 계급적 위치에 따라 인식하는 것이 당파성이다. 박노자, 정성진 등은 이 당파성을 버리자고 한다. 쏘련을 위시로 한 공산주의 진영과 미국 서방 제국주의 사이에 냉전이 펼쳐지는 시기에 진영론이 나왔다. 현실 정치에서 이 진영주의를 벗어난 순수한 중립은 어디에도 없다.

홍명교는 한겨레신문 칼럼에서 양비론과 중립주의를 들고 나왔다.

> 미국과 일본의 인도·태평양 전략이 지닌 위험성을 정당하게 비판하려면, 중국의 군비 증강과 패권주의, 북한의 핵 개발에 대해서도 비판해야 한다. 그리고 무엇보다 고삐를 풀고 전 세계 군비 증강에 기여하고 있는 우리나라의 방위산업에 대해 돌아봐야 한다. 점증하는 군사 경쟁과 전쟁위기 속에서 만국 노동자의 평화는 존재할 수 없기 때문이다. 노동조합에는 20세기 냉전 시대를 보는 고정된 시야가 아니라, 21세기 정세에 적합한 아래로부터의 국제주의, 갱신된 정치세력화가 필요하다.

("'노동자단체냐, 정치단체냐'…노조는 '정치'하면 안 되나?", 한겨레, 2022.08.20.)

노조가 정치적 문제에 관심을 가져야 하는 것은 두말할 필요가 없지만, 이것이 노조의 정치적 개입이 당파성이 없이, 역사적 원인에 대한 고찰 없이 중립적이어야 한다는 것은 아니다. 모든 사건에는 원인이 있고 결과가 있다. 따라서 원인이 사라지면 결과도 사라진다. 미국과 일본의 인도·태평양 전략과 그에 대한 대응으로서 중국의 군비 증강이 동일한 것이 아니며, 미국의 핵 독점, 핵 패권전략과 북의 핵 개발이 동일한 것이 아니다. 미국과 일본 제국주의의, 그리고 최근에는 아시아판 나토를 획책하는 서방 제국주의자들의 침략적 행동이 전 세계 전쟁위기의 원흉이다.

침략적, 패권적 미국의 핵 독점 전략과 이에 대응하는 자위권의 일환으로 만든 북핵을 동일시하는 것은 중립이 아니다. 반미 반제 없는 핵무기 반대, 평화주의는 현실 정치에서 공허하거나 미제의 이해에 복무한다. 미제국주의가 핵 독점, 핵 패권을 가지고 북에 대한 포위 말살공세, 경제적 제재를 가하는 마당에 양비론, 중립론을 펼치는 것은 실제로는 미제국주의의 패권, 침략정책에 눈감고 동조하는 것이기 때문이다.

'20세기 냉전 시대를 보는 고정된 시야'를 버리자는 것은 반미 반제 세계관과 노선을 버리자는 것이다. '21세기 정세에 적합한' 국제주의는 여전히 제국주의 패권을 가지고 세계에 대한 침략전, 약탈전을 자행하고 있는 미제국주의를 반대하고 패권을 약화시키기 위해 투쟁하는 것이다. 홍명교는 양비론을 부르짖고 있지만, 그의 대부분 투쟁사가 미제국주의의 패권에는 대개 침묵을 지키고 반중, 반북에 나서는 것은 우연이 아니다.

진영주의, 당파성은 덮어놓고 내 편을 들어야 한다는 주장이 아니다. 당파성은 과학성을 배제하지 않는다. 오히려 과학성을 기초로 한다. 진리에 기반하고 있다. 맑스는 『자본론』 서문에서 이 당파성에 대해 자본주의 초기의 진보적 시기에 진리를 탐구한 고전파 경제학자들이 있었으나 자본주의 발전과 함께 계급대립이 치열해지면서 부르주아 경제학자들에게 중요한 것은 진리가 아니라 누구의 편을 들고, 누구의 이해에 복무할 것인가로 변해버리면서 대다수가 속류 경제학자로 타락해 버렸다고 비판했다.

노동자 인민의 이해에 기초한 세계관, 여기에 당파적으로 복무하는 세계관은 진보적일 뿐만 아니라 역사적 사실에 기반, 진리를 추구한다. 반면 부르주아 제국주의자들의 당파성은 거짓선전 왜곡과 조작에 기초한다. 결국 당파성을 상실한 진보는 주관적으로는 진보를 자처한다 하더라도 실제적으로는 제국주의의 이해에 봉사하게 된다.

지금까지 '중국혐오의 정치적 기원'을 다각도로 다뤘는데, 중국과 중국을 둘러싼 문제는 지정학적, 역사적으로 깊게 연관이 되어 있는, 한국과 조선, 일본, 러시아가 연루된 문제이기도 하고, 여기에 패권을 유지하기 위해 개입해온 미국의 문제이기도 하다. 이는 한미일 동맹과 조중러 동맹의 문제, 남과 북의 분단과 통일의 문제이기도 하다.

역사적 문제는 흘러간 과거가 아니라 오늘날 정치를 규정하고 있다. 역사적 관점을 가져야 한다. 역사적 관점을 가지지 않고 하나의 장면, 현상만을 가지고 사태를 파악하면 반드시 심각한 오류에 빠지게 된다. 실례로 북의 핵 시험, 남북연락사무소 폭파, 중국의 대만포위 등에 대해서도 근본적 원인과 역사적 배경을 인식하지 않고 하나의 장면만을 포착해서 드러난 현상만을 본다면 북과 중국의 호전성, 침략성 밖에 보이는 것이 없을 것이다. 그러한 일면적, 일방적, 표면적 사고 속에서는 사건의 근본 원인은 사라지고, 원인과 결과는 뒤죽박죽 돼버리게 된다. 이러한 사고방식이 오늘날 '진보'를 자처하는 많은 이들을 사로잡고 있다.

1958년 중국과 대만·미국 사이에 제2차 타이완 해협 위기라 불리기도 하는 진먼 포격전 이후 중국과 미국·대만 사이에 최고로 군사적 긴장이 고조되고 있다. 1995년 리덩후이 대만 총통의 미국 방문으로 3차 대만해협 위기가 촉발됐지만 당시 중·미간의 충돌이 일정하게 제어된 상태에서 전개됐던 것에 비춰, 지금의 군사적 충돌 위기는 우크라이나에서 이미 전쟁이 장기화해서 벌어지고 있는 상황에서 어디까지 어떤 양상으로 촉발될지 예상하기 어렵다는 점에서 한층 더 심각하다.

1958년 8월 23일 중국 인민해방군은 진먼에 주둔한 국민당군에 대한 곡사포 공격을 개시하여 수십만 발의 포탄을 발사했다.

출처: https://photo.sina.cn/album_8_199_57408.htm?vt=4&ch=8&cid=l&hd=1

특히 '대만해협에서 중국과 대만 사이에 충돌이 발생해 미국이 개입하는 경우에 일본과 한국이 어떤 방식으로든 개입하지 않는 상황은 상상하기 힘들다', '전쟁 수행 지원이 됐든 무역과 경제 교역 중단이 됐든 역내 국가들은 분쟁에 말려들고 선택을 강요받게 될 것'이라는 마크 에스퍼 전 미국 국방성 장관이 예측처럼, 대만에서 군사적 충돌은 1, 2, 3차 타이완 해협 위기와 달리 곧바로 한반도까지 전쟁의 소용돌이로 빠져들어 가게 한다.

여기에 '을지 자유의 방패'(을지프리덤실드) 한미연합군사훈련이 실시되고 있다. 이 훈련은 방어적인 전쟁훈련이 아니라 북에 대한 선제타격, 북 지휘부 공격을 목표로 내건 침략전쟁 기도다. 자유의 방패라는 이름으로 이 전쟁훈련의 침략적 성격을 은폐하려 하고 있으나 이 자유의 방패는 실은 피억압 민족, 피억압 계급의 자유를 말살하는 침략과 전쟁의 총검이다.

지배계급의 세계관, 제국주의의 프로파간다에 맞서 시급하게 노동자 민중의 역사의식, 계급의식을 확립해야 한다. 언제 터질지 모르는 전쟁의 참화를 막고 평화를 지켜내야 한다. 이것이 진보 진영에게 부여된 긴급한 역사적 임무다.

맑스주의와 현대제국주의